进口贸易实务

何传添　张靓芝　冯　然　刘秋升◇编著

JINKOU MAOYI SHIWU

（第二版）

广东高等教育出版社
Guangdong Higher Education Press
·广州·

图书在版编目（CIP）数据

进口贸易实务/何传添等编著. -- 2 版. -- 广州：广东高等教育出版社，2025.6. -- ISBN 978 - 7 - 5361 - 7798 - 7

Ⅰ. F752.61

中国国家版本馆 CIP 数据核字第 20245JA899 号

出版发行	广东高等教育出版社	
	社址：广州市天河区林和西横路	
	邮编：510500　　营销电话：（020）87553335	
	http://www.gdgjs.com.cn	
印　　刷	佛山市浩文彩色印刷有限公司	
开　　本	787 毫米×1 092 毫米　1/16	
印　　张	25.5	
字　　数	574 千	
版　　次	2020 年 5 月第 1 版，2025 年 6 月第 2 版	
印　　次	2025 年 6 月第 2 版第 1 次印刷，累计第 2 次印刷	
定　　价	69.00 元	

序 言

经历了 40 多年的改革开放之后，中国经济现在已经进入"以高水平开放带动深层次改革、促进高质量发展"的历史新阶段。2018 年，中共中央、国务院提出进一步扩大进口的重大战略部署，并具体提出进一步完善管理体制、进一步扩大对外开放、进一步培育市场主体、进一步创新发展模式、进一步提升便利化水平、进一步完善政策体系、进一步健全统计体系、进一步创新监管模式的八项任务，旨在通过开放国内市场，加速我国的供给侧结构性改革，推动全球经济共同发展。

目前，国家各级部门正在积极、快速地以各种形式落实中共中央、国务院方针政策，通过举办进口博览会等诸多措施服务国家战略，满足国内市场日益增长的消费需求。加快消费结构升级，促进国内产业升级换代。在这些具体举措实施之际，国内的相关进口贸易企业、人才培养机构等都迫切需要全面、系统的进口贸易实务知识作为指引。

鉴于我国国际贸易实务类教材普遍专注于出口环节、现有涉及进口贸易书籍相关知识亟待更新的实际情况，作为原外经贸部直属的高等院校、身处外贸大省的人才培养机构、拥有被教育部授予国际经济与贸易特色专业称号的大学，广东外语外贸大学集中了广东省本科高校经济与贸易类专业教学指导委员会主任委员、具有国际贸易和跨境电子商务领域长期教学经验的专任教师、多年从事国际贸易实务的企业高管组成编写团队，对我校《进口贸易实务》教材（经济科学出版社 2013 年版）进行了全面的知识更新，在此前的基础上，重新编写了本教材。

本教材坚持以习近平新时代中国特色社会主义思想为指导，全面总结了进口贸易最新的国际条约、国际惯例规则，我国最新实行的进口贸易政策和进口贸易实践流程。其中，考虑到伴随互联网出现的贸易新业态及其快速的增长势头，本教材也特别增加了跨境电子商务进口环节的贸易政策和实务操作知识。希望本教材的出版能够为外贸工作者和人才培训机构在实际工作和教学环节提供帮助。最后，本着对读者负责的态度，我们认真地对现有的进口贸易实务领域的政策、法规和流程进行了总结，并且反复地审校了书稿，但是内容难免有不周详或者错漏的地方，敬请读者批评指正并将意见或建议反馈给我们（E-mail：gwgmf07@163.com，huamei-summer@126.com），以便再版时修订。

《进口贸易实务》编写小组

2020 年 1 月 27 日

目录

进口贸易法律法规与政策

第一章
进口贸易的国内外法律法规

> **·本章要点·**
>
> 本章主要介绍了有关进口贸易的国际条约、国际惯例、国外法律以及我国国内的法律法规，并阐述了进口贸易有关合同的法律冲突与法律适用问题。
>
> 本章的重点是有关进口贸易的国际条约和我国国内法律法规。
>
> 本章的难点是进口贸易有关合同的法律冲突与法律适用问题。

第一节 有关进口贸易的国际条约、国际惯例及国外法律

世界上有关进口贸易的法律规范主要源自三个方面：国际条约、国际贸易惯例和有关国家的国内法。一般情况下，我国进口合同中的规定最好选择适用我国的法律，但是多数时候外国出口商并不同意，其可能要求适用他所在国家的法律，或者适用国际条约、国际惯例甚至第三国的法律。在不得已做出让步时，我国进口商可以同意适用国际条约或国际惯例，实在不得已的时候也有适用出口国家法律的情况。因此，我国进口企业在进行进口贸易之前，需要掌握和了解与进口贸易有关的国际条约、国际惯例以及其他国家的法律。

本节主要介绍与进口贸易有关的国际条约、国际贸易惯例及中国以外国家的相关法律体系。

一、有关货物买卖的国际条约

（一）关于货物买卖合同的国际条约

目前有关货物买卖合同的国际条约主要有 1964 年《国际货物销售统一法公约》（*Convention Relating to a Uniform Law on the International Sale of Goods*）、1964 年《国际

货物销售合同成立统一法公约》（*Convention Relating to a Uniform Law on the Formation of Contracts for the International Sale of Goods*）、1974 年联合国《国际货物销售时效期间公约》（*United Nations Convention on the Limitation Period in the International Sale of Goods*，其最新版为 1980 年修订版）、1980 年《联合国国际货物销售合同公约》（*United Nations Convention on Contracts for the International Sale of Goods*）等①。其中，《联合国国际货物销售合同公约》是最重要的。

《国际货物销售统一法公约》是由国际统一私法协会（International Institute for the Unification of Private Law，UNIDROIT）起草，并于 1964 年 4 月 25 日在海牙国际会议上通过的公约。该公约已于 1972 年 8 月 18 日起生效，但其仅有比利时、英国、意大利、德国、荷兰、以色列、圣马力诺、冈比亚和卢森堡 9 个缔约国②，故在世界上影响不大。

《国际货物销售合同成立统一法公约》也是由国际统一私法协会起草，并于 1964 年在海牙国际会议上通过的公约。该公约是对《国际货物销售统一法公约》的补充，是关于国际货物贸易合同成立的统一实体法规则。该公约已于 1972 年 8 月 23 日起生效，但其仅有比利时、英国、意大利、德国、荷兰、以色列、圣马力诺、冈比亚和卢森堡 9 个缔约国③。

联合国《国际货物销售时效期间公约》是由联合国国际贸易法委员会（United Nations Commission on International Trade Law，简称 UNCITRAL）起草，并经联合国国际货物销售合同会议审议，在 1974 年 6 月的联合国会议上通过。1980 年 4 月 11 日该公约被修订过一次。

《联合国国际货物销售合同公约》（以下简称《公约》）是作为对上面的《国际货物销售统一法的公约》和《国际货物销售合同的订立统一法公约》两个公约的替代而诞生的。1980 年 3 月 10 日至 4 月 11 日于维也纳举行的联合国外交会议通过了《公约》。《公约》已于 1988 年 1 月 1 日起生效，现已成为世界性的、关于国际货物销售合同的公约。截至 2020 年 12 月 24 日，该公约已有缔约方总数 96 个。④

我国已于 1986 年加入《公约》，即《公约》自其生效之日起对中国也生效。但是我国在加入时提出了两条保留，分别是《公约》第 1 条第 1 款（b）项和第 11 条。

《公约》第 1 条第 1 款规定，"本公约适用于营业地在不同国家的当事人之间所订立的货物销售合同：（a）如果这些国家是缔约国；或（b）如果国际私法规则导致适用某一缔约国的法律"。（b）项的规定可以使公约适用于缔约国以外的国家的法律。中国对此项做了保留，即我国仅同意营业地所在国为不同缔约国的当事人所订立的货物买卖合同适用公约的规定。

《公约》第 11 条规定，"销售合同无须以书面订立或书面证明，在形式方面也不受任何其他条件的限制。销售合同可以用包括人证在内的任何方法证明"。由于我国当时有效的《中华人民共和国涉外经济合同法》（现已失效）规定涉外合同必须以书面形式订立，

---

①④　源自联合国国际贸易法委员会网站（https：//uncitral. un. org）资料。

②③　源自国际统一私法协会网站（https：//www. unidroit. org）资料。

因此，我国加入公约时对此条也做了保留。但是我国已废止的《中华人民共和国合同法》（以下简称《合同法》，1999 年 10 月 1 日起施行，2021 年废止）第十条规定："当事人订立合同，有书面形式、口头形式和其他形式。法律、行政法规规定采用书面形式的，应当采用书面形式。当事人约定采用非书面形式的，应当采用非书面形式。"所以这条保留，现在对中国而言已经意义不大，2013 年中国政府正式通知联合国秘书长，撤回该条声明。特别是 2021 年《中华人民共和国民法典》（以下简称《民法典》）第四百六十九条规定："当事人订立合同，可以采用书面形式、口头形式或者其他形式。"

（二）关于国际货物运输的条约

关于国际货物运输的条约中，目前关于海运的主要有 1924 年《统一提单的若干法律规则的国际公约》（*International Convention for the Unification of Certain Rules of Law Relating to Bills of Lading*，也称 *Hague Rules*《海牙规则》）、1968 年《关于修改统一提单的若干法律规则的国际公约的议定书》（*Protocol to Amend the International Convention for the Unification of Certain Rules of Law Relating to Bills of Lading*，也称 *Hague-Visby Rules*《海牙—维斯比规则》或 *Visby Rules*《维斯比规则》或 1968 年布鲁塞尔议定书）[1]、1978 年《联合国海上货物运输公约》（*United Nations Convention on the Carriage of Goods by Sea*，也称 *Hamburg Rules*《汉堡规则》）、2008 年《联合国全程或者部分海上国际货物运输合同公约》（*United Nations Convention on Contracts for the International Carriage of Goods Wholly or Partly by Sea*，也称 *Rotterdam Rules*《鹿特丹规则》）等[2]；关于陆运的主要有 1961 年《国际铁路货物运输公约》（*Convention Concerning International Carriage of Goods by Rail*，CIM，也称《国际货约》）、1951 年《国际铁路货物联运协定》（*Agreement on International Railroad Through Transport of Goods*，COTIF，也称《国际货协》）、1956 年《国际公路货物运输合同公约》（*Convention on the Contract for the International Carriage of Goods by Road*，CMR）等；关于空运的主要有 1929 年《统一国际航空运输某些规则的公约》（*Convention for the Unification of Certain Rules for International Carriage by Air*，亦称 *Warsaw Convention*《华沙公约》）及其议定书、1999 年《统一国际航空运输某些规则的公约》（亦称 *Montreal Convention*《蒙特利尔公约》）；关于多式联运的主要是 1980 年《联合国国际货物多式联运公约》（*United Nations Convention on International Multimodal Transport of Goods*）。

1. 国际海运条约

《海牙规则》是 1921 年由国际法协会的海商法委员会即国际海事委员会（Comité Maritime International，CMI）在海牙举行的会议上制定的。1924 年，26 个当时的主要海运国家又于布鲁塞尔举行会议，对原规定进行了修改，并将修改后的文本正式定名

---

① 《海牙规则》和《维斯比规则》的资料来源于国际海事委员会网站及其会员中国海商法协会网站资料。
② 源自联合国国际贸易法委员会网站资料。

为《统一提单的若干法律规则的国际公约》。该公约于 1931 年 7 月 2 日正式生效。

《维斯比规则》是 1968 年 2 月国际海事委员会在对《海牙规则》进行修改后的产物，但有其独立的适用范围和规则。《维斯比规则》于 1977 年 6 月 23 日正式生效。

《汉堡规则》是由 UNCITRAL 下属的航运立法小组于 1976 年 5 月拟订的《海上货物运输公约草案》，并于 1978 年 3 月在汉堡举行的，有 78 个国家全权代表参加的大会上正式通过。该公约已于 1992 年 11 月 1 日生效。截至 2019 年 10 月，其缔约方总数为 34 个①。而主要的航运国家均尚未成为该公约缔约国。

为了协调《海牙规则》《维斯比规则》和《汉堡规则》之间的冲突，国际海事委员会自《汉堡规则》制定以来制作了很多问题表、报告，举行了很多会议，并形成了诸多文本。2001 年 12 月 10 日，CMI 新加坡会议出台了其最后文本"运输法（草案）"，并于 2002 年 1 月 8 日将该文本提交给联合国贸易法委员会。在 2002 年至 2007 年间，UNCITRAL 多次讨论和修订"UNCITRAL 运输法（草案）"。2008 年 12 月 11 日，第 63 届联合国大会 67 次会议审议通过修订后的草案，并将其正式命名为《联合国全程或者部分海上国际货物运输合同公约》（即《鹿特丹规则》）。该公约借鉴了之前各项与海上国际货物运输有关的公约，并考虑到了自先前那些公约通过以来在海运中发生的许多技术和商业发展情况，包括集装箱化运输的增长、对单一合同下门到门运输的渴望，以及电子运输单证的编制。该公约试图统一国际海运的各国法律和国际条约，促进海运法律的国际统一化，但是该公约第九十四条规定其生效条件是"该规则于第二十份批准书、接受书、核准书或加入书交存之日起一年期满后的下一个月第一日生效"。截至 2019 年 10 月，该公约的签署国家虽然已经超过了 20 个，但是只有西班牙、多哥、刚果、喀麦隆四个缔约方。因此，该公约尚未达到其生效条件而未生效。②

2. 国际陆运条约

《国际铁路货物运输公约》是由总部设于伯尔尼的国际铁路运输中央执行局制定，并于 1961 年 2 月 25 日由欧洲一些国家代表在伯尔尼签订的。现行的公约是于 1970 年 2 月 7 日在伯尔尼修改签订，并于 1975 年 1 月 1 日生效的文本。

《国际铁路货物联运协定》是由苏联、波兰等东欧国家于 1951 年签订生效的。后来，中国也加入了该协定。现行的协定是 1971 年 4 月经铁路合作组织核准，并从 1974 年 7 月 1 日起生效的文本。

《国际公路货物运输合同公约》是由联合国欧洲经济委员会拟订，于 1956 年 5 月 19 日在日内瓦签订，并于 1961 年 7 月 2 日起生效的。

3. 国际空运条约

《华沙公约》是法国、德国、比利时和奥地利等 23 个国家于 1929 年 10 月 12 日在华沙签订，并于 1933 年 2 月 13 日开始生效的。中国于 1958 年 7 月 20 日递交了加入该公约的通知书，该公约于同年 10 月 18 日开始对中国生效。《华沙公约》于 1955 年 9 月 28 日进行了修订。修订后的文件称为《修订华沙公约》或《海牙议定书》。《海牙

---

①② 源自联合国国际贸易法委员会网站资料。

议定书》于 1963 年 8 月 1 日起生效。1960 年 9 月 18 日，有关国家的代表又在墨西哥的瓜达拉哈拉对《华沙公约》进行了补充，并形成了一个新的公约，称为《瓜达拉哈拉公约》。该公约已于 1964 年 5 月 1 日起生效。

1971 年 3 月 8 日，美国等 21 个国家在危地马拉对经《海牙议定书》修改的《华沙公约》进行了修订，所形成的文件称为《危地马拉议定书》。1975 年 9 月 25 日，有关国家又对《华沙公约》体制进行了修订，并形成了 4 个文件，分别称为"第 1 号、第 2 号、第 3 号和第 4 号蒙特利尔附加议定书"。

随着历史的发展，《华沙公约》中的某些规定已显陈旧，为了使《华沙公约》及其相关文件现代化和一体化，国际民航组织（International Civil Aviation Organization，ICAO）制定了《蒙特利尔公约》，并于 1999 年 5 月在蒙特利尔召开国际航空法大会，由参加国签署了《蒙特利尔公约》。中国在该大会上签署了该项公约。该公约已于 2005 年 7 月 31 日起对中国生效。

4. 《联合国国际货物多式联运公约》

该公约是由联合国贸易和发展会议①起草，并于 1980 年 5 月 24 日在日内瓦通过的。按该公约本身的规定，它将在第 30 个国家成为其成员国之日起的 12 个月后开始生效。截至 2019 年 10 月，该公约缔约方只有 11 个②，尚未生效。

（三）关于国际支付的条约

目前关于国际支付的条约主要有 1930 年《关于统一汇票和本票的日内瓦公约》（Convention on the Unification of the Law Relating to Bills of Exchange and Promissory Notes，又称《统一汇票本票法公约》）、1931 年《关于统一支票法的日内瓦公约》（Convention Providing a Uniform Law of Cheques，又称《统一支票法公约》）和 1988 年《联合国国际汇票与国际本票公约》（Convention on International Bill of Exchange and International Promissory Note of the United Nations）。

国际联盟理事会于 1930 年在日内瓦召开了统一国际票据法会议，并在这次会议上通过了《统一汇票本票法公约》，后又于 1931 年在日内瓦召开了第二次票据法统一会议，并在该次会议上通过了《统一支票法公约》。《统一汇票本票法公约》和《统一支票法公约》均于 1934 年 1 月 1 日生效。

为了解决国际支付所使用的票据存在的主要差别和不确定性问题，1988 年 12 月 9 日，联合国第 43 届大会在纽约正式通过了《联合国国际汇票与国际本票公约》，并开放供签署。但是该公约第 89 条第 1 款规定："本公约在第 10 件批准书、接受书、核准书或加入书交存之日起 12 个月届满后第一个月的第一天生效。"截至 2019 年 10 月，该公约缔约国总数为 5 个③。因此，该公约目前尚未生效。

---

① 2024 年 4 月 9 日，该机构更名为"联合国贸易和发展"。
② 源自联合国网站资料。
③ 源自联合国国际贸易法委员会网站资料。

二、有关货物买卖的国际贸易惯例

国际贸易惯例是在长期的国际贸易实践中形成的、有确定内容的、对一般的国际贸易活动或其一特定领域的国际贸易活动具有调整作用的行为规范，对国际贸易商人具有极高的参考价值和意义。但是国际贸易惯例不是法律，不具有强制性，一般需要当事人在合同中明确规定时才适用。

（一）有关贸易术语的国际贸易惯例

国际上有关贸易术语的国际贸易惯例主要有三个。其中，目前最常被国际贸易商人选用的是《国际贸易术语解释通则》。

1. 《国际贸易术语解释通则》

最早的《国际贸易术语解释通则》（*International Rules for the Interpretation of Trade Terms*，INCOTERMS）是国际商会于 1936 年公布的。后来，分别于 1953 年、1967 年、1976 年、1980 年、1990 年、2000 年、2010 年和 2019 年对《国际贸易术语解释通则》进行了修订和补充。其最新的版本是 2019 年发布的从 2020 年 1 月 1 日起生效的《2020 年国际贸易术语解释通则》（Incoterms® 2020）。

2. 《华沙—牛津规则》和《美国对外贸易定义修订本》

这两个惯例在世界贸易历史中曾经有过重要贡献，但是目前已很少被国际贸易商人使用。

《华沙—牛津规则》（*Warsaw-Oxford Rules*）是由国际法协会于 1928 年在华沙会议上制定，后又经 1932 年牛津会议修订的，关于 CIF 术语合同下货物买卖条件的统一规则。

1919 年美国的一些商业团体制定了《美国出口报价及其缩写条例》（*The U. S. Export Quotations and Abbreriations*）。后来，该条例被由美国商会、美国进口商协会和美国全国对外贸易协会成员参加的第 27 届全国对外贸易会议修订，其成果即为《1941 年美国对外贸易定义修订本》（*Revised American Foreign Trade Definitions 1941*）。1990 年，该定义又被修订，改称《1990 年美国对外贸易定义修订本》（*Revised American Foreign Trade Definitions 1990*）。该惯例在美洲国家有一些影响力，但是它对贸易术语的解释与 Incoterms® 2020 的内容有很大区别。因此，中国进口商与美洲国家商人的贸易合同中，最好明示规定适用 Incoterms® 2020，以免引起不必要的纠纷。

（二）有关货款收付的国际贸易惯例

有关货款收付的国际贸易惯例主要是《跟单信用证统一惯例》（*Uniform Customs and Practice for Documentary Credits*，UCP）和《托收统一规则》（*Uniform Rules for Collection*，URC）。

《跟单信用证统一惯例》（UCP）是由国际商会制定的，适用于信用证结算方式的，供各银行等金融机构采用的国际惯例。其最新版本是 2007 年修订，并从 2007 年 7 月 1

日起生效的《跟单信用证统一惯例》（UCP600）。

《托收统一规则》（URC）也是由国际商会 1958 年制定的，适用于托收结算方式的，供各银行等金融机构采用的国际惯例。其最新版本是 2007 年修订的《托收统一规则》（UCP）。

（三）有关国际货运保险的国际惯例

这类国际惯例主要包括：国际海事委员会制定的《约克—安特卫普规则》（*York-Antwerp Rules*）和伦敦保险协会（Institute of London Underwriters）制定的《协会货物保险条款》（*Institute Cargo Clause*）。

《约克—安特卫普规则》是供保险公司处理国际海上货物运输中所发生的共同海损理算事宜的规则。该规则自 1877 年产生以来，经历了 1890 年、1924 年、1950 年、1974 年、1990 年、1994 年、2004 年修改，其最新版本是 2016 年 5 月修订版。

伦敦保险协会《协会货物保险条款》由来已久，至今已有 200 多年的历史。其最新版本是 2008 年修订的，并从 2009 年 1 月 1 日起生效的《协会货物保险条款》。

三、有关货物买卖的外国国内法律

国际货物贸易领域在一定程度上已经有了统一的规则和制度，但是目前还没有达到完全的统一。各国法院或仲裁机构在处理国际货物买卖合同争议时，有时仍需借助国际私法规则选择适用某个国家的国内法。这也就意味着我国进口贸易商也必须关注各国国内关于国际货物买卖的法律。

中国国内有关的法律将在本章第二节阐述，这里我们仅研究中国以外的国家有关国际货物贸易的国内法律。

（一）大陆法系国家国内有关的法律

大陆法系国家以法国和德国为代表。多数大陆法系国家对民法和商法的立法体制实行"民商分立主义"，《民法典》与《商法典》并存并行。有些国家的《商法典》包含买卖法，有些国家的《民法典》和《商法典》都包含买卖法。

在实行"民商合一主义"立法体制的国家，如瑞士和意大利，在《民法典》（在瑞士为《债务法典》）之外不再另行订立《商法典》，这些国家把有关商法的内容，包括买卖法的内容，都规定在《民法典》（或《债务法典》）内。

大陆法系国家的《民法典》与《商法典》既适用于国内货物买卖，也适用于国际货物买卖。

（二）英美法系国家的国内法律

在英美法系国家，货物买卖法一般由两部分组成：

（1）成文法或称制定法。它是由立法机关制定的法律，如英国《1979 年货物买卖法》和《1994 年货物销售和提供法》，美国的《统一商法典》等。

（2）普通法。即法院以判例法形式确立的法律规则，属于不成文法或判例法。英美法中的买卖合同法是典型的判例法，对世界影响很大。但要熟悉浩繁的判例是很困难的，美国法学会为此汇编了法律重述，其中的《合同法重述》与国际货物买卖密切相关。

第二节　有关进口贸易的我国国内法律法规

目前，除《民法典》外，中国有关对外贸易管理的法律，如《中华人民共和国对外贸易法》（以下简称《对外贸易法》）、《中华人民共和国海关法》（以下简称《海关法》）、《中华人民共和国进出口商品检验法》（以下简称《进出口商品检验法》）、《中华人民共和国进出境动植物检疫法》（以下简称《进出境动植物检疫法》）、《中华人民共和国国境卫生检疫法》（以下简称《国境卫生检疫法》）、《中华人民共和国货物进出口管理条例》（以下简称《货物进出口管理条例》），以及《中华人民共和国电子商务法》（以下简称《电子商务法》）等也是进口商必须重视的重要法律法规。

一、《民法典》

《民法典》于2021年1月1日起实施，《民法通则》《合同法》同时废止。[①]

为指导各级人民法院贯彻实施好民法典，充分发挥总则编在民法典中统领全局的作用，依法保护民事主体的合法权益，大力弘扬社会主义核心价值观，最高人民法院制定了《最高人民法院关于适用〈中华人民共和国民法典〉总则编若干问题的解释》，并于2022年12月30日通过，2023年3月1日施行。

二、《对外贸易法》

《对外贸易法》于1994年制定通过，其最新版是2022年修正版，2022年12月30日修正。《对外贸易法》共由11章69条组成，主要体现了我国进出口贸易的基本方针、政策、主要管理体制框架和促进外贸发展的措施等。

《对外贸易法》的基本原则贯穿于所有对外贸易法律规则之中，主要包括国家实行

---

① 于1986年制定通过的《民法通则》，规定了民事活动（包括货物买卖和运输等）的基本原则和一般规定，曾经在我国民法典中起统领性作用，现已废止。

2017年3月15日全国人民代表大会表决通过《中华人民共和国民法总则》（以下简称《民法总则》），自2017年10月1日起实施，现已废止。

《合同法》于1999年3月15日由全国人民代表大会通过颁布，自1999年10月1日起施行，是中国调整平等主体之间的交易关系的法律。它主要规定了合同的订立、合同的效力及合同的履行、变更、解除、保全、违约责任等问题，现已废止。

统一的对外贸易制度的原则，维护公平、自由的对外贸易秩序的原则，平等互利、互惠对等的原则等。

三、有关进口通关及检验检疫的法律法规

根据《深化党和国家机构改革方案》，我国出入境检验检疫管理职责和队伍被划入海关，自 2018 年 4 月 20 日起以海关名义统一对外开展工作。

我国有关海关监督管理的立法主要是《海关法》，有关进口商品检验检疫的法律法规主要有《进出口商品检验法》及其实施条例、《进出境动植物检疫法》及其实施条例、《国境卫生检疫法》及其实施细则、《中华人民共和国食品安全法》（以下简称《食品安全法》）等。

《海关法》于 1987 年制定通过，最新版为 2021 年修正版。《海关法》是我国为维护国家的主权和利益，加强海关监督管理而制定的法律，是海关监管进出境的运输工具、货物、行李物品、邮递物品和其他物品，征收关税和其他税、费，查缉走私，并编制海关统计和办理其他海关业务的重要依据。

《进出口商品检验法》于 1989 年制定通过，其最新版为 2021 年 4 月 29 日发布的修正版。该法是为了加强进出口商品检验工作，规范进出口商品检验行为而制定的，是国务院设立的进出口商品检验部门管理全国进出口商品检验工作，以及国家商检部门设在各地的进出口商品检验机构对进出口商品实施检验的依据。与该法配套的《中华人民共和国进出口商品检验法实施条例》于 2005 年 8 月 31 日发布，最新版为 2022 年 5 月 1 日实施的修订版。

《进出境动植物检疫法》于 1991 年制定通过，其最新版为 2009 年 8 月 27 日发布并实施的修正版。该法是为防止动物传染病、寄生虫病和植物危险性病、虫、杂草以及其他有害生物传入、传出国境，保护农、林、牧、渔业生产和人体健康而制定的。国务院设立的动植物检疫机关及其设立的口岸动植物检疫机关对进出境的动植物、动植物产品和其他检疫物，装载动植物、动植物产品和其他检疫物的装载容器、包装物，以及来自动植物疫区的运输工具，依照该法规定实施检疫。与该法配套的《中华人民共和国进出境动植物检疫法实施条例》于 1996 年 12 月 2 日发布，1997 年 1 月 1 日生效。

《国境卫生检疫法》于 1986 年制定通过，其最新版为 2024 年 6 月 28 日发布并实施的修订版。《国境卫生检疫法》是为了防止传染病由国外传入或者由国内传出，实施国境卫生检疫，保护人体健康而制定的。依照该法，在中华人民共和国国际通航的港口、机场以及陆地边境和国界江河的口岸，设立国境卫生检疫机关，对入境、出境的人员、交通工具、运输设备以及可能传播检疫传染病的行李、货物、邮包等物品实施传染病检疫、监测和卫生监督。与该法配套的《中华人民共和国国境卫生检疫法实施细则》于 1989 年 3 月 6 日发布，最新版于 2019 年 3 月 2 日修订。

《食品安全法》于 2009 年制定通过，其最新版是 2021 年 4 月 29 日经第十三届全国人民代表大会常务委员会第二十八次会议的决定修正后的版本。

四、有关进口商品质量许可的法律法规

为了加强对进口商品的检验和质量监督，防止次劣商品进口，国家商检局于1993年修订并发布了《进口商品安全质量许可制度实施办法》，于1997年修订并发布了《进口商品安全质量许可制度实施细则》（1997年8月1日起施行），这些都是我国进口商品质量许可制度的重要法律依据。

五、与进口关税有关的法律法规

我国有关关税方面现行的法律法规主要有三类：第一类是《海关法》（其最新修订版自2017年11月5日起实施）；第二类是《中华人民共和国进出口关税条例》（其最新修订版自2017年3月1日起实施，以下简称《进出口关税条例》）和每年的《中华人民共和国进出口税则》（以下简称《进出口税则》）；第三类是海关总署、财政部等有关机关根据国务院的决定和授权制定的有关法规，如于2018年5月29日修订并于2018年7月1日实施的《中华人民共和国海关进出口货物征税管理办法》（以下简称《海关进出口货物征税管理办法》）和《中华人民共和国海关进出口货物减免税管理办法》（以下简称《海关进出口货物减免税管理办法》）等，它们共同构成了我国关税法的完整体系。

六、进口配额与许可证管理的法律法规

目前，我国有关进口配额与许可证管理的法规主要有《货物进出口管理条例》（2001年10月制定通过，自2002年1月1日起施行）、《货物进口许可证管理办法》（自2005年1月1日起施行）、《货物自动进口许可管理办法》〔自2005年1月1日起施行。2018年中华人民共和国商务部（以下简称商务部）经商海关总署同意，颁布商务部令2018年第7号对该管理办法进行了修订〕、《两用物项和技术进出口许可证管理办法》（自2006年1月1日起施行）。

2008年我国商务部、海关总署、原国家质检总局①共同公布《机电产品进口管理办法》《机电产品进口自动许可实施办法》和《重点旧机电产品进口管理办法》，这三个管理办法均于2008年5月1日起施行。2018年商务部经商海关总署同意，颁布商务部令2018年第7号对这三个管理办法都进行了修订。

另外，为了履行我国加入的国际条约《保护臭氧层维也纳公约》和《关于消耗臭

---

①　2018年，我国推出国务院机构改革方案后，对国家质量监督检验检疫总局（简称"国家质检总局"）的职责进行整合，组建中华人民共和国国家市场监督管理总局。其中，国家质检总局的出入境检验检疫管理职责和队伍被划入海关总署；不再保留国家质检总局。

氧层物质的蒙特利尔议定书》[①] 中规定的义务，国务院于 2010 年 4 月 8 日颁布《消耗臭氧层物质管理条例》（2010 年 6 月 1 日起施行）[②]，对消耗臭氧层物质的进口实行进口配额许可管理。2014 年，依据《消耗臭氧层物质管理条例》，我国原环境保护部，会同商务部和海关总署，制定了《消耗臭氧层物质进出口管理办法》（2014 年 3 月 1 日起施行）[③]，对消耗臭氧层物质的进口配额管理进行了明确规定。

七、货款支付有关的法律法规

该类法律法规如《中华人民共和国票据法》（以下简称《票据法》，于 1995 年制定通过，其最新版是 2004 年 8 月 28 日发布并实施的修正版）以及《最高人民法院关于审理信用证纠纷案件若干问题的规定》（于 2005 年 11 月 14 日发布，2006 年 1 月 1 日实施）等。

八、进口货物运输及保险的法律法规

该类法律法规如《中华人民共和国海商法》（以下简称《海商法》，其最新版为 1992 年版，自 1993 年 7 月 1 日起施行）、《中华人民共和国保险法》（于 1995 年制定通过，后于 2002 年、2009 年、2014 年和 2015 年修订，最新版为 2015 年 4 月 24 日发布并实施的修正版）、《中华人民共和国民用航空法》（以下简称《民用航空法》，于 1995 年制定通过，其最新版是 2016 年 11 月 7 日发布并实施的修正版）、《中华人民共和国国际海运条例》（于 2002 年制定实施，其最新版本为 2016 年 2 月 6 日发布实施的修正版）及其实施细则、《中华人民共和国国际货物运输代理业管理规定》（1995 年 6 月 29 日发布并实施）和《中华人民共和国国际货物运输代理业管理规定实施细则》（2004 年 1 月 1 日发布并实施）等。

九、《电子商务法》

为了保障电子商务各方主体的合法权益，规范电子商务行为，维护市场秩序，促进电子商务持续健康发展，我国于 2018 年 8 月 31 日通过并发布了《中华人民共和国电子商务法》。该法自 2019 年 1 月 1 日起实施，是在中国境内通过互联网等信息网络销售商品或者提供服务等经营活动的法律依据。

---

① 1985 年，联合国环境规划署（UNEP）为了保护臭氧层通过了《保护臭氧层维也纳公约》，后又于 1987 年组织签署了《关于消耗臭氧层物质的蒙特利尔议定书》。当时中国政府认为这个议定书对发展中国家不公平，所以没有签订这个议定书。后来 UNEP 对该议定书进行了修正，反映了发展中国家的意愿。1989 年中国加入《保护臭氧层维也纳公约》；1991 年，中国正式签字加入修正后的《关于消耗臭氧层物质的蒙特利尔议定书》（1992 年 8 月，该修正后的议定书对中国正式生效）。

② 2010 年 4 月 8 日国务院令第 573 号公布，其最新版为 2018 年 3 月 19 日根据《国务院关于修改和废止部分行政法规的决定》被修订后的版本。具体内容详见中华人民共和国生态环境部网站。

③ 具体内容详见中华人民共和国生态环境部网站。

十、反倾销与反补贴法规

我国现行的反倾销法律法规主要有《中华人民共和国反倾销条例》和《中华人民共和国反补贴条例》。2001 年 11 月 26 日国务院分别发布了《中华人民共和国反倾销条例》和《中华人民共和国反补贴条例》。这两个条例于 2002 年 1 月 1 日施行，2004 年 3 月 31 日被修订（修订版于 2004 年 6 月 1 日起施行）。

十一、其他法规

如商务部 2004 年发布实施并于 2016 年 8 月 18 日修订的《对外贸易经营者备案登记办法》、2008 年 8 月 1 日实施的《大宗农产品进口报告管理办法》、2018 年 5 月 29 日修订并实施的《进口旧机电产品检验监督管理办法》等。

第三节　我国进口贸易有关合同的法律冲突与法律适用

由于历史、文化、法律传统等原因，目前我国国内进口贸易有关合同的法律法规的内容，与国际条约以及其他国家的国内法律的内容之间，存在或大或小的差异。在进口贸易有关合同的法律没有完成国际统一的情形下，我国进口贸易有关合同的法律适用必然要涉及与国际公约、国际惯例及各国国内法的法律冲突以及如何协调的问题。

本节所述"进口贸易有关合同的法律冲突与法律适用"特指在我国的进口贸易中，因国际条约或贸易对方国家（或地区）的有关法律对有关合同（主要是国际货物买卖合同、国际货物运输合同、国际货运保险合同）中某一具体的关系做出与我国法律法规不同的规定，究竟以哪一个规定作为标准的问题。它既包括合同当事人依据什么法律来确定彼此之间权利义务的问题，也包括司法机关或者国际仲裁机构在处理有关的纠纷时，以哪一种法律作为定案的依据的情形。

一、我国有关涉外合同法律冲突与法律适用的法律体系

我国立法中有关涉外合同法律适用的法律主要有《海商法》《票据法》《民用航空法》和《民法典》等。涉及涉外合同法律适用的主要有《海商法》第十四章（主要是第二百六十八条、第二百六十九条、第二百七十一条和第二百七十六条），《票据法》第五章（主要是第九十六条），《民用航空法》第十四章等。

这几部法律中有关涉外合同的法律适用的规定基本相同：合同当事人可以选择合同适用的法律，法律另有规定的除外。合同当事人没有选择的，适用与合同有最密切联系的国家的法律。即我国对涉外合同的法律适用首先采用当事人意思自治原则（即首先适用当事人双方自主协议所选择的法律），只有在当事人未选择涉外合同所适用的

法律或当事人选择的法律无效的情况下才采用最密切联系原则（即适用与该合同有最密切联系的国家的法律）。

然而，上述法律只是规定了涉外合同的法律适用原则，缺乏可操作性，从而使得我国司法实践中的法律选择问题缺乏统一的明确的准则。为规范司法实践，我国最高人民法院于2007年7月23日公布了《最高人民法院关于审理涉外民事或商事合同纠纷案件法律适用若干问题的规定》（自2007年8月8日起施行，以下简称《规定》）。《规定》体现了当事人的意思自治、最密切联系、法律规避公共秩序保留等法律适用原则，包括涉外民事或商事合同应适用的法律的范围问题、当事人选择法律的方式问题、当事人选择或者变更选择法律的时间问题、最密切联系原则如何确定及运用的问题、法律适用中的法律规避问题、法律适用中的社会公共利益问题、限制外国法适用问题、外国法查明问题等涉外民商事合同的法律适用问题。这些规定完善和发展了我国涉外商事合同的法律适用制度。

为了明确涉外民事关系的法律适用，解决涉外民事争议，维护当事人合法权益，2010年10月28日我国制定并通过了《中华人民共和国涉外民事关系法律适用法》（以下简称《法律适用法》）（自2011年4月1日起施行）。《法律适用法》就我国涉外民事关系的法律适用问题做了比较系统的规定，结束了我国长期以来没有单行的国际私法法典的局面。

此外，为依法保护中外当事人合法权益，便利当事人诉讼，进一步提升涉外民商事审判质效，根据《中华人民共和国民事诉讼法》（以下简称《民事诉讼法》）的规定，结合审判实践，2022年11月14日，最高人民法院制定并发布《最高人民法院关于涉外民商事案件管辖若干问题的规定》，自2023年1月1日起施行。

二、我国有关涉外合同法律冲突与法律适用的基本原则

从司法实践及最新的立法来看，我国涉外合同法律适用的有以下五个原则。

（一）意思自治原则

意思自治原则即合同当事人可以选择处理合同争议所适用的法律，这是我国涉外合同法律适用的最基本的原则。

《法律适用法》第四条规定："中华人民共和国法律对涉外民事关系有强制性规定的，直接适用该强制性规定。"但是我国法律未对当事人选择法律是否与合同有客观联系作出规定，当事人选择的法律只要不违背法律、行政法规的强制性规定，即为有效选择。如果当事人没有选择适用法律，则由人民法院根据最密切联系原则确定合同争议应适用的法律。

在实践中，我国要求合同当事人的法律选择必须是明示的，而拒绝承认默示选择法律方式；允许合同当事人在合同订立时或发生争议后选择法律；要求合同当事人选择的法律必须是现行实体法，而不包括冲突规范和程序法。

关于合同当事人缔约能力的法律适用问题，我国法律要求对自然人适用经常居所

地法，但是在行为能力认定上，除涉及婚姻家庭、继承的外，依照经常居所地法律为无民事行为能力，依照行为地法律为有民事行为能力的，适用行为地法律。对法人及其分支机构适用登记地法律，但是主营业地（即法人的经常居所地）与登记地不一致的，可以适用主营业地法律。

（二）最密切联系原则

该原则是意思自治原则的补充，即涉外合同的当事人没有选择处理争议所适用的法律时，法律适用与合同有最密切联系的国家法律。

司法实践中，我国以"特征性履行"作为对合同的最密切联系地进行界定的依据，即哪一方行为属于合同中最具特征性的履行行为，就适用哪一方所在地国家的法律。在通常情况下是：国际货物买卖合同，适用合同订立时，卖方营业所所在地法律；保险合同适用保险人营业所所在地法律；成套设备供应合同，适用设备安装运转地法律；代理合同，适用代理人营业所所在地法律；不动产租赁、买卖或者抵押合同，适用不动产所在地法律等。

在我国司法实践中，若合同明显与另一国家或地区的法律具有更密切的关系时，人民法院以另一国家或地区的法律作为处理合同争议的依据。此外，在当事人有一个以上居所地或登记地时，就以与合同有最密切关系的居所地或登记地为准。

（三）仅适用中国法律的特殊原则

《民事诉讼法》第二百六十六条规定，在我国境内履行的中外合资经营合同、中外合作经营合同、中外合作勘探开发自然资源合同发生纠纷提起的诉讼，必须适用中国法律。

（四）国际条约优先适用原则

凡中国缔结参加的与合同有关的国际条约，与准据法不同时，优先适用国际条约，但是我国加入时声明保留的条款除外。我国已经加入《联合国国际货物买卖合同公约》《国际铁路货物联运协定》《华沙公约》《海牙议定书》和《蒙特利尔公约》，依据公约的规定以及我国加入时的条件，我国从缔约国公司进口货物的合同中如不另作法律选择，则合同自动适用公约的有关规定，发生纠纷或诉讼，应当依据公约处理。

这里需要特别说明的是，有些已经生效而中国未加入的公约，如海上运输方面的《海牙规则》[①]《维斯比规则》和《汉堡规则》，铁路运输方面的《国际铁路货物运输公约》，航空运输方面的《瓜达拉哈拉公约》，公路运输方面的《国际公路货物运输合同公约》，内河运输方面的《国际内河运输合同公约》，可以通过当事人的意思自治来全部或部分地排除其适用。但是，如果我国进口货物交由外国的运输公司运输而对方所属国家是这些规则或公约的成员国的话，很有可能会被对方要求在合同中明示遵守这些公约或规则。

---

① 虽然中国内地尚未加入《海牙规则》，但规则适用于中国香港地区和中国澳门地区，国内外的相关文件可经由中国香港地区完成海牙认证。

（五）特殊情况下适用国际惯例的原则

在我国，国际惯例要得到适用必须同时具备以下 5 个条件。

（1）必须以我国法律为争议问题的准据法为前提。如果该争议的准据法为外国法，或者港澳地区的法律，则国际惯例之能适用与否视该准据法的规定。如果该准据法允许适用国际惯例，国际惯例方有可能得到适用，反之则不可适用。

（2）必须以我国法律、与我国缔结或参加的国际条约对争议问题没有规定为条件。这里需要指出的是，由于我国实行"一国两制"方针，且我国澳门地区、香港地区因历史和现实等因素，在经济等领域实施着与内地不同的法律规定，因此，当这两个地区法律规定与内地法律规定不一致时，应以内地法律规定为准则，也就是这里的"没有规定"应指内地法律中的强制性规范还是任意性规范都没有相应的规定。

（3）必须以相关领域国际惯例的存在为前提。

（4）应以该惯例未被当事人所明示排除为前提。如某惯例已被当事人所明示排除，则该惯例不适用。

（5）国际惯例的适用性。这取决于司法机关对补充适用国际惯例的选择。

三、《法律适用法》中与国际贸易法律适用有关的主要规定

《法律适用法》是为了明确民事关系的法律适用，合理解决涉外民事争议，维护当事人合法权益而制定的。

《法律适用法》第二条规定："涉外民事关系适用的法律，依照本法确定。其他法律对涉外民事关系法律适用另有特别规定的，依照其规定。本法和其他法律对涉外民事关系法律适用没有规定的，适用与该涉外民事关系有最密切联系的法律。"此即《法律适用法》的适用范围及其最密切联系原则。应当注意，《海商法》《民用航空法》《票据法》等属于"其他法律"，在商事关系的法律适用问题上，应优先适用《海商法》《民用航空法》《票据法》中的特别规定。

《法律适用法》第三条规定："当事人依照法律规定可以明示选择涉外民事关系适用的法律。"此即"当事人选择适用的法律"的原则。注意，"明示"不等于"书面"。

《法律适用法》第四条规定："中华人民共和国法律对涉外民事关系有强制性规定的，直接适用该强制性规定。"第五条规定："外国法律的适用将损害中华人民共和国社会公共利益的，适用中华人民共和国法律。"第六条规定："涉外民事关系适用外国法律，该国不同区域实施不同法律的，适用与该涉外民事关系有最密切联系区域的法律。"第七条规定："诉讼时效，适用相关涉外民事关系应当适用的法律。"第八条规定："涉外民事关系的定性，适用法院地法律。"

《法律适用法》第九条规定："涉外民事关系适用的外国法律，不包括该国的法律适用法。"即我国通过冲突规范援引适用外国法时，只适用外国的实体法，不适用外国的冲突法，从而不可能发生反致。

《法律适用法》第十条规定："涉外民事关系适用的外国法律，由人民法院、仲裁

机构或者行政机关查明。当事人选择适用外国法律的，应当提供该国法律。不能查明外国法律或者该国法律没有规定的，适用中华人民共和国法律。"本条是关于外国法的查明的规定，以有管辖权的机关依职权查明外国法律为主，以当事人提供外国法律为辅。

《法律适用法》第十一条规定："自然人的民事权利能力，适用经常居所地法律。"第十二条规定："自然人的民事行为能力，适用经常居所地法律。自然人从事民事活动，依照经常居所地法律为无民事行为能力，依照行为地法律为有民事行为能力的，适用行为地法律，但涉及婚姻家庭、继承的除外。"第十三条规定："宣告失踪或者宣告死亡，适用自然人经常居所地法律。"第十四条规定："法人及其分支机构的民事权利能力、民事行为能力、组织机构、股东权利义务等事项，适用登记地法律。法人的主营业地与登记地不一致的，可以适用主营业地法律。法人的经常居所地，为其主营业地。"第十六条规定："代理适用代理行为地法律，但被代理人与代理人的民事关系，适用代理关系发生地法律。当事人可以协议选择委托代理适用的法律。"第十八条规定："当事人可以协议选择仲裁协议适用的法律。当事人没有选择的，适用仲裁机构所在地法律或者仲裁地法律。"第二十条规定："依照本法适用经常居所地法律，自然人经常居所地不明的，适用其现在居所地法律。"

《法律适用法》第四十一条规定："当事人可以协议选择合同适用的法律。当事人没有选择的，适用履行义务最能体现该合同特征的一方当事人经常居所地法律或者其他与该合同有最密切联系的法律。"本条规定了合同法律适用的一般原则。

关键概念

国际条约、国际贸易惯例、《联合国国际货物销售合同公约》、《民法典》、《进出口商品检验法》、《海商法》、《票据法》、《电子商务法》、法律冲突与法律适用、《法律适用法》

复习思考题

1. 目前世界上关于国际货物买卖的国际条约主要有哪些？
2. 目前世界上关于国际货物买卖的国际贸易惯例主要有哪些？
3. 中国加入《联合国国际货物销售合同公约》时提出的保留是什么？
4. 中国有关进口贸易的法律主要有哪些？
5. 中国有关涉外合同法律冲突与法律适用的基本原则有哪些？

第二章
我国对进口贸易的主要管理制度与措施

·本章要点·

本章主要介绍我国目前对进口贸易的主要管理制度与措施，包括国际贸易"单一窗口"管理模式、进口经营者资格管理、进口许可管理、海关管理及进口检验检疫管理、进口付汇管理、原产地管理、进口信贷管理等。

本章的重点是国际贸易"单一窗口"管理模式、进口许可管理、海关管理及进口检验检疫管理、进口付汇管理。

本章的难点是进口许可管理。

第一节　我国国际贸易"单一窗口"管理模式

因为我国国际贸易"单一窗口"管理模式几乎涉及本章各节进口贸易管理制度与措施，属于进口贸易各管理制度和管理部门之间的统筹协同管理模式，所以本章第一节首先阐述我国国际贸易"单一窗口"管理模式。

一、我国国际贸易"单一窗口"的概念及其与电子口岸的关系

"单一窗口"是一种贸易管理模式，即参与国际贸易和运输的各方，通过单一的平台（一个窗口），向各相关政府机构，一次性提交货物进出口或转运所需要的标准化的信息和单证，以满足相关法律法规及管理的要求。

"单一窗口"通过单一的信息输入点一次性提交标准化信息，为参与贸易管理的政府部门协调各自的管理职责提供一个平台，为企业办理相关手续提供便利。"单一窗口"管理模式已被世界各国普遍接受和推行，也是保障供应链安全和促进贸易便利化的重要措施。目前，国际上"单一窗口"的运行模式主要有"单一机构""单一系统"和"公共平台"这三种模式。

2001年6月1日，我国海关总署、原对外经济贸易合作部①、国家税务总局、中国人民银行、国家外汇管理局、国家出入境检验检疫局、国家工商行政管理局、公安部、交通部、原铁道部②、原民航总局③、原信息产业部④等12个部委共同参与的"中国电子口岸"在全国各口岸推广实施。"中国电子口岸"将上述部委分别管理的进出口业务信息流、资金流、货物流等电子底账数据集中存放到公共数据中心，在统一、安全、高效的计算机物理平台上实现数据共享和数据交换。国家各行政管理部门可根据执法和管理需要通过"中国电子口岸"进行跨部门、跨行业的联网数据核查，企业只要通过"中国电子口岸"，就可以在网上向海关、质检、外贸、外汇、工商、税务、银行等国家行政管理机关申办报关、出口退税、结付汇和加工贸易备案等进出口手续，减少企业直接到政府部门办理业务的次数，节省办事时间，提高贸易效率，从而真正实现政府对企业的"一站式"服务。

从中国电子口岸所倡导的"一站式"服务的概念以及它的基本要素来看，它与国际上"单一窗口"建设的基本理念、基本目标方向是一致的。"单一窗口"与电子口岸建设也是十分相近或者说是相似的，可以说，电子口岸是国际"单一窗口"模式的雏形阶段。

然而，中国电子口岸的功能和建设也存在着一些问题，与国际上的"单一窗口"还有一定的差距，在实际推广运行过程中还没有得到最大范围的应用。中国电子口岸执法部门的信息化建设还没有完全互联互通。目前，我国国际贸易过程中所涉及的大多数政府管理部门都开发了业务信息化系统，实现了各自部门业务申请、办理、回复的电子化和网络化。但是，在各部门系统间缺乏协同互动、未实现充分的数据共享，因此进出口企业在口岸通关过程中需要登录不同的系统填报数据，进出口企业要在银行、外汇管理局、商检局、海关、港务局、船代企业和货代企业等各个部门来回完成多道手续，降低了通关速度和效率，增加了贸易成本。在国际贸易激烈竞争的情况下，企业对通关效率和成本更为敏感，对中国对外贸易环境的改善有强烈的呼声，迫切希望通过电子口岸的发展，全面实现"单一窗口"功能，进一步提高中国贸易便利化水平，降低贸易成本，增强企业国际竞争力。

中国作为世界经济大国，应当结合国情，推进"单一窗口"的建设。这是中国履行加入WTO承诺的具体行动，也符合中国外贸发展战略和开放型经济发展的需要。同

---

①　对外贸易经济合作部前身是对外经济贸易部。2003年3月，根据第十届全国人民代表大会第一次会议审议通过的《国务院机构改革方案》，不再保留对外贸易经济合作部。

②　2013年3月，根据第十二届全国人民代表大会第一次会议审议的《国务院关于提请审议国务院机构改革和职能转变方案》的议案，铁道部实行铁路政企分开。即将铁道部拟定铁路发展规划和政策的行政职责划入交通运输部；组建国家铁路局，由交通运输部管理，承担铁道部的其他行政职责；组建中国铁路总公司，承担铁道部的企业职责；不再保留铁道部。

③　2008年3月，由国务院直属机构改制为部委管理的国家局，同时更名为中国民用航空局。

④　2008年6月29日10时，在原信息产业部所在地北京西长安街和万寿路两个办公地点，同时更换为工业和信息化部。

时,也是口岸管理部门提升对外合作水平,提高口岸执法能力,创造有利于大监管的国际环境,积极参与国际事务,提高中国在国际组织中的话语权和主导权的有效途径。

为了减少企业分别向海关、检验检疫、海事等多个部门,以及不同系统登录注册的环节,我国在总结沿海地区"单一窗口"建设试点成果的基础上,结合我国口岸管理实际,并充分借鉴国际上"单一窗口"成熟经验,"单一窗口"标准版已经建成。"单一窗口"标准版依托中国电子口岸平台建立了统一的用户管理功能,使国际贸易进出口业务领域的用户在"单一窗口"标准版中进行一次注册、单点登录,即可统一、集中地管理用户信息,办理各项业务。

申报人通过"单一窗口"标准版一点接入、一次性提交满足口岸管理和国际贸易相关部门要求的标准化单证和电子信息,实现共享数据信息、实施职能管理,优化通关业务流程。"单一窗口"标准版可以提高关检申报效率,缩短通关时间,降低企业成本,促进贸易便利化,推动国际贸易合作对接。

目前我国国际贸易"单一窗口"标准版为网页形式,用户打开浏览器输入"http://www.singlewindow.cn"即可访问。①

二、我国国际贸易"单一窗口"标准版已接入的服务

我国"单一窗口"的建设是监管制度创新的重大举措。在"单一窗口"平台上,贸易和运输企业可实现一点接入,经一次性递交就能满足监管部门要求的格式化单证和电子信息。监管部门处理状态(结果)也能通过该平台及时反馈给申报人,并通过共享资源实施联合监管。

我国"单一窗口"首先已将口岸执法改变为一口对外、一次受理和一次操作的执法模式,简化了申报流程,降低了申报环节操作复杂性;采用单一平台申报,摒除了以往多人员、多客户端和多单证系统操作。其次,"单一窗口"已有效减少同类数据项的重复录入,将执法部门需要的申报数据整合成标准化的申报数据池,相同或相近的数据项只需录入一次。再次,"单一窗口"实现企业与执法部门之间信息流的无缝衔接,企业可以运用"单一窗口"的数据有效整合贸易供应链上各环节的信息资源,减少中间处理环节,降低数据差错率。此外,企业通过"单一窗口"界面可"一站式"办结所有通关手续,避免在各执法部门之间奔走和等候,从而节省大量人力和时间成本。不过,因为"单一窗口"的建设牵扯的部门太多,实现我国所有贸易监管单位全部业务联网还任重道远。

目前,"单一窗口"标准版已接入的国际贸易管理服务主要包括:货物申报、舱单申报(MFT)、运输工具申报(CDS)、许可证件、原产地证(COO)、企业资质(QLF)、税费支付(SPL)、出口退税(TXR)、查询统计(QSP)、加工贸易、跨境电

① 使用的系统环境要求参见"'单一窗口'标准版用户手册(用户管理)"(下载网址为https://www.singlewindow.cn/#/manual)。

商（CEB）、物品通关（EXB）、账号信息管理（USR）、导入客户端（SIC）等模块。①

其中，"货物申报"模块包括货物申报（DEC）、集中申报（CDL）、报关代理委托（ACD）、预约通关（YTG）等；"许可证件"模块包括农药放行通知单（PES）、野生动植物申请（CTS）、有毒化学品进出口环境管理放行通知单（IETC）、机电产品自动进口许可证（ALI）、非机电产品自动进口许可证（NALI）、音像制品（成品）进口批准单申请（AVPIP）、进口广播电影电视节目带（片）提取单申请（IRFTP）、援外项目任务通知单申请（FAPMN）等；"加工贸易"模块包括加工贸易手册（金二）（NPTS）、加工贸易账册（金二）（NEMS）、海关特殊监管区域（金二）（SAS）、保税物流管理（金二）（NBHL）、保税担保管理（金二）（GRT）、委托授权（金二）（NWGT）等。②

"单一窗口"各管理服务模块的有关操作应用细节，比如用户注册及管理（属于"账号信息管理"模块）、进口经营者资格申请（属于"企业资质申请"模块）、进口货物关检申报（属于"货物申报"模块）、进口税费支付（属于"税费支付"模块）、原产地证申报等将在第二编"进口贸易业务流程"中具体介绍。

第二节　进口经营者资格管理

一、我国《对外贸易法》（2022 年修正）的有关规定

2019 年 10 月，全国人大常委会通过了关于授权国务院在自由贸易试验区暂时调整适用有关法律规定的决定，其中，授权国务院在自由贸易试验区暂时调整适用《对外贸易法》第九条的规定，取消对外贸易经营者备案登记，调整在三年内试行。授权决定同时提出：对实践证明可行的，国务院应当提出修改有关法律的意见；对实践证明不宜调整的，在试点期满后恢复施行有关法律规定。国务院据此提出，上述改革试点实施以来，对外贸易经营者相关手续办理流程得以精简，便利度显著提升，受到市场主体广泛认可；有关政府部门着重加强监管，在管理上未发现风险隐患。改革举措经实践证明可行，具备了在全国范围内复制推广的条件。因此，有意见建议修改《对外贸易法》。

我国《对外贸易法》（2022 年修正）将 2016 年修正版的第九条规定删除，即"从事货物进出口或者技术进出口的对外贸易经营者，应当向国务院对外贸易主管部门或

---

①② 源自中国国际贸易单一窗口网站（https://www.singlewindow.cn/）截至 2024 年 11 月的内容。

者其委托的机构办理备案登记；但是，法律、行政法规和国务院对外贸易主管部门规定不需要备案登记的除外。备案登记的具体办法由国务院对外贸易主管部门规定。对外贸易经营者未按照规定办理备案登记的，海关不予办理进出口货物的报关验放手续"。该条规定意味着我国对外贸易经营者资格实行登记制，凡办理了工商登记或其他执业手续之后的法人、其他组织或个人，只要到我国商务部或其委托的机构办理备案登记，就可以取得外贸经营资格。

第十条规定："国家可以对部分货物的进出口实行国营贸易管理。实行国营贸易管理货物的进出口业务只能由经授权的企业经营；但是，国家允许部分数量的国营贸易管理货物的进出口业务由非授权企业经营的除外。实行国营贸易管理的货物和经授权经营企业的目录，由国务院对外贸易主管部门会同国务院其他有关部门确定、调整并公布。违反本条第一款规定，擅自进出口实行国营贸易管理的货物的，海关不予放行。"第六十六条规定："国家对与裂变、聚变物质或者衍生此类物质的物质有关的货物、技术进出口，以及与武器、弹药或者其他军用物资有关的进出口，可以采取任何必要的措施，维护国家安全。在战时或者为维护国际和平与安全，国家在货物、技术进出口方面可以采取任何必要的措施。"这两条规定说明，我国对部分特殊货物仍然采取特殊的管理政策和授权审批制。

二、我国《对外贸易经营者备案登记办法》（2021 年修正）的有关规定

我国商务部于 2004 年发布实施并于 2016 年、2019 年、2021 年多次修订实施了《对外贸易经营者备案登记办法》[以下简称《登记办法》（2021 年修正）]。

《登记办法》（2021 年修正）第二条规定："从事货物进出口或者技术进出口的对外贸易经营者，应当向中华人民共和国商务部或商务部委托的机构办理备案登记；但是，法律、行政法规和商务部规定不需要备案登记的除外。对外贸易经营者未按照本办法办理备案登记的，海关不予办理进出口的报关验放手续。"第三条规定："商务部是全国对外贸易经营者备案登记工作的主管部门。"第四条规定："对外贸易经营者备案登记工作实行全国联网和属地化管理。商务部委托符合条件的地方对外贸易主管部门（以下简称备案登记机关）负责办理本地区对外贸易经营者备案登记手续；受委托的备案登记机关不得自行委托其他机构进行备案登记。"第十三条规定："备案登记机关在办理备案登记或变更备案登记时，不得变相收取费用。"

《登记办法》（2021 年修正）未就外贸经营者的注册资金、经营年限、经营规模等方面作出特别的规定或要求。因此，我国外贸经营者到工商部门注册外贸企业时的条件与注册内贸企业的条件是一样的，只不过外贸经营者经工商注册之后，还需要到商务部或其授权备案登记机关进行备案登记而已。

三、进口经营者备案登记的基本程序（详细操作见第五章第五节）

《登记办法》（2021 年修正）第五条规定：对外贸易经营者在本地区备案登记机关办理备案登记。对外贸易经营者备案登记程序如下：（一）领取《对外贸易经营者备案登记表》（以下简称《登记表》）。对外贸易经营者可以通过商务部网站下载，或到所在地备案登记机关领取《登记表》。（二）填写《登记表》。对外贸易经营者应按《登记表》要求认真填写所有事项的信息，并确保所填写内容是完整的、准确的和真实的；同时认真阅读《登记表》背面的条款，并由企业法定代表人或个体工商户负责人签字、盖章。（三）向备案登记机关提交如下备案登记材料：（1）按本条第二款要求填写的《登记表》。（2）营业执照复印件。（3）对外贸易经营者为外商投资企业的，还应提交外商投资企业批准证书复印件。（4）依法办理工商登记的个体工商户（独资经营者），须提交合法公证机构出具的财产公证证明；依法办理工商登记的外国（地区）企业，须提交经合法公证机构出具的资金信用证明文件。

《登记办法》（2021 年修正）第六条规定："备案登记机关应自收到对外贸易经营者提交的上述材料之日起 5 日内办理备案登记手续，在《登记表》上加盖备案登记印章。"

同时，进口经营者应凭加盖备案登记印章的《登记表》在 30 日内到当地海关、检验检疫、外汇、税务等部门办理开展进口业务所需的有关手续。逾期未办理的，登记表自动失效。

《登记表》上的任何登记事项发生变更时，进口经营者应比照《登记办法》（2021 年修正）第五条和第八条的有关规定，在 30 日之内办理《登记表》的变更手续，逾期未办理变更手续的，其《登记表》自动失效。备案登记机关收到进口经营者提交的书面材料后，应当及时予以办理变更手续。

进口经营者已在工商部门办理注销手续或被吊销营业执照的，自营业执照注销或被吊销之日起，《登记表》自动失效。

根据我国《对外贸易法》的相关规定，商务部决定禁止有关对外贸易经营者在一年以上三年以下的期限内从事有关货物或者技术的进出口经营活动的，备案登记机关应当撤销其《登记表》；处罚期满后，对外贸易经营者可依据本办法重新办理备案登记。

对外贸易经营者不得伪造、变造、涂改、出租、出借、转让和出卖《登记表》。

四、进口经营者的权利和义务

进口经营者的权利主要有进口经营权、进口代理权和依法参加进出口商会权。其义务主要有依法经营、积极配合政府主管机关的监督管理，向有关部门提交与其进口经营活动有关的文件及资料等。

第三节　进口许可管理

第一章第二节已经阐述了我国对进口贸易进行许可管理所依据的主要法律法规（具体名称、立法目的、制定和实施年份、是否有修订等），本节不再复述。本节的重点侧重于阐述我国对进口贸易进行许可管理的具体制度和措施，包括进口配额管理、进口许可证管理、自动进口许可证管理、进口国营贸易管理等。而申领进口许可文件的具体程序及操作则在本书第七章第二节中阐述。

一、进口货物的分类管理原则

我国现行法律法规将进口货物分三类进行管理。

（1）禁止进口的货物。具体目录由商务部会同有关部委制定、调整并公布。

（2）限制进口的货物。对有数量限制的限制进口货物，实行配额管理或关税配额管理；其他限制进口货物，实行许可证管理，由商务部会同有关部委按照国务院规定的职责进行管理。每年底，商务部一般会在其网站"政策发布"下"对外贸易管理"栏公布下一年度的限制《进口商品目录》，比如《进口许可证管理货物目录》《货物进口许可证发证目录》等。

（3）自由进口的货物。进口属于自由进口的货物，不受限制。基于监测货物进口情况的需要，商务部会同有关部委可以按照国务院规定的职责划分，对部分属于自由进口的货物实行自动进口许可管理①。每年底，商务部一般会在其网站"政策发布"下"对外贸易管理"栏公布下一年度《自动进口许可管理货物目录》等。

二、进口配额管理②

进口配额管理是指一国政府在一定时期内对某些商品的进口数量采取直接限制的一种方式。

依据我国2024年修改的《货物进出口管理条例》及相关法律法规的规定，我国实行配额管理的货物目录、配额总量及分配由商务部会同有关部委按照国务院规定的职责进行管理和分配。每年底，商务部一般会在其网站"政策发布"下"对外贸易管理"栏公布下一年度进口商品配额总量、分配原则及相关程序等。

有关部门在分配配额时通常考虑申请人的进口实绩，以往分配的配额是否得到充分使用，申请人的生产能力、经营规模和销售状况，新的进口申请者的申请情况，申请配额的数量情况等因素。

---

①②　本书第七章第二节有更具体的内容。

进口经营者从配额管理部门申领到进口配额证明后，再到进口许可证发证机构申领进口许可证，向海关办理报关验放手续。配额持有者未使用完其持有的年度配额的，应当在当年 9 月 1 日（关税配额为 9 月 15 日）前将未使用的配额交还进口配额管理部门。未按期交还并且在当年年底前未使用完的，进口配额管理部门可以在下一年度对其扣减相应的配额。

目前，我国进口货物配额管理以关税配额管理为主。关税配额管理指一定时期内（一般是 1 年），国家对部分商品的进口制定关税配额税率并规定该商品进口数量总额，在限额内，经国家批准后允许按照关税配额税率征税进口，如超出限额则按照配额外税率征税进口的措施。此外，我国对极少数商品采用绝对配额限制，比如对列入《中国进出口受控消耗臭氧层物质名录》①的进口货物施行绝对配额限制，不允许超过限额数量。

三、进口许可证管理

进口许可证管理指以国家各主管部门签发许可证的方式来实现各类限制进口的措施。我国进口许可证管理主要包括：进口许可证、两用物项和技术进口许可证、濒危物种进口、限制类可利用废物进口、药品进口、音像制品进口、黄金及其制品进口等管理。（进口许可证的具体申领程序及操作见本书第七章第二节的内容）

目前，我国实施进口许可证管理的货物主要有消耗臭氧层物质和重点旧机电产品两大类。我国进口许可证的发证机构按照进口货物的不同情况签发许可文件。例如，进口属于配额管理的消耗臭氧层物质的，发证机构凭国家消耗臭氧层物质进出口管理机构的进口审批单签发进口许可证；进口重点旧机电产品的，发证机构凭商务部签发的重点旧机电产品进口配额证明签发进口配额许可证。进口单位凭发证机构签发的进口许可证向海关办理通关手续。

目前，我国进口许可证的管理部门是商务部及各地方对外贸易管理机构。每年底，商务部一般会在其网站"政策发布"下"对外贸易管理"栏公布下一年度《进口许可证管理货物目录》《进口许可证发证目录》及发证机构等。

进口凡属于我国进口许可证管理的货物，进口经营企业必须在进口前按规定向指定的发证机构申请进口许可证。进口经营企业一般需要提交进口许可证申请表、进口管理部门的批准文件、进出口企业资格证书或外商投资企业批准证书等材料。

我国进口许可证发证机构按照进口货物的不同情况签发许可文件。例如，进口机电产品的，发证机构凭商务部签发的机电产品进口配额证明签发进口配额许可证；进口属于配额管理的天然橡胶的，发证机构凭国家发展和改革委员会（以下简称"国家发展改革委"）、商务部的配额批准文件签发进口配额许可证；对外商投资企业作为投

①　由中华人民共和国生态环境部等依据《中华人民共和国大气污染防治法》《消耗臭氧层物质管理条例》和《消耗臭氧层物质进出口管理办法》制定并公布《中国进出口受控消耗臭氧层物质名录》。

资和自用进口属于配额管理的机电产品和生产内销用进口属于配额管理的非机电产品，发证机构凭外资主管部门签发的外商投资企业进口配额证明签发进口许可证。

进口许可证的有效期为 1 年，逾期自行失效。进口许可证为当年有效，特殊情况如需跨年度使用的，有效期最长不得超过次年 3 月 31 日。进口许可证如需更改，应在有效期内向原发证机构提出申请，重新换发许可证。进口许可证如遗失，应向公安机关报案，登报声明作废。

四、自动进口许可证管理[①]

我国《对外贸易法》（2022 年修正）第十四条规定："国务院对外贸易主管部门基于监测进出口情况的需要，可以对部分自由进出口的货物实行进出口自动许可并公布其目录。实行自动许可的进出口货物，收货人、发货人在办理海关报关手续前提出自动许可申请的，国务院对外贸易主管部门或者其委托的机构应当予以许可；未办理自动许可手续的，海关不予放行。"每年底，商务部一般会在其网站"政策发布"下"对外贸易管理"栏公布下一年度《自动进口许可管理货物目录》等。

进口属于自动进口许可管理的货物，进口经营者应当在向海关申报前，向商务部授权的自动进口许可证发证机构提交自动进口许可证申请。海关凭加盖"自动进口许可证专用章"的自动进口许可证办理报关手续，银行凭自动进口许可证办理售汇和付汇手续。

五、货物进口国营贸易管理与指定经营

根据国际惯例，我国对部分指定经营的进口商品实行国营贸易管理。这一制度的核心是，凡属于国家指定经营管理的进口货物，由商务部指定的企业从事进口经营业务，非指定经营企业不得或只能少量进口该类货物。根据商务部 2021 年 8 月更新显示，我国采取国营贸易管理的货物有 13 种。其中，进口国营贸易管理货物为小麦、玉米、大米、食糖、烟草、原油、成品油、化肥、棉花。未列入国营贸易企业目录或者未获得非国营贸易允许量的对外贸易经营者，不得从事上述货物的进口活动。[②]

每年底，商务部一般会在其网站"政策发布"下"对外贸易管理"栏公布下一年度《非国营贸易进口允许量申领条件、分配原则和相关程序》《非国营贸易进口企业名单》等。

没有取得非国营贸易商品进口允许的非指定经营企业进口属于指定经营的货物，应委托指定经营企业代理进口，并由指定经营企业申请进口许可证。

[①] 进口许可证的具体申领程序及操作详见本书第七章第二节的内容。
[②] 源自中华人民共和国商务部网站。

第四节　进口全国通关一体化关检管理

我国海关依照《海关法》和其他有关法律法规，有权监管进出境的运输工具、货物、行李物品、邮递物品和其他物品，征收关税和其他税、费，查缉走私，并编制海关统计和办理其他海关业务。我国海关原来施行的通关流程是接受申报、审单、查验、征税、放行的"串联式"作业流程。2017 年，我国海关进行了全国通关一体化改革，自 2017 年 7 月 1 日起实施全国海关通关一体化。

2018 年，根据我国《深化党和国家机构改革方案》，出入境检验检疫管理职责和队伍被划入海关，为了实现海关原有管理职责和检验检疫管理职责的深度、有机融合，我国海关又进行了一系列、大幅度的优化整合工作。全国海关通关一体化和关检深度融合，不仅改变了海关和检验检疫管理模式，而且也改变了企业原有的报关、报检流程和作业模式，让企业通关更便捷、成本更低。

需要说明的是，鉴于进口贸易海关管理中有关"进口货物海关税费计征"的重要性，本书专门在第三章第三节中分析阐述"我国进口货物海关税费计征政策"。因此，本节内容不包括进口货物海关税费计征的内容，而只分析阐述我国进口贸易的海关及检验检疫管理制度。

一、全国海关通关一体化改革

所谓全国通关一体化指"全国海关是一关"以及"口岸大通关"，即企业可以在全国任意选择通关或者报关地点和口岸，在全国任何一个地方都可以办理相关手续。

全国通关一体化新型通关管理模式，以"单一窗口"为依托，以监管互认、信息互换、执法互助"三互"大通关为机制化保障，进行跨地区、跨层级、跨部门的高水平通关协作。在海关层面，企业面对的不是具体的某个海关，而是中国海关这个整体，同一企业在不同海关享受到的是统一的、透明的、可预期的通关便利待遇。在口岸层面，口岸相关部门目前已基本建立了跨地区、跨层级、跨部门的通关协作模式。

全国海关通关一体化改革的亮点是设立"两中心"，海关总署建成并启用直管的"风险防控中心"和"税收征管中心"两中心，统一风险分析防控，集中统一实施税收征管，实现全国海关风险防控、税收征管等关键业务集中、统一、智能处置。这使海关执法更加统一、高效和协同，相同货物在不同口岸产生归类、估价不一致的问题将得到有效解决，同一企业在不同海关将面对统一的海关监管规范。

全国海关"税收征管中心"包括海关总署税管中心（上海）、海关总署税管中心（广州）、海关总署税管中心（京津）等 3 个中心。税管中心主要按照商品和行业分工，对涉税申报要素的准确性进行验证和处置，重点防控涉及归类、价格、原产地等税收征管要素的税收风险。3 个税管中心按照商品和行业进行分工。其中，海关总署税管中心（上海）主要负责全国范围内进口的机电大类（机电、仪器仪表、交通工具类）等商品，包括《进出口税则》共8章（第84～87章、第89～92章）、2 286个税号。海关总署税管中心（广州）主要负责全国范围内进口的化工大类（化工原料、高分子、能源、矿产、金属类等）商品，包括《进出口税则》共31章（第25～29章、第31～40章、第68～83章）、2 800个税号。海关总署税管中心（京津）主要负责全国范围内进口的农林、食品、药品、轻工、杂项、纺织类及航空器等商品，包括《进出口税则》共58章（第1～24章、第30章、第41～67章、第88章、第93～97章）、3 461个税号。

自2017年7月1日起，全国海关通关一体化改革后，在全国口岸所有运输方式进口的《进出口税则》全部章节商品，实施"一次申报、分步处置"通关作业流程和企业自报自缴税款、海关对税收征管要素审核后置等改革措施。安全准入风险主要在口岸通关现场处置，税收征管要素风险主要在货物放行后处置。即把过去的企业申报、海关审核，尤其是价格、归类、原产地等税收申报要素在口岸上的逐一审核，变为企业自己向海关申报、自主缴税，海关抽查审核，重点放在后续的审查和处理上，做到最大限度压缩放行前非必要的执法作业，压缩货物在口岸的滞留时间，节省通关时间，降低通关成本。这项改革与进口提前申报、提高无纸化率、简化电子支付流程等措施相结合，发挥改革综合效应，既强化了监管，又优化了服务。

改革前，海关的税收征管方式是在货物放行前，由海关对企业申报的归类、价格等税收要素逐票审定后，开具税款缴款书，企业缴纳税款。这种征管方式在货物放行前耗时较长，作业时空集中在现场通关环节，行政成本高、作业效率低，快速通关与有效监管的矛盾突出，且关企之间的责任边界不明晰，容易产生执法争议。

改革后，税收征管方式改为由企业自报、自缴税款，自行打印税单，海关对税收要素的审查由集中在现场通关环节向全过程转变，由逐票审定向抽查审核转变，绝大多数审核在放行后进行。也就是说，在企业完成进口报关和税款自报自缴手续后，海关主要是对进口货物完成合法进口等要素甄别后，先放行货物，其他手续通关后完成。在货物放行前，在口岸海关处置安全准入风险；货物放行后，在属地海关开展税收后续管理，简化了口岸通关环节的手续，压缩了口岸通关的时间，效率大大提高。

同时，全国通关一体化消除了申报的关区限制，对企业而言，全国是一关，企业可以选择在任意地点进行报关，在任意一个海关，完成申报、缴税等所有相关海关手续的办理（实货查验、企业注册等必须在口岸、属地海关办理的手续除外）。在两个中心的处置下，全国通关的政策和规定在执行标准上更加一致，海关执法更统一。同一企业无论在哪里通关，海关都是同一个执法口径和标准，企业在不同海关将面对统一的海关监管政策和要求，享受统一的通关便利待遇。目前，企业的申报更自由（"互联网＋"网上申报、可以向任一海关申报）、手续更简便（无需在不同海关多次办理繁杂的转关运输手续）、通关更顺畅（货物在口岸的放行速度大幅提高，企业通关费用大幅下降）。

新模式有利于进一步提高通关速度，实现税收征管作业的前推后移。同时，明晰关企双方的责任边界，强化企业如实、准确申报的责任，以"诚信守法便利、失信违法惩戒"为原则，引导越来越多的企业自觉守法，提高合规管理水平，为全国海关通关一体化营造良好的通关环境。

不过，涉及公式定价、特案（包括实施反倾销反补贴措施和保障措施）以及尚未实现电子联网的优惠贸易协定项下原产地证书或者原产地声明的进口报关单，由现场验估岗处置。其中，被 H0、H1 或 H2 参数捕中的，按相关流程处置。

另外，自 2017 年 7 月 1 日起，海关取消专业审单，各区域通关一体化审单中心不再办理专业审单业务。

二、关检融合改革

根据我国《深化党和国家机构改革方案》，出入境检验检疫管理职责和队伍被划入海关，自 2018 年 4 月 20 日起以海关名义对外开展工作。我国海关总署为了实现海关原有管理职责和检验检疫管理职责的深度、有机融合，于 2018 年进行了一系列大幅度的优化整合工作。按照在全国通关一体化框架下实现关检业务全面融合的要求，遵循全面融合与平稳过渡相结合、强化监管与简化手续相结合、维护安全与促进便利相结合、防范风险与提升获得感相结合的原则，在企业申报环节以流程整合优化为主线，以信息系统一体化为支撑，以便利企业为目的进一步精简申报项目，参照国际标准，尊重惯例，实现单证统一、代码规范、申报系统整合。

为贯彻落实《深化党和国家机构改革方案》工作部署，海关总署决定自 2018 年 4 月 20 日起优化整合企业报关报检资质的注册备案工作。此次报关报检资质优化整合只涉及海关报关单位（进出口货物收发货人和报关企业）和检验检疫报检企业（自理报检企业和代理报检企业）。其他企业需要在海关办理注册登记或者备案的，仍按照原有模式办理。

（1）将检验检疫自理报检企业备案与海关进出口收发货人备案，合并为海关进出口货物收发货人备案。企业备案后同时取得报关和报检资质。

（2）将检验检疫代理报检企业备案与海关报关企业（包括海关特殊监管区域双重身份企业）注册登记或者报关企业分支机构备案，合并为海关报关企业注册登记和报关企业分支机构备案。企业注册登记或者企业分支机构备案后，同时取得报关和报检资质。

（3）将检验检疫报检人员备案与海关报关人员备案合并为报关人员备案，报关人员备案后同时取得报关和报检资质。

我国海关总署在前期征求各部委、报关协会、部分报关企业意见的基础上，按照"依法依规、去繁就简"原则，对原报关单和检验检疫原报检单申报项目进行了梳理整合，整合申报项目主要是对海关原报关单申报项目和检验检疫原报检单申报项目进行梳理，通过合并共有项、删除极少使用项，将原报关、报检单合计 229 个货物申报数据项精简到 105 个，大幅减少了企业申报项目。报关报检面向企业端整合形成"四个一"，即"一张报关单、一套随附单证、一组参数代码、一个申报系统"。海关总署同步编写并对外发布《进出口货物报关单填制规范》（海关总署 2018 年第 60 号公告）、《进出口货物报关单和进出境货物备案清单格式》（海关总署 2018 年第 61 号公告）、《进出口货物报关单申报电子报文格式》（海关总署 2018 年第 67 号公告）等公告。即将原报关单、报检单整合形成一张报关单，实现报关报检"一张大表"货物申报；将原报关、报检单据单证整合为一套随附单证；将原报关、报检参数整合为一组参数代码；将原报关、报检申报系统整合为一个申报系统。

整合后的新版报关单以原报关单 48 个项目为基础，增加部分原报检内容形成了具有 56 个项目的新报关单打印格式。此次整合对进口、出口货物报关单和进境、出境货物备案清单布局结构进行优化，版式由竖版改为横版，与国际推荐的报关单样式更加接近，纸质单证全部采用普通打印方式，取消套打，不再印制空白格式单证。修改后的进口、出口货物报关单和进境、出境货物备案清单格式自 2018 年 8 月 1 日起启用，原报关单、备案清单同时废止，原入境、出境货物报检单同时停止使用。

海关总署整合简化了申报随附单证，对企业原报关、报检所需随附单证进行梳理，整理随附单证类别代码及申报要求，整合原报关、报检重复提交的随附单据和相关单证，形成统一的随附单证申报规范。

海关总署对原报关、报检项目涉及的参数代码也进行了梳理，参照国际标准，实现现有参数代码的标准化。梳理整合后，统一了 8 个原报关、报检共有项的代码，包括国别（地区）代码、港口代码、币制代码、运输方式代码、监管方式代码、计量单位代码、包装种类代码、集装箱规格代码等①。

在申报项目整合的基础上，海关总署将原报关报检的在线申报系统进行了整合，形成一个统一的申报系统。用户由"互联网 + 海关"或国际贸易"单一窗口"接入。

三、改革后进口全国通关一体化关检管理具体流程

进口货物自进境起到办结海关手续止，应当接受海关监管。进口货物关检管理包括进口申报、税费缴纳、关检查验、放行、放行后验估和稽（核）查等五个基本环节。

（一）进口申报

根据我国《海关法》的规定，进口货物应当自运输工具申报进境之日起 14 日内由收货人向海关申报。进口货物的收货人超过规定期限未向海关申报，海关从第 15 天开始，对其按日征收滞纳金，金额为进口货物到岸价 0.5%。进口货物的收货人自运输工具申报进境之日起超过 3 个月未向海关申报的，其进口货物由海关提取变卖处理。

目前，我国海关鼓励进口货物提前申报。实施提前申报后，海关作业环节前置，可以大大缩短进口货物通关时间。

所谓进口货物提前申报，指在装载进口货物的运输工具启运后、运抵我国海关监

---

① 具体参数代码详见：海关总署门户网站→在线服务→通关参数→关检融合部分通关参数查询及下载。

管场所前向我国海关申报进境。

2003 年，海关总署发布《中华人民共和国海关进出口货物申报管理规定》（海关总署令第 103 号）规定，经海关批准，进出口货物的收发货人、受委托的报关企业可以在取得提（运）单或载货清单（舱单）数据后，向海关提前申报。在进出口货物的品名、规格、数量等已确定无误的情况下，经批准的企业可以在进口货物启运后、抵港前或出口货物运入海关监管场所前 3 日内，提前向海关办理报关手续，并按照海关的要求交验有关随附单证、进出口货物批准文件及其他需提供的证明文件。

提前申报的进出口货物税率、汇率的适用，按照《进出口关税条例》的有关规定办理，即提前申报的进口货物，应当适用装载该货物的运输工具申报进境之日实施的税率和汇率。

2014 年，海关总署第 74 号公告《关于明确进出口货物提前申报管理要求的公告》规定，进出口货物的收发货人、受委托的报关企业向海关提前申报的，应当符合以下规定："一、进出口货物的收发货人、受委托的报关企业提前申报的，应当先取得提（运）单或载货清单（舱单）数据。其中，提前申报进口货物应于装载货物的进境运输工具启运后、运抵海关监管场所前向海关申报；提前申报出口货物应于货物运抵海关监管场所前 3 日内向海关申报。二、进出口货物的收发货人、受委托的报关企业应当如实申报，并对申报内容的真实性、准确性、完整性和规范性承担相应法律责任。"

我国海关目前要求货物到港前 24 小时前，承运人必须提交舱单数据给海关，进口企业只要能够查询到货物的电子舱单数据，就可以提前申报。进口货物电子舱单数据查询可以登录海关总署网站查询（具体操作详见本书第七章第八节）。

进口提前申报货物因故未到或者所到货物与提前申报内容不一致的，进口货物的收货人或其代理人需向海关提交说明材料，有关报关单修改或撤销按照《中华人民共和国海关进出口货物报关单修改和撤销管理办法》（海关总署令第 220 号）及相关规定办理。

（二）税费缴纳

目前，我国海关鼓励进口企业"自报自缴税费"（具体操作模式见本书第七章第八节）。

"自报自缴"，是指进出口企业、单位自主向海关申报报关单及随附单证、税费等电子数据，并通过电子系统自行缴纳税费。该模式与现有模式最大的区别在于，货物放行时间提前，海关审核在后。这是海关为守法企业提供快速通关服务的便利措施，也是海关税收征管方式改革的重要内容。

目前，可适用自报自缴的业务范围很广，除了公式定价、特案以及尚未实现电子联网的优惠贸易协定项下原产地证书或者原产地声明的，其他业务模式几乎都适用。选择该模式，企业报关时，在报关单预录入系统（QP 系统）中打钩，即可一次性完成报关、计税、缴纳。

（三）关检查验

1. 我国海关"分步处置"模式

在我国海关分步处置模式下，第一步，风险防控中心分析货物是否存在禁限管制、侵权、品名规格数量伪瞒报等安全准入风险并下达布控指令，由现场查验人员实施查验。对于存在重大税收风险且放行后难以有效稽（核）查或追补税的，由税管中心实施货物放行前的税收征管要素风险排查处置；需要在放行前验核有关单证，留存相关单证、图像等资料的，由现场验估岗进行放行前处置；需要实施实货验估的，由现场查验人员根据实货验估指令要求实施放行前实货验估处置。货物经风险处置后符合放行条件的可予放行。

第二步，税收征管中心在货物放行后对报关单税收征管要素实施批量审核，筛选风险目标，统筹实施放行后验估、稽（核）查等作业。

根据"一次申报、分步处置"流程，税收征管作业主要在货物放行后实施。税管中心前置税收风险分析，按照商品分工，加工（研发）、设置参数、指令和模型；对少量存在重大税收风险且放行后难以有效稽（核）查或追补税的，实施必要的放行前排查处置；对存在一定税收风险，但通过放行后批量审核、验估或稽（核）查等手段，能够进行风险排查处置及追补税的，实施放行后风险排查处置。

2. 进口货物检验检疫管理

进口货物检验检疫是指由具有权威性的专业机构对出口商拟交付或已交付的货物按照合同的规定进行品质、数量和包装等方面的检验和鉴定。同时，对某些货物，根据国家的法律或政府法令的规定进行安全、卫生、环境保护和劳动保护等条件的检验，以及动植物病虫害的检疫。

按照《进出口商品检验法》（2021 年修正）的规定，国务院设立进出口商品检验部门，主管全国进出口商品检验工作。国家商检部门设在各地的进出口商品检验机构（以下简称商检机构）管理所辖地区的进出口商品检验工作。商检机构和经国家商检部门许可的检验机构，依法对进出口商品实施检验。目前，我国进口货物检验检疫工作已划归我国海关总署管理。

（1）我国进口商品检验检疫的分类。我国进口商品检验检疫主要分为法定检验检疫和非法定检验检疫两大类。

所谓法定检验检疫是指依法必须实施的进口商品检验检疫，包括：抽样、检验和检查；评估、验证和合格保证；注册、认可和批准以及各项的组合。法定检验必须由国家授权的机构按照法律规定的程序进行。

《进出口商品检验法》（2021 年修正）规定，由国家商检部门制定、调整必须实施检验的进出口商品目录并公布实施（具体可见海关总署网站"海关法规"栏）。列入目录的进出口商品，由商检机构实施检验。该目录规定的进口商品未经检验的，不准销售、使用；其中符合国家规定的免予检验条件的，由收货人或者发货人申请，经国家商检部门审查批准，可以免予检验。

目前，海关总署在各地所设的进出口商品检验机构及其他许可的检验机构是我国进口商品的法定检验机构，这些法定检验机构除了进行法定检验以外，还可以提供进口商品的质量鉴定服务。

我国进口商品法定检验的范围主要有：

①列入《出入境检验检疫机构实施检验检疫的进出境商品目录》的进口商品。该目录由海关总署依法制定，并根据对外贸易的需要和进出口商品的实际情况，不定期予以调整（具体可见海关总署网站"海关法规"栏）。

②依据《进出境动植物检疫法》《国境卫生检疫法》和《食品安全法》必须进行商检的进口食品和进境的动植物。

③根据有关国际条约规定需经商检机构检验的进口商品。

④根据我国其他法律、法规规定必须经商检机构检验的进口商品。

非法定检验检疫主要是指法定检验检疫之外的检验检疫。它是买卖双方为了履约的需要而进行的检验，由买卖双方自由选择，可以由官方的商检机构进行检验，也可以由非官方的商检机构检验。只要双方同意，甚至可以由工厂或用货单位设立的化验室、检测室等进行商检。

进口商品非法定检验检疫最常见的是装船前检验。装船前检验是指雇佣专业私人公司（或"独立实体"）检查拟进口的产品装运前的具体情况，包括数量和质量。货到目的港之后进行检验只是一种"事后补救"的措施，只能发现问题或挽回部分损失，而不能有效防范被出口商欺诈的风险。而装船前检验可以把有质量问题或其他问题的进口货物杜绝于货物装运之前，从而消除或防范进口贸易风险，维护进口商的权益。

另外，进口商品的认证管理等仍归市场监管总局（原国家质检总局）和国家认监委负责。1978年9月，我国正式加入国际标准化组织（ISO），开始研究国际上通行的产品质量认证制度。1981年4月，我国建立第一个认证机构——中国电子元器件质量认证委员会。随后，我国陆续出台并发布了一系列有关质量认证的法律法规。2001年，国务院成立了国家认证认可监督管理委员会，统一领导和监管全国认证认可工作。2002年5月1日起实施《强制性产品认证管理规定》，其最新版为2022年版[①]。市场监管总局（原国家质检总局）和国家认监委每年都会公布并不断调整须强制性认证的产品目录，并对列入目录的产品实施强制性的监测和审核。

（2）进口商品检验检疫基本程序。《进出口商品检验法》（2021年修正）规定，必须经商检机构检验的进口商品的收货人或者其代理人，应当向报关地的商检机构报检。必须经商检机构检验的进口商品的收货人或者其代理人，应当在商检机构规定的地点和期限内，接受商检机构对进口商品的检验。必须实施的进出口商品检验，是指确定列入目录的进出口商品是否符合国家技术规范的强制性要求的合格评定活动。合格评定程序包括：抽样、检验和检查；评估、验证和合格保证；注册、认可和批准以及各项的组合。商检机构应当在国家商检部门统一规定的期限内检验完毕，并出具检验证单。

---

① 2022年9月20日，国家市场监督总局发布新版《强制性产品认证管理规定》。

目前，我国海关已实现关检一次申报，申报人可登录"单一窗口"进行电子申报（具体操作见本书第七章第八节），并且海关已经取消了入境货物通关单。因此，我国进口商品的检验检疫的基本程序包括三个主要环节，即：关检申报—抽样—检验（疫）等。

关检申报时，申报人应提供必要的电子单证。申请不同类别的商品检验，还应按规定提供有关的证书、说明、资料等电子文件。

2018年5月，海关总署发布的第50号公告《关于全面取消〈入/出境货物通关单〉有关事项的公告》规定：涉及法定检验检疫要求的进口商品申报时，在报关单随附单证栏中不再填写原通关单代码和编号。企业可以通过"单一窗口"（包括通过"互联网+海关"接入"单一窗口"）报关报检合一界面向海关一次申报。如需使用"单一窗口"单独报关、报检界面或者报关报检企业客户端申报的，企业应当在报关单随附单证栏中填写报检电子回执上的检验检疫编号，并填写代码"A"。

对于特殊情况下，仍需检验检疫纸质证明文件的，按以下方式处理："（一）对入境动植物及其产品，在运输途中需提供运递证明的，出具纸质《入境货物调离通知单》。（二）对出口集中申报等特殊货物，或者因计算机、系统等故障问题，根据需要出具纸质《出境货物检验检疫工作联系单》。"

（3）进口商品免验。根据《进出口商品免验办法》（2018年第二次修正），列入必须实施检验的进出口商品目录的进出口商品，由收货人、发货人或者其生产企业提出申请，经海关总署审核批准，可以免予检验（以下简称免验）。海关总署统一管理全国进出口商品免验工作，负责对申请免验生产企业的考核、审查批准和监督管理。主管海关负责所辖地区内申请免验生产企业的初审和监督管理。

目前，申请免验的条件包括：

①申请免验的进出口商品质量应当长期稳定，在国际市场上有良好的质量信誉，无属于生产企业责任而引起的质量异议、索赔和退货，海关检验合格率连续3年达到百分之百。

②申请人申请免验的商品应当有自己的品牌，在相关国家或者地区同行业中，产品档次、产品质量处于领先地位。

③申请免验的进出口商品，其生产企业的质量管理体系应当符合ISO 9000质量管理体系标准或者与申请免验商品特点相应的管理体系标准要求，并获得权威认证机构认证。

④为满足工作需要和保证产品质量，申请免验的进出口商品的生产企业应当具有一定的检测能力。

⑤申请免验的进出口商品的生产企业应当符合《进出口商品免验审查条件》的要求。

目前，我国进口企业不能申请免验的商品包括：

①食品、动植物及其产品。

②危险品及危险品包装。

③品质波动大或者散装运输的商品。

④需出具检验检疫证书或者依据检验检疫证书所列重量、数量、品质等计价结汇的商品。

申请进口商品免验的，进口企业应当向海关总署提出，同时应当填写并向海关总署提交进出口商品免验申请书，提交申请免验进出口商品生产企业的 ISO 9000 质量管理体系或者与申请免验商品特点相应的管理体系认证证书、质量标准、用户意见等文件。海关总署对申请人提交的文件进行审核，并于 1 个月内做出书面答复意见。

（4）进口商品复验办法。《进出口商品检验法》（2021 年修正）规定，进出口商品的报检人对商检机构作出的检验结果有异议的，可以向原商检机构或者其上级商检机构以至国家商检部门申请复验，由受理复验的商检机构或者国家商检部门及时作出复验结论。当事人对商检机构、国家商检部门作出的复验结论不服或者对商检机构作出的处罚决定不服的，可以依法申请行政复议，也可以依法向人民法院提起诉讼。

根据《进出口商品复验办法》（2018 年第二次修正），海关总署统一管理全国的进出口商品的复验工作，进出口商品复验工作由受理的海关负责组织实施。报检人对主管海关作出的检验结果有异议的，可以向作出检验结果的主管海关或者其上一级海关申请复验，也可以向海关总署申请复验。报检人对同一检验结果只能向同一海关申请一次复验。报检人申请复验，应当自收到海关的检验结果之日起 15 日内提出。因不可抗力或者其他正当理由不能申请复验的，申请期限中止。从中止的原因消除之日起，申请期限继续计算。报检人申请复验，应当保证（持）原报检商品的质量、重量、数量符合原检验时的状态，并保留其包装、封识、标志。报检人申请复验，应当按照规定如实填写复验申请表。海关自收到复验申请之日起 15 日内，对复验申请进行审查并作出处理。受理复验的海关应当自受理复验申请之日起 60 日内作出复验结论。技术复杂，不能在规定期限内作出复验结论的，经本机关负责人批准，可以适当延长，但是延长期限最多不超过 30 日。复验申请人对复验结论不服的，可以依法申请行政复议或者依法提起行政诉讼。

（四）放行

2018 年 5 月，海关总署发布的第 50 号公告《关于全面取消〈入/出境货物通关单〉有关事项的公告》规定，关检查验合格之后，"海关统一发送一次放行指令，海关监管作业场所经营单位凭海关放行指令为企业办理货物提离手续"。

（五）放行后验估和稽（核）查等

进口货物被放行后，海关总署"税收征管中心"对报关单税收征管要素实施批量审核，筛选风险目标，统筹实施放行后验估、稽（核）查等作业。

第五节　进口付汇管理

我国进口货物所涉外汇支付属于经常项目下的付汇范围。经常项目外汇是指国际收支中经常发生的交易项目，包括贸易、劳务支出、单方面转移等涉及的外汇。

一、近年来我国外汇管理理念和方式的转变

我国外汇管理局早在 2009 年就率先提出了新时期要深化外汇管理理念和方式的五个转变，全面推进简政放权。具体如下。

1. 重审批转变为重监测分析

逐步从较为依赖审批和核准的管理方式转变为重点加强跨境资金流动的监测分析和预警。

2. 重事前监管转变为强调事后管理

逐步从事前逐笔审核转为事后核查和重点查处，比如现在很多审批项目都已经放开了，以前是要外汇管理局审批的，现在可能是一个事前备案，或者事后备案这样一个步骤。

3. 重行为管理转变为更加强调主体管理

逐步从按交易行为和业务性质监管转为以经济主体为单位进行管理，比如，货物贸易外汇管理改革中的企业名录等级分类管理，这个就是典型的从重行为到强调重主体。

4. 从"有罪假设"转变到"无罪假设"

逐步从事前排查经济主体外汇收支的真实性转为事后举证查处违法违规经济主体。比如以前可能放在事前的，现在可能是在发生履约的时候回头再检查看当时办理业务是否合规。

5. 从"正面清单"转变到"负面清单"

逐步从"法无明文授权不可为"转变为"法无明文禁止即可为"。

2012 年开始，我国不断推出贸易便利化措施，使得贸易便利化程度得到大幅提升。

2012 年，实施货物贸易外汇审理制度改革，取消货物贸易外汇收支逐笔核销制度，贸易便利化程度大幅提升。

2013 年，改革服务贸易外汇管理制度，全面取消服务贸易事先审批，所有业务直接到银行办理。

二、近年我国货物贸易外汇管理改革的具体内容

近几年来，几乎每一年我国外汇管理局都会发布几个重要的改革文件，从货物贸易，到服务贸易，再到外债、跨境担保和直接投资等；从放开经常项目，到开放资本

项目，都呈现一个有序放开的态势。2009 年至今，外管局大概清理、废止了 700 多部法规。

2012 年，外汇管理局《关于印发货物贸易外汇管理法规有关问题的通知》（汇发〔2012〕38 号）最后废止了 116 个规范性文件。即在这个文件中，外汇管理局以削减行政审批，转变管理方式为契机，加快总局和分局各个条线管理法规的清理和整合，改革以后最终形成一个指引、一个细则和一个规程为架构的货物贸易外汇管理法规体系。

在 2012 年货物贸易外汇管理改革之前，我国实行的是进出口货物流与资金流逐笔对应、现场核销的管理制度。这个制度在很长一段时间内与我国的宏观经济及外贸形势相适应。在督促企业及时做收汇，防范出口骗税，以及打击逃汇方面起到积极作用，但是随着我国对外贸易规模的猛增，进出口收付汇逐笔核销管理方式难以适应贸易方式和主体多样化的需要。因此，外汇管理局在 2010 年推出进口付汇核销改革，之后在几个省市又进行了试点，最后在 2012 年的 8 月 1 日起在全国范围内实施了货物贸易外汇管理制度改革。这次货物贸易外汇管理改革的主要内容如下。

1. 简化了业务手续和程序

在 2012 年以前，外汇管理局要求对国际收支逐笔审核。进出口企业在进口付汇或者出口收汇之前首先要到外管局去领核销单，付汇和收汇都要凭核销单办理，出口退税的时候也要用核销单，并且企业还要到银行打印出口收汇的水单，之后才能到税务局办理出口退税。

2012 年，外汇管理局取消了进出口收付汇核销制度，企业不用再到外管局办理逐笔核销手续，企业办理出口报关和申报出口退税时也不再被要求提供核销单。同时取消了出口收结汇联网核查，合规企业出口收结汇不受额度限制；取消了对企业预收货款和延期付汇等贸易信贷的事前比例管理，改为事后的动态监测，简化了进口购付汇单证，合规企业可以根据真实合法的进口付汇需求在银行进行购汇，可凭进口报关单、合同或发票等任何一种能够证明交易真实性的单证在银行直接办理付汇。

2019 年 5 月 27 日外汇管理局与海关总署联合发布联合公告 2019 年第 93 号（2019年 6 月 1 日起执行），决定全面取消报关单收、付汇证明联和办理加工贸易核销的海关核销联。企业办理货物贸易外汇收付和加工贸易核销业务，按规定须提交纸质报关单的，可通过中国电子口岸自行以普通 A4 纸打印报关单并加盖企业公章。

2. 提升了监管手段

外汇管理局施行贸易外汇收支企业名录管理，将企业分成 A 类、B 类、C 类企业三类。

（1）A 类企业可以凭合同、发票、报关单其中之一办理对外直接付汇。

（2）B 类企业可以在收、付汇额度内办理业务，银行逐笔扣减额度；超过收、付汇额度的，凭外汇管理局登记表办理。

（3）C 类企业，需进行事前登记，逐笔业务凭外汇管理局登记表办理。

（4）不在名录的企业均需事前登记。

目前，A 类企业可能占比在 95% 以上，对于 95% 以上的守法合规企业，他们能够充分享受到货物贸易外汇收支政策的便利，这是外汇管理改革五个转变里"假设有罪"到"假设无罪"的典型体现，即外汇管理局假设绝大部分企业都是好企业。并且外管局会通过货物贸易监测系统进行监测，也就是通过比对海关的进出口数据与银行的收付汇数据（即银行通过外管局的国际收支申报系统报送的资金数据），将货物流与资金流进行匹配。在相匹配的情况下，外汇管理局默认这个企业就是好企业，是 A 类企业。如果发生了偏差，货物流与资金流不一致，比如海关那边如果有一大量进口的关单数据，但是银行这边却查询不到这笔付汇，外汇管理局就会在系统中发现，当偏离达到一定程度时，外汇管理局就可能会实施现场核查。现场核查后，如果有问题，外汇管理局就对企业进行降级。一旦企业的等级被降到 B 类或者 C 类，它在业务上就要受到很多限制。一些业务就事先需要到外汇管理局做审批，拿到业务凭证后才能办理。而 C 类企业很多业务就不能办了，如不得以信用证、托收、预付货款等方式进行付汇。

同时，外汇管理局货物贸易外汇改革很重要的一环就是要总量核查，外汇管理局通过非现场总量对比企业的进出口货物流与资金流对企业进行分类管理和动态监测，如果货物流与资金流偏差较大，外汇管理局有可能现场核查并对企业降级。

2016 年 9 月，外汇管理局发布了《货物贸易外汇收支电子单证审核指引》。根据该指引，原来说付汇凭合同，或者发票，或者关单，但现在很多进出口企业可能与境外交易的达成都是通过电话或者电子邮件，双方并没有一个非常正式的合同，现在外汇管理局也默认了这种形式，即企业可以凭借银行认可的一个电子形式的合同或者发票或者关单来办理国际收支。但是外汇管理局又强调了银行要按照"展业三原则"，即"了解客户、了解业务和尽职审查"处理。

因此，外汇管理局一方面要求加强对企业收付汇的贸易背景真实性审核，另一方面又允许银行简化对企业单据方面的要求。简化单据要求并不是简化交易，交易还是真实存在的，银行如果对企业足够信任，企业就可以仅凭电子化单据办理业务。

另外，因为转口贸易会造成境内企业的资金流与货物流不一致，从而无法从报关数据上判断其贸易背景的真实性。而监管部门对于转口贸易的态度始终是严防虚假贸易，人民银行与外汇管理局几乎每年都会有好几次就转口贸易的真实性、合规性审核、责任履行情况等进行大量的专项核查和检查。2016 年 4 月，外汇管理局发布了《关于进一步促进贸易投资便利化完善真实性审核的通知》（汇发〔2016〕7 号）。该通知规范了货物贸易离岸转手买卖外汇收支管理，明确银行为企业办理离岸转手买卖收支业务时要逐笔审核合同发票、真实有效的运输单据、提单、仓单等货权凭证，确保交易的真实性、合规性和合理性；企业同一笔离岸转手买卖业务应该在同一家银行网点采用同一币种办理收支和结算，注意是同一家银行网点，哪怕是同一个银行不同的分支机构也属于违规范围；货物贸易外汇管理分类等级为 B 类的企业暂停办理离岸转手买卖外汇收支业务。

3. 加强了部门间的联合监管

外汇管理局、海关、税务部门进一步加强合作，完善协调机制，实现数据共享。

现在外汇管理局查案都通过大数据，形成监管的合力，严厉打击各类违规跨境资金流动以及走私骗税等违法行为。

三、近年我国服务贸易外汇管理改革的具体内容

2012 年货物贸易外汇管理改革之后，2013 年外汇管理局发布《服务贸易外汇管理指引》及其实施细则进行服务贸易外汇管理改革。该指引废止了 50 多项相关法规文件，为涉外主体办理服务贸易外汇业务提供了一个比较系统和清晰的法规依据。

（1）取消服务贸易购付汇的核准，所有服务贸易购付汇业务均可在金融机构直接办理。

（2）等值 5 万美元以下的服务贸易收付汇业务无须审单。即银行办理服务贸易项下的外汇收支，5 万美元以下的，银行可在"展业三原则"前提下自行决定单据要求，即服务贸易小额收付汇业务可在金融机构直接办理，金融机构对单笔等值 5 万美元以下的服务贸易收付汇业务原则上可不审核交易凭证。对于 5 万美元以上的付汇业务，企业需要向所在地主管税务机关进行税务备案，在付汇时向银行提交《服务贸易对外支付税务备案表》及相关单据。

由于我国服务贸易一般金额比较小，笔数比较多，所以外汇管理局制定了 5 万美元这个分界点，对于在 5 万美元以上的付汇业务才需要金融机构加强审核。这种抓大放小、突出重点的管理方式有利于进一步提高外汇管理效率，降低社会成本。境内机构和个人办理服务贸易外汇业务的便利程度显著提高。对于仍需审核单证业务审单要求也进行了多项简化，对原有的数十类单证审核规定进行简化与合并，取消对绝大部分主管部门核准备案文件的审核要求，也取消对外付汇税务证明。

应注意的是，服务贸易外汇管理改革以后，5 万美元以上的付汇业务，企业只要提交税务备案表，但是在之前企业是需要在完税以后取得对外付汇税务证明，完税以后才能到银行办理服务贸易的付汇。当然，外汇管理局也强调了不得以故意分拆的方式规避外汇监管。同时办理同一笔服务贸易合同项下的多次对外支付业务，每次都要提供所在地税务主管机关盖章的当次备案表，并且机构和个人付汇金额不大于备案表中核定的本次付汇金额。

2019 年后，政府又陆续推出一系列服务贸易外汇收支便利化措施。例如，支持服务贸易优质企业结算更便利。2019 年 10 月，通过构建"银行分级、企业分类"的信用约束和激励机制，支持审慎合规的银行在为信用优良企业办理服务贸易外汇收支时，实施更加便利的措施。目前，贸易外汇收支便利化政策覆盖范围由服务贸易逐步扩展至初次收入以及二次收入等领域，通过优化企业服务贸易收付汇业务流程，实现外汇结算"秒申请、分钟办"。又如，网上核验税务备案信息提升付汇效率。2020 年以来，会同税务总局推动服务贸易对外支付税务备案网上核验，持续推进服务贸易对外付汇税务备案跨地区、跨银行网上核验，便利企业"一次备案、多次付汇"。税务备案电子化进一步简化了企业付汇流程，业务办理实现全流程无纸化，避免企业"多头跑、重复跑"，有效节约企业服务贸易对外付汇时间和人力成本。截至 2022 年 9 月，税务备案电子化工作已惠及约 12 万家市场主体，实现"企业、银行、税务、外汇"四方共赢。

四、目前我国货物贸易外汇管理政策的主要内容

目前，我国有关货物贸易外汇管理的有效文件①主要是《中华人民共和国外汇管理条例》（由国务院令第 532 号发布）以及国家外汇管理局《关于印发货物贸易外汇管理法规有关问题的通知》（汇发〔2012〕38 号）、《关于进一步促进贸易投资便利化完善真实性审核的通知》（汇发〔2016〕7 号）、《进一步推进外汇管理改革完善真实性审核的通知》（汇发〔2017〕7 号）、《经常项目外汇业务指引》（2020 年版）等文件。其中，汇发〔2012〕38 号文的附件包括《货物贸易外汇管理指引》《货物贸易外汇管理指引实施细则》《货物贸易外汇管理指引操作规程（银行企业版）》《货物贸易外汇收支信息申报管理规定》等货物贸易外汇管理法规。

根据汇发〔2012〕38 号文，自 2012 年 8 月 1 日起，我国上线运行货物贸易外汇监测系统，停止使用贸易收付汇核查系统、贸易信贷登记管理系统、出口收结汇联网核查系统以及中国电子口岸—出口收汇系统。外汇指定银行和企业用户可以通过"国家外汇管理局数字外管平台"（ASOne）访问该监测系统。

根据《经常项目外汇业务指引》（2020 年版）规定，企业办理货物贸易外汇收支业务时，银行应通过货贸系统查询企业名录信息与分类信息，按照"了解客户""了解业务""尽职审查"的"展业三原则"和本指引规定进行审核，确认收支的真实性、合理性和逻辑性。企业办理货物贸易外汇收入时，银行应确认资金性质，无法确认的及时与企业核实。企业办理货物贸易外汇支出时，银行应确认交易单证所列的交易主体、金额、性质等要素与其申请办理的外汇业务相一致。交易单证包括但不限于合同（协议）、发票、进出口报关单、进出境备案清单、运输单据、保税核注清单等有效凭证和商业单据。银行可根据"展业三原则"和业务实际，自主决定审核交易单证的种类。

同时，《经常项目外汇业务指引》（2020 年版）也规定，企业遵守外汇管理规定等情况，可以分为 A、B、C 三类，实施分类管理。在分类管理有效期内，对 A 类企业的货物贸易外汇收支，适用便利化的管理措施。对 B、C 类企业的货物贸易外汇收支，在单证审核、业务类型及办理程序、结算方式等方面实施审慎监管。

其中，B 类企业为存在下列情况之一的企业：（一）外汇局核查或风险提示时，对相关交易无合理解释；（二）未按规定履行报告义务；（三）未按规定办理货物贸易外汇业务登记；（四）外汇局核查或风险提示时，未按规定的时间和方式向外汇局报告或提供资料；（五）被外汇局与国家相关主管部门实施联合监管的；（六）近两年因本指引第四条第四款情形被外汇局注销名录后，重新列入名录且对前期核查业务无合理解释的。C 类企业为存在下列情况之一的企业：（一）近 12 个月受到外汇局处罚且情节严重的；（二）阻挠或拒不接受外汇局核查，或向外汇局提供虚假资料；（三）B 类企业在分类监管有效期届满经外汇局综合评估，相关情况仍符合列入 B 类企业标准的；（四）被外汇局与国家相关主管部门实施联合惩戒的。

---

① 源于国家外汇管理局网站"政策法规"栏。

另外，2018 年 6 月，国家外汇管理局关于印发《贸易信贷统计调查制度》的通知将申报主体确定原则修改为"谁进行贸易收付款，谁申报"①。

第六节　进口货物原产地管理

原产地通常被分为非优惠性原产地和优惠性原产地。

非优惠性原产地只赋予货物一个"经济国籍"，而不会使货物由此取得优惠或利益。非优惠性原产地适用于最惠国税率和普通税率、非关税贸易措施（如最惠国待遇、反倾销和反补贴措施、保障措施、原产地标记管理、国别数量限制、关税配额等非优惠性贸易政策措施以及进行政府采购、贸易统计等）、制作和签发出口货物原产地证明书等。

优惠性原产地规则指为了确定货物的原产地是否可以享受比最惠国待遇更优惠的关税而制定和实施的各种原产地规则的总称。优惠性原产地规则对受惠货物的原产地要求严格，一般都有直接运输、较高的原产国当地价值含量等要求。

一、世界贸易组织（WTO）《原产地规则协定》

我国是 WTO 成员，WTO《原产地规则协定》也属于我国对进口货物原产地管理的重要准则。该协定对其适用范围、实施原产地规则的纪律、原产地规则实施的程序安排、原产地规则的协调和优惠原产地规则等方面作了规定。

《原产地规则协定》规定：完全在一个国家（地区）获得的货物，以该国为原产地；两个以上国家（地区）参与生产的货物，以最后完成实质性改变的国家（地区）为原产地。在判断进出口货物原产地时，应优先适用在一国领域内完全获得的规定；如果货物不能满足完全原产标准的要求，就要适用实质性改变标准，看是否对货物生产过程中使用的非原产材料进行了充分的加工和处理。

但是《原产地规则协定》未明确规定判定"实质性改变"的具体标准。目前，世界各国常用的标准有：①加工工序标准，即对符合要求的加工工序的生产地视为产品的原产国；②增值标准，即用进口成分（本国成分）占制成品价值的百分比来确定其是否达到实质性改变标准，从而确定产品的原产地；③税目号改变标准，即进口原料经过出口国的加工生产，如制成品的税目分类发生了变化，则该货物出口到其他国家时，其原产地是对货物进行了加工的国家。目前世界上大部分国家以"税目号改变标准"为主，以增值标准为辅。

---

① 2021 年 11 月，国家外汇管理局对《贸易信贷统计调查制度》进行更新，但申报主体确定原则不变。

二、中国的非优惠性原产地规则

2004 年 8 月，我国颁布了《进出口货物原产地条例》（自 2005 年 1 月 1 日起施行，2019 年 3 月 2 日被国务院令 2019 年第 709 号修订）。《进出口货物原产地条例》第二条规定："本条例适用于实施最惠国待遇、反倾销和反补贴、保障措施、原产地标记管理、国别数量限制、关税配额等非优惠性贸易措施以及进行政府采购、贸易统计等活动对进出口货物原产地的确定。实施优惠性贸易措施对进出口货物原产地的确定，不适用本条例。具体办法依照中华人民共和国缔结或者参加的国际条约、协定的有关规定另行制定。"

（一）我国的"完全获得标准"和"实质性改变标准"

《进出口货物原产地条例》第三条规定："完全在一个国家（地区）获得的货物，以该国（地区）为原产地；两个以上国家（地区）参与生产的货物，以最后完成实质性改变的国家（地区）为原产地。"

第四条规定："本条例第三条所称完全在一个国家（地区）获得的货物，是指：（一）在该国（地区）出生并饲养的活的动物；（二）在该国（地区）野外捕捉、捕捞、搜集的动物；（三）从该国（地区）的活的动物获得的未经加工的物品；（四）在该国（地区）收获的植物和植物产品；（五）在该国（地区）采掘的矿物；（六）在该国（地区）获得的除本条第（一）项至第（五）项范围之外的其他天然生成的物品；（七）在该国（地区）生产过程中产生的只能弃置或者回收用作材料的废碎料；（八）在该国（地区）收集的不能修复或者修理的物品，或者从该物品中回收的零件或者材料；（九）由合法悬挂该国旗帜的船舶从其领海以外海域获得的海洋捕捞物和其他物品；（十）在合法悬挂该国旗帜的加工船上加工本条第（九）项所列物品获得的产品；（十一）从该国领海以外享有专有开采权的海床或者海床底土获得的物品；（十二）在该国（地区）完全从本条第（一）项至第（十一）项所列物品中生产的产品。"

第五条规定："在确定货物是否在一个国家（地区）完全获得时，不考虑下列微小加工或者处理：（一）为运输、贮存期间保存货物而作的加工或者处理；（二）为货物便于装卸而作的加工或者处理；（三）为货物销售而作的包装等加工或者处理。"

第六条规定："本条例第三条规定的实质性改变的确定标准，以税则归类改变为基本标准；税则归类改变不能反映实质性改变的，以从价百分比、制造或者加工工序等为补充标准。具体标准由海关总署会同商务部制定。本条第一款所称税则归类改变，是指在某一国家（地区）对非该国（地区）原产材料进行制造、加工后，所得货物在《中华人民共和国进出口税则》中某一级的税目归类发生了变化。本条第一款所称从价百分比，是指在某一国家（地区）对非该国（地区）原产材料进行制造、加工后的增值部分，超过所得货物价值一定的百分比。本条第一款所称制造或者加工工序，是指在某一国家（地区）进行的赋予制造、加工后所得货物基本特征的主要工序。世界贸易组织《协调非优惠原产地规则》实施前，确定进出口货物原产地实质性改变的具体标准，由海关总署会同商务部根据实际情况另行制定。"

（二）中性成分

中性成分是指在货物生产过程中使用的不影响货物原产地确定的成分。

《进出口货物原产地条例》第七条规定："货物生产过程中使用的能源、厂房、设备、机器和工具的原产地，以及未构成货物物质成分或者组成部件的材料的原产地，不影响该货物原产地的确定。"

第八条规定："随所装货物进出口的包装、包装材料和容器，在《中华人民共和国进出口税则》中与该货物一并归类的，该包装、包装材料和容器的原产地不影响所装货物原产地的确定；对该包装、包装材料和容器的原产地不再单独确定，所装货物的原产地即为该包装、包装材料和容器的原产地。随所装货物进出口的包装、包装材料和容器，在《中华人民共和国进出口税则》中与该货物不一并归类的，依照本条例的规定确定该包装、包装材料和容器的原产地。"

第九条规定："按正常配备的种类和数量随货物进出口的附件、备件、工具和介绍说明性资料，在《中华人民共和国进出口税则》中与该货物一并归类的，该附件、备件、工具和介绍说明性资料的原产地不影响该货物原产地的确定；对该附件、备件、工具和介绍说明性资料的原产地不再单独确定，该货物的原产地即为该附件、备件、工具和介绍说明性资料的原产地。随货物进出口的附件、备件、工具和介绍说明性资料在《中华人民共和国进出口税则》中虽与货物一并归类，但超出正常配备的种类和数量的，以及在《中华人民共和国进出口税则》中与该货物不一并归类的，依照本条例的规定确定该附件、备件、工具和介绍说明性资料的原产地。"

（三）反规避

《进出口货物原产地条例》第十条规定："对货物所进行的任何加工或者处理，是为了规避中华人民共和国关于反倾销、反补贴和保障措施等有关规定的，海关在确定该货物的原产地时可以不考虑这类加工和处理。"

（四）进口货物原产地的预确定

进口经营者应正确申报货物的原产地，否则会导致货物的延迟清关、被扣、没收、被拒绝入关、罚款直至刑事惩罚。为避免以后的问题与麻烦，我国进口货物收货人以及有关的当事人都可以在进口货物交易以前向海关对拟进口的货物申请原产地的预确定。

预确定申请人应向直属海关递交书面的对其将要进口货物的原产地预确定的申请，并说明理由。申请人应准确填写《进口货物原产地预确定申请书》并提交下列有关材料：

（1）有关当事人的身份证明文件，如姓名、地址、海关报关注册登记代码和其他识别信息。

（2）说明将要进口货物情况的有关文件资料，包括但不限于：①进口货物的商品名称、规格、型号、税则号列、产品说明书等；②出口国（地区）或者货物原产地国的有关机关签发的原产地证书或其他认定证明；③进口货物所使用的原材料的品种、规格、型号、价格、产地等情况的资料；④进口货物的生产加工工序、流程、工艺、加工地点和加工增值等情况的资料。

（3）关于此次交易的基本情况及相关文件资料，如进口计划、拟进口的日期与口岸、进口合同、意向书、询价和报价单、发票等。

（4）海关要求提供的其他文件资料。因申请人提交的文件资料不完备影响海关进行原产地预确定的，申请人应当根据海关的要求进行补充修正。

我国海关依据《进出口货物原产地条例》在不晚于接受书面申请及全部必要资料之日起150天内，做出原产地预确定决定，并将结果告知申请人。对海关做出的原产地预确定有异议的，可以向做出预确定的海关的有关部门申请行政复核。申请行政复核时，也应提交书面的申请，写明异议的理由并提供有关的信息和资料，对复核结果还不满意的，可向上级海关提起复议或向法院提起诉讼。在原产地预确定所依据的原产地规则、事实和条件都不变的情况下，原产地预确定可在我国关境内各个海关口岸持续有效。

三、中国的优惠性原产地规则

我国的优惠性原产地规则由我国已签署或加入的区域贸易协定决定。进口商应当时刻关注，因为随着贸易谈判的推进，贸易协定规定的受惠产品范围和关税优惠幅度也在不断变化。

各个优惠贸易协定下的我国优惠原产地规则的"完全获得标准"基本相同，基本遵守《进出口货物原产地条例》第四条的规定。

1. 《亚太贸易协定》原产地规则

《亚太贸易协定》自2006年9月1日开始正式实施，前身为《曼谷协定》，有7个成员国，分别是中国、孟加拉、印度、韩国、老挝、斯里兰卡和蒙古国。《亚太贸易协定》原产地规则采用单一的增值标准，要求在一出口参加国境内最终制得或加工的产品。其来自非参加国或不明原产地的原材料、零件或制品的总价值不超过该产品FOB价的55%（最不发达国家为65%）。实行双边累积，凡符合原产地要求的产品，且该产品在一参加国境内用作可享受另一参加国优惠待遇的最终产品的投入品，如果最终产品中该参加国成分合计不低于其FOB价的60%（最不发达国家为50%），则该产品应视为最终产品制造或加工所在参加国的原产产品。没有微量条款。

我国在《亚太贸易协定》项下的原产地规则要求，原产于其他成员国的进口货物从其他成员国直接运输到我国境内，未经任何非成员国境内；原产于其他成员国的进口货物虽经过一个或多个非成员国运输到我国境内，无论是否在这些国家转换运输工具或作临时储存。如果可以证明过境运输是由于地理原因或仅出于运输需要的考虑，产品未在这些国家进入贸易或消费领域，以及除装卸或其他为了包含产品良好状态的处理外，产品在这些国家未经其他任何加工的，视为直接运输。

2.《中国—东盟自由贸易区原产地规则》

《中国—东盟自由贸易区原产地规则》以增值标准为主要标准。要求中国—东盟自贸区的成分占其总价值的比例不应少于 40%，增值率可以在区域内完全累积。列入特定产品原产地标准的产品，分为唯一标准和选择性标准。对列入唯一标准清单的产品，只能使用《特定产品原产地标准》；对列入选择性标准清单的产品，出口商可以选择使用增值百分比标准或特定产品原产地标准。没有微量条款。

《中国—东盟合作框架协议》项下的原产地规则要求，进口货物从某一东盟国家直接运输到我国境内，或者从某一东盟国家经过其他中国—东盟自由贸易区成员国境内运输至我国，但途中没有经过任何非自由贸易区成员国（地区）境内。如果原产于东盟国家的进口货物在运输途中经过任何非自由贸易区成员国（地区）境内（包括转换运输工具或作临时储存）运输至我国，并且同时符合下列条件的，视为直接运输：

（1）仅是由于地理原因或运输需要。

（2）产品进入上述国家时未进行贸易或消费。

（3）除装卸或为保持产品良好状态而进行的加工外，产品在上述国家未经任何其他加工。

3.《中国—巴基斯坦自由贸易区原产地规则》

该规则于 2006 年 1 月 1 日开始实施，《中国—巴基斯坦自由贸易区原产地规则》以增值标准为主要标准，要求最终产品的中国—巴基斯坦累计成分不低于 40%，则该产品应被视为原产于制造或加工该制成品的成员方境内。列入特定产品原产地标准的产品，分为唯一标准和选择性标准。对列入唯一标准清单的产品，只能使用《特定产品原产地标准》；对列入选择性标准清单的产品，出口商可以选择税号改变或特定制造或加工工序，或满足某一从价百分比标准。实行双边累积，符合原产地要求的产品在一成员方境内被用于生产享受《中国—巴基斯坦自由贸易协定》优惠待遇的制成品的原材料，如果该最终产品的中国—巴基斯坦累计成分不低于 40%，则该产品应被视为原产于制造或加工该制成品的成员方境内。没有微量条款。

《中国—巴基斯坦自由贸易区原产地规则》要求，原产于巴基斯坦的进口货物从巴基斯坦直接运输到我国境内，途中没有经过任何中国和巴基斯坦之外的国家（地区）境内；如果原产于巴基斯坦的进口货物从巴基斯坦运输至我国境内的途中经过一个或多个任何中国和巴基斯坦之外的国家（地区），不论是否在这些国家（地区）转换运输工具或作临时储存，应同时符合以下条件，才视为直接运输：

（1）仅是由于地理原因或运输需要。

（2）货物未在这些国家进入贸易或消费领域。

（3）除装卸或为保持产品良好状态的处理外，货物在上述国家未经任何其他加工。

4.《中国—新西兰自由贸易协定》原产地规则

该规则于 2008 年 10 月 1 日起开始实施，中国—新西兰自由贸易区原产地规则项下产品的原产地标准以税则归类改变标准为主，区域价值成分和加工工序等标准为辅。

区域价值成分要求在一缔约方或缔约双方的境内使用非原产材料生产的货物符合区域价值成分不少于40%～50%不等的标准。实行双边累积，即当一方原产货物或材料在另一方境内构成另一货物的组成部分时，该货物或材料应视为原产于后一方境内。有微量条款，即如果未能满足税则归类改变标准要求，而所使用全部非原产材料价值不超过该货物离岸价格的10%，仍应当被视为原产。

该规则要求《中国—新西兰自由贸易协定》项下进口货物从新西兰直接运输至我国境内，途中未经过中国、新西兰以外的其他国家或者地区。

原产于新西兰的货物，经过其他国家或者地区运输至我国，但同时满足以下三个条件的，视为直接运输：

（1）未进入该第三方的贸易或者消费领域。

（2）除装卸、重新包装或使货物保持良好状态所需的必要处理外，未经任何处理。

（3）在第三方境内停留时间不超过6个月。

5.《中国—新加坡自由贸易协定》原产地规则

该规则自2009年1月1日起实施，以增值标准为主要标准，要求最终产品的区域价值成分不低于40%，则该产品应被视为原产于制造或加工该制成品的成员方境内。由于产品特定原产地规则的谈判工作尚未结束，因此暂时参照《中国—东盟自由贸易协定》产品特定原产地标准清单执行。实行双边累积，即如一方的原产货物或材料在另一方境内构成另一货物一部分，则所构成的货物或材料应当视为原产于后一方境内。有微量条款，列入《产品特定原产地标准》清单的产品如果未能满足税则归类改变标准要求，所使用全部非原产材料价值不超过该货物离岸价格的10%，仍应当被视为原产货物。

该规则要求《中国—新加坡自由贸易协定》项下进口货物从新加坡直接运输至我国境内，途中未经过中国、新加坡以外的其他国家或者地区。

原产于新加坡的货物，经过其他国家或者地区运输至我国，但同时满足以下条件的，视为直接运输：

（1）未进入过境国或地区的贸易或者消费环节。

（2）除装卸或者其他为使货物保持良好状态所需的处理外，未做的其他任何处理。

（3）过境仅仅是由于地理原因或者运输需要。

（4）在过境地停留时间最长不超过3个月。

6.《中国—冰岛自由贸易协定》原产地规则

该规则于2014年7月1日实施，以税则归类改变、符合区域价值成分百分比等为标准，要求列入特定产品原产地标准的产品，分别实行章改变标准、品目改变标准、符合区域价值成分不低于40%～50%的标准。有微量条款，即如果在未能满足税则归类改变标准要求生产过程中，所使用全部非原产材料价值不超过该货物的10%，仍应当被视为原产。

该规则要求《中国—冰岛自由贸易协定》项下进口货物从冰岛直接运输至我国境内，途中未经过中国、冰岛以外的其他国家或者地区。原产于冰岛的货物，经过其他国家或者地区运输至我国，不论在其他国家或者地区是否转换运输工具或者作临时储存，同时符合下列条件的，应当视为直接运输：

（1）货物经过这些国家或者地区仅是由于地理原因或者运输需要。

（2）未进入这些国家或者地区进行贸易或者消费。

（3）货物经过这些国家或者地区时，未做除装卸、物流分拆或者为使货物保持良好状态所需的处理以外的其他处理。

（4）处于这些国家或者地区海关的监管之下。

7.《中国—瑞士自由贸易协定》原产地规则

该规则于2014年7月1日实施，以税则归类改变、非原产材料价值百分比等为标准，要求列入特定产品原产地标准的产品，分别实行章改变标准、品目改变标准、子目改变标准和非原产材料价值成分不超过30%～60%的标准。有微量条款，即如果在未能满足税则归类改变标准要求生产过程中，所使用全部非原产材料价值不超过该货物的10%，仍应当被视为原产。

该规则要求适用《中国—瑞士自贸协定》协定税率的进口货物应当自瑞士关境直接运输至我国境内，途中未经过中国、瑞士关境以外的其他国家或者地区。

除通过管道运输至我国的瑞士原产货物外，原产于瑞士关境的其他货物经过其他国家或者地区运输至我国，同时符合下列条件的，应当视为直接运输：

（1）未做除装卸、物流拆分或者为使货物保持良好状态所必需的处理以外的操作。

（2）处于其他国家或者地区海关的监管之下。

8.《中国—智利自由贸易协定》原产地规则

该规则于2006年10月1日开始实施，2014年9月30日修改并实施，以增值标准为主要标准，要求在一缔约方或缔约双方的境内使用非原产材料生产的货物符合区域价值成分不少于40%。列入特定产品原产地标准的产品，分别实行章改变标准、4位级税号改变标准和50%的增值标准。实行双边累积，即原产于一缔约方的货物或材料在另一缔约方境内用于组成另一货物时，则应当视为原产于后一缔约方境内。有微量条款，即如果在未能满足税则归类改变标准要求生产过程中，所使用全部非原产材料价值不超过该货物的8%，仍应当被视为原产。

该规则要求，原产于智利的进口货物从智利直接运输到我国境内，途中没有经过任何中国和智利之外的国家（地区）境内；如果途中经其他国家（地区）运输至我国境内，则是由于地理原因或运输需要，且在经过其他国家（地区）时未做除装卸或为保持货物良好状态或者运输所必须处理以外的其他处理，同时进入上述国家贸易或消费领域的，才能视为直接运输。此外，不论货物是否转换运输工具，其进入所经过的其他国家（地区）停留时间最长不得超过3个月。

9.《中国—韩国自由贸易协定》原产地规则

该规则于2015年12月20日起开始实施，中国—韩国自由贸易区原产地规则项下产品的原产地标准以税则归类改变标准为主，区域价值成分和制造加工工序等标准为辅。区域价值成分要求在一缔约方或缔约双方的境内使用非原产材料生产的货物符合区域价值成分不少于40%，货物生产中使用的韩国原材料价值不低于全部材料价值的60%的标准。实行双边累积，即当一方原产货物或材料在另一方境内构成另一货物的组成部分时，该货物或材料应视为原产于后一方境内。有微量条款，即如果未能满足税则归类改变标准要求，而所使用全部非原产材料价值不超过该货物离岸价格的10%，仍应当被视为原产。

该规则要求，进口货物从韩国直接运输至我国境内，途中未经过中国、韩国以外的其他国家或者地区。原产于韩国的货物，经过其他国家或者地区运输至我国，不论在其他国家或者地区是否转换运输工具或者进行临时储存，同时符合下列条件的，应当视为直接运输：

（1）货物经过这些国家或者地区仅仅是由于地理原因或者运输需要。

（2）未进入这些国家或者地区进行贸易或者消费。

（3）货物经过这些国家或者地区时，未做除装卸、因运输原因分装或者使货物保持良好状态所必需的处理以外的其他处理。

在其他国家或者地区进行临时储存的，货物在储存期间必须处于当地海关监管之下。货物在其他国家或者地区停留时间应当少于3个月。由于不可抗力导致货物停留时间超过3个月的，其停留时间不得超过6个月。

10.《中国—澳大利亚自由贸易协定》原产地规则

该规则于2015年12月20日起开始实施，该规则项下产品的原产地标准以税则归类改变标准为主，区域价值成分和制造加工工序等标准为辅。实行双边累积，即当一方原产货物或材料在另一方境内构成另一货物的组成部分时，该货物或材料应视为原产于后一方境内。有微量条款，即如果未能满足税则归类改变标准要求，而所使用全部非原产材料价值不超过该货物离岸价格的10%，仍应当被视为原产。

该规则要求其项下进口货物从澳大利亚直接运输至我国境内，途中未经过中国、澳大利亚以外的其他国家或者地区。原产于澳大利亚的货物，经过其他国家或者地区运输至我国，不论在其他国家或者地区是否转换运输工具或者进行临时储存，同时符合下列条件的，应当视为直接运输：

（1）货物经过这些国家或者地区时，未做除装卸、物流拆分或者为使货物保持良好状态所必需的处理以外的其他处理。

（2）在其他国家或者地区进行临时储存的，在这些国家或者地区停留时间不得超过12个月。

（3）处于这些国家或者地区海关的监管之下。

11.与我国建交的最不发达国家产品特定原产地规则

为了促进我国与同我国建交的最不发达国家之间的经贸往来，我国给予与我国建交的最不发达国家（以下简称受惠国）特别优惠关税待遇。为此，我国海关总署于2017年2月27日制定了《中华人民共和国海关关于最不发达国家特别优惠关税待遇进口货物原产地管理办法》（自2017年4月1日起施行），规定了受惠国产品特定原产地规则。自受惠国进口的货物，符合原产地标准的，可以向我国海关办理申报进口手续，申请享受特别优惠关税待遇。

原产地标准以税则归类改变标准为主，区域价值成分标准为辅。有微量条款，即如果未能满足税则归类改变标准要求，而所使用全部非原产材料价值不超过该货物离岸价格的 10%，仍应当被视为原产。

与我国建交的最不发达国家产品特定原产地规则要求，受惠国原产货物从该受惠国直接运输至我国境内，途中未经过中国和该受惠国以外的其他国家或者地区（以下简称其他国家或者地区）。受惠国原产货物经过其他国家或者地区运输至我国境内，不论在运输途中是否转换运输工具或者作临时储存，同时符合下列条件的，视为直接运输：

（1）未进入其他国家或者地区的贸易或者消费领域。

（2）该货物在经过其他国家或者地区时，未做除装卸或者其他为使货物保持良好状态所必需的处理以外的其他处理，并且相关货物进入其他国家或者地区停留时间最长不得超过 6 个月。

（3）处于该国家或者地区海关的监管之下。

12. 中国不同关税区之间的优惠性原产地规则

（1）CEPA 原产地规则。该规则包括内地与香港和内地与澳门两项更紧密经贸关系安排，2004 年 1 月 1 日开始实施，2004 年 10 月和 2005 年 10 月又签订了补充协议，因此自 2006 年 1 月 1 日起，内地对原产于港澳的进口货物已全面实施零关税。CEPA 的原产地标准以制造或加工工序为主，辅之以税号改变标准、从价百分比标准、其他标准或混合标准。从价百分比标准要求在香港或澳门获得的原料、组合零件、劳工价值和产品开发支出价值的合计与出口制成品离岸价格的比值应不低于 30%，并且最后的制造或加工工序应在香港或澳门完成。CEPA 没有单独要求满足从价百分比标准的产品，该标准与其他标准混合适用。企业要进口享受 CEPA 中零关税的货物时，进口人应向内地海关提交香港工业贸易署及《非政府签发产地来源证保障条例》所指的"认可机构"或澳门经济局签发的原产地证书。

香港 CEPA 项下的香港原产进口货物应当从香港直接运输至内地口岸；澳门 CEPA 项下的进口货物不能从香港以外的地区或者国家转运。

（2）"海峡两岸经济合作框架协议货物贸易早期收获计划协定"规则。自 2007 年 3 月 20 日起，我国大陆对原产于台湾地区的 19 种进口农产品实施零关税。进口商需提交由经我国海关总署认可的台湾地区有关机构和民间组织于实施日后签发的水果、农产品产地证明文件。

原产于台湾地区的水果、农产品的原产地标准为"完全获得标准"。运输应当符合下列要求：

①直接从台湾本岛、澎湖、金门或马祖运输到大陆关境口岸。

②经过港澳或日本石垣岛转运到大陆关境口岸。

货物运输需提交在台湾地区签发的，以台湾地区为起运地的运输单证。

13. RCEP 原产地规则

RCEP（Regional Comprehensive Economic Partnership，RCEP）全称为《区域全面经

济伙伴关系协定》，是 2012 年由东盟发起，历时八年，由包括中国、日本、韩国、澳大利亚、新西兰和东盟十国共 15 方成员制定的协定。是至今为止，亚太地区规模最大的、覆盖世界近一半人口的自由贸易协定。2022 年 1 月 1 日 RCEP 正式生效。

RCEP 的 15 个成员之间采用双边两两出价的方式对货物贸易自由化做出安排，协定生效后区域内 90% 以上的货物贸易将最终实现零关税，将大幅降低区域内货物贸易成本和商品价格。由于 RCEP 缔约方不仅采用了"统一减让"，而且也采用了"国别减让"的关税减让模式，后者需要通过原产地规则协定原产国后确定适用的税率，所以 RCEP 规定可被视为原产货物的三类情况：一是在一成员方完全获得或者生产。明确规定了 11 种情形：①在该成员方种植、收获、采摘或者收集的植物或者植物产品；②在该成员方出生并饲养的活动物；③从该成员方饲养的活动物获得的货物；④在该成员方通过狩猎、诱捕、捕捞、耕种、水产养殖、收集或者捕捉直接获得的货物；⑤从该成员方领土、领水、海床或者海床底土提取或者得到的，但未包括在本条第①至第④项的矿物质及其他天然资源；⑥由该成员方船只依照国际法规定，从公海或者该成员方有权开发的专属经济区捕捞的海洋渔获产品和其他海洋生物；⑦由该成员方或者该成员方的人依照国际法规定从该成员方领海以外的水域、海床或者海床底土获得的未包括在本条第⑥项的货物；⑧在该成员方加工船上完全使用本条第⑥项或者第⑦项所述的货物加工或者制造的货物；⑨在该成员方生产或者消费中产生的，仅用于废弃处置或者原材料回收利用的废碎料；⑩在该成员方收集的，仅用于废弃处置或者原材料回收利用的旧货物；⑪在该成员方仅使用本条第①至第⑩项所列货物或者其衍生物获得或者生产的货物。二是在一成员方完全使用原产材料生产货物。要求在最终产品的生产过程中，使用的所有原材料和零部件都已经获得原产资格。三是在一成员方使用非原产材料生产的货物。符合协定文本附件一"产品特定原产地规则"所列对应税则号列的有关要求。

同时，虽然累积规则是原产地规则的重要内容之一，是指在确定货物的原产资格时，可将各 RCEP 其他成员国的原产材料累积计算，以满足区域价值成分 40% 的标准。根据累积规则，我国在生产销往 RCEP 缔约方货物时所使用的其他缔约方的原产材料，均可视为本国的原产材料，但是如果货物仅经过了一项或多项下列操作，不应赋予原产资格：①为确保货物在运输或储存过程中保持良好状态而进行的保护性操作；②把物品零部件装配成完整产品或将产品拆成零部件的简单装配或拆卸；③为销售或展示目的进行的包装、拆除包装或再包装处理；④动物屠宰；⑤洗涤、清洁、除尘、除去氧化物、除油、去漆以及去除其他涂层；⑥纺织品的熨烫或压平；⑦简单的上漆及磨光；⑧谷物及大米的去壳、部分或完全的漂白、抛光及上光；⑨食糖上色或加工成糖块的工序；⑩水果、坚果及蔬菜的去皮、去核及去壳；⑪削尖、简单研磨或简单切割；⑫过滤、筛选、挑选、分类、分级、匹配（包括成套物品的组合），切割、纵切、弯曲、卷绕或展开；⑬简单的装瓶、装罐、装壶、装袋、装箱、装盒、固定于纸板或木板及其他类似的包装工序；⑭在产品或其包装上粘贴或印刷标志、标签、标识及其他类似的用于区别的标记；⑮对无论是否为不同种类的货物进行简单混合；⑯仅用水或其他物质稀释，未实质改变货物的性质；⑰以方便港口操作为唯一目的的工序。

此外，微小含量规则又称"容忍规则"，在某种程度上放宽了税则归类改变的原产地标准。如果货物生产中使用的一部分非原产材料不满足税则归类改变标准，只要这部分非原产材料的价值占比或者重量占比不超过10%，那么该货物仍然可以获得原产资格。对于第1章至第97章的所有货物，RCEP项下的微小含量可以按价值计，即允许未发生税则归类改变的非原产材料的价值不超过该货物FOB价格的10%。对于50章至63章的货物（纺织原料以及纺织制品），微小含量也可以按重量计，即允许未发生税则归类改变的非原产材料的重量不超过该货物总重量的10%。需要特别提醒的是，微小含量规则仅在运用税则归类改变标准来判断货物的原产地时适用。在适用区域价值成分标准判断货物原产资格时，不适用微小含量规则，此时非原产材料。

另外，我国还签订了《中国—秘鲁自由贸易协定》《中国—哥斯达黎加自由贸易协定》，我国还对40个联合国认定的最不发达国家安排了特惠税率等，这些协定和安排都有相应的原产地规则的要求。

第七节　进口信贷制度

一、中国进口信贷政策

中国现行的进口信贷政策如下。

（1）贯彻执行国家的产业政策、外经贸政策和金融政策。

（2）积极配合实施科技兴国战略，重点支持高技术、高附加值的产品、成套设备、高新技术产品的进口，促进经济结构的调整。

（3）重点支持有经济效益的大企业、大项目，同时兼顾经济效益好、产品附加值高、有还款保证的中小企业和中小项目。

二、中国进口信贷机构

中国进出口银行和中国银行是国家设立的经营进口信贷业务的指定银行，是提供进口信贷的主渠道。

中国进出口银行于1994年5月成立，是直属国务院领导的、政府全资拥有的国家政策性金融机构。该银行是机电产品、高新技术产品和境外承包工程项目以及各类境外投资项目的政策性融资主渠道、外国政府贷款主要转贷行和中国政府对外优惠贷款的唯一承贷行。

中国银行是中国政府授权办理进口信贷的国有商业性银行，具有国家指定的外汇专业银行的性质和地位。

另外，一些国有商业银行、区域性商业银行及其他金融机构，经国家外汇管理局批准，也可以对进口企业发放一定数量的外汇贷款及人民币贷款。

三、中国进口信贷方式

我国进口信贷方式主要是进口买方信贷。中国银行办理的进口买方信贷是由外国出口信贷机构或其他金融机构提供的出口信贷，由中国银行转贷给中国境内的进口企业，用于支持其从国外引进技术、设备等。进口买方信贷业务具体包括两种形式。

1. 签订总的信贷协议

签订总的信贷协议，即由出口国银行预先向中国的银行提供关于买方信贷贷款额度。双方银行签订总的贷款协议，规定提供贷款总的原则和条件，明确规定由出口国银行向其本国的出口商以贷款方式垫支货款；在贷款到期时，由中国的银行承担还款付息的责任。当进口单位需要使用进口买方信贷资金时，向银行提出申请，银行同意后，按外汇贷款的规定发放，并由中国的银行向出口国银行按总的信贷协议规定，办理具体的使用买方信贷的手续，国内进口单位按期向中国的银行清偿贷款。

2. 签订具体的贷款协议

签订具体的贷款协议，即中国的银行与出口国银行预先不签订总的贷款协议，而是在办理进口手续签订进口贸易合同时，由出口国银行和中国的银行签订相应的信贷协议，明确进口物品的贷款由出口国的银行支付，到期由中方银行偿还出口国银行。在签订协议前，使用进口商品的单位要根据外汇贷款的有关规定向中国的银行办妥贷款手续。

关键概念

国际贸易"单一窗口"管理模式、进口配额管理、关税配额管理、进口许可证管理、自动进口许可证管理、国营贸易管理、全国通关一体化、关检融合管理、法定检验检疫、贸易外汇收支企业名录管理、经常项目外汇、优惠性原产地规则

复习思考题

1. 什么是我国国际贸易"单一窗口"管理模式？
2. 我国对进口货物实施怎样的管理原则？
3. 我国全国海关通关一体化改革的主要措施有哪些？
4. 我国对进口贸易付汇管理的一般规定有哪些？
5. 我国制定并实施的优惠性原产地规则主要有哪些？

第三章
进口商品归类和我国海关税费计征政策

> ·本章要点·
>
> 本章主要介绍了 HS 编码的产生、结构、编制特点及在我国的应用。与此同时，剖析了进口关税税款、增值税税款以及海关监管手续费计征办法等。
>
> 本章的重点是 HS 编码的结构及在我国的应用、我国进口货物海关税费计征政策。
>
> 本章的难点是进口关税税款、增值税税款计征办法。

第一节　HS 及其 2022 年版简介

一、HS 简介

在国际贸易中，各主权国家对进出本国的商品按照分类征收税金，政府也需要借助于商品分类目录进行统计以了解进出口贸易的情况。1983 年 6 月海关合作理事会（现为世界海关组织）第 61 届会议上通过了《商品名称及编码协调制度的国际公约》（简称《协调制度国际公约》）及其附件《商品名称及编码协调制度》［简称《协调制度》，又称 HS（The Harmonized Commodity Description and Coding System），于 1988 年 1 月 1 日正式实施］。HS 是供各国海关、统计部门等管理国际贸易的有关各方共同使用的进出口商品的分类目录。

加入《协调制度国际公约》的成员均使用 HS 作为编制本国税则及统计目录的基础，即这些国家的进出口税则及海关统计商品目录的前六位数都是与 HS 目录相同，第七位之后会有所区别。截至 2023 年 4 月，世界上有 212 个国家和地区正式采用了 HS，使用 HS 的国家和地区涵盖了国际贸易总量的 98% 以上。①

---

① 源自世界海关组织的网站（http://www.wcoomd.org）资料。

HS 将国际贸易涉及的各种商品按照生产部类、自然属性和不同功能用途等分为 21 类 97 章，章下再分为目和子目。从"类"来看，HS 基本上按社会生产的分工（或称生产部类）分类，将属于同一生产部类的产品归在同一类里。从"章"来看，基本上按商品的自然属性或用途（功能）来划分，这样就形成了系统、完整的商品分类体系。

从整体结构来看，HS 包括以下三大部分内容。

（1）归类规则。HS 首先列明了 6 条归类总规则，规定了使用 HS 对商品进行分类时必须遵守的分类原则和方法。

（2）类、章及子目注释。为了避免各税（品）目和子目所列商品发生交叉归类，HS 的许多类和章在开头均列有注释（类注、章注或子目注释），严格界定了归入该类或该章中的商品范围，阐述 HS 中专用术语的定义或区分某些商品的技术标准及界限，从而保证某一特定商品能够始终如一地归入一个唯一编码。

（3）按顺序编排的目与子目编码及条文。HS 采用 6 位数编码，第一、二位数代表"章"，第三、四位数代表"目"，第五、六位数代表"子目"。部分国家根据本国的情况，已分出第七、八、九、十位数码。

为适应国际贸易的发展，世界海关组织每 4~6 年对 HS 进行一次较大范围的修改。2017 年世界海关组织发布了 2017 年版 HS 修订目录，并于 2017 年 1 月 1 日生效。与 2012 年版 HS 相比，2017 年版 HS 共有 242 组修订（其中 9 组为后续修订）。修订后，4 位数品目删除 3 个，增加 1 个；6 位数子目删除 73 个，增加 235 个；另有 200 个子目项下的商品范围和商品归类做了调整。2020 年 6 月，世界海关组织理事会再次对 HS 进行修改。2022 年 1 月 1 日，名为 HS 2022 的新版 HS 编写生效。

二、HS 的演变过程

（一）2017 年版 HS 对比其 2012 年版的主要改变

HS 每一审议循环的修订都有侧重。例如，第三审议循环（2002—2007 年）修订重点为信息技术产品方面；第四审议循环（2007—2012 年）修订重点在社会及环境事务方面。本次 HS 修订（修订结果即 2017 年版 HS）的重点则是全球关注的环境及社会相关事务，主要表现在以下五个方面。

（1）应联合国粮农组织应用 HS 作为其粮食安全及环境保护的需求，对涉及农产品、林业产品的部分章注、子目注释、品目和子目进行相应的修改。主要有：①为在国际贸易中占重要地位，贸易量大的农产品增列子目。例如，在第 3 章多个子目项下为部分鱼类品种增列相应子目或调整子目商品范围，如我们所熟知的养殖品种鲤科鱼等。②为林业产品修订第 44 章多个子目，扩大对于木种（特别是热带木）的覆盖范围以更好地了解相关产品的贸易情况，包括濒危物种。

（2）因应国际社会对环保问题的关注，对部分涉及环保问题的产品目录结构进行了调整。主要包括《化学武器公约》《斯德哥尔摩公约》《蒙特利尔议定书》和《鹿特丹公约》中新增化学物质的增列。

（3）因应新技术发展及新产品贸易的需要，对部分章注、子目注释、品目和子目进行相应的修改和增列。例如，为"发光二极管（LED）灯泡（管）"增列子目 8539.50；增列子目 8702.20、8702.30、8702.40、8703.40、8703.50、8703.60、8703.70、8703.80、8711.60，为新能源汽车、摩托车单独列目等。

（4）因应贸易便利化的需要，为贸易量大且存在归类争议的产品新增子目。例如，细分子目 5704.20，纳入 0.3～1 平方米的毡呢铺地制品，以适应地毯产品的贸易实际；为反映瓷砖生产行业的贸易实际，修改品目 69.07 条文，纳入"饰面陶瓷"，并对该品目项下的子目结构进行重组等。

（5）根据贸易发展的实际状况，删除了一批品目/子目。例如，品目 28.48 项下的磷化物；品目 84.69 项下的打字机；子目 9006.10 项下的制版照相机等。

（二）2022 年版 HS 对比 2017 年版的主要改变

为适应国际贸易及科技的发展，世界海关组织发布了 2022 年版 HS 修订目录，宣布新版 HS 将于 2022 年 1 月 1 日起在全球实施。我国海关总署在 2022 年 10 月份发布了 2022 年版 HS 修订目录中文版。

1. 总体修订情况

新版 HS 将商品分成二十一大类，本次仅第八类（皮革制品）、第十二类（鞋帽等）、第十九类（武器弹药）没有修订。与 2017 年版相比，2022 年版《协调制度》共有 351 组修订，4 位品目的数量增加了 6 个，6 位子目的数量增加了 222 个（见表 3 - 1 和表 3 - 2）。其增加、修改幅度之大，仅次于 2007 年对尖端技术产品和环境相关物品的规定所进行的大幅修改。

表 3 - 1　2017 年版 HS 与 2022 年版 HS 对比表

版本	4 位品目数量	6 位品目数量
2017 年版	1 222	5 387
2022 年版	1 228	5 609

表 3 - 2　2022 年版 HS 各行业修订数量情况表

序号	行业类别	修订数量
1	农业、食品及烟草类	77 组
2	化工类	58 组
3	木材类	31 组
4	纺织类	21 组
5	贱金属类	27 组
6	机电及电子产品类	63 组
7	运输类	22 组
8	其他类	52 组

2. 重点修订内容

（1）顺应新技术发展及新产品贸易需求。其增列新兴产品的品目，例如：新型烟草产品（品目 24.04）、平板显示模组（品目 85.24）、无人机（品目 88.06）等。修订章注释及条文，如半导体换能器（品目 85.41）等。

（2）顺应产业和贸易发展变化需求。调整品目结构，例如：玻璃纤维及其制品（品目 70.19）、加工金属的锻造液压机床（品目 84.62）等。

（3）顺应国际对安全环保等问题的关注。例如，《巴塞尔公约》为明确某些废物的范围新增品目（品目 85.49）；《禁止化学武器公约》（CWC）控制的特定化学品；《鹿特丹公约》控制的某些危险化学品；《蒙特利尔议定书》管制的臭氧层消耗物质修订 HS（第二十九章、第三十八章及第三十九章相关品目）；为安慰剂和盲法（或双盲法）临床试验试剂盒（子目 3006.93）、寨卡病毒及由伊蚊属蚊子传播的其他疾病用诊断或实验用试剂（子目 3822.12）增列子目等。

（4）顺应优化 HS 结构需求。删除贸易量低的品目和子目，例如：镉及其制品（品目 81.07）、地球仪和天体仪（子目 4905.10）、铁镍蓄电池（子目 8507.40）、电话应答机（子目 8519.30）、钟表发条（子目 9114.10）等。

（5）顺应 HS 规范应用需求。修订相关类、章注释及条文以明确商品范围，例如：为明确微生物油脂归入品目 15.15 修订品目条文等、新增第五十九章注释三以明确"用塑料层压的纺织物"的定义等。

第二节　HS 在我国的应用及我国新版《进出口税则》

一、HS 在我国的应用

HS 是我国制定《进出口税则》和《中华人民共和国海关统计商品目录》（以下简称《海关统计商品目录》）的基础目录，是我国贸易管制、统计以及其他各项进出口管理措施的基础目录。我国作为 HS 的缔约国，从 1992 年 1 月 1 日起采用 HS。截至目前，我国海关先后组织开展了 1992 年版、1996 年版、2002 年版、2007 年版、2012 年版、2017 年版、2022 年版 HS 修订翻译和《进出口税则》的转换。根据 2022 年版 HS 目录的修订情况，结合我国生产和贸易实际，经国务院批准，我国当年就对进出口税则税目进行了相应转换，根据国内需要对部分税则税目进行了调整。其余时间的每年年底，国务院税则委员会都会发布次年的关税调整方案，对《进出口税则》进行调整，同时将修改的内容以多个附件发布（但一般不会公布完整的修改后的《进出口税则》）。例如，我国海关总署公告 2024 年第 207 号（关于执行 2025 年关税调整方案等政策有关事宜的公告）宣布《2025 年关税调整方案》自 2025 年 1 月 1 日起对部分商品由出口关税进行调整。

2024 年 12 月 31 日国务院关税税则委员会发布了完整版的《中华人民共和国进出口税则（2019）》（2019 年 1 月 1 日起实施，以下简称 2019 年版《进出口税则》）①，推动了《进出口税则》法制化建设进程，有利于与国际接轨，促进对外开放，有利于提高关税政策透明度，为公众提供了更多便利。

二、我国 2019 年版《进出口税则》

2019 年版《进出口税则》包括根据国家关税政策以及有关国际协定确定的进出口关税税目、税率及归类规则，是海关计征关税的依据。

2019 年版《进出口税则》包括"使用说明""进口税则"和"出口税则"三个大部分。其中，"使用说明"主要对各种税率（最惠国税率、协定税率、普通税率、特惠税率、配额税率、暂定税率等）的适用范围、国别代码、计量单位等进行解释和说明；"进口税则"商品分类目录采用 HS，共分二十一类九十七章。"进口税则"税目税率表从左至右设置序号、税则号列、商品名称、最惠国税率、协定税率、特惠税率、普通税率等栏目共 7 列，涉及 8 549 个税目；"出口税则"涉及 102 个税目。法律、行政法规对进出口关税税目、税率调整另有规定的，仍依照法律、行政法规实行。

2019 年版《进出口税则》对部分进口商品的税则号列、商品编码、关税税率进行了调整，相应的申报要素和监管证件等也进行了变更，因此，各进出口企业需要特别注意。

第三节　我国进口货物海关税费计征政策

进口货物海关税费计征是指海关根据国家的有关政策、法规对进口货物征收关税及进口环节的税费。我国《海关法》《进出口关税条例》以及每年更新的《进出口税则》《海关进出口货物征税管理办法》和《海关进出口货物减免税管理办法》构成我国关税法的完整体系。根据我国有关法律法规的规定，进口的货物除国家另有规定的以外，均应征收关税。关税由海关依照《海关进出口税则》征收。此外，海关还要征收进口环节增值税，少数商品还要征收消费税。

进口关税征收的过程是税则归类、税率运用、价格审定及税额计算的过程。

一、我国最新的进口商品关税政策演进及关税税率

（一）2019 年版进口关税政策介绍

根据我国 2019 年版《进出口税则》以及海关总署 2018 年第 212 号公告《关于

---

① 中华人民共和国财政部网站"政策发布"栏有完整的 2019 年版《进出口税则》下载。

2019 年关税调整方案的公告》公布的"2019 年关税调整方案"主要内容，自 2019 年 1 月 1 日起，我国进口关税税率调整如下。

1．最惠国税率

（1）自 2019 年 1 月 1 日起对 706 项商品实施进口暂定税率，包括新增对杂粮和部分药品生产原料实施零关税，适当降低部分毛皮进口暂定税率，取消有关锰渣等 4 种固体废物的进口暂定税率，取消氯化亚砜、新能源汽车用锂离子电池单体的进口暂定税率，恢复执行最惠国税率。自 2019 年 7 月 1 日起，取消 14 项信息技术产品进口暂定税率，同时缩小 1 项进口暂定税率适用范围。

（2）对《中华人民共和国加入世界贸易组织关税减让表修正案》附表所列信息技术产品最惠国税率自 2019 年 7 月 1 日起实施第四次降税。

2．关税配额税率

继续对小麦等 8 类商品实施关税配额管理，税率不变。其中，对尿素、复合肥、磷酸氢铵 3 种化肥的关税配额税率继续实施 1% 的进口暂定税率。继续对配额外进口的一定数量棉花实施滑准税，并进行适当调整。

3．协定税率

（1）根据我国与有关国家或地区签署的贸易或关税优惠协定，2019 年我国对原产于 23 个国家或地区的部分商品实施协定税率，除此前已报经国务院批准的协定税率降税方案继续实施外，自 2019 年 1 月 1 日起，对我国与新西兰、秘鲁、哥斯达黎加、瑞士、冰岛、韩国、澳大利亚、格鲁吉亚以及亚太贸易协定国家的协定税率进一步降低。

（2）根据《〈内地与香港关于建立更紧密经贸关系的安排〉货物贸易协议》《〈内地与澳门关于建立更紧密经贸关系的安排〉货物贸易协议》（以下皆简称《协议》），自两个《协议》实施之日起，除内地在有关国际协议中做出特殊承诺的产品外，对原产于香港、澳门的产品全面实施零关税。

（3）当最惠国税率低于或等于协定税率时，按相关协定的规定执行。

4．特惠税率

根据亚太贸易协定规定，对亚太贸易协定项下的特惠税率进一步降低。比如，相应调整亚太贸易协定项下的孟加拉和老挝两国特惠税率。

5．其他

（1）从 2019 年 1 月 1 日起，对原产于美国的汽车及零部件暂停加征关税 3 个月，涉及 211 个税目。

（2）自 2019 年 1 月 1 日起，调整跨境电商零售进口税收政策，提高享受税收优惠政策的商品限额上限，扩大清单范围。

（3）继续对国内发展急需的航空发动机、汽车生产线焊接机器人等先进设备、天然饲草、天然铀等资源性产品实施较低的进口暂定税率。

（二）2022 年版进口关税政策介绍

根据《国务院关税税则委员会关于 2022 年关税调整方案的通知》（税委会〔2021〕

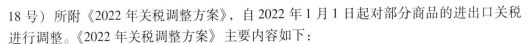

18 号）所附《2022 年关税调整方案》，自 2022 年 1 月 1 日起对部分商品的进出口关税进行调整。《2022 年关税调整方案》主要内容如下：

1．最惠国税率

（1）根据税则转版和税目调整情况，相应调整最惠国税率及普通税率。

（2）对《中华人民共和国加入世界贸易组织关税减让表修正案》附表所列信息技术产品最惠国税率自 2022 年 7 月 1 日起实施第七步降税。

（3）对 954 项商品（不含关税配额商品）实施进口暂定税率；自 2022 年 7 月 1 日起，取消 7 项信息技术协定扩围产品进口暂定税率。

（4）对原产于塞舌尔共和国、圣多美和普林西比民主共和国的进口货物适用最惠国税率。

2．关税配额税率

继续对小麦等 8 类商品实施关税配额管理，税率不变。其中，对尿素、复合肥、磷酸氢铵 3 种化肥的配额税率继续实施进口暂定税率，税率不变。继续对配额外进口的一定数量棉花实施滑准税，税率不变。

3．协定税率

（1）根据我国与有关国家或地区已签署并生效的自贸协定或优惠贸易安排，继续对 17 个协定项下、原产于 28 个国家或地区的部分进口货物实施协定税率。

（2）根据《区域全面经济伙伴关系协定》（RCEP），对日本、新西兰等 9 个已生效缔约方的 RCEP 项下原产货物实施协定第一年税率，后续生效缔约方实施时间由国务院关税税则委员会另行公布。按照协定"关税差异"等条款规定，根据进口货物的 RCEP 原产国来适用我国在 RCEP 项下对其他已生效缔约方相应的协定税率。同时允许进口货物收货人或者其代理人（以下简称进口人）申请适用我国在 RCEP 项下对其他已生效缔约方的最高协定税率；在进口人能够提供有关证明的情况下，允许其申请适用我国对与该货物生产相关的其他已生效缔约方的最高协定税率。

（3）根据《中国—柬埔寨自由贸易协定》，对原产于柬埔寨的部分进口货物实施协定第一年税率。

（4）当最惠国税率低于或等于协定税率时，协定有规定的，按相关协定的规定执行；协定无规定的，二者从低适用。

4．特惠税率

对与我国建交并完成换文手续的安哥拉共和国等 44 个最不发达国家实施特惠税率。

二、我国进口商品关税的计算

目前，我国海关按照《进出口关税条例》的规定，以从价、从量或者国家规定的其他方式对进口货物征收关税，其中主要是从价税。

进口从价关税的基本计算公式为：

$$进口关税应纳税额 = 完税价格 \times 进口关税税率$$

进口从量关税的计算公式为：

$$进口关税应纳税额 = 货物数量 \times 单位关税税额$$

因此，我国海关在征收从价税之前首先应当正确审定进口货物的完税价格。所谓完税价格（又称计税价格）是指经海关审核确定的应当征收关税的价格。

根据我国《进出口关税条例》规定，进口货物以海关审定的价格为基础的到岸价格作为完税价格。所谓的到岸价格包括货价加上货物运抵我国关境内输入地点起卸前的包装费、运输费、保险费和其他劳务费等。进口货物以外币计价成交的，由海关按照签发税款缴纳证之日国家外汇管理部门公布的人民币外汇牌价的买卖中间价折合人民币计征。人民币外汇牌价表未列入的外币，按国家外汇管理部门确定的汇率折合人民币。完税价格金额计算到元为止，元以下四舍五入，计算出的关税税额分以下四舍五入。

进口货物的到岸价格经海关审查未能确定的，海关应当依次以下列价格为基础估定完税价格：

（1）与该货物同时或者大约同时向中华人民共和国境内销售的相同货物的成交价格。

（2）与该货物同时或者大约同时向中华人民共和国境内销售的类似货物的成交价格。

（3）与该货物进口的同时或者大约同时，将该进口货物、相同或者类似进口货物在第一级销售环节销售给无特殊关系买方最大销售总量的单位价格，但应当扣除本条例第二十二条规定的项目。

（4）按照下列各项总和计算的价格：生产该货物所使用的料件成本和加工费用，向中华人民共和国境内销售同等级或者同种类货物通常的利润和一般费用，该货物运抵境内输入地点起卸前的运输及其相关费用、保险费。

（5）以合理方法估定的价格。

纳税义务人向海关提供有关资料后，可以提出申请，颠倒前款第（3）项和第（4）项的适用次序。

三、我国进口环节海关代征税费的计算

（一）消费税的计算

我国进口环节从价消费税的计算公式是：

$$从价消费税应纳税额 = （关税完税价格 + 实征关税税额）\div （1 - 消费税税率）\times 消费税税率$$

完税价格计算到元为止，元以下四舍五入。

我国进口环节从量消费税的计算公式是：

$$从量消费税应纳税额 = 应税消费品数量 × 消费税单位税额$$

消费税额计算到分为止，分以下四舍五入。税额在人民币 10 元以下的免征。

（二）增值税的计算

我国进口环节增值税全部是从价税，其计算公式是：

$$进口增值税应纳税额 = (关税完税价格 + 实征关税税额 + 实征消费税税额) × 增值税税率$$

2007 年，海关总署令第 167 号《关于废止部分海关规章的决定》废止了《中华人民共和国海关对进口减税、免税和保税货物征收海关监管手续费的办法》（1988 年 9 月 20 日海关总署令第 1 号发布）。因此，目前海关不再对减税、免税和保税货物征收监管手续费。

四、进口商品海关税费的缴纳和退补

（一）缴纳

目前，我国海关鼓励进口企业"自报自缴税费"（具体操作模式见本书第七章第八节）。

进口企业也可以不选择自报自缴模式，待海关计算有关税费、填发税费缴款书给纳税义务人后，纳税义务人自海关填发税款缴款书之日起 15 日内向指定银行缴纳税款。缴款期限届满日遇星期六、星期日等休息日或者法定节假日的，应当顺延至休息日或者法定节假日之后的第一个工作日。国务院临时调整休息日与工作日的，海关应当按照调整后的情况计算缴款期限。

（二）进口关税的退补

关税的退补分补征、追征和退税三种情况：

（1）补征。进口货物放行后，海关发现少征或漏征税款时，应当自缴纳税款或者货物放行之日起一年内，向纳税义务人补征。

（2）追征。因纳税义务人违反规定而造成少征或者漏征的，海关在 3 年内可以追征。

（3）退税。海关多征的税款，发现后应当立即退还；纳税义务人自缴纳税款之日起 1 年内，可以要求海关退还。办理退税时，纳税单位应填写退税申请，连同纳税收据及其他必要证件，送经原征税海关核实，并签署意见，注明退税理由和退税金额。

退税事项，海关应当自受理退税申请之日起 30 日内做出书面答复并通知退税申请人。纳税义务人应当自收到海关准予退税的通知之日起 3 个月内办理有关退税手续。

五、滞纳金

纳税义务人应当自海关填发税款缴款书之日起 15 日内向指定银行缴纳税款。逾期缴纳税款的，由海关自缴款期限届满之日起至缴清税款之日止，按日加收滞纳税款 $0.5‰$ 的滞纳金。纳税义务人应当自海关填发滞纳金缴款书之日起 15 日内向指定银行缴纳滞纳金。滞纳金缴款书的格式与税款缴款书相同。

缴款期限届满日遇星期六、星期日等休息日或者法定节假日的，应当顺延至休息日或者法定节假日之后的第一个工作日。国务院临时调整休息日与工作日的，海关应当按照调整后的情况计算缴款期限。

关税、进口环节海关代征税、滞纳金等，应当按人民币计征，采用四舍五入法计算至分。滞纳金的起征点为 50 元。

关键概念

HS、《进出口税则》、进口关税、从价税、进口环节消费税、进口环节增值税、滞纳金

复习思考题

1. 简述 HS 的结构。
2. 我国 2022 版《进出口税则》的特点是什么？
3. 我国进口商品从价关税的计算公式是什么？
4. 我国进口环节消费税和增值税的计算方法是什么？
5. 滞纳金的计算公式是什么？

第四章
我国特殊进口贸易的有关政策

·本章要点·

　　本章主要介绍我国目前特殊进口业务的政策，内容包括进口海关稽查、进口保税业务、进口减免税业务、临时进口货物、进口货物转单和转关以及进口货物滞报及退关等。

　　本章的重点是进口保税业务。

　　本章的难点是进口减免税业务。

第一节　进口保税业务政策

一、我国对进口保税业务的基本规定

　　《海关法》（2021 年修订版）[①] 对"保税货物"的定义是："保税货物，是指经海关批准未办理纳税手续进境，在境内储存、加工、装配后复运出境的货物。"即保税货物是指进口时还不能确定该货物是否一定在国内消费，经海关暂时不办理纳税手续，待该货物最后在国内消费或者复运出境时，再对其征税或免税，办理纳税结关手续。如转口货物、加工贸易进口货物等。

　　保税货物属于海关监管货物，未经海关许可并补缴关税，不得擅自出售；未经海关许可也不得擅自开拆、提取、交付、发运、调换、改装、抵押、转让或者更换标记。《海关法》（2021 年修订版）第三十二条规定："经营保税货物的储存、加工、装配、

---

　　① 中华人民共和国主席令 2021 年第 81 号对《中华人民共和国海关法》作出修改，其中较大的改动为将第十一条的"进出口货物收发货人、报关企业办理报关手续，必须依法经海关注册登记"修改为"进出口货物收发货人、报关企业办理报关手续，应当依法向海关备案"。

展示、运输、寄售业务和经营免税商店，应当符合海关监管要求，经海关批准，并办理注册手续。保税货物的转让、转移以及进出保税场所，应当向海关办理有关手续，接受海关监管和查验。"第五十九条规定："暂时进口或有暂时出口的货物，以及特准进口的保税货物，在货物收发货人向海关缴纳相当于税款的保证金或者提供担保后，准予暂时免纳关税。"

保税货物进口时，按照海关审定的到岸价格征收海关监管手续费。

二、我国进口保税业务的种类

我国现行保税制度的主要形式，一是为国际商品贸易服务的保税仓库、保税区、寄售代销和免税品商店等保税物流业务；二是为加工制造服务的进口来料加工、保税工厂等保税加工业务。

（一）保税物流业务

保税物流业务主要包括保税区业务、出口加工区业务、保税物流园区业务、保税仓库业务等。通常将保税区、保税物流园区、出口加工区、保税仓库称为海关特殊监管区域、保税监管场所。

保税区与境内其他地区之间、保税物流园区与境内其他地区之间，都应该设置符合海关监管要求的隔离设施；进出保税区和进出保税物流园区的货物都必须接受海关监管。保税区实行海关稽查制度，区内可以开展加工贸易、仓储物流、转口等业务，区内企业应当与海关实行电子计算机联网，进行电子数据交换。保税物流园区内主要是仓储物流业，可以开展对货物进行流通性简单加工和增值服务简单的业务、转口贸易、仓储业务等。

出口加工区的主要功能是为区内企业生产产品提供服务，与保税区相比功能更为单一。海关在加工区内设立机构，依照规定对进、出口加工区的货物及区内相关场所实行 24 小时监管。出口加工区实行"规范、封闭式、境内关外"的管理。区内企业主要包括：出口加工企业、为出口加工企业生产提供服务的仓储企业以及海关批准专门从事加工区内货物进、出的运输企业。

保税仓库是指经国务院批准设立的专门存放保税货物及其他未办结海关手续货物的仓库。保税仓库按照使用对象不同分为公用型保税仓库、自用型保税仓库。

（二）保税加工业务

保税加工业务是指经营者经海关批准，对未办理纳税手续进境的货物，进行实质性加工装配和制造以及相关配套业务的生产性经营行为，包括进料加工、来料加工和以出口为目的而在国内采购货物后与保税进口的料件进行混合加工等常规形式。我国海关现行的法规对进料加工、来料加工和混合加工的进口料件基本上实施保税监管，即对进口料件实施海关监管下的暂缓缴纳进口税免受贸易管制的制度。

三、进口保税海关管理

按照我国现行的海关保税监管制度，对进口的保税加工货物实行三段式监管。第一阶段为加工贸易合同登记备案管理，也称为前期管理；第二阶段为口岸管理，即海关对已办妥登记备案的合同项下的进口货物实施口岸监管；第三阶段为对加工贸易合同进行核查、核销管理，该阶段包括海关对进口保税货物在加工过程中的"中途"核查及加工贸易到期合同核销工作，一般称为后期管理。

第一阶段的管理要求：企业持有关外经贸部门等主管部门的合法、有效批准文件向海关申请办理登记备案手续，海关审核有关批文、合同正确无误，必要时还下工厂核实加工厂情况。企业向海关递交的登记备案资料由海关造册建档管理。

第二阶段的管理要求：海关在口岸办理企业加工合同项下进口保税区货物的进出境手续，企业凭报关单及海关核发的"登记手册"等单证向海关如实申报，海关对申报进出境的保税货物，经审核查验无误后，准予放行。保税货物属于海关监管货物，进口企业未经海关许可，不得擅自处理。

第三阶段的管理要求：一是对加工过程中的料件或半成品、制成品进行定期或不定期核查，了解和掌握进口料件的使用以及产成品的复出口情况，以保证保税货物不被擅自处理和挪用；二是对到期加工合同进行核销。企业应在加工合同到期或最后一批加工成品出口后的规定期限内主动到海关办理合同核销手续，逾期不核销的，海关依法予以处理。海关核销采取单证核销、下厂实地核销或单证核销与下厂核销相结合等方式。对在核销过程中发现有违反海关监管规定的，将视其情况轻重，依法予以处理。

四、保税货物进口的基本程序

保税货物进口的基本程序包括四个环节：合同登记备案—进口货物—储存或加工后复运出口—核销结案。

1.　合同登记备案

经营保税货物的单位持有关批件、对外签约的合同及其他有关单证，向主管海关申请办理合同登记备案手续，海关核准后，签发有关登记手册。合同登记备案手续须在保税货物进口前办妥。

2.　进口货物

已在海关办理合同登记备案的保税货物实际进境时，经营单位或其代理人应持海关核发的该批保税货物的"登记手册"及其他单证，向进境地海关申报，办理进口手续。

3.　储存或加工后复运出口

保税货物进境后，应储于海关指定的场所或交付给海关核准的加工生产企业进行加工制造，在储存期满或加工产品后再复运出境。经营单位或其代理人应持该批保税货物的"登记手册"① 及其他单证，向出境地海关申报办理出口手续。

4. 核销结案

在备案合同期满或加工产品出口后的一定期限内，经营单位应持有关加工贸易登记手册、进口货物报关单及其他有关资料，向合同备案海关办理核销手续，海关对保税货物的进口、储存、加工、使用和出口情况进行核实并确定最终征免税意见后，对该备案合同予以核销结案。这一环节的结束意味着海关与经营单位之间的监管法律关系的最终解除。

第二节　进口减免税业务政策

关税减免，是减征关税和免征关税的简称，是海关全部或部分免除应税货品纳税人的关税给付义务的一种行政措施。根据《海关法》和《进出口关税条例》规定，关税的减免分为法定减免、特定减免、临时减免和暂免纳税等四种情况。

一、进口减免税对象范围

1. 法定减免

我国法律规定的进口货物能够全部免征或减少征收关税的情况。

《海关法》规定的法定减免包括六种货物、物品：①无商业价值的广告品和货样。②外国政府、国际组织无偿赠送的物资。③在海关放行前遭受损坏或者损失的货物。④规定数额以内的物品。⑤法律规定减征、免征关税的其他货物、物品。⑥中华人民共和国缔结或者参加的国际条约规定减征、免征关税的货物、物品。

凡是完全符合税法明确规定可以减免税的进口货物，进口人或者其代理人无须事先向海关提出申请，海关征税人员可按规定给予减免税。

2. 特定减免，也被称为政策性减免税

根据国家政治、经济政策的需要，按国务院或其授权机构的规定，在某些特定条件下和范围内，进口货物能够全部免征或减少征收关税的情况。它一般由国务院作出原则规定后，再由海关总署根据国务院规定单独或者会同其他中央主管部门制定出具体实施办法加以贯彻执行。

目前，我国已实行特定减免税的项目有：①科教用品。②残疾人专用品。③国家鼓励发展的外商投资项目进口货物。④救灾捐赠进口物资。⑤扶贫、慈善捐赠进口物

---

① 此处涉及多个"登记手册"，具体由海关决定使用哪些，在此不一一罗列。

资。⑥国家鼓励发展的国内投资项目。⑦利用国际金融组织和外国政府贷款项目。⑧自有资金项目。⑨无底价抵偿货物。⑩中西部优势产业项目。

3. 临时减免

法定减免税和特定减免税以外的临时减征或者免征关税的情况，具体由海关总署或者海关总署会同国务院财政部门按照国务院的规定审查批准。收货人或者其代理人要求对其进口货物临时减征或者免征进口关税的，应当在货物进口前书面说明，并附加必要的证明和资料，向所在地海关申请。

4. 暂免纳税

经我国海关批准暂时进口的货物，以及特准进口的保税货物，在货物收货人向海关缴纳相当于税款的保证金或者提供担保后，准予暂时免纳关税。

二、进口货物减免税备案、审批程序

进口货物减免税备案、审批程序是海关减免税工作的第一个环节，其办理流程如下。

1. 项目备案

（1）项目单位对于需要备案的项目，持有关备案单证向海关申请办理减免税项目备案手续。

（2）海关在受理减免税项目备案手续时，重点审核项目单位提供的备案材料中有关的内容。如经营范围、投资总额、立项时间、项目性质、征免性质、减免税额度和剩余额度等，审核无误后接受项目单位的申请。

（3）海关受理备案申请后，根据国家有关进口税收优惠政策的规定进行审核，对可以享受减免税优惠政策的单位准予备案。

2. 减免税审批

（1）项目单位应在货物进口前持《进出口货物征免税申请表》连同货物的进口合同、发票以及海关认为必要的其他单证资料（装箱单、说明书等）向海关申请办理进口货物减免税审批手续。

（2）海关在受理进口货物减免税审批手续时，会重点审核所提交的单证是否齐全、有效，各项数据填报是否规范，项目是否符合国家税收优惠政策的规定，审核无误后接受项目单位的申请。

（3）海关依据项目单位提供的相关资料逐项审核，并随时调阅项目单位档案资料，经审核无误后予以签发"进口货物征免税证明"。

3. 进口通关

项目单位持海关签发的"进口货物征免税证明"在货物进口地办理报关进口手续。

4. 时限管理

海关受理备案申请和减免税审批申请，在单证齐全、有效和电子数据无异议的情况下，备案申请会自受理次日起 10 个工作日内完成，减免税审批申请会在受理之日起 10 个工作日内完成；如果该申请须由所在地主管海关上报直属海关审批，直属海关在接到有效的单证及电子数据之日起 5 个工作日内做出批复，特殊情况除外。

三、海关对进口减免税的监管及稽查

（一）海关对进口减免税的监管

（1）减免税货物申请只能以自用为目的，不得以自用的名义为他人申请办理进口货物的减免税手续。

（2）减免税货物属海关监管货物，在监管期限内，不得擅自销售、转让、调换、改装、出租、抵押、留置、移作他用等，特定减免税货物不得擅自变更适用地区、主体和用途。如需有以上和其他处置的，应获海关批准并补缴税款后进行。

（3）因合并、分立、资产重组、股权变更或撤销、解散、破产及其他依法终止等原因，造成减免税货物的产权（所有权）或项目单位（企业）性质发生变化的，项目单位（企业）须事先向主管地海关提出申请，并按海关有关规定办理相应手续。

（4）项目单位（企业）由于自身原因遗失"进口货物征免税证明"而造成的有关后果由项目单位（企业）自行承担。

（5）已进行减免税登记备案的项目单位（企业），经主管部门批准变更项目（包括企业性质、股权转让、企业名称、法定地址、合作年限、设备清单等变更）以及追加投资的，需向海关提出申请变更备案。

（6）项目单位（企业）未按规定在货物进口前向海关申请办理减免税审批手续，并且没有特殊理由的，海关将不再受理其减免税申请。

（7）减免税货物在海关监管期限内及其后的 3 年内，海关可以对于进口货物直接有关的企业、单位的会计账簿、会计凭证、报关单证以及其他有关资料和有关进口货物实施稽查。

（8）人民法院判决、裁定或者有关行政执法部门决定处理海关监管货物（包括未解除监管的减免税货物）的，当事人必须先行办结海关手续。

（9）在减免税进口货物的监管年限内，项目单位（企业）应当自减免税货物放行之日起每年一次向主管海关报告减免税货物的状况。

（10）减免税货物监管期限到期后，在海关监管期限内未发生违反海关监管规定行为的，自动解除海关监管。项目单位（企业）需要解除监管证明的，可自监管年限届满之日起 1 年内持有关单证向海关书面申请解除监管。

减免税货物监管期限为：①船舶、飞机为 8 年。②机动车辆为 6 年。③其他货物为 5 年。

（二）海关对进口减免税的稽查

海关可以在减免税进口货物海关监管期限内及其后的 3 年内，对进口减免税货物的企业实施稽查。

海关可以根据企业减免税货物的进口和使用情况，进行风险管理，分析和评估风险较高的商品和企业，并有针对性地组织常规稽查。一旦发现企业在减免税货物进口和使用过程中存在违法线索和嫌疑，可以适时组织专项稽查行动。

海关稽查人员应及时了解国家的减免税政策，掌握企业规范的会计财务处理方法，从而在稽查过程中能有效地识别企业弄虚作假、违规操作的行为。

减免税货物进口后，除按规定用于特定地区、特定企业或者特定用途之外，大多数情况下企业还会出现擅自倒卖出售、对外出租和投资、移作他用、擅自抵押等行为，对此，海关会针对不同的情况，确定稽查的重点。

1. 将进口或接受捐赠的减免税设备擅自出售的海关稽查重点

将进口或接受捐赠的减免税设备擅自出售行为主要有以下三种。

（1）将进口或接受捐赠的减免税设备销账出售。在这种情况下，海关稽查重点是：①查清企业固定资产的减少数量。②查清企业固定资产减少的原因。

（2）将进口或接受捐赠的减免税设备挂账出售。对此，海关稽查重点是：根据掌握的设备进口资料，在查阅"固定资产"账户有无此项设备记录后，进一步查看"在建工程"账户。如发现有进口设备不合理的长期挂账，不转入"固定资产"账户，则出售的可能性比较大，应采取查看"营业外收入"账户有无出售设备价款的记录和询问有关人员，并核对实物，以确定是否有出售减免税设备的行为。

（3）将进口或接受捐赠的减免税设备出售不销账。其海关稽查的重点是：由于固定资产出售后，不再计提折旧。因此，稽查人员可以通过稽查"累计折旧"账户，查看出售的减免税设备是否照提折旧。发现出售的疑点后，则进一步查看"预收账款""应收账款""其他应收款"等往来账户，查找有无出售设备的价款。如有用途、来源不明的款项，应询问有关人员款项用途，必要时可到汇入款项的对方单位了解真实情况，最终确认有无出售减免税设备的行为。

2. 将进口或接受捐赠的减免税材料擅自出售的海关稽查重点

对于减免税原材料的出售，可以核查"原材料"账户贷方，看原料的出库用途，就可知道转让或倒卖以及挪作他用的情况，也可查"其他业务收入"账户的贷方，看是否有减免税原材料的出售。如果审阅、核对会计资料还是较难发现问题的，必须通过调查询问，从账外寻找问题的突破口。

3. 将进口或接受捐赠的减免税设备擅自出租的海关稽查重点

由于经营性出租固定资产，在"固定资产"总账上的价值并没有减少，海关稽查人员应抓住租金收入这一关键环节，对有出租嫌疑的企业，应查看"其他业务收入""营业外收入"账户有无租金的记录。

4. 将进口或接受捐赠的减免税设备长期外借的海关稽查重点

在稽查时，应将查账重点放在使用设备时所发生的各项费用支出上，通过查阅"制造费用""管理费用"等账户，看有无列支记录。如无此类支出，应进一步询问有关人员核实有无外借情况。必要时，可以清点实物。

5. 将进口或接受捐赠的减免税设备对外直接投资的海关稽查重点

海关稽查时应从核查"固定资产""累计折旧"账户入手，看其有无减少或停止计提折旧。如有，应核实原因。对怀疑其将进口或接受捐赠的减免税设备对外直接投资的，可进一步核查"长期股权投资""投资收益"等账户，以确认是否有减免税设备对外投资的行为。

6. 将进口或接受捐赠的减免税设备擅自改变用途的海关稽查重点

海关稽查时，应采取两方面措施：一方面核实有关实物，调取生产记录、生产报表等，了解设备真实的生产状况；另一方面查阅财务账和相关企业资料，将查账重点放在"产成品""产品销售收入"上，查看立项的项目建议书，核实设备真实用途。

7. 将进口或接受捐赠的减免税设备擅自抵押的海关稽查重点

企业擅自以减免税设备作为抵押获取银行贷款的，稽查时应重点放在"长期借款""短期借款""银行存款"科目上，审查企业是否有银行借款、还款记录。如有，应进一步调阅相关凭证，调取贷款协议、抵押合同、抵押登记等。

第三节　临时进口货物政策

一、临时进口货物范围

临时进口货物通常是指国际组织、外国政府、外国和我国香港、澳门地区的企业、群众团体或个人为开展经济、技术、科学、文化、教育、体育、卫生等方面的合作交流，以及进行工程施工、设备维修等项目，经海关批准而临时运入我国境内并需复运出境的货物，分为两大类。

第一类是指经海关批准暂时入境，在进境时纳税义务人向海关缴纳相当于应纳税款的保证金或者提供其他担保可以暂不缴纳税款，并按规定的期限复运出境的货物，主要包括：

（1）在展览会、交易会、会议及类似活动中展示或者使用的货物。

（2）文化、体育交流活动中使用的表演、比赛用品。

（3）进行新闻报道或者摄制电影、电视节目使用的仪器、设备及用品。

（4）开展科研、教学、医疗活动使用的仪器、设备和用品。

（5）上述（1）～（4）项所列活动中使用的交通工具及特种车辆。

（6）货样只用于展示、操作演示、供订货参考，以及被检测、测试的货物样品，但不包括同一收发货人进口超过合理数量的相同货物。

（7）慈善活动使用的仪器、设备及用品。

（8）供安装、调试、检测、修理设备时使用的仪器及工具。

（9）盛装货物的容器。

（10）旅游用自驾交通工具及其用品。

（11）工程施工中使用的设备、仪器及用品。

（12）海关批准的其他临时进出境货物。

第二类是指第一类以外的暂准进境货物。第二类临时进境货物应当按照该货物的完税价格和其在境内、境外滞留时间与折旧时间的比例，按月缴纳进口税。

二、临时进口货物海关监管

临时进口货物入境时，申报人应填写《进口货物报关单》一式三份（其中一份由海关签注后交货主留存）。对无线电器材和应施动植物检疫、药品检验、食品卫生检验的货物，应提交有关管理部门的证明。

对于经海关核准的临时进口货物，申报人应向海关缴纳相当于税款的保证金，或提供海关认可的书面担保后，准予临时免领进口货物许可证和免纳进口关税、产品税（或增值税）或工商统一税和其他由海关代征的税费。

对需运至国内其他设关地点办理海关手续的临时进口货物，申报人应按照海关对转关运输的监管规定办理海关手续。

临时进口货物应于货物进口之日起 6 个月内全部复运出境。期满不复运出境的，应由申报人向海关办理正式进口手续和照章纳税。因故需要延长在境内使用期限的，应在期满前向海关提出申请，经海关审核批准后予以办理延期手续。延长期满后，除经海关总署特准者外，不再予以延长。

临时进口货物复运出境时，申报人应填写出口货物报关单一式三份，同时交验其留存的进口货物报关单及货物清单向原进境地海关办理复运出境手续。如变更出境口岸，应持凭原进口货物报关单及货物清单向出境地海关办理复运出境手续，出境地海关在上述单据上批注验放情况后，退交申报人凭此向原入境地海关办理核销手续。

三、临时进口货物时的注意事项

经海关核准的临时进口货物必须符合境外所有和原状复出口两个基本条件，并且只能用于向海关申报的目的。未经海关许可不得出售、转让或移作他用。期满后不复运出境，又未办理正式进口手续的，海关将依据海关法规予以处罚。

根据《海关法》的规定，临时进口货物入境时免交进口关税和其他税费，并免领进口货物许可证。但属于国家控制进口品种的临时进口货物，如无线电器材和应施动植物检疫、药品检验、食品卫生检验的货物，还应交验有关管理机关批准进境的证明。

四、临时进口货物进口手续

（一）许可的申请、受理、审查与决定

（1）申请人向主管地海关提出临时进境申请，海关受理［高技术配置（Advanced Technology Attachment，ATA）单证册持证人向海关提交 ATA 单证册即视为提出申请，非 ATA 单证册项下的临时进境货物收发货人应当向海关提交《货物临时进/出境申请书》，并递交齐全且符合法定形式的申请材料］。

（2）海关自受理申请之日起 20 个工作日内审查完毕，做出决定：

①对 ATA 单证册项下临时进境货物的临时进境申请批准同意的，应当在 ATA 单证册上予以签注，否则不予签注。

②就非 ATA 单证册项下临时进境货物的临时进境申请批准同意的，制发《中华人民共和国海关货物临时进/出境申请批准决定书》，否则制发《中华人民共和国海关货物临时进/出境申请不予批准决定书》，说明理由，并告知申请人享有依法申请行政复议或者提起行政诉讼的权利。

（3）申请人取得海关批准决定书后，即可办理具体报关手续。

（4）对于在境内举办展览会的临时进境展览品的办展人，应当向展览会举办地海关提出申请，海关核准后，由直属海关或经直属海关授权的隶属海关一次性对该展览会项下临时进境展览品做出行政许可决定。

（5）进境巡展展品的临时进境申请由首个主管地海关核准。展品转至下一个主管地海关后，由该主管地海关监管，凭首个主管地海关签章的行政许可文书和海关单证，免于再次提出临时进境申请。

（二）许可的延续

（1）临时进境货物应当在进境之日起 6 个月内复运出境。因特殊情况需要延长期限的，需经直属海关批准。延期最多不超过 3 次，每次延长期限不超过 6 个月。延长期届满应当复运出境或者办理进口手续。

（2）申请延期时，ATA 单证册持证人、非 ATA 单证册项下临时进境货物收发货人应当在规定期限届满 30 日前向原核准地海关提出延期申请，并提交《货物临时进/出境延期申请书》以及相关申请材料。

（3）隶属海关受理延期申请的，应当于受理之日起 10 个工作日内将初审意见和全部申请材料及时报送直属海关。直属海关于收到材料之日起 10 个工作日内做出是否批准延期的决定并制发《中华人民共和国海关货物临时进/出境延期申请批准决定书》或者《中华人民共和国海关货物临时进/出境延期申请不予批准决定书》。

直属海关受理延期申请的，应当于受理之日起 20 个工作日内做出是否批准延期的决定。

（4）属于国家重点工程、国家科研项目使用的临时进境货物以及参加展期在 24 个月以上展览会的展览品，在 18 个月延长期届满后仍需要延期的，由主管地直属海关于受理延期申请之日起 10 个工作日内提出初审意见并随附材料送海关总署。海关总署自收到材料之日起 10 个工作日内做出决定。

（5）进境巡展展品需要延期复运出境的，办展人、参展人可向当时展出地主管海关或者原核准地海关提出延期申请。受理申请的海关根据首个主管地海关签章的行政许可文书和海关单证以及申请人提交的申请材料进行审核，并办理相关手续。

五、临时进口货物转征税

对于经海关核准的临时进口货物，申报人应向海关缴纳相当于税款的保证金，或提供海关认可的书面担保后，准予临时免领进口货物许可证和免纳进口关税、增值税和其他由海关代征的税费。

临时进口货物转为正式进口需予补税时，应按其转为正式进口日所施行的税则税率征税。经海关核准临时进境并在 6 个月内复运出境的施工机械、工程车辆、工程船舶等，准予临时免缴关税和进口环节增值税。上述货物超过半年仍留在境内使用的，应自第 7 个月起，按月征收关税和进口环节增值税。货物每月的税款计算公式如下：

$$关税税额 = \frac{完税价格 \times 关税税率}{48}$$

$$进口环节增值税税率 = \frac{（完税价格 + 关税税额）\times 增值税税率}{48}$$

对临时进口货物按月征税时，如最后 1 个月不足 30 天的，应按 1 个月征税。征税满 48 个月后继续留在境内使用的应该停止征税。

第四节　进口货物转关政策

进口转关是指海关监管货物在海关监管下，从一个海关运至另一个海关办理某项海关手续的行为，包括：货物由进境地入境，向海关申请转关，运往另一个设关地点进口报关；已经办理入境手续的海关监管货物从境内一个设关地点运往境内另一个设关地点报关等。目前我国进口货物转关政策的依据是《中华人民共和国海关关于转关货物监管办法》（2018 年修正）（被海关总署令第 240 号修正后的版本，以下简称《关于转关货物监管办法》）以及《海关总署关于规范转关运输业务的公告》（海关总署 2017 年第 48 号公告）等。

《关于转关货物监管办法》规定，转关货物是海关监管货物。转关货物应当由已经在海关注册登记的承运人承运。海关对转关限定路线范围，限定途中运输时间，承运人应当按海关要求将货物运抵指定的场所。海关根据工作需要，可以派员押运转关货物，货物收发货人或者其代理人、承运人应当提供方便。转关货物的指运地或启运地应当设有经海关批准的海关监管作业场所。转关货物的存放、装卸、查验应当在海关监管作业场所内进行。海关对转关货物的查验，由指运地或者启运地海关实施。进、出境地海关认为必要时也可以查验或者复验。转关货物未经海关许可，不得开拆、提取、交付、发运、调换、改装、抵押、质押、留置、转让、更换标记、移作他用或者进行其他处置。

一、我国进口货物转关的条件和范围

我国法律法规要求进口货物申请转关必须满足一定的条件和范围。

（一）转关的一般条件

（1）转关的指运地和启运地必须设有海关。
（2）转关的指运地和启运地应当设有经海关批准的监管场所。
（3）转关承运人应当在海关登记注册，承运车辆符合海关监管要求，并承诺按海关对转关路线范围和途中运输时间所做的限定将货物运往指定的场所。

（二）转关货物范围

为了全面推进全国通关一体化改革，我国《关于规范转关运输业务的公告》（海关总署 2017 年第 48 号公告）规定，除以下几种情况外，海关不再接受办理转关运输手续。

（1）多式联运货物，以及具有全程提（运）单需要在境内换装运输工具的进出口货物。

这类货物的收发货人可以向海关申请办理多式联运手续，有关手续按照联程转关模式办理。

（2）满足相关条件的进口固体废物。

经海关批准后，满足以下条件的进口固体废物，其收发货人方可申请办理转关手续，开展转关运输：

①按照水水联运模式进境的废纸、废金属。
②货物进境地为指定进口固体废物口岸。
③转关运输指运地已安装大型集装箱检查设备。
④进口废金属的联运指运地为经国家环保部门批准设立、通过国家环保等部门验收合格、已实现海关驻点监管的进口固体废物"圈区管理"园区。
⑤联运至进口固体废物"圈区管理"园区的进口废金属仅限园区内企业加工利用。

（3）满足相关条件的易受温度、静电、粉尘等自然因素影响或者因其他特殊原因，不宜在口岸海关监管区实施查验的进出口货物。

这类货物经主管地海关（进口为指运地海关，出口为启运地海关）批准后，其收发货人方可按照提前报关方式办理转关手续。需要满足的具体条件是：

①收发货人为高级认证企业。

②转关运输企业最近一年内没有因走私违法行为被海关处罚。

③转关启运地或指运地与货物实际进出境地，不在同一直属关区内。

④货物实际进境地已安装非侵入式查验设备。进口转关货物应当直接运输至收货人所在地，出口转关货物应当直接在发货人所在地启运。

（4）邮件、快件、暂时进出口货物（含 ATA 单证册项下货物）、过境货物、中欧班列载运货物、市场采购方式出口货物、跨境电子商务零售进出口商品、免税品以及外交、常驻机构和人员公自用物品。

这类货物的收发货人可按照现行相关规定向海关申请办理转关手续，开展转关运输。

二、我国进口货物办理转关手续的期限要求

《关于转关货物监管办法》规定，进口转关货物应当自运输工具申报进境之日起 14 天内向进境地海关办理转关手续，在海关限定期限内运抵指运地海关之日起 14 天内，向指运地海关办理报关手续。逾期按照规定征收滞报金。

三、我国进口货物办理转关手续的方式

《关于转关货物监管办法》规定，转关货物的收发货人或者代理人，可以采取以下三种方式办理转关手续。

1. 提前报关转关

提前报关转关，即进口货物在指运地或者启运地海关以提前报关方式先办理申报，再到进境地办理进口转关手续。

2. 直转转关

直转转关，即进口货物在进境地或者启运地海关以直接填报转关货物申报单的方式办理转关手续，货物运抵指运地再在指运地海关办理申报手续的转关。

3. 中转转关

以由境内承运人或者其代理人统一向进境地或者启运地海关申报的中转方式办理。

四、我国进口货物转关手续的受理海关及资料要求

（一）提前报关转关货物

1. 受理海关

提前报关的转关货物，进口货物收货人或者其代理人在进境地海关办理进口货物转关手续前，向指运地海关录入《进口货物报关单》电子数据。指运地海关提前受理电子申报，货物运抵指运地海关监管作业场所后，向指运地海关再办理转关核销和接单验放等手续。

提前报关的转关货物的收货人或者代理人向指运地海关填报录入《进口货物报关单》后，计算机自动生成《进口转关货物申报单》并传输至进境地海关。

2. 应提交的资料

提前报关转关的货物收货人或者代理人应当向进境地海关提供《进口转关货物申报单》编号，并提交下列单证办理转关手续。

（1）《中华人民共和国海关境内汽车载运海关监管货物载货登记簿》（以下简称《汽车载货登记簿》）或《船舶监管簿》。

（2）提货单。

（3）广东省内公路运输的，还应当交验《进境汽车载货清单》。

提前报关的进口转关货物应当在电子数据申报之日起的 5 日内，向进境地海关办理转关手续。超过期限仍未到进境地海关办理转关手续的，指运地海关撤销提前报关的电子数据。

（二）直转转关货物

1. 受理海关

货物的收货人或者代理人在进境地录入转关申报数据，直接办理转关手续。

2. 应提交的资料

直转转关货物的收货人或者代理人应向进境地海关提交：

（1）《进口转关货物申报单》。

（2）广东省内公路运输的，交验《进境汽车载货清单》。

（3）《汽车载货登记簿》或者《船舶监管簿》。

（三）中转转关货物

1. 受理海关

具有全程提运单、需换装境内运输工具的中转转关货物的收货人或者其代理人向指运地海关办理进口报关手续后，由境内承运人或者其代理人，批量办理货物转关手续。

2. 应提交的资料

中转转关货物，运输工具代理人应当向进境地海关提交：

（1）《进口转关货物申报单》。

（2）进口中转货物的按指运地目的港分列的舱单。

（3）以空运方式进境的中转货物，提交联程运单。

第五节　进口货物滞报政策

我国海关征收进口货物滞报金是为了加快口岸货物运输，促使进口货物收货人（包括受委托的报关企业）及时申报。根据我国《海关法》以及有关法律、行政法规规定，自2005年6月1日起我国施行《海关征收进口货物滞报金办法》〔其最新版为2018年修订版，以下简称《办法（2018年修订版）》〕。

一、进口货物滞报金应当缴付的时间

在开展进口业务的过程中，企业会因为收发货方相关单证流转不及时、进口特殊货物的批准证来不及审批等原因产生滞报。进口货物收货人超过规定期限向海关申报产生滞报，海关依法应当征收滞报金。滞报金应当由进口货物收货人于当次申报时缴清。进口货物收货人要求在缴清滞报金前先放行货物的，海关可以在其提供与应缴纳滞报金等额的保证金后放行。

转关运输货物在进境地产生滞报的，由进境地海关征收滞报金；在指运地产生滞报的，由指运地海关征收滞报金。

二、进口货物滞报金的计算

（一）起征日及截止日的确定

征收进口货物滞报金应当按日计征，以自运输工具申报进境之日起第 15 日为起征日，以海关接受申报之日为截止日，起征日和截止日均计入滞报期间，另有规定的除外。征收下列进口货物滞报金应当按照下列规定计算起征日。

（1）邮运进口货物应当以自邮政企业向海关驻邮局办事机构申报总包之日起第 15 日为起征日。

（2）转关运输货物在进境地申报的，应当以自载运进口货物的运输工具申报进境之日起第 15 日为起征日；在指运地申报的，应当以自货物运抵指运地之日起第 15 日为起征日。

（3）邮运进口转关运输货物在进境地申报的，应当以自运输工具申报进境之日起第 15 日为起征日；在指运地申报的，应当以自邮政企业向海关驻邮局办事机构申报总包之日起第 15 日为起征日。

（4）进口货物收货人在向海关传送报关单电子数据申报后，未按照海关总署规定递交报关单及随附单证，海关予以撤销报关单电子数据处理。进口货物收货人重新向海关申报，产生滞报的，按照《办法（2018 年修订版)》第四条规定计算滞报金起征日。进口货物收货人申报后依法撤销原报关单电子数据重新申报的，以撤销原报关单之日起第 15 日为起征日。

（5）进口货物因收货人在运输工具申报进境之日起超过 3 个月未向海关申报，被海关提取做变卖处理后，收货人申请发还余款的，比照《办法（2018 年修订版)》第四条规定计征滞报金。滞报金的截止日为该 3 个月期限的最后一日。

（6）进口货物因被行政扣留或者刑事扣押不能按期申报而产生滞报的，其扣留或者扣押期间不计算在滞报期间内。扣留或者扣押期间起止日根据决定行政扣留或者刑事扣押部门签发的有关文书确定。

（二）进口货物滞报金的计算公式

滞报金的日征收金额为进口货物完税价格的 0.5‰，征收滞报金的计算公式为：

$$滞报金 = 进口货物完税价格 \times 0.5‰ \times 滞报日数$$

滞报金以人民币"元"为计征单位，不足人民币 1 元的部分免予计征。滞报金的起征点为人民币 50 元。

三、进口货物滞报金的减免政策

（一）可以申请减免滞报金的情况

进口货物收货人申请减免滞报金的，应当自收到海关滞报金缴款通知书之日起30个工作日内，以书面形式向申报地海关提交申请书，申请书应当加盖公章。进口货物收货人提交申请材料时，应当同时提供政府主管部门或相关部门出具的相关证明材料。收货人应当对申请书及相关证明材料的真实性、合法性、有效性承担法律责任。

有下列情形之一的，进口货物收货人可以向海关申请减免滞报金：

（1）政府主管部门有关贸易管理规定变更，要求收货人补充办理有关手续或者政府主管部门延迟签发许可证件，导致进口货物产生滞报的。

（2）产生滞报的进口货物属于政府间或国际组织无偿援助和捐赠用于救灾、社会公益福利等方面的进口物资或其他特殊货物的。

（3）因不可抗力导致收货人无法在规定期限内申报，从而产生滞报的。

（4）因海关及相关司法、行政执法部门工作原因致使收货人无法在规定期限内申报，从而产生滞报的。

（5）其他特殊情况经海关批准的。

（二）海关不予征收滞报金的情况

有下列情形之一的，海关不予征收滞报金：

（1）收货人在运输工具申报进境之日起超过3个月未向海关申报，进口货物被依法变卖处理，余款按《海关法》第三十条规定上缴国库的。

（2）进口货物收货人在申报期限内，根据《海关法》有关规定向海关提供担保，并在担保期限内办理有关进口手续的。

（3）进口货物收货人申报后撤销原报关单电子数据重新申报，因删单重报产生滞报的。

（4）进口货物办理直接退运的。

（5）进口货物应征收滞报金金额不满人民币50元的。

关键概念

进口保税业务、保税物流业务、保税加工业务、法定减免税、特定减免税、临时进口货物、进口转关、进口滞报金

复习思考题

1. 我国对进口保税业务的基本规定有哪些?

2. 《海关法》规定的法定减免税适用于哪些货物?

3. 临时进口货物包括哪些?

4. 我国对临时进口货物是如何监管的?

5. 进口货物转关和转单的适用条件是什么?

6. 哪些情况下进口货物收货人可以向海关申请减免滞报金?

第二编

进口贸易业务流程

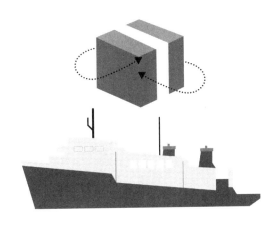

第五章
进口贸易之前的准备工作

·本章要点·

　　本章主要内容包括：进口贸易市场调研；制定进口经营战略；如何与外国供货商以及国内买方建立业务联系；中国国际贸易"单一窗口"用户注册；从事进口贸易经营的资质规定；进口报关报检双线资质的注册等。

　　本章的重点是进口贸易市场调研、如何与外国供货商建立业务联系，以及对外贸易经营者备案登记、对外贸易经营者税务变更登记、海关注册登记、报检单位备案登记、外汇管理登记、中国电子口岸登记等手续的办理。

　　本章的难点是进口贸易市场调研、如何制定进口经营战略、如何与外国供货商建立业务联系等。

第一节　市场调研

　　进口贸易之前未进行充分的市场调研是很多进口商遭受诈骗或遇上贸易纠纷的最主要原因。"知己知彼，百战不殆"，为了尽可能地降低贸易风险和损失，进口商在签订进口合同之前，要进行充分的市场调研。

一、进口贸易市场调研的目的

进口商进行市场调研时，一般要重点寻找并获得以下信息：

（1）把握欲进口商品的质量规格、生产技术条件、不同货源地等。

（2）了解各国有关欲进口商品的产业政策、外贸政策以及贸易习惯做法。

（3）把握进口商品供求双方的主要状况，把握其国内外市场行情趋势。

（4）评价进口商品所处行业的市场潜力，判定进口贸易的可行性和持续性。

（5）评价各种进货方式和销售方式的有效性，选择最佳的进货方式和销售方式。

二、进口贸易市场调研的主要步骤

进口贸易市场调研一般分以下三个层次进行。

（一）对拟进口商品的质量规格和世界供求状况进行调研

这项调研即针对选定的拟进口商品，调查其主要生产国家、各生产国的生产技术水平、工艺程度、生产周期、生产成本、产品在生命周期中所处的阶段、产品的质量特点及其使用效能、产品的销售周期、该产品市场的竞争和垄断程度、该产品的世界消费水平及其特点、国际和国内市场价格状况、本国消费者的消费习惯及其状况等内容。

（二）对本国以及生产国的宏观经济状况进行调研

这项调研是为了防范或规避将来贸易中可能存在的国家风险而进行的。在该阶段，进口商应当了解本国以及生产国（或地区）的政治局势、总体经济状况、生产力水平、产业结构特点、国家的宏观经济政策导向、货币制度（特别是外汇管制制度）、经济法律和条约（重点是贸易政策和法规）、进出口商品结构、数量、金额等。

通过调研，进口商应当对进出口双方国家的宏观经济环境有一个总体的把握，评估国家和产业的市场潜力，选择（或者排序）合适的进口贸易对象国，预估未来贸易中可能存在的风险和收益的情况，并尽量顺应宏观环境的发展趋势，提前做好各种防范风险的准备。

（三）对供货商、本国消费者和进口贸易方式进行具体调研

在这一阶段，进口商应当根据宏观经济状况调研之后选定贸易国家，并有针对性地进行供求双方和进口贸易方式的调研。

1. 对供货商的调研

进口商应当利用各种渠道寻找并收集一些主要外国供应商的资料，然后逐个分析这些供应商的具体情况，比如调查其政治态度、发展历史、资金规模、经营范围、组织情况、生产技术、库存状况、生产规模和成本、产品质量的高低和稳定性等，调查并分析其在同行业中的竞争优、劣势地位，调查其以往的贸易情况（成交价格、质量水平、包装情况、付款条件、客户的评价等）、经营作风和信誉水平等，总结分析其贸易特点，以选出最有可能合作的供应商，并寻找和这些供应商沟通、合作的技巧，选择最合适的进货渠道。

进口商除了要调查供货商的资信，还应当对其身份进行调查和确认。若调查发现对方为代理人，则需要注意：

（1）弄清对方的代理身份。在国际贸易中，代理人往往基于商业秘密垄断信息或蓄意欺诈的考虑而采取不明示代理身份的代理方式。因此，进口商必须核实对方的代理人身份。

（2）核实代理人的代理权限和代理有效期限。我国《民法典》第一百六十二条规定："代理人在代理权限内，以被代理人名义实施的民事法律行为，对被代理人发生效

力。"第一百六十三条规定："代理包括委托代理和法定代理。委托代理人按照被代理人的委托行使代理权。法定代理人依照法律的规定行使代理权。"第一百六十四条规定："代理人不履行或者不完全履行职责，造成被代理人损害的，应当承担民事责任。代理人和相对人恶意串通，损害被代理人合法权益的，代理人和相对人应当承担连带责任。"

（3）必要时，进口商可以要求在进口合同中明确对方的代理地位及真正委托人的情况并进行相应的担保。

在调研时，进口商一定要对国外卖方的真实身份、资金和信誉状况等有足够的把握，不可急于求成。在我国进口贸易实践中，常有因不足够了解对方情况，进口商匆忙与之进行交易而被诈骗货款或预付款的事件发生。

2．对本国消费者和进口贸易方式进行调研

进口商还要调查拟进口商品贸易的各个主要操作环节及成本、进口商品在本国最有效的销售渠道等，目的在于确定该商品的最佳进口贸易方式（一般贸易、期货、招投标、补偿贸易等）、销售方式以及是否具有可行性和获益性等。

进口商还需要对国内买方（消费者）做调研，分析其对拟进口商品的消费水平和偏好、资金和支付能力状况等，值得注意的是，不仅要分析国内买方的共性特点，还要选择一些有代表性的买家分析其特殊要求和偏好，以寻找利用最有效的销售方式来达到最好的销售效果。

三、进口贸易市场调研信息的主要来源

为了全面调研市场情况，进口商需要从多种渠道获取信息。进口贸易市场调研信息的来源主要有：

（1）查阅官方公布的国民经济总括性数据和资料，如国际收支状况、国际贸易商品结构和总量、国际贸易市场地理结构等。

（2）查阅国外商务报纸杂志。

（3）利用各种交易会、洽谈会和客户来华做生意的机会，进行洽谈、询价等，了解有关信息。

（4）搜索国内外各种 B2B（Business to Business）网站的有关信息。

（5）通过国内和国外的外贸行业公会、商业或者工业的民间专业组织，以及其刊物或网站等，咨询或查询我国进口公司已经完成的进口业务的情况（进口商品的主要种类、商品来源地、价格）。

（6）派遣专门的代表团或工作小组等进行国际市场调研，获得一手资料。

（7）通过我国驻外领事馆、商务机构、外贸公司驻外分支公司、各银行在国外的分行或者代理行、中国出口信用保险公司等，调查供货商及市场情况。

（8）委托国内外咨询公司进行调查。

第二节　制定进口经营战略

进口经营战略是进口企业为了有计划地、顺利地开展业务，根据其在市场调研之后所获得的有关资料信息和分析结果，根据自身情况，对其所经营的进口业务所做出的一种业务计划和安排。进口经营战略应当具备全局性、长远性、抗争性、纲领性和相对稳定性等特征。

进口企业应当首先对自身在宏观环境中的地位和经营目的做重点研究分析。在对自身状况进行分析的时候，进口企业应当详细分析自身的竞争优势、竞争劣势、潜在机遇以及所可能面临的威胁等，然后分析并选择最好的业务、次佳业务、再次业务等。

进口企业通过对外部环境和内部条件的调研分析之后，根据分析的结果，按照本企业的经营意图和要求，制定出最佳的进口经营战略。

进口企业一般制定进口经营总体战略和分战略。总体战略主要是针对进口企业总体经营思想和目标而制定的，而分战略则是具体的进口计划安排和实现计划的措施，需要具体、灵活很多，如规定合适的货源地、合适的供应商、合适的进口商品、合适的贸易方式以及一些主要的成交条件（如订购商品的时间、商品的品质规格、数量、价格、运输、保险、商检和报关等）等。

第三节　与客户建立业务联系

对进口自用商品的进口商而言，与客户建立业务联系主要是指与外国供货商建立业务联系，但是，对于进口非自用商品的进口商（做进口内销的中间商），还应当注意与国内买方（最终消费者）建立业务联系。

一、与外国供货商建立业务联系

在对供货商进行了基本的调查分析（参考本章第一节）之后，进口商可以通过各种通信手段或者参加交易会等特殊方式与选中的供货商建立初步联系。与国外供货商建立初步业务联系的 E-mail 或传真等信函常见内容见示例 5-1。

【示例 5-1】
与国外供货商建立初步业务的信函内容示例
Having obtained your name and address from _____（取得对方联系方式的渠道）. We are writing to you in the hope of establishing business relations with you.

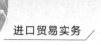

We _____ （进口商做自我介绍）. In order to acquaint you with our business lines, we enclose a copy of our *Import List* covering the main items at present.

We are interested in your _____ （拟进口商品的名称及规格等）. Please give us your production introduction （or samples） if possible. We shall be glad to give you our quotations upon receipt of your introduction （or samples）.

We look forward to receiving your enquiries soon.

如果进口商对供货商已经有充分的了解，希望供货商直接发盘，则可以在函电中直接表明："If you find business possible, please give us an offer about _____ （拟进口的商品名称及规格等）."

二、与国内买方建立业务联系

如果进口公司是中间商，则其一般会在国内寻找到最终买家之后，才签订进口合同。否则，若进口商先进口货物再寻找国内买家，万一所进口的货物不好销售，进口商不仅要承担仓储成本和风险，还可能面临资金占压，甚至经营困难的局面。

上述情况是有例外的，如果进口商是我国国内的零售商或者进口商品是国内供不应求的商品，则进口商可以先签订进口合同，货物进口之后再在国内零售。因为进口商与国内最终买家建立业务联系或者国内零售贸易等，属于国内贸易范围，这里不做陈述。

实际业务中，对于作为中间商的进口商，不管先签内销合同，然后再签进口合同，还是先签进口合同，然后再签内销合同，都需要注意对与国外卖家及国内买家这两种客户关系之间的协调和照应。否则，进口商可能会面临两边情况无法协调甚至相互矛盾的局面，从而面临违约责任。例如，我国某进口公司 A 与国内某公司 B 签订一份合同，由 A 从国外购买某德国厂家原产的某产品，然后再转卖给 B。因为 B 的报价相对于同类产品的国际市场价格较高，所以 A 毫不犹豫地就先和 B 签下了合同（A 并没有先与国外厂家联系），规定 2 个月之内交货。A 签订完内销合同后才联系 B 指定的德国工厂购货，但是得知该工厂生产的这一产品在国际市场上非常畅销，其接到的订单已经排到 4 个月之后，根本不可能在 2 个月之内交货。A 遂与 B 协商，希望延期交货或者改为其他厂家的同类产品，但是 B 均无法接受。结果，因为 A 只考虑了价格的因素，而忽略了对与国外卖家及国内买家这两种客户关系之间的协调，导致承担了高额的违约赔偿。

第四节　中国国际贸易单一窗口用户注册

中国国际贸易"单一窗口"标准版建立了统一的用户管理功能，减少了法人及其他组织用户分别向海关、检验检疫、海事等多个部门、不同系统登录注册的环节，使国际贸易进出口业务领域的用户在"单一窗口"标准版中进行一次注册、单点登录，即可统一、集中地管理用户信息，办理各项业务。根据登录用户的角色不同，用户管理功能主要包括注册、登录、认证、账号维护、权限与角色管理等。

法人及其他组织用户预先办理好"单一窗口"标准版的用户注册手续，有助于进口贸易经营资格申请、原产地证书申领、进口关检申报、进口税费缴纳等进口贸易操作环节的顺利高效进行。

一、办理卡介质

需办理电子口岸卡介质类型：IC 卡/IKEY。企业可以到市民中心制卡窗口进行办理（一般需提前预约）。

二、"单一窗口"用户注册及管理

法人及其他组织用户在"单一窗口"标准版办理业务，须首先注册管理员账号，用于建立当前企业的基本信息、设置权限、创建与管理操作员账号等。管理员账号不可进行业务操作。企业可以通过"单一窗口"标准版系统（https://www.singlewindow.cn）进行用户注册。用户可以通过有卡用户和无卡用户两种方式进行管理员注册、操作员注册。注册成功后完成 IC 卡绑定工作。

（一）"单一窗口"法人及其他组织用户注册具体操作步骤

（1）打开浏览器输入 https://www.singlewindow.cn，在"业务应用"栏目，即可找到"单一窗口"各类业务应用的系统入口（见图 5-1）。

图 5-1　"单一窗口"标准版门户网站首页

（2）在门户网站页面右上角点击"登录"字样，进入"单一窗口"标准版登录界面（见图 5-2）。

图 5 - 2　登录界面

（3）点击登录界面中的"立即注册"字样进行注册操作。在注册方式选择栏内，根据需要选择"法人及其他组织用户"注册（见图 5 - 3）。

图 5 - 3　注册方式选择界面

（4）选择"法人及其他组织用户"注册后，可以选择"有卡用户"注册或"无卡用户"注册方式进行（见图 5 - 4）。法人及其他组织用户如果拥有 IC 卡/KEY 等介质，建议使用有卡用户的注册方式。使用此种方式注册，系统将自动读取相关信息并进行绑卡等步骤，减少后续的人工操作。

图5-4　法人及其他组织用户注册方式

第一种方式,"有卡用户"注册。

如果法人及其他组织用户的电脑中已连接读卡器或拥有 IC 卡/Key 等介质,可点击图5-4 中的"有卡用户"注册按钮,进行快速注册。法人及其他组织用户选择"有卡用户"方式注册的,将 IC 卡插入与电脑连接好的读卡器中,或插入 Key,在图5-5 中输入介质密码,点击"登录"。然后系统进入企业"管理员账号注册"界面。

图5-5　快速登录/有卡用户注册入口

第二种方式,"无卡用户"注册。

法人及其他组织用户如果暂无读卡器或 IKEY,在法人及其他组织用户注册方式界面(见图5-4)点击选择"无卡用户"注册方式,暂无 IC 卡的用户可以采用手工录入的方式进行注册,无卡用户仅可注册管理员。

无卡用户注册分为：法人及其他组织用户基本信息和管理员账号信息两部分，填写完毕后法人及其他组织用户即可成功注册。法人及其他组织用户基本信息中，统一社会信用代码、组织机构代码、单位中文名称、法定代表人姓名等字段前带星号的，需要完整填写，填写完毕后，点击下方蓝色按钮"下一步"，进入管理员账号信息填写界面。

（二）"单一窗口"个人用户注册具体操作步骤

"单一窗口"个人用户注册模块适用于从事国际贸易进出口环节各类业务的自然人用户（个人用户目前仅支持申请野生动植物进出口证书）。

在注册方式选择界面（见图5-3），点击"个人用户"注册，系统跳转至个人用户注册界面。该界面中，显示为红色星号项为必填项，如实填写完毕后，勾选页面下方的"阅读并同意《中国国际贸易单一窗口用户注册协议》"，点击"立即注册"蓝色按钮即可。

第五节　从事进口贸易经营的资质规定

一、对外贸易经营者的最新规定

原《对外贸易法》第九条规定为："从事货物进出口或者技术进出口的对外贸易经营者，应当向国务院对外贸易主管部门或者其委托的机构办理备案登记；但是，法律、行政法规和国务院对外贸易主管部门规定不需要备案登记的除外。备案登记的具体办法由国务院对外贸易主管部门规定。对外贸易经营者未按照规定办理备案登记的，海关不予办理进出口货物的报关验放手续。"

自2019年12月1日起，对外贸易经营者备案登记制度，率先在自贸区试点取消审批。2022年12月30日，第十三届全国人民代表大会常务委员会第三十八次会议通过决定，删去《对外贸易法》第九条关于对外贸易经营者备案登记的规定，即从事进出口业务的企业，不再办理对外贸易经营者备案登记手续，企业自动获取进口权。免去办理对外贸易经营者备案登记手续是国际通行做法，体现我国推动高水平对外开放的步伐，将有效提升广大外贸企业的经营效率与活力。

然而，食品企业虽然无须办理对外贸易经营者备案登记，但是进口需要的其他资质手续缺一不可。例如，需要办理进口食品境外生产企业注册；进口商备案前需取得营业执照，随后进行进口商备案；经销商需取得营业执照和经营许可证；进口货物收发货人、报关企业进行报关备案等。

二、对外贸易经营者的手续办理

从事进出口业务的企业，不再办理对外贸易经营者备案登记手续，企业自动获取进出口权。然而，通常所说的进口权由外贸经营者备案、海关登记、电子口岸、外汇管理局登记（用于开通外汇账户）组成。虽然外贸备案取消，但是如果企业需要报关，仍需办理海关登记获取报关权限；需开通外汇账户，仍需提交外汇管理局备案。

（一）办理海关注册登记手续以获得报关报检权

因我国关检融合改革较大，本部分内容单独放在本章第六节详细阐述。

（二）办理外汇管理登记手续

1. 申请办理进入"贸易外汇收支企业名录"的手续

根据我国外汇管理的有关规定，进口单位进入"贸易外汇收支企业名录"（以下简称"名录"）之后才能通过有关银行对外支付外汇货款，不在该"名录"中的进口单位不得直接到有关银行办理进口付汇。因此，进口商在取得对外贸易经营权之后、进口之前，需要持申请材料到国家外汇管理局当地分局办理申请进入该"名录"的手续。

进口商办理申请进入"名录"手续时，一般需要提交下列申请材料：

（1）加盖单位公章的"贸易外汇收支企业名录登记申请书"原件1份。

（2）法人签字并加盖企业公章的"货物贸易外汇管理外汇收支业务办理确认书"原件1份。

（3）"企业法人营业执照"或"企业营业执照"副本原件1份、加盖企业公章的复印件1份。

（4）"对外贸易经营者备案登记表"原件1份、加盖企业公章的复印件1份；外资企业应当提交外商投资企业批准证书（原件及复印件）。

（5）外汇管理局当地分局要求提供的有关补充说明材料。

以上材料中的复印件需加盖公章（办理该手续时进口商最好携带单位公章）。

外汇管理局有关分局接到申请材料之后，经过审核，对符合条件的进口商，通过货物贸易外汇监测系统为其登记名录，并办理监测系统网上业务开户。同时，外汇管理局通过该外汇监测系统向金融机构发布全国企业名录信息。

2. 申请办理进口付汇"登记表"手续

特殊情况才需要，具体参见本书第七章有关付款环节的内容。

三、特殊商品进口贸易经营资格的审批手续

根据我国《对外贸易法》第十一条以及其他有关法律法规的规定，我国目前对小麦、玉米、大米、食糖、烟草、原油、成品油、化肥、棉花等9种货物实行进口国营贸易经营资格管理。进口这9种货物需取得进口国营贸易经营资格或非国营贸易允许

量，再申领自动进口许可证。我国还对互联网文化产品和网络游戏等进口采取特殊的审批管理。

（一）国营贸易管理货物进口经营资格审批手续

依据原对外贸易经济合作部（现整合为商务部）令 2002 年第 27 号《原油、成品油、化肥国营贸易进口经营管理试行办法》，我国目前对原油、成品油和化肥的进口贸易进行国营贸易管理。经商务部审批，获得某类国营贸易管理货物进口经营权的企业或机构（该类经过批准的、进入"国营贸易企业"名录的企业，以下简称"国营贸易企业"），才能做相应的国营贸易管理货物的进口业务。

"国营贸易企业"名录由商务部审批确定、调整并公布。商务部每年会公布国营贸易货物进口允许量及分配原则，"国营贸易企业"按照有关规定取得进口配额和相应的许可证件（原油自动进口许可证、成品油自动进口许可证、化肥进口关税配额证明等）之后开展进口业务。国营贸易配额持有者必须委托"国营贸易企业"进口。

国家允许非"国营贸易企业"从事部分数量的进口（必须得到商务部的非国营贸易审批的企业才可以进口，该类经过批准但是未进入"国营贸易企业"名录的企业以下简称为"非国营贸易企业"）。商务部会提前公布（商务部网站"政策发布"页面）下一年的原油、成品油及化肥的非国营贸易进口允许量、申领条件分配依据及申请程序，凡符合相应申领条件的未进入"国营贸易企业"名录的企业都可以申请有关的非国营贸易进口配额并取得相应的许可证件。非国营贸易配额的持有者可以委托"非国营贸易企业"或"国营贸易企业"进口，具备"非国营贸易企业"资格的也可以自行进口。

原油、成品油和化肥进口许可证件的申领程序参见本书第七章第二节中的相应内容。

依据国家有关法律法规的规定，除加工贸易方式外，"国营贸易企业""非国营贸易企业"之外的其他企业，不得从事原油、成品油的进口业务；除加工贸易方式外，"国营贸易企业""非国营贸易企业"之外的其他企业，可以按关税配额外税率进口化肥。

企业办理原油、成品油"国营贸易企业"经营资格的审批手续的具体程序为：

（1）企业向所在地的省级商务主管部门提出申请。

（2）企业所在地的省级商务主管部门进行初审，合格的转交商务部。

（3）商务部审核，通过的予以登记并通知。

（4）企业到所在地的商务部授权机构领取有关批准文件。

（二）互联网文化产品和网络游戏进口审批手续

我国对互联网文化产品和网络游戏的进口采取特许经营管理。目前，由文化和旅游部管理。根据文化和旅游部受理行政许可项目申报指南，企业办理音像制品成品经营资格的审批手续的具体程序为：

（1）申请人提出申请。登录"全国文化市场技术监管与服务平台"（以下简称平台，https://ccm.mot.gov.cn/ccnt/hbase/index.html）提出。

（2）确认申报单位已在平台设立或激活网络文化经营单位，并具有网络游戏经营资质。若未设立或激活请先联系申报单位所在地的省级文化行政部门进行设立或激活。

（3）申报单位按照平台要求录入信息并上传材料。文化和旅游部将于收到申请材料的 5 个工作日内对材料进行审核。

（4）若填报信息和上传材料有问题，则会通过平台内互动消息告知企业材料不合格之处，企业根据要求对材料进行补充修改。

（5）材料齐全后文化和旅游部将正式受理审查申请，并在 20 个工作日（不含专家审查时间）内，由审查委员会对进口网络游戏进行内容审查。审查合格的，发给电子标签，准予上线运营；审查不合格的，不予进口，并说明理由。

（6）文化和旅游部审核申请文件和材料。对于可以当场更正的错误，当场通知并允许申请人当场更正；没有可以当场更正的问题的，经审核合格的文件和材料，予以受理，填写"行政许可申请受理通知单"；经审核不合格的文件和材料，不予受理，填写"行政许可申请不受理通知单"。

（7）予以受理的，文化和旅游部在做出受理决定之日起 20 日内（经部长批准，可以延长 10 日），对申请人的申请做出许可或不许可的决定。

（8）做出许可决定的，许可承办司局于做出决定之日起 10 日内向申请人送达行政许可决定书及相关证件。做出不予行政许可决定的，应当书面说明理由，由许可承办司局送达申请人。

第六节　办理进口报关报检双重资质的注册手续

依据我国《海关法》第十一条，进出口货物收发货人、报关企业办理报关手续，必须依法经海关注册登记。未依法经海关注册登记，不得从事报关业务。因此，进口商在经营者资格备案登记之后，还必须到海关办理注册登记手续才能取得自行报关权。目前，我国海关商检已经合二为一，并且从 2018 年 8 月 1 日起，进口企业必须同时具有报关和报检资质才能正常报关。

目前，我国海关注册登记已实现无纸化和网络化，新企业申请报关报检资质可以登录"单一窗口"的"企业资质"模块填报，只需在"单一窗口"进行一次注册，就可获得报关和报检双重资质。海关一般不再核发《报关单位注册登记证书》，社会公众可以通过营业执照上的统一社会信用代码，在"中国海关企业进出口信用信息公示平台"查询海关注册登记情况。企业成功提交注册登记业务申请后，无须到现场海关递交纸质申请材料，但需根据《中华人民共和国海关报关单位注册登记管理规定》（海关总署令〔2014〕221 号）的规定，自行留存相关注册登记材料。

企业申请报关报检资质办理的具体步骤如下。

一、登录及企业基本信息填写

使用新注册的账户（注册步骤详见本书第五章第四节）登录"单一窗口"，点击"企业资质申请"，展开信息填写页面，按要求填写"企业基本信息"。

二、海关企业通用资质注册登记

在"企业资质申请"界面，点击左侧菜单中"海关企业通用资质"栏目下的"企业注册登记"，然后点击选择"注册登记申请"，右侧区域展示。企业可以通过扫描工商电子营业执照微信小程序进行身份验证，也可以跳过此验证直接进入企业基本信息录入界面，包括报关单位信息、投资人员信息与报关人员信息三部分。

1. 填写"报关单位信息"

在企业基本信息录入界面的报关单位信息页，企业按照提示要求录入相关信息。具体录入要求是：①海关编码、检验检疫备案号由系统自动产生，不需要进行填写；②必须录入统一社会信用代码，无统一社会信用代码的临时注册登记单位、保税仓库、出口监管仓库暂时到海关现场申请；③经营类别和行政区划通过点击空格键进行选择，支持模糊查询，需要先选择行政区划后才能选择注册海关；④市场主体类型信息从工商端获取，如没有工商数据则该项选项为空；⑤经济区划和特殊贸易区域如没有相关信息，则系统默认填写默认值；⑥组织机构类型、经济类型通过工商数据进行反填，如没有信息则需要通过下拉框进行选择；⑦报关企业分支机构的上级单位统一社会信用代码为必填项，与上级单位关系可通过下拉框进行选择，报关企业分支机构的上级单位名称为必填项；⑧其他需手工录入的字段，根据业务主管部门要求如实填写相关内容。

2. 填写"投资人员信息"

录入完"报关单位信息"后，点击"保存企业基本信息，下一步"按钮，才能进入企业投资人员信息录入界面。

在投资人员信息页，企业按照提示要求录入相关信息。具体录入要求是：①当经济类型为外资时，出资者信息至少添加一条信息，其他经济类型为选填；②当出资者类型为企业时，出资者身份证件类型、出资者身份证件号码、出资金额万美元不用填写，其他为必填项，企业出资者组织机构代码通过社会信用代码反填，不需要手动填写；③当出资者类型为个人时，出资者社会信用代码、出资者组织机构代码、出资金额万美元不用填写，其他为必填项，出资者身份证件类型、出资国别、出资方式、出资金额币制通过点击空格键在下拉列表中进行选择。

3. 填写"报关人员信息"

录入完"投资人员信息"后，点击"下一步"按钮，进入报关人员信息录入界面。在报关人员信息页，企业按照提示要求录入相关信息。具体录入要求是：①报关人员备案号和报检人员备案号为灰色，在审批通过后系统自动反填；②统一社会信用代码、姓名、身份证件类型、身份证件号码、移动电话为必填项，其他为选填项。

三、打印

在海关注册登记的基本信息区域内，点击各类"打印"的白色按钮，系统将根据当前页签、结合企业相关录入的信息，显示打印预览。更多操作方法可参考对外贸易经营者备案中关于打印的描述，此处不再赘述。

海关注册登记的数据必须为审批通过，才能使用《报检企业备案表》《报关单位证书》的预览及打印功能，否则界面将弹出提示"审批通过后才可以打印"。

四、申报

录入完毕并确认无误数据之后，点击申请界面上方的"申报"蓝色按钮，系统将向相关业务主管部门发送该申请的数据，即意味着向相关业务主管部门发送数据，并等待其审批。

关键概念

市场调研、进口经营战略、对外贸易经营者备案登记、中国国际贸易单一窗口、进口报关报检双重资质

复习思考题

1. 进口贸易市场调研主要分几个层次进行？
2. 进口贸易市场调研的信息来源主要有哪些？
3. 如何制定进口经营战略？
4. 如何与外国供货商建立业务联系？
5. 办理对外贸易经营者备案登记手续的具体操作步骤有哪些？
6. 如何办理对外贸易经营者税务变更登记手续？
7. 如何办理对外贸易经营者海关注册登记手续？
8. 如何办理对外贸易经营者外汇管理登记手续？

第六章
进口合同的磋商

·**本章要点**·

　　本章首先从总体上介绍进口合同及合同磋商的形式、内容和步骤，其次分别阐述货物进口合同中品名条款、品质条款、数量条款、包装条款、装运条款、货运保险条款、支付条款、价格条款、商检条款、索赔和理赔条款、不可抗力条款、仲裁条款等各条款的内容、常见的规定方法以及进口商订立这些条款时应当注意的问题，为我国进口企业对外签订货物进口合同提供指引。

　　本章的重点包括：《联合国国际货物销售合同公约》（以下简称《公约》）对发盘和接受的有关规定；签订品名条款时需要注意的问题；签订品质条款时需要注意的问题；溢短装条款的含义及规定方法，签订数量条款时需要注意的问题；运输标志的含义，签订包装条款时需要注意的问题；租船权的含义，各种货运方式的特点，进口合同中装运条款的内容及规定方法；中国海运货物保险的基本险别及其承保范围；信用证的基本当事人及使用程序，信用证结算方式下进口商风险的种类及防范、汇付的基本当事人及使用程序，托收的基本当事人及使用程序，国际保理的基本当事人及使用程序，签订合同中支付条款时需要注意的问题；Incoterms® 2020 解释的 EXW、FOB、CFR、CIF、FCA、CPT、CIP 等术语的含义，如何规定进口合同中的单价条款；进口合同中商检条款的主要内容；进口合同中索赔与理赔条款的主要内容；进口合同中仲裁条款的主要内容等。

　　本章的难点包括：有效的发盘和接受的条件、品质机动幅度、溢短装条款、运输标志、租船权、信用证结算方式下进口商风险的种类及防范、买方的复验权、赔偿金额的确定等。

第一节　进口合同概述

一、货物进口合同的特征

本书只研究有形商品（货物）的进口贸易，因此本书中的"进口合同"特指货物进口合同。货物进口合同与一般的国内货物买卖合同相比，具有以下特征。

（1）合同双方当事人的营业地处于不同的国家（或地区）。

（2）合同货款一般使用外币结算。

（3）合同履行的程序复杂、风险大。

（4）合同的法律适用可能涉及国际贸易惯例、国际条约或者一个以上的国家的国内立法。

二、货物进口合同成立的一般条件

国际货物买卖合同的达成，必须符合法律规范，方为有效，才受法律保护。违反法律法规的合同不仅无效，当事人还可能受到法律的制裁。根据有关国际条约和法律，一般而言，货物进口合同的有效成立必须满足以下条件。

（1）合同双方当事人应当具有订立合同的法律行为资格和能力。例如，未成年人对其达成的合同可不负合同的法律责任；精神病患者和醉汉，在其发病期间和神志不清时达成的合同，也可免去合同的法律责任；若属"法人"，则行为人应是企业的全权代表；非企业负责人代表企业达成合同时，一般应有授权证明书、委托书或类似的文件。

（2）合同双方当事人必须在自愿和真实的基础上经过意思表示一致达成合同，在胁迫和欺诈情况下签订的合同无效。

（3）合同必须有对价和合法的约因。即货物买卖合同必须是有偿的交换，双方都拥有权利又都承担义务，有的国家将此称作"对价"（consideration），有的国家称作"约因"（cause）。

（4）合同的标的、内容和目的都必须合法。所谓"标的合法"，即货物和货款等必须合法。进口的货物应是双方政府允许出口或进口的商品，进口属于政府管制的货物的，应当有许可证或配额；外汇的收付也必须符合有关国家的规定等。

（5）进口合同必须符合法律规定的形式和审批手续。

三、货物进口合同的形式及其主要内容

（一）进口合同的形式

根据《公约》第 11 条以及我国《民法典》第四百六十九条，我国目前加入的国际条约以及我国的国内法律并不要求我国进口企业都必须用书面形式签订货物进口合同，只要法律法规允许，可以采用书面形式、口头形式和其他双方愿意的形式签订货物进口合同。

如果签订书面合同，有其独特的意义：

（1）书面合同能保证合同义务的顺利履行。

（2）书面合同是解决国际贸易争议的依据。

书面进口合同的称呼有很多种，常见的有购货合同（purchase contract）、购货协议（purchase agreement）、购货确认书（purchase confirmation）、备忘录（memorandum）、订单（order）等。

（二）进口合同的主要内容

货物进口合同是贸易当事人双方履行义务的依据，也是进行违约补救或处理争议的依据。为此，货物进口合同必须具备必要的内容。

根据《公约》第 14 条，一份国际货物买卖合同的达成，必须至少写明货物并且明示或暗示地规定数量和价格或规定如何确定数量和价格。

我国《民法典》第四百七十条规定："合同的内容由当事人约定，一般包括以下条款：（一）当事人的姓名或者名称和住所；（二）标的；（三）数量；（四）质量；（五）价款或者报酬；（六）履行期限、地点和方式；（七）违约责任；（八）解决争议的方法。当事人可以参照各类合同的示范文本订立合同。"

国际贸易实践中，进口合同并没有统一的格式和内容。常见的书面进口合同的内容一般由下列三部分组成。

1. 约首

合同的序言部分，通常包括合同的名称、订约双方当事人的名称（全称）和地址、电话和传真号码、电子邮箱等。另外，在合同序言部分还常常写明双方订立合同的意愿、执行合同的意愿以及执行合同的保证等内容。

2. 正文

合同的主体部分，具体列明各项交易的条件或条款，一般规定包括界定买卖标的物的条款（品名、品质、数量、包装等条款）、与标的物交付过程相关的条款（装运条款、保险条款）、价格条款、支付条款、违约的判定以及解决办法（商检条款、异议与索赔条款、不可抗力条款、仲裁条款）等各项条款。这些条款体现了双方当事人的权利和义务，为避免签订合同后买卖双方发生争执，应尽量把这些条款规定得准确而严密。

3．约尾

合同正文后的结尾部分，一般列明合同的份数、使用的文字及其效力、订约的时间和地点、生效的时间、双方有权签字人的签署等。

【示例 6 - 1】

货物进口合同示例
CONTRACT

(ORIGINAL)

No. ：_____

Date：_____

Signed at：_____

Seller：_____

Address：_____

Buyer：_____

Address：_____

Fax：_____

Tel：_____

Fax：_____

Tel：_____

This contract is made by and between the buyer and the seller, whereby the buyer agrees to buy and the seller agrees to sell the undermentioned commodity according to the terms and conditions stipulated below：

1.

Name and Specifications of Commidity	Quantity	Unit Price	Total Price
ENERGY SAVING ELECTRONIC LAMP Art. No. FCL-22, 22W	10,000 sets	USD 4 per piece FOB New York	USD 40,000

2． Total value of the contract：US dollars forty thousand only.

3． Country of origin and manufacturers：America, ABC EXPORT INC.

4． Packing：In new cartons. The measurement, gross weight, net weight and the cautions such as "Do not stack up side down", "Keep away from moisture", "Handle with care" shall be stenciled on the surface of each package with fadeless pigment.

5． Insurance：To be effected by the buyer.

6． Shipping marks：To be decided by the seller.

7． Port of shipment：New York.

8． Port of destination：Guangzhou.

9． Time of shipment：On or before July 15th 2012.

10． Terms of payment：

The buyer shall open, through a bank accepted by both parties, an irrevocable, transferable letter of credit, in favor of the seller, payable at sight against first presentation of shipping documents to the issuing bank. The covering L/C must reach the seller before and remain valid in until the 15th day （inclusive） from the date of shipment.

11. Shipping documents:

The seller shall present the following documents:

(1) Clean on board bills of lading;

(2) Commercial invoice;

(3) Packing list;

(4) Insurance policy.

12. Terms of shipment:

(1) The carrying vessel shall be arranged by the buyer;

(2) After loading is completed, the seller shall notify the buyer within 24 hours by cable of the contract number, name of goods, quantity, name of the carrying vessel and date of shipment.

13. Claims:

Should the quality, quantity, and/or specifications of the goods be found not in conformity with the stipulations of the contract, the seller agrees to examine any claim so arising, which shall be supported by a report issued by a reputable surveyor approved by the seller. The seller is not responsible for claims arising out of incorrect installation or wrong operation. The seller is only responsible for claims against bad workmanship of faulty materials.

Claims concerning quality shall be made within 3 months after the arrival of the goods at destination. Claims concerning quantity and/or specification shall be made within 30 days after the arrival of the goods at destination. The seller shall not consider any claims for compensation, for losses due to natural causes, or belonging to the responsibilities of the ship owners or the insurer. In case the L/C does not correspond to the contract terms and the buyers fails to amend its terms within the time limit after being notified by the seller, the seller has the right to cancel the contract or to delay the delivery of the goods as well as to lodge claims for damages.

14. Force majeure:

The seller shall not be responsible for late delivery or non-delivery of the goods due to force majeure. However, in such cases, the seller shall submit to the buyer a certificate issued by the local organization of the international chamber of commerce or other related qualified organizations as evidence.

15. Arbitration:

All disputes in connection with this contract or the execution there of shall be settled by friendly negotiation between the two parties. If no settlement can be reached, the case in dispute shall then be submitted for arbitration in the country of the defendant in accordance with the Arbitration Regulations of the Arbitration Organization of the defendant's country. The decision made by the Arbitration shall be final and binding upon both parties. The arbitration expenses shall be borne by the losing party unless otherwise awarded by the Arbitration Organization.

16. Other conditions:

Any alternations and additions to the contract shall be valid only if they are made out in writing and signed by both parties. Neither party is entitled to transfer its right and obligation under this contract to a third party before obtaining a written consent from the other party. After the signing of this contract all previous negotiations and correspondence related to it will be taken as null and void.

The seller: _____   The buyer: _____

第二节　进口合同磋商的形式、内容及步骤

进口合同的磋商即进口合同的订立过程，是指买卖双方为达成合同就各项交易条件进行的谈判。合同磋商工作的好坏直接影响到合同的签订及履行，直接关系到将来买卖双方之间的权利、义务和经济利益，是做好进口贸易的关键所在。因此，在磋商之前，进口商应当做好准备工作（参见本书第五章）；在磋商的过程中，进口商不仅要注意磋商的合理形式和表达方法，更应当注意每一个步骤的作用和法律效果。

一、进口合同磋商的形式

1. 口头磋商

如各种交易会或洽谈会上的谈判，以及贸易小组出访、国外客户来华洽谈等。此外，还包括双方通过国际长途电话进行的交易磋商。口头磋商比较适合谈判内容复杂、涉及问题较多的业务，如大型成套设备交易的谈判。

2. 书面磋商

通过信件、电传、E-mail 等通讯方式来洽谈交易。书面磋商成本费用低廉、简便易行，是买卖双方通常采用的方式。

此外，交易磋商的形式还有拍卖、招投标、期货等特殊形式。

二、进口合同磋商的内容

进口合同磋商的内容就是进口贸易的各项条件（即进口合同正文部分的各条款），参见本章本节以外各节的有关内容。

三、进口合同磋商的步骤

进口合同磋商的一般流程可概括为四个步骤：询盘、发盘、还盘和接受。其中，

发盘和接受是必不可少的步骤。

（一）询盘（enquiry，inquiry）

询盘是指买方为购买商品或卖方为出售商品而向对方询问买卖该商品的有关交易条件的行为。询盘多由买方提出。

询盘的内容可涉及价格、品质规格、数量、包装、装运以及索取样品等。进口商询盘采用的主要词句为"Please advise"或"Please quote"或"Please offer"等。

【示例6-2】

外贸函电中的询盘

Having obtained your name and address from _____ （取得对方联系方式的渠道）. We are writing you in the hope of establishing business relations with you. We are interested in your _____ （拟进口的产品）. Please give us your offer of _____ （拟购买的数量等）.

We trust you will give us an early reply.

询盘只是询问对方交易条件，表达与对方进行交易的愿望。它对于询盘人和被询盘人均无法律上的约束力，也不是交易磋商的必经步骤，即询盘并不意味着将来询盘人和被询盘人必须达成交易。也有的询盘只是想探询一下市价，询问的对象也不限于一人，或者发出询盘的一方希望对方开出估价单，然后再做决定。

（二）发盘（offer，quotation）

发盘也称报盘、发价、报价，法律上称之为"要约"，是指买方或卖方向对方提出各项交易条件，并愿意按照这些条件达成交易、订立合同的一种肯定的意思表示。

发盘可以是应对方询盘的要求发出，也可以在没有询盘的情况下，直接向对方发出。发盘一般由卖方发出，但也可以由买方发出。

1. 进口商应当检查发盘的必备条件

根据《公约》的规定，进口商对外发盘时，应当向特定的受盘人（一个或多个）发出，并至少"写明货物，并且明示或暗示地规定数量和价格，或规定如何确定数量和价格"，还要表明发盘一旦被接受就承受约束的意旨（可以用"offer""quote"等术语加以表明）。否则，仅应视为邀请发盘，即询盘。

为了尽量严谨，进口商对外发盘的内容通常包括双方当事人的名称和住所、品名、数量、品质、包装、价格、装运条款、支付条款以及违约、异议和索赔条款等内容。

当进口商接到供货商的发盘时，也需要首先检查该发盘是否指定己方为受盘人，检查该发盘是否"写明货物，并且明示或暗示地规定数量和价格，或规定如何确定数量和价格"，检查该发盘是否表明了"发盘一旦被接受，发盘人就承受约束的意旨"（可以通过"offer""quote"等术语来判断，也可以按照当时的谈判情形，或依当事人之间以往的业务交往情况或双方已经确立的习惯做法来确定）等。

【示例6-3】

外贸函电中的发盘

We are interested in your ＿＿＿＿（拟进口的产品）. We are giving you an offer as follows：

  Commodity：＿＿＿＿＿＿＿＿（商品名称）

  Specifications：＿＿＿＿＿＿＿＿（品质规格）

  Packing：＿＿＿＿＿＿＿＿（包装条件）

  Quantity：＿＿＿＿＿＿＿＿（数量）

  Price：＿＿＿＿＿＿＿＿（价格）

  Shipment clause：＿＿＿＿＿＿＿＿（装运条款）

  Payment terms：＿＿＿＿＿＿＿＿（付款条件）

  … …

This offer is firm，subject to the receipt of reply by us on or before ＿＿＿＿（日期）our time. We look forward to receiving your acceptance soon.

2. 进口商应当注意发盘的有效期的计算和表达

在发盘尚未生效之前和失效之后，对发盘人是没有约束力的。因此，发盘是否已经生效或失效关系到受盘人能否表示接受，也关系到发盘人是否可以撤回或撤销其发盘。

《公约》规定："发盘于送达被发盘人时生效。"而发盘的失效时间一般是根据发盘的有效期计算出来的。

发盘的有效期是指可供受盘人对发盘做出接受的期限。发盘中通常都规定一个具体的有效期，常见的规定方法有：①规定最迟接受的期限，如"subject to the receipt of reply by us on or before ＿＿＿＿（日期）our time"；②规定一段时间，如"This offer is valid for ＿＿＿＿（数字）days"。因为不同国家对一段时间有效期的起算时间点的规定不尽相同，所以第②种规定容易引起歧义，进口商在对外发盘时最好不要采用。

如果进口商收到的发盘的有效期是一段时间，则按照《公约》第20条的规定，如果发盘是采用电报或信件方式发出的，该期限从电报交发时刻或信上载明的发信日期起算，如信上未载明发信日期，则从信封上所载日期起算；如果发盘是采用电话、电传或其他快速通讯方式发出的，该期限则从发盘送达被发盘人时起算。在计算有效期时，期间内的正式假日或非营业日应计算在内。如果有效期的最后一天在发盘人营业地是正式假日或非营业日，接受的通知因此而未能在有效期的最后一天送到发盘人地址，则该发盘的有效期应当顺延至下一个营业日。

如果发盘中没有规定有效期，根据《公约》的规定，采用书面形式发盘时，发盘的有效期是"合理时间"，即受盘人应当在合理时间内接受才能有效；如果采用口头发盘形式，除非发盘人发盘时有特殊声明，发盘当场有效，即只有受盘人当场表示接受，方为有效。

一项发盘，在其规定的有效期内未被受盘人接受，则该发盘在其有效期届满之时自动失效。除了这种情况之外，发盘效力终止的情况还有：

（1）如果发盘中未规定有效期，该发盘在合理时间内未被接受将自动失效。

（2）发盘被受盘人拒绝或还盘，拒绝通知或还盘送达原发盘人时原发盘效力终止。

（3）发盘被原发盘人依法撤销。

（4）因不可抗力事件（如政府禁令等）导致原发盘失效。

（5）发盘人或受盘人在原发盘被接受之前丧失行为能力（如自然人死亡、法人破产等），则发盘效力终止。

3．进口商如何撤回或撤销发盘

如果进口商对外发盘之后，在发盘失效之前，又想修改其内容（变更、添加或删减）或取消该发盘，则必须立即用最快捷的方式向受盘人发出通知。

如果上述通知在发盘到达受盘人之前或同时到达受盘人，则进口商可以修改或取消其发盘（此即撤回发盘）。目前发盘基本都是采取传真或 E-mail 等方式，几秒钟内就可以到达受盘人处，所以实践中进口商基本没有撤回发盘的机会。

发盘生效以后发盘人再修改或取消其发盘的行为叫"撤销发盘"。不是所有的发盘都可以被撤销的。根据《公约》第 16 条，在下列情况下，进口商的发盘不得撤销：

（1）发盘写明接受发盘的期限或以其他方式表示发盘是不可撤销的。

（2）受盘人有理由信赖该项发盘是不可撤销的，并且受盘人已本着对该项发盘的信赖行事。

如果在撤销通知到达受盘人之前，受盘人已经发出了接受通知，则进口商不能再修改或取消原发盘，而必须按照其原发盘的条件与受盘人交易。

（三）还盘（counter-offer）

若进口商对接到的发盘内容不完全同意或者完全不同意，可以用书面方式或口头表达，提出修改或拒绝（此即还盘，在法律上称为反要约）。

还盘可以明确使用"counter-offer"字样，也可以不使用，只要表达出对原发盘内容的修改或拒绝即构成还盘。根据《公约》第 19 条的规定，对"有关货物价格、付款、货物质量和数量、交货地点和时间、一方当事人对另一方当事人的赔偿责任范围或解决争端等的添加或不同条件，均视为在实质上变更原发盘的条件"，属于还盘。不属于这些实质上变更原发盘的条件之外的其他情况，除发盘人在不过分迟延的期间内以口头或书面通知反对期间的差异外，不算还盘，仍构成接受，合同的条件就以原发盘的条件以及接受通知内所载的更改为准。

还盘可以在交易的双方之间反复进行，还盘时通常仅陈述需要变更或增添的条件，对双方同意的交易条件无须重复。

【示例 6 - 4】

外贸函电中的还盘

We are in receipt of your Fax-mail of _____ （对方发盘传真件的日期），and we regret to inform you that _____ （不能接受的条件）are unacceptable. The terms we can accept are _____（希望修改以后的条件）.

We hope to hear from you soon.

（四）接受（acceptance）

接受指受盘人在接到对方的发盘或还盘后，在其有效期内以声明或行为向对方表示同意。法律上将接受称作"承诺"。

《公约》允许接受中包含有对原发盘的非实质性变更的条件。

贸易谈判中，如果交易条件比较简单，接受中无须复述全部条件；如果交易双方多次互相还盘，前后条件变化较大，而每次还盘中仅涉及需要变更的交易条件，则在接受时最好复述双方已经谈妥的全部条件，以免疏漏和误解。

【示例 6 - 5】

外贸函电中的接受

We thank you for your Fax of _____（收到对方发盘或还盘传真件的日期），and agree with all conditions mentioned on that Fax.

Enclosed you will find our Contract No. _____（初拟的合同号码）in duplicate of which please counter-sign and return one to us for our file.

1. 进口商发出接受通知或者收到接受通知时应当检查接受的必备条件

根据《公约》对一个有效的接受必须具备的条件的规定，如果是进口商对外发出接受的通知，则应该同意原发盘的条件（允许含有非实质变更的条件），并且应当保证接受的通知在发盘的有效期内送达发盘人。

如果进口商接到外商表示接受的通知，则应当检查：

（1）该通知是否由受盘人做出。如果非受盘人表示的，不算接受，算发盘。

（2）该通知是否在发盘有效期内到达。如果接受通知晚于发盘的有效期送达，无论其延迟到达的原因是什么，只要进口商仍然愿意按该接受通知中的条件与外商成交，并且毫不迟延地用口头或书面的形式将此种意思通知对方，合同即有效成立；如果进口商不再愿意按该接受通知中的条件与外商成交，并且毫不迟延地用口头或书面的形式将此种意思通知对方，则合同并未达成。

（3）该通知是否对原发盘的内容做了添加、限制或其他更改。如果有实质性变更，即使通知中使用了接受的字眼，也不算接受，属于还盘。但是如果受盘人的答复只是对原发盘的条件做了一些非实质性的变更，只要进口商没有在不过分迟延的期间内以口头或书面通知表示反对，就属于有效的接受，合同成立。

除此之外，除了以声明（口头或书面）方式表示接受之外，根据发盘的要求或依照当事人之间的贸易习惯做法或惯例，受盘人也可以用行为表示接受，例如：卖方用发运货物表示或者买方用支付价款表示等。需要注意的是：只有发盘中允许或者双方之间有这种习惯的时候，用行为表示的接受才算有效的接受。外贸实践中，以声明方式表示接受最常见。

2. 进口商如何撤回接受

如果进口商对外表示接受之后，又想修改其内容或取消该接受，则必须立即用最快捷的方式向发盘人发出通知。

如果上述通知在接受到达发盘人之前或同时到达发盘人，则进口商可以修改或取消其接受（此即撤回接受）。目前接受也基本都是采取传真或 E-mail 等方式，所以进口商基本没有撤回接受的机会。

依据《公约》的规定，接受到达发盘人即生效（用行为表示接受的，则接受于该项行为做出时生效），合同同时成立。也因此，进口商是无权撤销接受的。

第三节　品名条款的签订

品名条款是货物进口合同中的主要条款之一，若卖方交付的货物不符合约定的品名，买方有权提出损害赔偿要求，甚至拒收货物或撤销合同。因此，列明成交商品的具体名称具有重要意义。

一、常见的规定方法

品名条款没有统一的格式，常见的规定方法有：

（1）在合同开头标明 "Purchase Contract of _____"。如果是国外卖方草拟合同，则合同开头可能为 "Sales Contract of _____"。

（2）在合同开头写明交易双方同意买卖某种商品的文句，例如，"The seller agrees to sell and the buyer agrees to buy _____（商品的名称）according to the terms and conditions stated below"。这种规定方法常见于初次交易的双方签订的合同中。

（3）用表格的形式规定包括品名条款在内的各条款。一般在 "Name of Commodity" 的标题下，列明进口商品的名称，也有的将品名与商品品种、等级或型号的概括性描述等品质规格合并在一栏内，列入 "Description" 的标题下。

二、签订进口合同中的品名条款时应当注意的问题

1. 进口的标的要具有不可争议性和合法性

在签订进口合同之前，进口商应当对所购货物的权属关系有专门的了解，特别是涉及品牌和商标等知识产权的特殊货物，最好在合同中同时添加有关权属纠纷的可能责任及解决办法的条款。

进口商还要关注双方国家对所经营的进口商品是否有特殊要求、是否可能很快发生贸易政策的调整等，争取在遵守法律法规和政策的前提下，顺利开展进口贸易。

2. 品名要准确、具体，争取采用国际通用的正式名称

品名应当能够准确反映标的物的特点，以免给合同的履行造成困难和纠纷。

由于各个国家在语言文化方面的差异，合同中还应当争取采用国际通用的正式名称，避免因翻译问题引起贸易纠纷。若确实需要使用地方性的名称，交易双方应事先就其含义取得共识。

如果进口商实在无法获知进口商品的国际标准名称，也可以在合同的品质条款中采用样品表示（参见本章第四节"品质条款的签订"的有关内容）。

配套商品的主件和配件也是商品不可或缺的部分，在品名中应详细列明商品的配套情况。如要进口非整机的柜式空调（只有室内机而没有室外机和压缩机的空调或只有室内机和压缩机而没有室外机的空调），若品名只使用"柜式空调"，而不详细列明配套情况，很容易引起误解。

3. 规定要实事求是，不必要的描述性语句不应列入

如果品名表述已经很准确，就不要再加入不必要的描述，否则可能导致不必要的进口成本增加。如果确实需要加上特殊的描述或要求，最好在品质条款中作出规定，而不应在品名上添加不必要的描述。

4. 注意选用合适的品名

进口商品关税税率、运费费率、保险费费率等都与品名有关，品名有时还与贸易管制制度有关。因此，选用品名时应尽量选取方便通关、节税、节省各种费用等的名称。

5. 注意取名对购买者（消费者）的影响

进口商应当给进口的新商品取个好听的中文名字。进口商在给进口商品取中文名字时，必须与出口商协商有关取名的权利以及品牌名称的知识产权归属等问题。

第四节　品质条款的签订

品质条款是进口合同中非常重要的条款之一，是买卖双方交接货物的依据。

一、常见的规定方法

国际贸易中表示商品品质的方法有两大类：用实物表示和用文字说明或图表表示。用实物表示商品品质的方法中，最常见的是用样品表示；用文字说明或图表表示商品品质一般有凭规格交易、凭等级交易、凭标准交易、凭商标（或牌号）交易、凭说明书和图样交易、凭产地名称交易等方法。

（一）以实物表示商品品质的方法

1. 看货成交（transaction on site）

该做法通常由买方或其代理人先在卖方仓库验看货物，一旦成交，卖方就应当交付买方验看过的货物，买方不得对品质提出异议。此做法多用于寄售、拍卖和展卖等

特殊贸易方式中。

2. 凭样品交易（sale by sample）

凭样品交易也称"凭样品买卖"，指交易双方约定以样品的品质作为将来卖方交货的依据的做法。

凭样品交易时，样品本身构成合同不可分割的一个部分，卖方承担将来交货的品质规格必须与样品的品质完全一致的责任。常用的样品种类有：

（1）卖方样品（seller's sample），即由卖方提供的样品，一般在合同中规定：Quality as per seller's sample No. _____（样品编号）。

（2）买方样品（buyer's sample），即由买方提供的样品，一般在合同中规定：Quality as per buyer's sample No. _____（样品编号）。

（3）对等样品（counter sample），卖方根据买方提供的样品加工复制出一个类似样品，再交买方确认，经确认后买卖双方即以该复制品作为交货品质的依据，这种经过买方确认后的复制样品即对等样品，也称回样（return sample）或确认样（confirming sample）。凭对等样品成交，一般在买卖合同中规定：Quality as per counter sample No. _____（样品编号）。

（4）复样（duplicate sample）和封样（sealed sample），卖方或买方在寄发样品或发运商品前，为了防止履约过程中发生质量争议没有依据，自己保留的一份或数份样品，即复样。而会同交易对方，由公证机构抽取若干份加以封存的样品，叫封样。在履约过程中发生质量争议时，可以拿这两种样品作核对。

（二）用文字说明表示商品品质的方法

1. 凭规格（specification）交易

规格是指若干能反映商品内质与外形的指标，如化学成分、大小等。买卖双方将买卖商品品质规格的具体指标订入合同之中，作为交接货物的依据，称为凭规格交易。例如：

Soybean, Broken Grains（max）25%, Moisture（max）5%, Admixture（max）5%.

2. 凭等级（grade）交易

同一种商品按其主要品质的差别被划分为若干不同的等级，在买卖这些商品时，进口合同中订明买卖哪一个级别的商品即可，此即凭等级交易。例如：

Grade AA fresh hen eggs, shell light brown and clean, even in size.（PS：Grade AA 60 – 65 gm. per egg；Grade A 55 – 60 gm. per egg；Grade B 50 – 55 gm. per egg）

3. 凭标准（standard）交易

某些国家或政府有关主管部门、行业公会或国际组织等，将某些商品的规格或等级予以标准化，供当事人参考采用。如果进口合同中规定使用某标准作为衡量交货品质的依据，即凭标准交易。例如：

Tetracycline HCL Tablets（sugar coated）250 mg B. P. 1973.

4. 凭商标（trade mark）或品牌（brand name）交易

有些进口商品的质量，既不能用样品来代表，也不能用文字来简单说明，但是因其质量优良、稳定而著称（商标或品牌很出名），习惯上以其商标或品牌来代表其品质。例如：

Car, Benz CLS63 AMG.

5. 凭说明书和图样（descriptions and illustrations）交易

进口结构、性能复杂的技术密集型商品时，如机器设备、电器、仪表等，如果在合同中规定其具体的品质条件，不仅烦琐，也容易出现问题。因此，通常合同中不详细规定品质条款，而仅规定"品质详见说明书和图样，说明书和图样为合同不可分割的组成部分"，即"The Descriptions and Illustrations for this machine by the seller are one part of this contract"。

6. 凭产地名称（name of origin）交易

在进口合同中注明产地名称，卖方所交商品必须是这个地方出产的产品。这种做法常用于一些商品的品质受自然条件或传统生产工艺影响较大的土特产品或者有独特技术的产品。例如：

Liquid crystal display, made in Korea by Samsung Corporation.

二、签订进口合同中的品质条款时应当注意的问题

（1）签订合同之前，进口商应当注意本国法律法规对进口商品的安全、卫生、检验检疫等方面的规定，还要了解拟进口商品品质规格及检验标准的真实含义，防止因为模糊不清而遭受损失。例如，我国某医药进口公司从 A 国进口一种抗生素药品，总价款 330 万美元，合同约定药品质量以 A 国国家标准为准。但货到付款后该进口公司发现药品有异样，于是请我国商检部门检验。经我国商检部门查验，该药品为新药，A 国还未制定国家标准，我方收到的只是普通抗生素药品，其价值仅 50 多万美元。

（2）进口商应当调查卖方的生产技术水平或者供货的可能性，然后再制订进口商品的品质条件。

（3）合理选择规定品质条款的方法。一般来说，凡能用科学的指标说明品质的商品，可凭规格、等级或标准买卖；有些难以规格化和标准化的商品，或者用文字无法描述的商品，如工艺品等，可凭样品买卖；某些品质好，并具有一定特色的名优产品，可凭商标或品牌买卖；某些性能复杂的机器和仪器，可凭说明书和图样买卖；凡具有地方风味和特色的产品，可凭产地名买卖。

（4）能用一种方法把品质要求表达清楚的，不宜使用两种或两种以上的方法，以防要求过多，卖方因顾虑履约困难而加价。

（5）根据实际需要规定品质条款，防止约定的品质条件偏高或偏低。

（6）力求品质条款明确、具体，避免采用笼统规定，以免引起争议。

（7）进口业务中采用凭样品交易时还应当注意：

①进口商提供样品时要确保该样品品质是本国消费者需要的品质水平。另外，应

当保留复样，必要时还应当采取封样的做法。

②应争取凭自己方提供的样品成交，至少争取凭对等样品成交。

③如果凭对方提供的样品成交，成交前应向对方了解清楚来样有无涉及第三者知识产权方面的纠纷，或者在合同中加注避免承担知识产权纠纷责任的条款，如"For any goods produced with the designs, trade marks, brands and/or stampings provided by the sellers, should there be any dispute arising from infringement upon the third party's industrial property or other intellectual property right, it is the seller to be held responsibility for it"。

（8）进口业务中采用文字说明或图表表示商品品质时还应当注意：

①凭规格交易时，应选择商品品质的主要指标，同时要注意各个指标之间的相互关系，以免因某一个次要指标或某一个指标订得不合理而付出更多的货款。

②交货品质有时很难精准，因此卖方通常要求在合同中规定品质机动幅度（quality latitude）或品质公差（quality tolerance），即允许卖方交货品质有一定的变动或误差范围。此时，进口商应当要求在合同中同时订明品质机动幅度的上下限或允许误差的范围，如果卖方所交货物的品质超出了合同允许的变动幅度或误差范围，进口商有权拒收货物或提出索赔。

品质机动幅度或误差范围的规定方法主要有两种：

a. 规定交货品质允许变动的范围。常用"from ___ to ___"，或"___ +% is acceptable"，或"___ more or less allowed"等词组表示。例如：

Grey duck down with 85% down content, 1% more or less allowed.

b. 规定交货品质允许变动的极限。常用"max. ___"或"min. ___"表示。例如：

Vital wheat gluten, moisture (max.) 10%, starch (min.) 75%, ash (max.) 2%.

实际业务中通常在规定品质机动幅度条款的同时规定品质增减价条款，以体现按质论价的公平交易原则，从而调动卖方交付优质商品的积极性。如买卖大豆时，规定含油率不低于20%，以20%为基础，含油率每增加1%，价格增加2%。

③凭标准交易时，一般应当采用国际标准或外国先进标准，并最好在合同中写明所用标准的名称、其制定机构及其版本（颁布或修订的时间）等。

④等级比规格更笼统，而且不同国家和地区的厂商制定的品质等级也不统一，因此凭等级交易一般适用于买卖双方都熟悉的商品。如果进口商对进口商品等级的国际划分标准不清楚或没把握，最好在合同中同时列明每个等级的商品的具体品质规格，以防履约时有分歧；或者注明等级的制定机构以及制定时间。

另外，一些商品的品质变化较大，很难规定具体的品质条件，国际贸易中通常采用"FAQ"标准或者"GMQ"标准。FAQ，即fair average quality，指一定时期内某地出口货物的平均品质水平，一般指"中等货"或"大路货"，该标准主要用于农副产品的进出口贸易；GMQ，即good merchantable quality，指卖方保证他交付的货物品质良好、合乎商销，实际也指中等货，该标准常用于木材、冷冻品交易等。这两个标准比较笼统，使用时最好在进口合同中同时订明具体的品质规格。如果实在无法规定具体的品质规格，最好在进口合同中订明哪个区域范围的哪个期间的 FAQ 或 GMQ，例如：

American rice，FAQ of 2009，moisture（max.）8%，mixture（max.）10%，Broken grains（max.）3%.

⑤凭商标或品牌交易一般只适用于品质比较稳定的工业制成品或经过科学加工的初级产品，特别是一些在市场上行销已久、品质优良稳定、知名度高的商品。同时，进口商还应当要求在合同中注明，如因对方的品牌或商标引起知识产权方面的纠纷，由对方承担一切法律和经济责任。另外，进口商最好要求在合同中同时规定品牌产品品质检验的标准和检验方法，便于进口到货时对照验收。对于质量不稳定的商品，以及具有多种复杂品种的品牌，进口商最好在合同中规定完整确切的品质指标或技术说明，而不能单凭商标或品牌成交。

⑥因为凭说明书和图样交易通常用于结构、性能复杂的进口商品，其安装、试运转和使用的时间也比较长。因此，一般还需要在进口合同中签订卖方品质保证条款和技术服务条款。例如：

Quality guarantee：The seller shall guarantee that the commodity must be in conformity with the quality，specifications and quantity specified in this contract and letter of quality guarantee. The guarantee period shall be ＿＿＿＿＿（数字）months after the arrival of the goods at the port of destination，and during the period the seller shall be responsible for the damage due to the defects in designing and manufacturing of the manufacturer.

第五节　数量条款的签订

根据《公约》的规定，缺少数量条款的国际货物买卖合同是无效的合同。

一、常见的规定方法

（一）明确规定进口商品的数量

明确规定商品数量的条款主要包括具体数字、计量单位、计量方法以及数量机动幅度等内容。例如：

Quantity：100 M/T，gross for net，5% more or less，at buyer's option. Such excess or deficiency to be settled of contracted price.

该种条款的必备内容是"数字"和"计量单位"。例如：

Quantity：100 M/T.

（二）只规定计算成交数量的方法而不明确具体的数量

具体的成交数量由交易双方在履行合同的时候依据合同中规定的方法再确定。例如：

Quantity：As per the buyer's retail volume of commodity during the first half of 2011, 10% more or less. The buyer should notify the seller the quantity before 10th July, 2011.

二、签订进口合同中的数量条款时应当注意的问题

（一）合理确定成交的数量

进口商确定进口商品数量时应当考虑：①本国国内的实际需要。进口量过多，可能会造成商品积压，存货成本和风险增加，资金周转减慢，产品品质和售价下降等后果；进口量过少，进口商谈判地位较低，可能导致缺货，严重的时候甚至会影响自身的生产和经营需要（进口自用产品的情况下）或者失去国内买家（进口内销的情况下）。因此，进口商应当根据国内的实际需求情况确定成交量，以免盲目成交。②国际市场行情的变动趋势。进口商要正确运用市场供求变化规律，比如当价格看跌时，可以适当控制成交数量，以等待更优惠的贸易条件；而当价格看涨时，可以适当扩大成交数量，以免以后需要以更贵的价格买进。③自身的支付能力。当外汇充裕而国内又对该进口商品需求旺盛时，可适当扩大进口数量；如果外汇短缺，应当适当控制进口量。④国外供应商的生产经营实力及其资信状况。在供应商生产能力和供应充足，并且资信较好的情况下，可适当扩大成交数量；反之，则应该适当控制成交数量，以免供应商因实力不足而不能按时交付合格的货物时，给进口方带来较大的损失。⑤国外供应商所报的具体贸易条件。如果通过比较，发现供应商所报的具体条件比较优厚，在保证交易安全的前提下，可以适当增加进口的数量；反之，则应适当减少进口量或者另寻供应商。

（二）最好明确规定具体的数量

在进口合同中可以不规定具体的成交数量，而只规定确定数量的方法，或者简单规定具体成交数量由买方和卖方再另行协商等。在这种情况下，贸易双方在确定具体数量时常常有分歧和矛盾，给合同的顺利履行带来一定风险。因此，建议进口商在进口合同中最好订明成交的具体数量或者非常具体的确定数量的方法，否则原则上只能接受"将来由进口商确定成交数量"的规定。

在规定成交数量时，最好不要使用"大约""近似"等类似的模糊词语，因为这些词的含义在国际上没有统一的解释，容易引起分歧。

在 UCP600 中对信用证中的"大约""近似"等类似的模糊词语作了一定的解释（UCP600 只适用于有关的信用证结算业务中）。它在第 30 条 a 款规定："The words 'about' or 'approximately' used in connection with the amount of the credit or the quantity or the unit price stated in the credit are to be construed as allowing a tolerance not to exceed 10% more or 10% less than the amount, the quantity or the unit price to which they refer. "

若合同和信用证中未明确规定数量可否增减时,对于散装货,UCP600 第 30 条 b 款规定:"A tolerance not to exceed 5% more or 5% less than the quantity of the goods is allowed, provided the credit does not state the quantity in terms of a stipulated number of packing units or individual items and the total amount of the drawings does not exceed the amount of the credit. "

(三) 要明确度量衡制度、计量单位和计量方法

我国目前并没有明确"禁止在进口贸易中使用非法定的计量单位",根据我国目前的有关法律法规的规定,除了涉及特殊领域的产品的进口并报经我国计量管理部门批准的进口贸易之外,在进口贸易合同中应当使用国家法定的国际单位制。

除了国际单位制,目前世界上有的国家使用英制或美制等度量衡制度。因为各国所采用的度量衡制度有差异,所以为了合同双方的相互理解和沟通,进口商在签订进口合同的数量条款之前还需要了解贸易对象国的度量衡制度以及所进口商品的主要计量单位。进口贸易毕竟涉及外商,合同的履行也不完全是在中国境内进行,合同适用的法律也不一定都是中国的法律。因此,为了防止争议,在确定成交数量时进口商应当向对方明确使用国际单位制(必要时向对方解释我国《计量法》的有关规定,希望对方理解并接受),并根据商品本身的特点在合同的数量条款中选择合适的计量单位。比如,进口铁矿石的计量单位最好订明是"公吨"(mertic ton),而不是"长吨"(long ton)或"短吨"(short ton)。另外,计量单位选用公斤、立方米、件、台,还是选用套、箱、桶、捆、包等,需要在合同中明确。如果以包装单位为计量单位,比如"3,000 cases",则必须同时注明每个包装单位内的具体数量。

另外,就算是同一个度量衡制度下的同一个计量单位,有时候不同的国家、地区、企业的常用计量方法也有差异。比如重量,在贸易实践中就有"gross weight""net weight""conditioned weight""theoretical weight""legal weight"等不同的计量方法。因此,在磋商成交数量时,进口商还应当在数量条款中明确成交数量的计量方法。

现代国际货物运输越来越多地采用集装箱运输方式,对应的进口合同中的成交数量一般规定为若干个集装箱(须同时注明每箱内的装货数量)。

(四) 注意合理利用数量机动幅度条款

在买方负责到出口国接货或者买方负责跨国货物运输的进口合同下,比如 FOB 进口合同下需由买方租船到装运港接货,如果合同中的成交数量不允许变动,有时候可能会因为运输工具的限制(如所租舱位与合同数量稍有差异),致使买方无法接收并运输全部数量的货物(稍有剩余)或者会被船公司罚收一定的空舱费(有空舱)。因此,在这种情况下,为了节约成本并顺利履行安排运输工具接货的义务,进口商在进口合同的数量条款中要求规定成交数量允许有一定的变动范围(机动幅度)是很有必要的。

不过，对于集装箱整箱货的进口，进口商只要与出口商在合同中明确集装箱的具体规格就可以顺利安排运输事宜，箱内所装货物的具体数量是否允许增减，一般都是为了方便出口商的装箱和交货，对于进口商而言则意义不是很大。

上述允许成交数量有一定变动幅度的条款，叫数量机动幅度条款（quality allowance）或溢短装条款（more or less clause）。一个完整的溢短装条款应当包含三项内容：①允许溢装或短装的范围或比率。该范围或比率没有完全划一的标准，要视商品本身的特点、行业或贸易习惯、包装以及运输情况等合理确定，大小要适当。合同中可以针对总合同货量制订，也可以针对各批货物分别制订。②实际交货时由谁决定溢短装。谁有选择权，谁在交货数量上就相对主动一些，所以，在进口业务中，如果合同中规定由买方安排运输，进口商最好要求同时规定由买方（或船方）决定溢短装，以便于同运输合同相衔接。③溢短装部分的价格如何计算。合同中如果没有特别说明，按惯例，通常都是按合同价计算，但有时为了防止有权决定溢短装的一方利用溢短装条款和行市变化有意多装或少装以获取价格涨跌的额外好处，没有溢短装选择权的一方通常要求规定溢短装部分按交货时或装船时的市价计算，以体现公平合理的原则。

第六节　包装条款的签订

经过适当包装的商品，不仅便于运输、装卸、搬运、储存、保管、清点、陈列和携带，而且不易丢失或被盗，为各方面提供了便利。因此，进口商订好进口合同中的包装条款，也是非常重要的。

进口合同的包装条款的主要内容包括包装材料、包装方式、包装标志、包装费用的负担等。

一、常见的规定方法

1. 只规定包装的材料、包装的规格和包装方式

例如，Packing：In cartons of 15 kg net, 500 cartons transported in one 20 ft container.

2. 除规定包装材料、规格和方式之外，还规定运输标志

例如，Packing：Individually in polythene bags, ten dozen to one carton. Shipping mark：_____（运输标志的内容）。

3. 除规定包装材料、规格、方式、运输标志之外，还规定包装费用的负担等

例如，Packing：In cloth bags, lined with polythene bags of 25 kg net each. The seller bears the charges of packing. Shipping mark：_____（运输标志的内容）。

二、签订进口合同中的包装条款时应当注意的问题

1. 选择合适的包装

一般情况下，对进口货物的包装要求越高，包装的成本以及其他有关费用就越高，商品的进口价格就越高。如果包装太差或者不包装，货物发生损失的风险又会很大，所以进口商应当考虑商品的特点、不同的运输方式以及合同中数量条款的要求，规定合理的包装材料、包装方式和包装规格，并注意在不影响包装质量的前提下尽量节省各种费用（如避免运输过程中的超长费、超重费、空舱费等，节省包装费用、减少运费等）。

2. 尽量利用包装上的标志扩大广告效应

如果进口商是国内著名贸易公司，可以要求外国供应商在商品包装上印刷上进口商的有关标志，这不仅有利于增加国内买家对该商品的信任，还可以起到广告和扩大国内销售的作用。

3. 充分了解进口国有关包装的法律法规及特殊偏好

签订包装条款之前，进口商应当注意了解以下情况：

（1）本国对进口商品包装的法律规定或要求。

（2）本国对进口商品是否有禁止或限制使用的包装材料或包装方式。

（3）本国对于进口商品的不同包装是否适用不同的进口关税税率。

（4）本国对进口商品销售包装上的文字说明是否有特殊规定和要求。

（5）本国消费者对包装的文化习惯、喜忌物等偏好。

比如，在销售包装上要求采用迎合国内消费者的习惯和偏好的特殊颜色、图案以及其他文字说明，或配有小饰物等。

4. 对包装的规定要明确具体

除非买卖双方事先取得一致认识，一般不宜采用"seaworthy packing""packing suitable for long distance"和"customary packing"之类的词语。

5. 明确包装材料由谁提供和包装费用由谁负担

外贸实践中，关于此问题的常见做法有：

（1）由卖方自费供应包装，包装连同商品一块交付买方。这种情况最常见。如果合同中的包装条款未列明包装费用的负担方，一般都应解释为已包含在货价内，包装费用不另外计价收费。只有在少数特殊情况下，包装费用较高，卖方才另外收费。这种情况下，进口商应当要求在包装条款内订明每个包装的价格和买方的付款办法，一般都是规定与商品价款同时支付。

（2）由卖方供应包装，但交货后，卖方将原包装收回。这种情况下，应在包装条款中订明具体退运的做法以及退运的运费由何方负担。

（3）由买方自费提供包装材料或者买方负责进行包装。采用此种做法时，出口商一般要求在合同中明确规定买方提供包装材料或进行包装的时间以及未按时提供材料或者包装的赔偿责任等。进口商一定要综合考虑，规定合适的期限和责任。

6. 关于运输包装上的标志

为了便于在储运过程中识别货物，便于运输、检验、仓储和海关等有关部门进行合理操作，以及便于收货人处理货物，在货物交付运输之前，都需要在商品的运输包装上压印、刷制或书写简单的文字、图形或数字等，这些特定记号和说明事项，一般统称为包装标志或者包装上的标志。按其用途可分为三个部分：运输标志、指示性标志和警告性标志。

（1）运输标志（shipping mark），俗称唛头，是指在商品的运输包装上刷制的简单图形、字母、数字及文字。运输标志的主要作用是使有关人员在装卸、运输、保管货物的过程中便于识别货物，避免错发、错运、错收和便于核对单据。运输标志通常包括三项内容：收货人或发货人的名称或代号（常用几何图形和字母或数字作代表）；目的港或目的地的名称或代号；货物件数或批号。

商品以集装箱方式运输时，运输标志可被集装箱号码和封箱号码取代，而不用刷打运输标志。集装箱运输方式以外的货物，一般都需要在其外包装上刷打运输标志。

关于运输标志，进口商应当注意：

①进口合同中最好明确运输标志由哪一方决定。外贸合同中对运输标志的确定，通常有三种做法：一是规定由卖方自定；二是规定由买方确定后通知卖方照办；三是在进口合同内明确规定运输标志的内容。根据贸易惯例，运输标志一般由卖方决定，可不订入合同。但是，如果进口商有特殊需要或者要求，一定要在合同的包装条款中明确规定运输标志的内容或者规定："Shipping marks to be decided by the buyer"。

②在合同或信用证中对运输标志内容的规定，一般只需列出收货人或发货人的代号（有时候有几何图形）；而目的港或目的地的名称因合同或信用证中已另有专门条款明确规定，可以略去；至于货物的件数或批号，一般都是由卖方在发货时按实际情况刷制，也不用在合同或信用证中预作规定。

③国际贸易中主要的贸易单据如发票、提单、保险单上，一般都需显示运输标志。进口商在审单付款时，一定要注意有关内容是否合格。

（2）指示性标志（indicative mark），指在运输包装上刷打的，用来指示仓储、装卸和运输过程中的工作人员需要注意的事项和要求的比较醒目的图形或文字，以防商品遭受损害。如，此端向上（This side up）、保持干燥（Keep dry）、小心轻放（Handle with care）、请勿用钩（Use no hooks）等文字及有关图形。进口合同中一般不规定指示性标志，而由出口商按照商品、包装的特点以及货物运输等情况合理打标。

（3）警告性标志（warning mark），又称危险品包装标志，指在易燃、易爆、有毒、具放射性或腐蚀性等危险品的运输包装上标明其危险性质及等级的图形和文字说明，以警示装卸、仓储、运输等有关人员采取防护措施，以保护物质和人员的安全。进口合同中一般不规定警告性标志，而由出口商按照相关法律法规的规定打标。

一般情况下，进口合同中只规定运输标志的有关内容。如果进口的是危险商品，进口商最好在合同中明确规定对商品的包装及其警告性标志的要求，因为危险品的包装起码应当符合国际和国内的有关危险货物的管理规定。例如：

Instruction leaflets on dangerous cargo：For dangerous and/or poisonous cargo，the seller must provide instruction leaflets stating the hazardous or poisonous properties，transportation，storage and handling remarks，as well as precautionary and first-air measures and measures against fire. The seller shall airmail，together with other shipping documents，three copies each of the same to the buyer and _____ Transportation Corporation at the port of destination.

7．关于条形码

条形码（bar code），是在白底上由一组带有数字的黑白及粗细间隔不等的平行条纹所组成，它是现代电子扫描技术在物流管理中的应用之一。有条形码的商品，能极大地方便零售商的管理，而没有条形码的商品，通常会被买家拒绝。我国是国际物品编码协会的成员，目前国内使用国际物品编码协会编制的 EAN 条码（european article number）。因此，进口商在签订进口合同时，最好在合同中注明商品包装上应当有 EAN 码。

8．其他注意事项

一般情况下，初级原材料的进口（如煤炭、矿石、矿砂等），如果不用包装不会给货物的运输带来更大的风险和不便，反而更能节约有关成本。比如，因为没有包装，可以节约包装成本、运费、关税以及装卸费（使用专门的散货装卸货设备卸货更快）等，则合同中就应当规定散装（in bulk）或强调不用包装（no packing）。

第七节　装运条款的签订

进口合同中的装运条款指与进口货物在买卖双方之间的运输和交接有关的条款，主要包括运输责任方、运输方式、交货期或装运期、交货地（或港口）或装运地（或港口）、目的地（或港口）、装运通知、分批装运和转运、装卸时间（或装卸率）、滞期费和速遣费等项内容。

在签订装运条款之前，进口商需要对国际货物运输的方式及其特点有一定的了解，因此本节先简单介绍国际货物运输的主要方式及其特点，然后再阐述如何签订进口合同中的装运条款。

一、运输方式简介

国际贸易货物运输常见的有海洋运输、铁路运输、航空运输、公路运输和国际多式联运等。其中，海洋运输、铁路运输、航空运输、公路运输是基本运输方式，而国际多式联运是通过基本运输方式来实现的。

（一）海洋运输（ocean transport）

1. 海洋运输的特点

海洋运输是国际贸易中使用最多的一种运输方式，与其他运输方式比较，海洋运输的优点有：

①运输能力大。

②适货性强，适合运输大件货物。

③适应性强，不受道路和轨道限制。

④运输成本较低。

海洋运输的缺点有：

①受气候和自然条件影响大。

②航期不准，速度慢。

③风险较大，破损多。

2. 海洋运输的种类

海洋货物运输按照船舶的经营方式不同，被分为班轮运输和不定期船运输两种。

（1）班轮运输（liner transport，liner shipping）。班轮运输也称定期船运输，是指航运公司按照预定的船期表和事先规定的运价，沿固定的航线和港口从事运输业务。班轮运输业务中，货主和船方的权利、义务及责任豁免以船方签发的海运提单为依据。

班轮运输与不定期船运输相比，具有如下特点：

①船舶所沿航线、停靠的港口、船期、运费率基本固定。

②货物由班轮公司从装运港码头仓库装运到目的港码头仓库。在整个过程中，货物的装卸及配载全由班轮公司负责，费用打入运费之中，船货双方也不计算滞期费和速遣费。

③手续简便。发货人与班轮公司之间不签订租船合同，双方之间的权利、义务以班轮公司签发的班轮提单条款为依据。

④班轮运费通常比不定期船运输的运费高。

⑤因为其固定航线和港口的特点，导致其服务不够灵活。比如，如果货物的装卸港口不是班轮应该停靠的港口，采用班轮运输很难实现直达运输。

因此，班轮运输手续简便，货主省心省力。对于成交数量少、批次多、港口分散的杂货和小额贸易货物运输十分适宜；班轮运费基本固定有利于核算货价，减少外贸磋商时间；班轮运输能为贸易双方洽谈装运时间提供便利；班轮运输能够为货主提供优质服务等。

不过，如果是大宗货物，为了节省运费，可以采用不定期船运输。

（2）不定期船运输（tramp）。不定期船运输船舶的营运不按预定的船期表和事先规定的运价，也不沿固定的航线和港口进行运输，而是按承托双方达成的租船合同中所规定的航线、港口、运价和货物种类等进行货物运输。

与班轮运输相比，不定期船运输的突出特点是：

①手续复杂。出租人和租船人需要签订租船运输合同，船舶经由的航线、停靠的港口、船期、运费或租金、装卸费用、装卸时间/装卸率、滞期费、速遣费的计收等问题都需要双方在租船合同中具体规定。

②运量大，比较灵活，单位货物的运费较低。不定期船运输按照租船方式的不同，分为定程租船、定期租船、光船租船等。实践证明，定期租船和光船租船因为需要承租人负责船舶的运营管理，不适合贸易公司采用，而贸易公司能够使用也相对可行的是定程租船。

定程租船（voyage charter）又称程租船或航次租船，指按照出租人和承租人约定的条件，出租人提供船舶或部分舱位承运指定货物，在指定港口之间进行一个航次或数个航次的租船运输。在该方式下，租船人按租船合同提交货物并支付运费，出租人则根据租船合同将货物自装运港运至目的港，即货物的运输、船舶的经营管理和一切正常开支都由出租人负责。

定程租船的租金多按装运的货物数量计算，也有按航次包租总额计算的。如果定程租船合同中规定由出租人负责装货或卸货，则还需要规定装、卸费问题；如果规定由租船人负责装货或卸货，则出租方因为担心租船人装货或卸货太慢而影响其船舶的周转率和收入，一般还要求规定装卸时间（或装卸率）以及有关的滞期费和速遣费问题。

滞期费（demurrage）指在规定的装卸时间内，如果租船人未能完成装卸，出租人向租船人收取的一定的罚金。速遣费（despatch money）则指在规定的装卸时间内，如果租船人提前完成装卸作业，出租人向租船人支付的一定的奖金。

（二）铁路运输（rail transport）

1. 铁路运输的特点

与其他运输方式比较，铁路运输的优点有：

①运行速度较快。

②适货性强，可运送各种货物。

③适应性强，受气候、地理条件影响较小。

铁路运输的缺点有：

①受轨道限制，灵活性差。

②修建铁路需要大量金属和资金。

③需要提货、送货，短途运输的成本较高。

2. 国际贸易货物铁路运输的种类

目前主要有国际铁路货物联运和内地与港澳地区之间的铁路货运两类。

国际铁路货物联运指在相邻的两国或相连的数国的铁路上进行国际货物运输，从发货国家的始发站到收货国家的终点站，只要在始发站办妥托运手续，使用一份运送票据，即可由参加联运国家的铁路以连带责任办理货物的全程运输，在由一国铁路向另一国铁路移交货物时，无须收、发货人参加的一种运输方式。

由于国际铁路货物联运是通过几个国家不间断地运送或用不同的运输方式运到目的地，运输条件即车、票、证都必须符合有关国际联运的规章和规定，办理手续也较复杂。

我国已经加入《国际铁路货物联合运输协定》，可以利用西伯利亚大陆桥或新亚欧大陆桥实现与欧洲大陆各国的铁路联运。西伯利亚大陆桥缩短了从中国到欧洲的运输距离，在一般情况下，运输费用可节省 20% ~ 30%，使用这条陆桥运输线的经营者主要是日本、中国和欧洲各国的货运代理公司。新亚欧大陆桥东起中国连云港，在中国境内经过陇海、兰新两大铁路干线，西至荷兰鹿特丹，途经哈萨克斯坦、乌兹别克斯坦、吉尔吉斯斯坦、塔吉克斯坦、俄罗斯、白俄罗斯、波兰、德国和荷兰等国。

（三）航空运输（air transport）

与其他运输方式比较，空运的优点有：

①速度快，航班密。

②节省包装，减少保险和储存费用。

③机动性好，不受地面条件限制。

空运的缺点主要有：

①运量小，运价高。

②受天气影响大。

③依赖地面运输完成门到门服务。

④运输能力有限，无法运输大件货物。

依据上述特点，空运适于易腐商品、鲜活商品和季节性强的商品运输。常用的空运方式有班机运输、包机运输、集中托运和航空快递等。

（四）国际多式联运（international multimodal transport 或 international combined transport）

国际多式联运指按照多式联运合同，以至少两种不同的运输方式，由多式联运经营人将货物从一国境内接管货物的地点运至另一国境内指定交付货物地点的一种运输方式。它通常以集装箱为运输单元，以实现货物整体运输的最优化效益为目标，将不同的运输方式有机地组合在一起，构成连续的、综合性的、一体化的货物运输。

集装箱（container），是指具有一定强度、刚度和规格，专供周转使用的大型装货容器，是能够反复使用、便于装卸的运输辅助设备。集装箱运输是指把一定数量的单件货物装在集装箱内作为一个运送单位的运输方式，其优点主要是加速货物装卸，促进船舶周转，减少货损货差，节约包装材料，降低营运成本和简化货运手续等。目前，在国际航运上使用的主要为 20 英尺（约 6.096 米）和 40 英尺（约 12.192 米）的集装箱，并以 20 英尺集装箱作为统一的计算单位，用"TEU"（twenty foot equivalent unit）来表示，我国简称为"标准箱"或"标箱"。

国际多式联运具有以下优点：

①由一个承运人负责，只办理一次托运手续，只签订一份运输合同、一次付费，只使用一份多式联运单据，因此，责任统一，手续简单，费用结算方便。

②一般是集装箱连贯运输，中途无须拆箱倒载，货运速度快，安全性高，并且可以降低运杂费（包括中转成本）。

国际多式联运的运输组织形式主要有海陆联运、陆桥运输、海空联运三种形式，其中海陆联运是国际多式联运的主要组织形式。

二、进口合同中对运输的责任方及运输方式的规定

（一）常见的规定方法

（1）只规定货物运输的方式。例如：

The goods should be transported by air.

（2）只规定负责货物运输的责任方。例如：

The seller is responsible for transport.

（3）明确规定运输方式及运输责任方。例如：

Ocean Transportation：the seller's obligation.

（4）明确规定运输方式和运输责任方，并同时规定交接及责任归属问题。例如：

Transportation：The buyer is responsible for transport. The seller shall，30 days before the time of shipment specified in the contract，advise the buyer by FAX of the Contract No.，commodity，quantity，amount，packages，gross weight，measurement，and the date of shipment in order that the buyer can charter a vessel/book shipping space. In the event of the seller's failure to effect loading when the vessel arrives duly at the loading port，all expenses including dead freight and/or demurrage charges thus incurred shall be for the seller's account.

（二）签订运输责任方及运输方式条款时应当注意的问题

1. 进口商应当先了解合同中没有规定运输责任方及运输方式时的后果

如果进口合同中没有规定，则在合同履行的过程中，买卖双方参考合同中使用的贸易术语及有关国际惯例的解释来确定运输责任方和运输方式。按照 Incoterms® 2020 的解释：

（1）在使用 FAS、FOB、CFR、CIF 等任一术语签订的合同下，只能采用水运方式运输货物。其中，FAS、FOB 合同下的货物，由买方自付费用租船，到约定的装运港接运货物；而 CFR、CIF 合同下的货物，则由卖方负责租船，并支付运费到约定的目的港。

（2）在使用 EXW、FCA、CPT、CIP、DPU、DDP 等任一术语签订的合同下，可以采用任何方式运输货物。其中，EXW、FCA 合同下的货物，由买方自付费用，安排运输公司到交货地点接运货物；而 CPT、CIP、DPU、DDP 合同下的货物，则由卖方负责安排运输公司，并支付运费到约定的目的地。

2. 一般情况下，进口商应当争取负责货物的运输

（1）进口商争取到运输货物的权利，一般有如下好处：

①能够尽早控制货物，降低被诈骗货款的可能性。比如，如果由进口商负责租船到装运港接运货物，则进口商从装运港货物装船之后就等于控制了货物，或者说如果出口商没有在装运港按时装运货物，进口商是可以从船方立即得到有关信息的，这样可以降低被出口商诈骗的风险。

②其他好处。比如，如果进口商一直向某船运公司（或其代理）租船运货，则该船运公司（或其代理）可能会给予进口商某些运费上的优惠或者服务上的优待等好处，且双方因为互相比较了解，沟通起来也比较容易。

（2）若进口商没有争取到跨国运输货物的权利，如果卖方信用非常可靠则进口商不用做特殊处理，但是如果进口商对卖方信用没有把握而货款又非常高，则为了防止被卖方诈骗货款，进口商可以：

①在进口合同中对卖方所找运输公司、运输工具以及运输合同具体条件等做特殊要求和限定，比如规定卖方必须租某国某运输公司的船，或者规定卖方所租用的船舶船级、船龄、船舶的设备情况等具体条件。

②明确规定卖方要先将运输公司的情况及运输工具的情况汇报给进口商确认认可之后，才能开始运输等。例如：

The age of the carrying vessel chartered by the seller shall not exceed 15 years. In case her age exceeds 15 years, the extra average insurance premium thus incurred shall be borne by the seller. Vessel over 20 years of age shall in no event be acceptable to the buyer.

③在进口合同中规定卖方在整个运输过程中都对货物运输情况的变动通知给进口商，否则卖方应当承担有关责任。例如：

The seller shall maintain close contact with the carrying vessel and shall notify the buyer by fastest means of communication about any and all accidents that may occur while the carrying vessel is on route. The seller shall assume full responsibility and shall compensate the buyer for all losses incurred for its failure to give timely advice or notification to the buyer.

如果进口货物属于价值非常低廉的商品，货款金额不高，而运费则非常高，则进口商一般应当放弃运输货物的权利，由卖方负责货物的跨国运输甚至承担运输过程中的风险，这样进口商可以有效降低贸易的风险。

3. 进口商应充分了解运输市场的具体情况

进口商负责货物的跨国运输时，要考虑本国与出口国之间的运输能力、运输路线、是否有直达运输等情况，还要注意提前向多家运输公司或其代理询价，同时考察其运输服务的质量（运输工具情况、运输技术及安全性、运输时间的准确性和频率等），通过比较，选择适宜的运输公司（或其代理）。

在使用 FCA、FOB、FAS 等任一术语签订的合同下，由进口商自付费用，安排运输公司到约定的交货地点或装运港接运货物。此时，进口商应当注意运输工具和货物的衔接问题，以防止出现运输工具等待货物的情况。为了防止成本浪费，合同中可以就

交接货物之前的买卖双方通知问题做出明确规定。例如：

10 - 15 days prior to the date of shipment, the buyer shall inform the seller by cable or telex of the contract number, name of vessel, ETA of vessel, quantity to be loaded and the name of shipping agent, so as to enable the seller to contact the shipping agent direct and arrange the shipment of the goods. The seller shall advise by cable or telex in time the buyer of the result thereof. Should, for certain reasons, it become necessary for the buyer to replace the named vessel with another one, or should the named vessel arrive at the port of shipment earlier or later than the date of arrival as previously notified to the seller, the buyer or its shipping agent shall advise the seller to this effect in due time. The seller shall also keep in close contact with the agent or the buyer. （买方应当在装运期之前提前 10 ~ 15 天用电报或电传通知卖方合同号码、船名、船预计到达的时间、计划装船数量、货代名称等，以使卖方能够直接与该货代联系并安排装运事宜。卖方应当将与货代联系的装船的具体情况用电报或电传通知买方。如果因为一定原因，买方必须换船或者如果指定接货的船舶提前或者延迟到达装运港，买方或其货代应当及时通知卖方该情况，卖方也应当与货代或买方保持密切联系。）

三、对进口货物的运输和交接有关的时间和地点的规定

该方面的规定主要包括：对交货期或装运期的规定、对交货地（或港口）或装运地（或港口）的规定、对目的地（或港口）的规定等。

进口商可以根据需要选择上述内容中的一项或几项，订入进口合同之中。

（一）对与进口货物的运输和交接有关的时间的规定

与进口货物的运输和交接有关的时间有交货期和装运期。

1. 常见的规定方法

（1）明确规定具体时间。

①规定"×年×月×日"为装运时间或交货时间。该规定因为时间太具体，履约没有保障，实际业务中极少使用。例如：

Shipment on 22th March 2010.

②规定一个时间段。例如：

Shipment during/within March 2010.

③规定最迟期限。例如：

Shipment on or before July 15th 2010.

（2）以某种条件为前提。

①规定"卖方收到信用证后××天内装运"。例如：

Shipment within 45 days after receipt of L/C.

②规定"本合同订立后××天内交货"。例如：

Delivery within 45 days after the date of contract.

2. 在签订进口合同中的交货期或装运期条款时应当注意的问题

（1）选择"交货期"还是"装运期"的问题。交货时间指卖方完成交货责任且货运风险转移给买方的时间；而装运时间则指货物被装上运输工具出运的时间。一般而言，交货时间比装运时间对进口商更重要。

根据国际惯例 Incoterms® 2020 的解释及贸易实践：

①在使用 FAS、FOB、CFR、CIF、FCA、CPT、CIP 等任一术语签订的合同下，装运时间与交货时间在时间上通常相差不多。比如 FOB、CFR 或 CIF 签订的合同下，货物在约定的装运港被装上船时，卖方完成交货，货运风险由卖方转移给买方，而这个时间也是货物被装运的时间。再比如 FCA、CPT 或 CIP 签订的合同下，货物在约定的交货地（或港口）被交给承运人时，卖方完成交货，货运风险由卖方转移给买方，通常，货物会同时或马上被装运。因此，在使用 FAS、FOB、CFR、CIF、FCA、CPT、CIP 等任一术语签订的合同下，规定装运期还是规定交货期差别不大，进口商任选其中的一个，规定允许的期限即可。

②在使用 EXW 签订的合同下，货物何时装运是进口商自己的事，出口商并不负责，而双方都关心在约定的交货地何时交货，所以只需要规定交货期即可。

③在使用 DPU、DAP、DDP 等任一术语签订的合同下，货物何时装运是出口商自己的事，进口商并不负责，而双方都关心在约定的目的地点（或港口）何时交货，所以只需要规定交货期即可。

（2）期限要明确、适度，避免使用笼统的词语，如："immediate shipment""shipment as soon as possible""prompt shipment"等。

（3）期限的时间早晚要合适。进口商要考虑国内使用或者内销的速度以及库存水平，适当考虑航程的远近以及大致的航运时间，还应当考虑商品的国内运输、检验及报关的时间等，既要避免进货过早增加库存成本，又要注意避免缺货成本。

（4）进口商负责运输时，还要考虑运输能力、是否有直达运输以及运输的频率等情况，如果交货地（或港口）运输能力强、有直达运输且运输频率较高，期限可以短一些；对无直达运输或较偏僻的交货地（或港口），以及虽有直达运输但是运输能力和频率较低的交货地（或港口），期限要规定长一些。对某些国家、地区还要尽量避开冰冻期等停运期间。

（5）注意市场情况。规定装运期或交货期要与国内外市场的供求季节性相适应，要关注国外卖方的实际供货能力和生产进度，特别是节日供应商品和临时特殊需要的商品，尽量防止或减少外商不能按时交货（或装运）或者不交货的可能。

（6）应当考虑商品本身的性质和特点。例如有些商品易受潮发霉，不宜在雨季装运；有些商品易受热融化，应避开在夏季装运。

（二）对与进口货物的运输和交接有关的地点的规定

与进口货物的运输和交接有关的地点即交货地（或港口）或装运地（或港口）、目的地（或港口）等。

1. 常见的规定方法

（1）只规定一个地点（或港口），如：Place of delivery：Boston 或 Port of shipment：New York 或 Place of destination：Xi'an 等。

（2）规定两个或两个以上的地点（或港口），如：Port of shipment：London and Liverpool 等。

（3）规定两个或两个以上可选择的地点（或港口），如：Port of shipment：London or Liverpool，at seller's option 等。

（4）笼统规定，如：Port of shipment：U. K. ports 等。

2. 签订与进口货物的运输和交接有关的地点条款时应当注意的问题

（1）如何选择规定的问题。交货地（或港口）指卖方完成交货责任、货运风险转移给买方的地点（或港口）；装运地（或港口）通常指货物在出口国被装上运输工具出运的地点（或港口）；而目的地（或港口）则通常指货物被运往的、进口国的、进口商接货的地点（或港口）。一般而言，交货地（或港口）比装运地（或港口）和目的地（或港口）重要。

根据国际惯例 Incoterms® 2020 的解释及贸易实践：

①在使用 FAS、FOB、CFR、CIF、FCA、CPT、CIP 等任一术语签订的合同下，交货地（或港口）与装运地（或港口）通常是同一个地点（或港口），所以，进口商可以任选其一。

另外，采用 FAS、FOB、FCA 等任一术语签订的合同下，价格条款中通常就已经包括了装运港或交货地（或港口）的信息，所以合同中一般不需要再单独规定装运港或交货地（或港口）条款，并且卖方完成交货后不再负责跨国货运及其风险，而由进口商根据需要将货物运到自己想运的任何地方，所以合同中也不应当规定目的地（或港口）；而采用 CPT、CIP、CFR、CIF 等任一术语签订的合同下，卖方要负责办理货物的跨国运输手续并支付运费，所以合同中还应当规定目的地（或港口），但是价格条款中通常就已经包括了目的地（或港口）的信息，所以合同中一般不需要再单独规定目的地（或港口）条款。

②在使用 EXW 签订的合同下，货物的运输是进口商自己的事，出口商并不负责，而双方都关心的交货地点通常已经体现在价格条款中，所以一般不需再单独规定交货地条款。

③在使用 DPU、DAP、DDP 等任一术语签订的合同下，交货地（或港口）与目的地（或港口）通常是同一个地点（或港口），所以，进口商可以任选其一（通常可以体现在价格条款中）。但是，在采用这些术语签订的合同下，货物在哪个地点装运一般与进口商无关，所以不应当规定装运地（或港口）。

（2）通常只规定一个地点（或港口）不容易引起履约麻烦和纠纷。因此，应当尽量只规定一个地点（或港口）。

（3）由进口商支付费用负责跨国货运时，装运地（或港口）一般应选在靠近货源地，目的地（或港口）一般应选在靠近国内买方所在地，或者选择运输最方便、成本最合适的地点（或港口），比如选择有直达班轮停靠的、无冰封期的、对船舶国籍无限制的、装卸条件先进的、费用合理的港口做装运港或目的港。另外，要注意避免选择政局不稳，或者管制和手续办理严格而费用又高的地点（或港口）做装运地（或港口）。

（4）装运地（或港口）采用可选择的地点（或港口）或笼统规定的方法，通常是为了方便出口商，所以出口商一般要求在合同中规定选择权归出口商。此时，如果合同又规定由进口商负责跨国货运，则应当注意：

①要求在合同中同时规定，出口商应当在某时限或装运时间之前一段时间将最终选定的装运地（或港口）的详细信息通知进口商。

②合同中规定的可选择的地点（或港口）的数目不宜过多，一般不应超过 3 个。

③备选港口应当在同一条班轮航线上，而且是班轮公司的船只都能停靠的港口。

④有时候，进口合同中需要规定因出口商对装运地（或港口）的选择不同而增加的成本由出口商负担。

（5）注意灵活性。比如，进口商可以根据需要要求规定两个或两个以上的目的港或选择港，以提高分拨货物的效率，降低国内的运输成本。

（6）约定的地点（或港口）如果在世界范围内有重名，则应明确国别与所处方位。

四、进口合同中对装运通知的规定

装运通知指卖方在出口国装运货物之后，向买方发送表明货物已经被装运的通知。出口商给进口商及时发送正确的装运通知的作用主要有：

（1）提醒进口商及时购买需要的保险。尤其是使用 CFR 或 CPT 术语签订的进口合同下，因为进口商与运输公司没有直接联系，无法直接得到装运的有关信息，装运通知的作用更加重要。

（2）提醒进口商做好接货的准备。

（一）常见的规定方法

（1）明确规定卖方须在确定的期限内用某种方式发出装运通知。例如：

Shipping advice：The seller should send out the shipping advice to the buyer within 24 hours after delivery by Fax/Telex.

（2）不仅规定卖方须在确定的期限内用某种方式发出装运通知，还规定通知的具体内容。例如：

The seller shall, immediately upon the completion of the loading of the goods, advise the buyer of the Contract No., names of commodity, loading quantity, invoice values, gross weight, name of vessel and shipment date by Fax/Telex within 12 hours.

（3）除规定通知的期限、方式及内容之外，还规定了卖方未尽到通知义务时的责任。例如：

Advice of shipment：Within 48 hours immediately after completion of loading of goods on board the vessel the seller shall advise the Buyer by cable or telex of the contract number, the name of goods, weight (net/gross) or quantity loaded, invoice value, name of vessel, port of loading, sailing date and expected time of arrival (ETA) at the port of destination. Should the buyer be unable to arrange insurance in time owing to the seller's failure to give the above mentioned advice of shipment by cable or telex, the seller shall be held responsible for any and all damages and/or losses attributable to such failure.

（4）合同中不做具体规定，而由出口商参照惯例行事。依据 Incoterms® 2020 的规定，在用 F 或 C 开头的术语中任一术语签订的合同下，货物在跨国运输途中的风险是由进口商承担的，所以出口商在交货以后必须给进口商发出充分的通知，以提醒买方购买货运保险、做好接货的准备等。

（二）在签订进口合同中的装运通知条款时应当注意的问题

（1）不是所有的进口合同中都需要规定该条款。根据 Incoterms® 2020 的解释，在使用 EXW、DPU、DAP、DDP 等任一术语签订的合同下，出口商都没有义务也没有必要给进口商发装运通知，因此这类进口合同中是不需要订立装运通知条款的。而在 FCA、FAS、FOB、CFR、CPT、CIF、CIP 等术语的合同下，如果出口商没有向进口商及时地发出正确的装运通知，进口商可能会因此而未能及时购买货运保险或未能及时加买货运保险（在 CIF 术语的进口合同下卖方已经购买的保险通常是最低险种），从而遭受损失。所以在这类术语的进口合同中，最好明确规定装运通知的时限、通知方式和内容以及卖方未尽到通知义务时的责任等。

（2）一般情况下，对通知的时限要求得越短、通知的方式要求越快捷，对进口商就越有利。

（3）为了便于进口商购买货运保险，进口合同中可以规定装运通知中应当告知的重要信息，比如船名、航次、装船日期、提单号码、装船后的货物情况、运输标志等。

（4）如果进口商采用预约保险方式购买货运保险，可以要求出口商将装运通知同时发给进口商一份和保险公司一份，从而省去进口商再转通知给保险公司的工作。

五、进口合同中对分批装运和转运的规定

（一）对分批装运常见的规定方法

（1）只规定允许分批装运，而没有批次、时间及数量上的要求。例如：
Partial shipments are allowed.
（2）既规定允许分批装运，又规定每批的具体时间、批次及批量等。例如：
Shipment should be effected within Feb. /Mar. /Apr. 2011 in three monthly equal lots.
（3）规定禁止分批装运。例如：
Partial shipments are not allowed. /Partial shipments are prohibited.

（二）在签订分批装运条款时的注意事项

（1）最好明确规定是否允许分批装运。

（2）进口货物数量比较多，而进口商内销货物又采用零售方式或者进口商进口自用的货物而自用速度较慢的，进口合同中最好允许分批装运，并根据内销的进度或自用货物的速度规定批次、每批的时间及数量，以有效降低库存的成本和风险。

（三）对转运的规定

（1）允许转运：

Transshipment is allowed.

（2）禁止转运：

Transshipment is prohibited. ／Transshipment is not allowed.

（四）在签订转运条款时的注意事项

（1）根据 Incoterms® 2020 的解释，在使用 CFR、CPT、CIF、CIP 等术语签订的合同下，由出口商办理跨国货运的手续并支付运费，但是货运风险由进口商承担，而转运一般会增加货运的时间及风险。因此，进口商最好在合同中禁止货物转运（出口国到我国没有直达运输的情况除外）。

（2）根据 Incoterms® 2020 的解释，在使用 EXW、FCA、FAS、FOB 等术语签订的合同下，由进口商自负风险和费用安排货物的跨国运输。因此，合同中不需要规定转运的问题。

（3）根据 Incoterms® 2020 的解释，在使用 DPU、DAP、DDP 等术语签订的合同下，由出口商自负风险和费用安排货物的跨国运输。因此，合同中也不需要规定转运的问题。

六、进口合同中对装卸时间（或装卸率）及滞期费和速遣费等有关费用的规定

采用定程租船方式运货时，负责租船的买方（或卖方）如果担心对方装货（或卸货）的速度太慢而被船公司罚滞期费，为了公平起见，通常要求在贸易合同中规定装卸时间（装卸率）及滞期费和速遣费条款。

（一）常见的规定方法

（1）规定具体的允许装卸的天数及有关费用问题。例如：

Five weather working days of 24 consecutive hours for loading. Should the seller fail to load the goods on board the vessel within the time as contracted，the seller shall be fully liable to the buyer and responsible for all losses and expenses such as dead freight，demurrage，consequential losses incurred upon and/or suffered by the Buyer. And five weather working days of 24 consecutive hours for unloading.

（2）规定平均装卸的效率。例如：

Loading/Discharging rate：100,000/120,000 m/ts per weather working day of 24 consecutive hours，Sundays and holidays excepted unless used（PWWD SHEX UU）. / Loading/Discharging rate：100,000/120,000 m/ts per weather working day of 24 consecutive hours，Sundays and holidays excepted even used（PWWD SHEX EU）.

（3）采用笼统规定。例如：

Customary quick dispatch.

（二）在签订装卸时间（或装卸率）及有关费用条款时应当注意的问题

（1）不是所有的进口合同都需要规定这类条款。如果货物使用班轮运输，就不需要规定装卸时间（装卸率）；如果使用定程租船方式运货，并且规定由出口商负责装货的 FOB 合同或规定由进口商负责卸货的 CFR 或 CIF 合同，通常需要规定装卸时间（或装卸率）及有关费用的条款。

（2）要避免使用笼统的规定方法。

（3）须明确装卸"日"的具体类型，如"consecutive day"或"weather working day of 24 hours"等（具体类型及其含义参见本书第七章第五节）。

（4）最好规定装卸时间的起算点和止算点。关于起算时间，一般规定在船长向承租人或其代理人递交了"装卸准备就绪通知书"（Notice of Readiness，N/R），经过一定的规定时间后，开始起算；关于止算时间，一般规定以货物装完或卸完的时间为准。

（5）最好同时规定装卸费的划分。一般由出口商承担装船费用而进口商承担卸货费用，但是国际条约和惯例对此并没有明确的规定，所以进口商最好在合同中就装卸费的负担明确规定。例如：

The seller shall，at his own expense，undertake to load the contracted goods on board the vessel nominated by the buyer on any date notified by the buyer，within the time of shipment as stipulated in Clause _____ of this contract. The buyer shall，at his own expense，undertake to discharge the contracted goods timely from the vessel after the vessel reaches the port of destination.

七、进口合同中关于货物运输的其他特殊规定

如果合同中规定由出口商负责货物跨国运输，则进口商可以根据需要提出一些具体的要求，并规定在合同中。比如，有些商品需要装在水线以下，有的商品需要远离锅炉房，有些易碎商品需要装在甲板舱而不适宜装在底层舱，以免堆层高而被压碎等。同时，进口商还应当要求注明如发生违约情况，出口商应承担的责任等。

第八节 货运保险条款的签订

一、国际货运保险基础知识

国际货物运输保险是指被保险人（卖方或买方）就其国际运输下的货物按一定金额向保险人（保险公司）投保一定的险别，并缴纳保险费。投保后，保险人出具保险单，若被保险货物在运输过程中发生承保责任范围内的损失，保险人应按照其出具的保险单上的规定给予被保险人经济上的补偿。

进口企业通过购买保险，将不确定的风险损失变为固定的费用，在货物遭到承保范围内的损失时，可以从保险公司及时得到经济上的补偿。这样不仅有利于经济核算，而且也有利于保持企业的正常经营。

（一）基本概念

保险金额（amount insured），是指保险人承担赔偿责任的最高限额，也是保险人计算赔偿金额和保险费（premium）的基础，即：

$$保险费 = 保险金额 \times 保险费率$$

保险险别（insurance coverage），是指各保险组织或保险公司按照其对承保货物遭受损失的赔偿责任范围的不同，将其业务划分的不同种类。

（二）国际海运货物保险基础知识

1. 海运货物保险的基本概念

（1）海运货物保险人承保的风险种类。

①海上风险，即海难（perils of the sea），指船舶或货物在海上运输过程中所发生的风险，分为自然灾害和意外事故两种。自然灾害（natural calamities）指不以人的意志为转移的、人类不可抗拒的非一般的自然力量所造成的灾害，例如恶劣气候、雷电、海啸、洪水、流冰、地震等。意外事故（fortuitous accidents）指船舶搁浅、触礁、碰撞、爆炸、火灾、沉没、船舶失踪等由于偶然原因造成损失的可能。

②外来风险（extraneous risks），指由海上风险以外的其他原因所造成的风险，分为一般外来风险和特殊外来风险两种。一般外来风险指导致货物损失的一般外来原因，如偷窃、破碎、雨淋、受潮、受热、发霉、串味、沾污、短量、渗漏、钩损、锈损等。特殊外来风险指导致货物损失的特殊外来原因，如战争、罢工、国家法令、政策及行政措施等。

（2）海运货物保险人承保的损失种类。

①全部损失（total loss），简称全损，指被保险货物在运输途中由于承保风险造成的整批货物或不可分割的一批货物的全部灭失或等同于全部灭失，分为实际全损和推定全损两种。实际全损（actual total loss）指被保险货物发生保险事故后完全灭失或丧失，或者受到严重损坏完全失去原有的使用价值；或被保险人对保险货物的所有权已无可挽回地被完全剥夺；或者载货船舶失踪，达到一定时期仍无音讯。推定全损（constructive total loss）指被保险货物在运输途中发生保险事故后并未全部灭失，但是实际全损已经不可避免；或者为施救、整理、修复等为避免发生实际全损所需支付的费用与继续将货物运抵目的地的费用之和超过货物在目的地的完好状态的价值。

②部分损失（partial loss），是指被保险货物的一部分在运输途中遭受损失和灭失。部分损失根据其性质不同，分为共同海损和单独海损。共同海损（general average）指载货船只在航行过程中，由于某种原因发生了威胁到船、货和其他财产等方面共同安全的风险时，船方为了维护船货的共同安全，使航行得以继续完成，有意识地、合理地采取措施所直接造成的特殊损失或支付的额外费用。由于共同海损的牺牲和费用是为了使船、货免于遭受损失而做出或支付的，应该由受益的船方、货方、运费方等各方按获救比例分摊（这种分摊一般都称为共同海损的分摊）。单独海损（particular average）指船舶在航行过程中发生的，仅仅涉及船或货单方面利益的损失。例如，由于触礁使船体部分撞坏，但船仍可航行；又如，由于暴风雨使海水入舱，货物受潮发霉变质等。

（3）海运货物保险人承保的费用种类。

①施救费用（sue and labour expenses），指在被保险货物遭受承保范围内的灾害事故时，被保险人或其代理人、雇用人员或保险单受让人等，为了避免或减少损失，采取各种抢救或防护措施而支付的合理费用。

②救助费用（salvage charges），指在被保险货物遭受承保范围内的灾害事故时，由保险人和被保险人以外的第三者采取有效的救助措施，在救助成功后，由被救方付给救助人的一种报酬。

2. 我国国际海运货物保险的险别及其承保范围

我国国际货物运输最常用的保险条款是中国人民财产保险股份有限公司制订的《中国保险条款》（China Insurance Clause，CIC）其最新版为2024年版。按运输方式来分，有海洋、陆上、航空和邮包运输保险条款四大类，对某些特殊商品，还配有海运冷藏货物、陆运冷藏货物、海运散装桐油及活牲畜、家禽的海陆空运输保险条款。

2024年版CIC的《海洋运输货物保险条款》规定，我国进出口货物海洋运输保险的险别分为基本险和附加险两类。基本险可以单独投保；而附加险不能独立投保，只有在投保某一种基本险的基础上才能加保。

（1）基本险别及其承保范围。2024年版CIC规定，海洋运输货物保险的基本险别有平安险、水渍险和一切险三种。

①平安险（free from particular average，FPA）下，保险公司的承保范围主要包括：

（a）被保险货物在运输途中由于恶劣气候、雷电、海啸、地震、洪水等自然灾害造成整批货物的全部损失或推定全损（当被保险人要求赔付推定全损时，须将受损货物及其权利委付给保险公司；被保险货物用驳船运往或运离海轮的，每一驳船所装的货物可视作一个整批）。（b）由于运输工具遭受搁浅、触礁、沉没、互撞、与流冰或其他物体碰撞以及失火、爆炸等意外事故造成货物的全部或部分损失。（c）在运输工具已经发生搁浅、触礁、沉没、焚毁等意外事故的情况下，货物在此前后又在海上遭遇恶劣气候、雷电、海啸等自然灾害所造成的部分损失。（d）在装卸或转运时，被保险货物一件或数件落海所造成的全部损失或部分损失。（e）被保险人对遭受承保责任内危险的货物采取抢救、防止或减少货损的措施而支付的合理费用，但以不超过该批被救货物的保险金额为限。（f）运输工具遭遇海难后，在避难港由于卸货所引起的损失以及在中途港、避难港由于卸货、存仓以及运送货物所产生的特别费用。（g）共同海损所引起的牺牲、分摊和救助费用。（h）运输契约订有"船舶互撞责任"条款，根据该条款规定应当由货方偿还船方的损失。

②水渍险（with particular average，WPA 或 WA）下，保险公司的承保范围是：（a）平安险下承担的全部责任。（b）被保险货物由于恶劣气候、雷电、海啸、地震、洪水等自然灾害所造成的部分损失。

③一切险（all risks，AR）下，保险公司的承保范围是：（a）水渍险承保的全部责任。（b）被保险货物在运输途中由于外来原因所致的全部或部分损失。

另外，我国海洋运输货物保险基本险别的保险责任起讫，采用"仓至仓"条款（warehouse to warehouse Clause，简称 W/W Clause），即自被保险货物运离保险单所载明的起运地仓库或储存处所开始运输时起，包括正常运输过程中海上、陆上、内河和驳船运输在内，直至该项货物到达保险单所载明的目的地收货人的最后仓库或储存处所或被保险人用作分配、分派或非正常运输的其他储存所（如未抵达上述仓库或储存处所，则以被保险货物在最后卸载港全部卸离海轮后满 60 天为止。如在上述 60 天内被保险货物转运到非保险单所载明的目的地时，则以该项货物开始转运时终止），也就是说，与海运连接的陆运过程中所发生的损坏或灭失，也属于海运货物保险的承保范围。

综上所述，一切险比较适宜于价值较高，可能遭受损失因素较多的货物投保，如毛、棉、麻、丝、绸、服装类和化学纤维类商品，遭受损失的可能性较大，如沾污、钩损、偷窃、短少、雨淋等，可以选择投保一切险；对于不大可能发生碰损、破碎或容易生锈但不影响使用的货物，如铁钉、铁丝、螺丝等小五金类商品，以及旧汽车、旧机床等二手货，可以投保水渍险作为主险；而有的货品，特别是低值、裸装的大宗货物如矿砂、钢材、铸铁制品，投保平安险就可以了，同时，也可根据实际情况再加保一至两种附加险。

（2）基本险别的除外责任。2018 年版 CIC 规定，我国海洋运输货物保险的基本险别的除外责任是：

①被保险人的故意行为或过失所造成的损失。

②属于因发货人责任所引起的损失。

③在保险责任开始前，被保险货物已存在的品质不良或数量短差所造成的损失。

④被保险货物的自然损耗、本质缺陷、特性以及市价跌落、运输延迟所引起的损失或费用。

⑤海洋运输货物战争险条款和货物运输罢工险条款规定的责任范围和除外责任。

（3）附加险别及其承保范围。我国海洋运输货物保险的附加险别包括一般附加险和特殊附加险两类。

①一般附加险（general additional risks）。一般附加险负责赔偿一般外来风险造成的全部或部分损失。由于被保险货物的品种繁多，货物的性能和特点各异，而一般外来风险又多种多样，故一般附加险的种类也很多，其中主要有：

（a）偷窃、提货不着险（theft, pilferage and non-delivery risk，简称 TPND）：承保在保险期内因偷窃行为导致的被保险货物的损失以及运输工具抵达保险单载明的目的地由于不明原因所造成的整件提货不着的损失。

（b）淡水雨淋险（fresh water and rain damage，简称 FWRD）：承保被保险货物因直接遭受淡水、雨淋所造成的损失，但包装外部应有淡水或雨水痕迹或有其他适当的证明。

（c）短量险（risk of shortage，简称 RS）：承保被保险货物在运输中因外包装破裂或散装货物发生数量、重量短差的损失，但正常的允耗和允差除外。

（d）混杂、沾污险（risk of intermixture & contamination）：承保被保险货物在运输过程中因混杂、沾污所造成的损失。

（e）渗漏险（risk of leakage）：承保被保险货物在运输过程中因容器损坏而引起的渗漏损失，或用液体储藏的货物因液体的渗漏所造成的货物腐败等损失。

（f）碰损、破碎险（risk of clashing & breakage）：承保被保险货物在运输过程中，因震动、碰撞、受压造成的破碎、变形损失。

（g）串味险（risk of odour）：承保被保险货物如食用品、中药材、化妆品原料、茶叶等在运输过程中，因受其他物品的影响所造成的串味损失。

（h）受热、受潮险（risk of heating & sweating）：承保被保险货物在运输过程中因气温异常变化或由于船上通风设备失灵致使舱内水汽凝结、发潮或发热所造成的损失。

（i）钩损险（hook damage）：承保被保险货物遭受钩损，以及由此导致的对包装进行修补或调换所支付的必要的合理的费用。

（j）包装破裂险（breakage of packing）：承保被保险货物因包装破裂所造成的损失，以及为继续运输安全所需要对包装进行修补或调换所支付的必要的合理的费用。

（k）锈损险（risk of rust）：承保被保险货物在运输过程中所发生的锈损。

上述一般附加险均已包含在一切险的承保责任范围内，因此，凡已投保一切险的货物，就无须加保任何一种一般附加险。

②特殊附加险（special additional risks）。特殊附加险指承保由于特殊外来原因引起的风险而造成损失的险别。国际贸易中最常用的是战争险和罢工险。

（a）战争险（war risk）：承保直接由于战争、内战、革命、叛乱或由此引起的内乱、敌对行为、武装冲突或海盗行为所造成的被保险货物的损失，以及由于这些原因引起的捕获、拘留、扣留、禁制、扣押、没收所造成的被保险货物的损失；各种常规武器，包括水雷、鱼雷、炸弹所造成的被保险货物的损失；上述保险责任范围引起的共同海损的牺牲、分摊和救助费用。

战争险的保险期间是自被保险货物装上保险单所载明起运港的海轮时开始，到卸离保险单所载明目的港的海轮时为止。如果被保险货物不卸离海轮，保险责任最长期限以海轮到达目的港的当日午夜起算满 15 天为止。如在中途港、避难港转船，不论货物在当地卸载与否，保险责任以海轮到达该港或卸货地点的当日午夜起算满 15 天为止。被保险货物如在上述 15 天期限内继续运往保险单所载原目的港时，保险责任仍按原规定终止。

（b）罢工险（strike risk）：承保由于罢工者、被迫停工工人或参加工潮、暴动、民众斗争的人员的行动所造成的被保险货物的直接损失；恐怖主义行为或任何人出于政治、宗教或意识形态动机的行为造成被保险货物的直接损失；上述行动或行为所引起的共同海损的牺牲、分摊和救助费用。

（三）我国陆上运输货物保险的险别及其承保范围

CIC 保险条款规定的《陆上运输货物保险条款》也包括基本险别和附加险别两大类。

1. 基本险别

陆运货物保险的基本险别有陆运险（overland transportation risks）和陆运一切险（overland transportation all risks）等两种。此外，还有陆上运输冷藏货物险（overland transportation insurance—frozen products），它也具有基本险性质。

（1）陆运险的承保范围。

①被保险货物在运输途中遭受暴风、雷电、洪水、地震等自然灾害或由于运输工具遭受碰撞、倾覆、出轨或在驳运过程中因驳运工具遭受搁浅、触礁、沉没、碰撞；或由于遭受隧道坍塌，崖崩或失火、爆炸等意外事故所造成的全部或部分损失。

②被保险人对遭受承保责任内危险的货物采取抢救，防止或减少货损的措施而支付的合理费用，但以不超过该批被救货物的保险金额为限。

（2）陆运一切险的承保范围。除包括上述陆运险的责任外，保险公司对被保险货物在运输途中由于外来原因造成的全部或部分损失也负责赔偿。

上述陆运险和陆运一切险的责任范围，均适用于火车和汽车运输，并以此为限。

（3）陆上运输冷藏货物险的承保范围。被保险货物在运输途中由于暴风、雷电、地震、洪水，陆上运输工具遭受碰撞、倾覆或出轨，在驳运过程中驳运工具的搁浅、触礁、沉没、碰撞，隧道坍塌、崖崩、失火、爆炸等原因造成的全部或部分损失；被保险货物在运输途中由于冷藏机器或隔温设备的损坏或者车厢内贮存冰块的融化所造成的解冻融化而腐败的损失；被保险人对遭受承保责任内的危险的货物采取抢救、防止或减少货损的措施而支付的合理费用，但以不超过该批被救货物的保险金额为限。

2. 附加险别

陆上运输货物保险的附加险别主要有陆上运输战争险和罢工险等。

陆上运输货物战争险赔偿范围是：

（1）直接由于战争、类似战争行为和敌对行为、武装冲突所致的损失。

（2）各种常规武器，包括地雷、炸弹所致的损失。

陆运罢工险与海运罢工险的赔偿责任范围大体相同。

（四）我国空运货物保险的险别及其承保范围

CIC 保险条款规定的《航空运输货物保险条款》也包括基本险别和附加险别两大类。

1. 基本险别

航空运输货物保险的基本险别有航空运输险（air transportation risks）和航空运输一切险（air transportation all risks）两种。

（1）航空运输险的承保范围。

①被保险货物在运输途中遭受雷电、火灾、爆炸或由于飞机遭受恶劣气候或其他危难事故而被抛弃，或由于飞机遭受碰撞、倾覆、坠落或失踪等意外事故所造成的全部或部分损失。

②被保险人对遭受承保责任内危险的货物采取抢救，防止或减少货损的措施而支付的合理费用，但以不超过该批被救货物的保险金额为限。

（2）航空运输一切险的承保范围。除包括航空运输险的责任外，还负责被保险货物由于外来原因所致的全部或部分损失。

2. 附加险别

（1）航空运输战争险。航空运输战争险对直接由于战争、类似战争行为和敌对行为、武装冲突所致的损失，以及由此引起的捕获、拘留、扣留、禁制、扣押所造成的损失；各种常规武器，包括炸弹所致的损失等负责赔偿。

（2）航空运输罢工险的赔偿范围与海运罢工险类似。

（五）英国伦敦保险协会的海运货物保险条款

在国际保险市场上具有较大影响的外国货运保险条款是英国伦敦保险协会所制定的《协会货物条款》（*Institute Cargo Clause*，简称 ICC），其最新版是 2009 年版。

2009 年版 ICC 规定的险别有以下六种：

（1）协会货物条款（A）（Institute Cargo Clause A），简称 ICC（A）险，其承保范围同我国的一切险比较接近，属于基本险别，可以单独投保。

（2）协会货物条款（B）（Institute Cargo Clause B），简称 ICC（B）险，其承保范围与我国的水渍险比较接近，属于基本险别，可以单独投保。

（3）协会货物条款（C）（Institute Cargo Clause C），简称 ICC（C）险，其承保范围与我国的平安险比较接近，属于基本险别，可以单独投保。

（4）协会货物战争险条款（Institute War Clause-Cargo），其承保范围与我国的战争险接近，可以单独投保。

（5）协会货物罢工险条款（Institute Strikes Clause-Cargo），其承保范围与我国的罢工险接近，可以单独投保。

（6）恶意损害险条款（Malicious Damage Clause），该险不能单独投保，承保被保险人以外的其他人（如船长、船员）的故意破坏行为（如沉船、纵火等）所致被保险货物的灭失或损害。该险的承保范围在 ICC（A）险承保范围之内。因而，投保了 ICC（A）险的货物，无须再加保恶意损害险。而货物如果投保了 ICC（B）或 ICC（C），可以加保恶意损害险。

二、进口合同中货运保险条款常见的规定方法

（1）明确规定由卖方负责购买货运保险，并注明险别、该险别所属的保险条款、投保金额等内容。例如：

Insurance：to be covered by the seller for 110% of total invoice value against WA and War Risk as per and subject to the Ocean Marine Cargo Clause（China Insurance Clause，2009 revision）of the People's Insurance Company of China.

（2）只规定由卖方或买方负责购买货物运输保险。例如：

Insurance：to be covered by the seller．/The buyer is responsible for insurance.

三、签订进口合同中的货运保险条款时应当注意的问题

1. 进口商应当争取自己购买货运保险，尽量回避使用 CIF、CIP 签订合同

国际贸易中货物在运输过程中发生承保范围内的损失，一般是由进口商负责向保险公司索赔的（DPU、DAP、DDP 合同例外），与此同时，如果合同中又规定由出口商买保险（比如在 CIF、CIP 合同下），出口商通常会找出口国的保险公司投保，而很多国家的保险索赔的程序、手续以及索赔的时效等与我国有差异，加上相距较远、语言不同等，联系起来非常不便，如果使用代理检验或向保险公司索赔，还需要支付额外的费用等，所以进口商最好争取自己找我国国内的保险公司购买保险，其好处主要有：

（1）索赔操作方便很多，可以在当地保险分公司办理及申报。

（2）可以避免海运及内陆运输二段投保而易造成的责任不清，索赔扯皮的现象。

（3）保险范围可以从目的港延伸至进口商仓库，不另加收保险费。

（4）可以增加对货物控制的程度，也可以增加赚取保险费优惠或者节约成本的可能性。

因此，如果进口货物的价值昂贵，而进口商又对出口商所在国的保险索赔程序不熟悉的时候，应当争取自己购买货运保险。

2. 合同中没有货运保险条款时的含义和处理

在此类合同的履行过程中，买卖双方一般参考合同中使用的贸易术语及其国际惯

例的解释来确定保险责任的划分。

根据国际惯例 Incoterms® 2020 的解释及贸易实践：

（1）在使用 EXW、FAS、FOB、CFR、FCA、CPT 等任一术语签订的合同下，出口商没有购买跨国货运保险的责任，而跨国货运的风险由进口商承担，所以货运保险是进口商单方面的事情，因此一般是不需要签订货运保险条款的。

（2）在使用 DPU、DAP、DDP 等任一术语签订的合同下，跨国货运的成本及风险均由出口商承担，货运保险是出口商单方面的事情，因此一般也不需要签订货运保险条款。

（3）在使用 CIF 或 CIP 签订的合同下，跨国货运的风险由进口商承担，而出口商承担购买跨国货运保险的责任，所以合同中应当对出口商应该购买的险别以及保险金额等内容做出明确规定。进口商一般要考虑货物的性质、包装、运输工具、运输路线、停靠港口、运输季节、货物的残损规律及国际政治经济形势的变化等因素来选择规定投保险别、保险金额等。但是，即使 CIF 或 CIP 合同中没有规定保险条款，根据惯例的解释，也应当由出口商购买货运保险，并且 CIP 合同下的出口商要买 ICC（A）险或类似险，CIF 合同下的出口商应当购买最低险种，保险金额至少为合同金额的 110%。

第九节　支付条款的签订

一、国际贸易中常用支付方式的基础知识

目前，国际贸易中常用的货款支付方式有跟单信用证、汇付、跟单托收、保付代理、福费廷等。

（一）跟单信用证

1. 跟单信用证的含义

国际贸易中的跟单信用证（letter of credit，L/C）指银行应开证申请人（一般是进口商）的申请，开给第三者（一般是出口商）的有条件的书面保证付款文件。条件通常是出口商应当按时交付信用证要求的全套合格单据；只要出口商在规定期限内提交符合信用证规定的单据，该开出信用证的银行就保证支付一定的金额给出口商。

目前，在使用跟单信用证结算货款时，几乎所有国家的贸易商人和银行都遵守由国际商会制定的《跟单信用证统一惯例》。该惯例最新版本为 2007 年修订本，国际商会第 600 号出版物（即 UCP600）。

UCP600 第 2 条规定："全套合格的单据指既符合信用证的要求，又符合 UCP600、ISBP 等相关国际惯例的规定的单据。"

2. 信用证的主要当事人

信用证的基本当事人有四个，即开证申请人、开证行、受益人和通知行。

（1）基本当事人。

①开证申请人（applicant）：指申请银行开出信用证的人，国际贸易中一般是进口商。

②开证行（issuing bank）：指接受开出信用证的银行，它承担有条件地保证付款的责任，国际贸易中一般是进口商所在地的银行。

③受益人（beneficiary）：指信用证上规定的有权享受信用证规定权利的人，国际贸易中一般是出口商。按信用证的规定，受益人凭合格单据有权要求开证行付款。

④通知行（advising bank）：国际贸易中，开证行一般在进口国，而信用证的受益人则一般是出口商（在出口国）。开证行开出信用证之后，一般将信用证传递给出口商所在地的另一家银行（通常是开证行的分支行或者代理行），委托该银行将信用证通知给受益人，该银行即信用证的通知行。通知行是开证行的代理人，并负责审查信用证的真实性，但不承担付款或其他责任。

（2）其他当事人。除了上述基本当事人之外，信用证业务中通常还会涉及以下当事人：

①议付行（negotiating bank）：指根据开证行的授权和受益人的请求，在得到信用证下指定银行的偿付之前向受益人提前购买或承诺提前购买信用证下全套合格的单据，给受益人提供融资服务的银行。议付行通常将信用证下的款项扣除从买入单据之日起到预计收到信用证下款项之日止的利息以及议付手续费后，将剩余的款项支付给信用证的受益人。议付行的议付是有追索权的融资，如果议付行凭该信用证项下的单据收款时被拒付，议付行有权向受益人追索。

②付款行（paying bank）：指接受开证行的委托，代替开证行向受益人或议付行等承担付款责任的银行。根据UCP600的规定，付款行与开证行都向受益人承担第一性的有条件的保证付款责任。

③偿付行（reimbursing bank）：指接受开证行的委托，代替开证行对付款行或议付行（统称"索偿行"）等履行付款责任的银行。如果索偿行未能从偿付行得到偿付，开证行不能免除其偿付责任，并对索偿行的利息损失负责。偿付行一般凭开证行的偿付指示或授权付款，而不负责审查信用证下的有关单据。偿付行的费用应由开证行承担，如果开证行想让某些费用由其他方承担，则开证行有责任在原信用证中和偿付授权书中予以注明，如果偿付行未能收到该费用，开证行仍有义务承担偿付行的费用。

④保兑行（confirming bank）：保兑指接受开证银行的委托，在信用证上加具保证付款文句，对信用证承担有条件的保证付款责任的行为，对信用证做保兑的银行即保兑行。根据UCP600的规定，保兑行与开证行对受益人的付款责任相同。

⑤转让行（transferring bank）：指根据开证行的授权，办理可转让信用证的转让手续的银行。国际贸易中，转让行与通知行一般是同一家银行。

3. 跟单信用证业务的基本程序

跟单信用证业务的基本程序见图6-1（其中虚线步骤为非信用证业务步骤）。

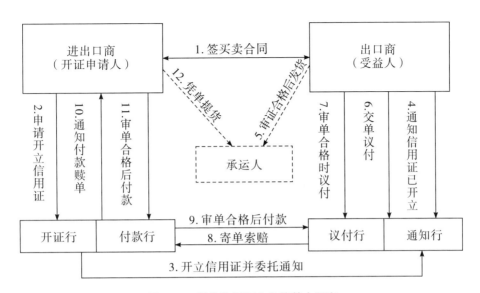

图6-1 跟单信用证业务的基本程序

跟单信用证业务基本程序简介如下：

第1步：进出口双方签订贸易合同，约定货款（或部分货款）采用信用证方式结算。

第2步：进口商根据贸易合同规定的时间或在合理时间内（一般在规定的装运期前一段时间）向其所在地某银行（开证行）申请开立信用证①。

第3步：开证行根据进口商的开证申请以及有关规定收取开证保证金和开证费用后开出信用证，然后开证行将所开信用证传递给通知银行，委托通知银行通知给受益人。

第4步：通知银行审查信用证的真实性之后，将信用证通知给受益人。

第5步：受益人收到信用证并审查信用证条款，受益人认为信用证条款不合理的，要求开证申请人修改信用证。信用证条款合理或者修改合格之后，受益人按照信用证的规定发货（取得运输单据等）并缮制其他有关单据，然后按照信用证规定的期限按时将合格的单据提交给通知银行或者议付银行。

第6、7步：议付行审单合格并愿意议付的，将货款扣除利息及有关费用提前支付给受益人，买入信用证下全套单据。

第8步：议付行将信用证下全套单据寄交开证行或付款行索偿。

第9步：开证行或付款行审单合格之后按照信用证规定向议付行付出货款（单据不合格的话，开证行可以拒付并退单给议付行，或者询问进口商可否放弃不符点等）。

第10步：开证行或付款行付款赎单之后，通知进口商审单付款。

第11步：进口商审单，单据全套合格的话付款赎单。

---

① 申请开立信用证的具体操作参见本书第七章第四节。

第 12 步：货到目的地（或港口）后，进口商凭有关单据从承运人处提货。

4．跟单信用证的特点

（1）开证行承担第一性的付款责任。只要受益人所提交的单据合格，信用证下的开证行就承担第一性的付款责任，即使申请人在开证后丧失偿付能力，开证行也应承担对受益人的付款责任。

（2）信用证是一份独立的文件。国际贸易中的 L/C 是根据买卖合同开立的，一经开立，它就成为独立于买卖合同的约定，L/C 的各当事人的权利和责任完全以 L/C 所列条款为依据，不受买卖合同的约束。受益人只有按照 L/C 的要求提交了全套合格的单据，开证行才保证付款。否则，即使受益人遵守了买卖合同的规定，但是如果没有遵守 L/C 规定的条件，仍会遭到银行的拒付。

（3）信用证是纯粹的单据买卖业务。L/C 业务中，银行只负责谨慎地审查单据，确认它们在表面上是否与 L/C 条款一致，而银行并不审查实际货物是否与进口合同一致，并且对于欺诈性的单据，银行不知情也不予负责，开证申请人（进口商）付款后若发现货物有缺陷，则可凭单据和买卖合同向有关责任方提出损害赔偿要求，而与银行无关。

5．信用证的主要种类

（1）光票信用证（clean L/C）和跟单信用证（documentary L/C）。光票信用证指信用证要求受益人提交的单据只有汇票，而跟单信用证则要求受益人提交包括货运单据在内的全套商业单据。国际贸易中使用的信用证基本都是跟单信用证。

（2）可撤销信用证（revocable L/C）和不可撤销信用证（irrevocable L/C）。可撤销信用证是指信用证开出后，不经受益人同意，可由开证申请人或开证行单方面修改或宣告无效的信用证，而不可撤销信用证一经开出，不经双方同意不得被单方面修改或宣告无效。UCP600 规定，信用证都是不可撤销的。

（3）保兑信用证（confirmed L/C）和不保兑信用证（unconfirmed L/C）。保兑信用证指被开证行之外的其他银行加具保兑的信用证，不保兑信用证指没有被开证行之外的其他银行保兑的信用证。国际贸易中使用最多的是不保兑的信用证，一般只有在开证行资信较差或成交金额超出了开证行所能负担的信用限额时，受益人才要求保兑信用证。UCP600 规定，如果信用证中没有注明由开证行之外的其他银行加具保兑，则该信用证即为不保兑的信用证。

（4）可转让信用证（transferable L/C）和不可转让信用证（untransferable L/C）。可转让信用证指受益人可以将信用证下的凭合格单据收款的权利全部或部分转让给其他人的信用证，不可转让信用证是指不能将信用证下的款项转让给受益人之外的其他人收取的信用证。

国际贸易中，可转让信用证被转让时，可以改变信用证中的金额、商品单价、装运期、交单期、到期日以及保险条件等；收款时中间商可以用自己的发票和汇票替换掉第二受益人的发票和汇票，从而赚取差价。

UCP600 规定，如果信用证中没有注明"transferable"，则该信用证即为不可转让的信用证。可转让信用证只能转让一次（第二受益人再将信用证转让给第一受益人的情况除外），但是可以同时转让给多个受益人。并且可转让信用证转让的只是信用证下凭合格单据收款的权利，第一受益人的买卖合同下的责任并不能同时转让。

（5）即期信用证（sight L/C）和远期信用证（usance L/C）。即期信用证是指开证行收到受益人的全套单据，审查合格之后立即付款的信用证。而远期信用证则指开证行收到受益人的全套单据（一般包含以开证行为付款人的远期汇票），审查合格之后并不立即付款，而等到远期汇票到期时或信用证中规定的付款日期到了时，才付款。

远期信用证根据是否要求受益人提交的单据中含有远期汇票，分为承兑信用证（acceptance L/C）和延期付款信用证（deferred payment L/C）。承兑信用证是指要求受益人提交的单据中含有远期汇票的信用证，开证行收到受益人的全套单据审查合格之后先承兑远期汇票，等远期汇票到期时，再支付款项。延期付款信用证则规定受益人提交的单据中不能有远期汇票，但明确规定开证行付款的具体时间，开证行收到受益人的全套单据审查合格之后，等到规定的付款日期到了时支付信用证下的款项。延期付款信用证之所以要求受益人不开汇票，是因为个别国家对汇票的开立和使用征税，进出口商为了避税才使用的。

（6）议付信用证（negotiation L/C）。议付信用证是指开证行允许其他银行或指定某银行议付信用证下单据的信用证。议付信用证又可分为自由议付信用证和限制议付信用证。自由议付信用证是指允许任何银行根据信用证条款买入受益人汇票及/或单据的信用证。限制议付信用证是指指定只能由某家银行或开证行自己进行议付的信用证。国际贸易中，最常见的是自由议付的信用证。

（7）循环信用证（revolving L/C）。循环信用证是指被全部或部分使用后，其金额又恢复到原金额，可再次使用，直至达到规定的次数或规定的总金额的信用证。循环信用证又分为按时间循环的信用证和按金额循环的信用证。按时间循环的信用证是指受益人在一定时期内可以多次支取信用证规定的金额的信用证，该信用证中一般限定信用证使用的次数，并且注明未使用的金额是否可以合并到下期支取。按金额循环的信用证是指信用证金额被支取后仍恢复到原金额，可再次使用，直至用完规定的总金额。

按金额循环的信用证可分为自动循环信用证、非自动循环信用证和半自动循环信用证。自动循环信用证是指受益人每次凭合格单据支取信用证的金额后，信用证即自动恢复到原金额，可再次按原金额使用的信用证。非自动循环信用证是指受益人每次凭合格单据支取信用证金额后，必须等待开证行的可以循环使用的通知到达后，信用证才恢复其原金额，并可以被再次使用。半自动循环信用证是指受益人每次交单议付后，在若干天内如开证行未提出中止循环的通知，信用证即自动恢复至原金额，并可再次使用。

（8）背对背信用证（back to back L/C）。背对背信用证指受益人要求原信用证的通知银行或其他银行以原证为基础，另开一张基本相似的新的信用证。该新的信用证与原证相比，一般除了开证申请人、受益人、金额、商品单价、装运期和到期日不同之外，其他条款基本相同。

中间商转售货物时通常开立背对背信用证，从中赚取差价，并且与可转让信用证相比，不会泄露中间商的商业信息。

（9）对开信用证（reciprocal L/C）。对开信用证指两张信用证的金额相等或基本相等，但其中一张信用证的开证申请人、受益人和开证行分别是另一张信用证的受益人、开证申请人和通知行。易货贸易或"三来一"补贸易中，如果交易双方都担心对方凭第一张信用证出口或进口货物后，另一方不履行其出口或进口义务，通常采用对开信用证以约束彼此履行合同义务。

（10）预支信用证（anticipatory L/C）。预支信用证是指允许受益人在装运货物交付单据之前，提前支取信用证下全部或部分款项的信用证。这种信用证多用于出口商初期投资较大的大宗商品的买卖业务，一般允许出口商在装运货物之前凭光票向开证行或议付行预支部分货款，以缓解其资金压力。

为了醒目，预支信用证下允许受益人预支款项的条款通常用红字打印，故预支信用证也被称为"红条款信用证"（red clause L/C）。

（11）备用信用证（standby L/C）。备用信用证不是一般的信用证，备用信用证下开证行向受益人保证，在开证申请人没有履行其应当履行的义务时，只要受益人向开证行提交符合备用信用证所要求的全套文件（一般包括汇票、开证申请人未履行义务的声明或证明文件等），开证行即向受益人承担付款责任，其实质是在开证申请人毁约时对受益人损失的一种资金补偿。

6. 跟单信用证在国际贸易中对进口商的作用

（1）改善进口商的谈判地位。如果进口商实力不够强，出口商可能会担心在发货后或提交货运单据后进口商不付款。此时，如果进口商与出口商约定采用信用证方式结算货款，以银行信用代替商业信用，将能大大改善进口商的谈判地位，从而促进贸易的顺利进行。

（2）对进口的货物有一定的保证。进口商可以通过信用证条款要求出口商提交有关重要单据及开证行的审单工作控制出口商交货的时间、数量与质量，并使其按规定的方式交付货物及所需的单据和证件。

（3）资金融通作用。在 L/C 业务中，银行不仅提供信用和服务，还可向进口商提供资金融通。如对使用授信开证的进口商，在开证后付款前可以减少自有资金的占用。

（二）汇付

1. 汇付（remittance）的含义

国际贸易中的汇付也叫汇款，指汇款人（一般是进口商）通过银行，将款项汇交收款人（一般是出口商）的结算方式。

2. 国际贸易中汇付的基本当事人

（1）汇款人（remitter），一般是进口商。

（2）汇出行（remitting bank），一般是进口地的银行。

（3）汇入行（paying bank），一般是出口地的银行。

（4）收款人（payee），一般是出口商。

另外，如果汇入行不是收款人的开户行，则汇入行通常需要将资金先转给收款人的开户行，并委托该银行将资金解付给收款人，该将资金解付给收款人的银行即付款行。

3．汇付业务的基本程序

国际货物贸易中汇付的基本业务程序见图6－2（其中虚线步骤在非外汇管制国家是没有的）。

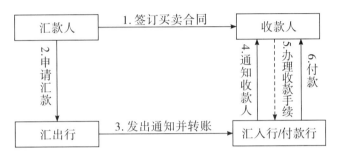

图6－2　汇付的基本业务程序

第1步：进出口双方签订贸易合同，约定货款或部分货款的支付方式采用汇付方式（一般还会同时约定汇款的具体时间和类型）。

第2步：进口商按照合同中约定的汇款的时间和类型，向汇出行申请汇款①。

第3步：汇出行接受进口商的汇款申请后，收取款项，并按照进口商申请的汇款方式通知其在出口商所在地的有业务往来的关系银行（即汇入行），委托该银行向出口商付款。

第4、5、6步：汇入行（或付款行）接到委托付款的通知后，按照通知向出口商支付款项（如果出口国无外汇管制，则没有第5步的操作）。

4．汇付的基本种类

汇付根据汇行通知汇入银行的通知方式不同，分为信汇、电汇和票汇等三种类型。国际贸易中的汇款方式最常见的是电汇。

（1）信汇（mail transfer，M/T）。信汇指汇出行应汇款人的申请，将信汇委托书或支付通知书通过邮政航空信件方式寄发给汇入行，授权汇入行解付一定金额给收款人的一种汇款方式。汇入行收到信汇委托书或支付通知书后核对签字或印鉴，经审核无误后付款给收款人。该方式的优点是费用较低，但是速度较慢。

（2）电汇（telegraphic transfer，T/T）。电汇指汇款人委托汇出行，通过加押

---

① 申请汇款的具体操作参见本书第七章第四节。

SWIFT①或电报、电传等电讯手段发出付款委托通知书给汇入行，委托汇入行将款项解付给指定的收款人的一种汇款方式。该方式的优点是汇款迅速，但是费用较高。

（3）票汇（demand draft，D/D）。票汇指汇出行应汇款人的申请，开立以其代理行或其往来银行（即汇入银行）为付款人的银行即期汇票，交给或由汇款人自行交给收款人，收款人凭以收款的一种汇付方式。该方式费用低，但是速度也慢。

理论上，票汇下的汇票应当由汇出行交给收款人，但是实际业务中，汇出行开出汇票后，一般将汇票交给汇款人，再由汇款人转交给收款人。

（三）进口商应当掌握的托收基础知识

1. 托收的含义

国际贸易中的托收业务是指债权人（一般是出口商）开具汇票，委托当地银行通过它在进口地的分行或代理行向债务人（一般是进口商）收取货款的一种支付方式。

目前，在托收业务中，几乎所有国家的贸易商人和银行都遵守国际商会制定的《托收统一规则》。该规则最新版本为1995年修订本，国际商会第522号出版物（*The Uniform Rules for Collections*，*ICC publication No.* 522，简称URC522）。

2. 托收的基本当事人

（1）委托人（principal）：指委托银行向国外付款人收款的人，国际贸易中一般是出口商。

（2）托收行（remitting bank）：是委托人的代理人，指接受委托人的委托转托国外银行向付款人代为收款的银行，国际贸易中一般是出口地银行。

（3）代收行（collecting bank）：是托收行的代理人，是接受托收行的委托代向付款人收款的银行，国际贸易中一般是进口地银行。如果代收行不是付款人的开户行，他还需要转委托付款人的开户行向付款人提示收款，该提示收款的银行被称为提示行。

（4）付款人（payer）：国际贸易中一般是进口商。

3. 托收业务的种类及其基本业务程序

托收包括光票托收（clean collection）和跟单托收（documentary collection）两大类。光票托收指委托人委托托收行和代收行，仅凭一份汇票（不附带任何货运单据）向付款人收取款项的方式。采用该方式结算货款，进口商付款时并不能保证出口商是否装运货物以及装运货物的情况，所以进口商的风险较大。国际贸易中，光票托收一般用于预付订金或货款尾数、小额货款、贸易从属费用和索赔款的收取等。

国际贸易中的跟单托收是指出口商装运货物后，开具汇票连同全套货运单据（如海运提单等）或仅凭货运单据，委托托收行和代收行向进口商收取款项的方式。国际

---

① Society for Worldwide Interbank Financial Telecommunications，环球同业银行金融电讯协会，是国际银行同业间的国际合作组织，其在会员之间建有SWIFT电讯系统，该系统的使用为银行的结算提供了安全、可靠、快捷、标准化、自动化的通讯业务，从而大大提高了银行结算业务的速度和安全性。

贸易中的托收业务，最常用的就是跟单托收方式。

跟单托收依据代收行向付款人交付单据的条件不同，分为付款交单和承兑交单两种。

（1）付款交单（documents against payment，D/P）。付款交单是指出口商根据买卖合同的规定，将货物发运后，出具以进口商为付款人的汇票，连同全套货运单据一并交给托收行，托收行再将该附有货运单据的汇票寄交代收行，代收行凭此向进口商收取货款，在进口商付清货款后才将货运单据交给进口商。

付款交单方式下，如果进口商拒付，就不能从代收行取得货运单据，一般也就无法提取单据项下的货物。

付款交单按照付款时间的不同又可被分为即期付款交单和远期付款交单。

①即期付款交单（documents against payment at sight，D/P at sight）：指出口商按照合同规定发运货物后，开具即期汇票连同货运单据交给托收行收款，托收行再将该附有货运单据的即期汇票转寄给代收行委托代收行收款，代收行向进口商提示时，进口商审核单据无误，就立即全额付款，代收行在收到货款后将全套单据交给进口商。

②远期付款交单（documents against payment after sight，D/P after sight）：指由出口商按照合同规定发运货物后，开具远期汇票连同货运单据，通过托收行转交代收行向进口商提示收款。进口商审核单据无误后，即在汇票上承兑，并于汇票到期日代收行再次向进口商提示时付款。进口商付款后，代收行交单给进口商。在远期汇票到期付款前，汇票和货运单据由代收行掌握。

（2）承兑交单（documents against acceptance，D/A）。承兑交单是指出口商按照合同规定发运货物后，开具远期汇票连同货运单据交给托收行收款转寄给代收行委托代收行收款，代收行向进口商提示时，进口商审核单据无误后即在汇票上承兑，之后代收行就将全部货运单据交给进口商，待该已承兑的远期汇票到期日托收行再次向进口商提示收款。承兑交单只适用于远期汇票的托收。

跟单托收的基本业务程序见图6-3（其中虚线步骤为非信用证业务步骤）。

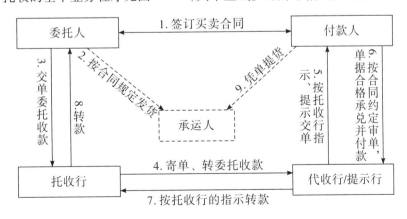

图6-3　跟单托收的基本业务程序

第1步：进出口双方签订货物买卖合同，约定采用托收方式结算货款，一般还会同时约定托收的期限和类型。

第2步：出口商（即委托人）按照合同的规定发货以取得货运单据。

第3步：出口商按照合同约定的托收期限和类型，向其所在地银行（即托收行）申请托收货款，填制托收申请书（也叫托收委托书），并提交汇票和有关单据。

第4步：托收行接受出口商的托收申请后，按照出口商托收申请书中的指示，制作托收指示书（内容和托收申请书一致），并将托收指示书和出口商的汇票、有关单据寄给进口商所在地的某银行（即代收行），转委托该银行向进口商收款。

第5步：代收行（或提示行）接到托收指示以及相关单据后，按照托收指示向进口商提示汇票及有关单据，要求进口商承兑汇票或付款。

第6步：进口商（即付款人）审查代收行提示的汇票和有关单据，按照合同中的约定，对即期汇票立即付款或对远期汇票做承兑并于汇票到期时付款。代收银行按照托收指示交付汇票和有关单据给进口商。

需要注意的是，即期付款交单方式下，第一次提示时，进口商审单合格就需付款，之后代收行（或提示行）才交单给进口商；远期付款交单方式下，第一次提示时进口商审单合格后只是承兑汇票，等汇票到期时代收行（或提示行）需要再次提示，进口商才需付款，之后代收行（或提示行）交单给进口商；承兑交单方式下，第一次提示时进口商审单合格承兑汇票后，代收行（或提示行）就交单给进口商，等汇票到期代收行（或提示行）再次提示时，进口商才付款。

第7步：代收行（或提示行）收到款项之后，按托收行的指示转款给托收行。

第8步：托收行收到款项之后，将款项划拨给出口商。

第9步：货物被运到目的地（港）后，进口商凭单提货。

（四）国际保付代理

国际保付代理简称国际保理（international factoring），指国际贸易中采用赊销（O/A）、承兑交单（D/A）等方式结算货款时，由保理商（一般是银行或大的财务公司）对出口商提供的一项集商业资信调查、应收账款催收与管理、资金融通及信用风险控制与坏账担保于一体的综合金融服务。

出口商在签订国际贸易合同之前，应当先与提供国际保理服务的出口地银行或财务公司签订协议，该银行或财务公司按照该协议的规定对进口商进行商业资信调查之后，通知出口商与进口商签订国际贸易合同的信用额度和条件，然后出口商才能按该信用额度和条件与进口商签订合同。

国际保理业务按照其操作过程涉及的当事人不同，分为单保理和双保理。目前国际贸易中使用最多的是双保理，图6-4是其基本当事人关系示意图。

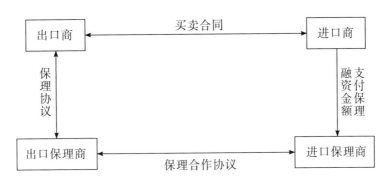

图 6-4　国际双保理基本当事人关系示意图

国际双保理业务的基本操作步骤是：

第 1 步：出口商寻找进口商，并达成交易的初步意向。

第 2 步：出口商向出口保理商提出叙做保理的需求并要求出口保理商对进口商核准信用额度，同时出口商与出口保理商签订保理协议。

第 3 步：出口保理商委托进口保理商对进口商进行信用评估。

第 4 步：如果进口商信用良好，进口保理商将为其核准信用额度，并将核准的信用额度通知给出口保理商，出口保理商再转通知给出口商。

第 5 步：出口商按照与出口保理商签订的保理协议的有关约定，与进口商签订贸易合同，并在合同中约定货款采用保理方式结算。之后出口商按照贸易合同供货，并将附有转让条款的发票寄送进口商。

第 6 步：出口商将发票副本交给出口保理商，如果出口商有融资需求，出口保理商一般付给出口商不超过发票金额的 80% 的融资款（无追索权）。

第 7 步：出口保理商通知进口保理商有关发票的详情。

第 8 步：进口保理商于发票到期日前若干天开始向进口商催收款项。

第 9 步：进口商于发票到期日向进口保理商付款。

第 10 步：进口保理商将款项付给出口保理商。

第 11 步：如果进口商在发票到期日 90 天后仍未付款，进口保理商做担保付款，出口保理商扣除融资本息（如有）及费用，将余额付给出口商。

（五）福费廷

福费廷（forfaiting）指国际贸易中采用赊销（O/A）、承兑交单（D/A）等方式结算货款时，出口商把未到期的贸易应收账款（大多是经进口商或其银行承兑过的远期票据）无追索权地卖断给福费廷融资者（一般是出口地的银行或大的财务公司），从而获得资金融通、化解风险、提高自身国际竞争力的一种资金融通方式。

福费廷业务中的出口商在签订国际贸易合同之前，应当先与提供福费廷服务的出口地银行或财务公司签订福费廷协议，该银行或财务公司按照该福费廷协议的规定对进口商进行商业资信调查之后，通知出口商与进口商签订国际贸易合同的信用额度和条件，然后出口商才能按该信用额度和条件与进口商签订合同（见图 6 - 5）。

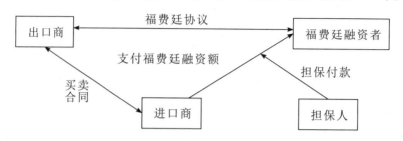

图 6 - 5　福费廷业务基本当事人关系示意图

福费廷业务的基本操作步骤是：

第 1 步：在签订买卖合同之前，出口商向福费廷融资者询价，以便成本核算。福费廷融资者在签订福费廷协议之前对出口商、进口商以及担保人的资信情况和进口商所在国的情况进行调查，以判断该笔业务的风险、确定报价（包括贴现率、承担费、宽限期等内容）。

第 2 步：进出口双方初步约定采用分期付款方式结算货款，同时出口商按福费廷融资者的要求，要求进口商找一个担保人，由该担保人为进口商的按期付款提供担保。因为福费廷业务属于无追索权的融资，福费廷融资者一旦买断出口商的债权凭证，也就买断了所有风险，包括进口商信用风险、担保风险、进口国国家风险、利率和汇率风险等，所以福费廷融资者对担保人的资信要求非常高，通常都要求由大银行或者金融公司来担任担保人。实际业务中，福费廷融资者是否愿意承做这种业务，很大程度上取决于担保人的资信情况。

第 3 步：担保人符合福费廷融资者有关要求的，福费廷融资者与出口商签订福费廷协议，之后出口商按照福费廷协议的要求与进口商签订贸易合同。

第 4 步：出口商按照贸易合同规定发货后，拿全套单据到所在地银行，委托银行将包括远期票据（常见的是远期汇票）的单据寄给进口商银行要求承兑，进口商审单合格承兑远期票据（或由其银行承兑）并经进口商的付款担保人保兑后，由银行将远期票据退给出口商。

第 5 步：出口商在经进口商（或其银行）承兑和担保人保兑过的远期票据上背书并注明"无追索权"字样后，连同其他单据交福费廷融资者审核，福费廷融资者对单据审核无误后向出口商付款。

第 6 步：远期票据到期之前，福费廷融资者将其向进口商的付款银行索偿。如果被拒付，福费廷融资者向担保人追索，担保人付款后再向进口商追索。

二、进口合同中支付条款常见的规定方法

支付条款一般需要规定的内容有：支付方式、申请开证的期限或者申请汇款的期限或者托收的期限等。通常情况下，合同中还同时规定出口商应当提交哪些单据等。

1. 信用证结算方式下的支付条款

信用证方式结算货款时，通常会规定以下内容的一项或多项：

（1）开证时间（time of issuing）。

（2）开证银行（issuing bank）。

（3）受益人（beneficiary）的详细名称和地址。

（4）信用证的种类（type）。

（5）信用证的金额（amount）。

（6）信用证要求的单据（documents required）。

（7）信用证的交单期（time of presentation）。

（8）信用证的有效期（time of expiration）。

（9）信用证的到期地点（place of expiry）等。例如：

The buyer shall in _____ days prior to the time of shipment / after this contract comes into effect, open an irrevocable letter of credit in favor of the seller. The covering letter of credit must reach the seller _____ days before shipment and shall expire _____ days after the completion of loading of the shipment as stipulated.

2. 汇付结算方式下的支付条款

采用汇付方式结算货款时，通常会规定以下内容的一项或多项：

（1）汇款金额（amount）。

（2）汇款的具体种类（type）。

（3）汇款的时间要求（time）等。例如：

_____% of the total contract value as advance payment shall be remitted by the buyer to the seller through T/T within _____ days after signing this contract. The balance to be effected by the buyer shall not be later than _____ days after receipt of the documents listed in the contract by T/T.

3. 托收结算方式下的支付条款

采用托收方式结算货款时，通常会规定以下内容的一项或多项：

（1）托收的具体种类（type）。

（2）托收的期限（time）。

（3）托收的金额（amount）。

（4）代收行（collecting bank）。

（5）跟单托收项下出口商应当提供的单据（documents）等。例如：

①Documents against payment：After shipment, the seller shall draw a sight bill of exchange on the buyer and deliver the documents through seller's bank and _____ bank to the buyer against payment, i. e D/P. The buyer shall effect the payment immediately upon the first presentation of the bill(s) of exchange.

②Documents against acceptance：After shipment, the seller shall draw a bill of exchange, payable _____ days on the buyer delivers the documents through seller's bank and _____ bank to the buyer against acceptance （D/A _____ days）. The buyer shall make the payment on the due date of the bill of exchange.

4. 保付代理方式下的支付条款示例

15% of the total contract value as advance payment shall be remitted by the buyer to the seller through T/T within _____ days before shipment，and 85% of the total contract value should be made by factoring within _____ months after delivery of goods.

5. 福费廷方式下的支付条款示例

20% of the total contract value as advance payment shall be remitted by the buyer to the seller through T/T within _____ days before shipment；80% of the total contract value should be made by forfaiting within _____ months after delivery of goods and the buyer should apply for _____ bank an demand guarantee within _____ days after signing this contract.

6. 支付条款中要求出口商提供单据的条款示例①

Documents Required：

The seller shall present the following documents required to the bank for negotiation/collection：

（1）Full set of clean on board ocean/combined transportation bills of lading and blank endorsed marked freight prepaid；

（2）Signed commercial invoice in _____ copies indicating Contract No. ，L/C No. _____ and shipping marks；

（3）Packing list/weight memo in _____ copies issued by _____；

（4）Certificate of quality in _____ copies issued by _____；

（5）Certificate of quantity in _____ copies issued by _____；

（6）Insurance policy/certificate in _____ copies；

（7）Certificate of origin in _____ copies issued by _____.

三、签订进口合同中的支付条款时应当注意的问题

（1）对于那些实力雄厚、货物比较紧俏的出口商或者与之有过交易经验且其信用一贯良好的高资信出口商，可以采用较为灵活的支付方式，尤其是交易金额不大的情况下，比如可以采用提前电汇货款或部分订金的方式结算。

（2）要灵活运用各种支付方式。一笔交易一般只使用一种支付方式，但是有时候根据不同需要，也可以把两种或两种以上的支付方式结合使用，比如 50% 的货款用 L/C 方式结算，50% 的货款用 D/A 方式结算。

（3）对于与之初次交易、对其资信状况不甚了解的出口商，应该选择更谨慎、安全性更高的结算方式，比如选择货到汇付的方式结算或者选择 D/A。

---

① 国际贸易中的有关单据的介绍和审核，参见本书第七章第七节。

（4）注意支付条款与合同中其他条款（如价格条款、装运条款等）的配合，选择适当的价格术语和运输方式，力争己方对运输公司、银行和保险公司的选择权和控制权。比如，在用 CIF、CFR、CPT 或 CIP 术语签订的进口合同下，虽然可以凭运输单据交货与收款，但因运输由出口商安排，进口商较难控制货物，给出口商与运输公司串通诈骗货款提供了可乘之机。因此，为了防止被出口商诈骗货款，价格条款中最好使用 FOB 或 FCA 术语签订进口合同。同时，进口商还应自行选择资信良好的公司承运货物，选择可靠的保险公司予以承保，这样就可以在某种程度上防止出口商（单独或与运输公司勾结）的诈骗行为发生。一般情况下，如果进口商被迫接受采用 CIF、CFR、CPT 或 CIP 等术语签订进口合同，则最好同时限定出口商应当找信用良好的某运输公司托运货物。

（5）进口商最好争取 D/A 或保付代理或福费廷或其他远期付款的方式结算货款，以尽量减少资金压力。目前，银行推出了许多与结算方式相结合的融资方式，进口商都可以充分利用。比如，进口商在选用远期 D/P 等结算方式时，可以利用进口押汇、凭信托收据借单或者提货担保等做法融资。

（6）尽量降低交易成本。比如，信用证结算的费用较高，操作起来程序又比较烦琐，而大多数商业信用结算方式中，文件、单据的传递往往不需要经过银行，省去了过于严格的文件审核与转递过程，使结算手续更为简单，也节约了时间和过多的银行费用。

（7）信用证结算方式下进口商需要注意的其他事项。

①开证时间的规定。出口商一般都会要求在外贸合同中明确规定进口商申请开证或者开到信用证的最迟期限（一般在装运期之前 15~45 天）。而越早开证就越早占压进口商的开证保证金，因此开证时间的规定要合理，不能在装运期之前提前太久，只要给出口商留下合理的审证和可能的改证时间就可以了。

②外贸合同中一般不指定开证行和议付行。因为指定开证行会使进口商丧失选择开证行的自由；而指定议付行会使开证行丧失选择议付行的自由，所以有的开证行是不同意的。但是，有时候为了顺利成交，如果进口商认为出口商指定的开证行可以接受，开证行也同意使用指定的议付行，合同中也可以指定开证行和/或议付行。

③最好明确规定信用证要求受益人提交的单据（种类、份数、出具机构、出单期限以及其他具体要求等）。信用证中要求受益人提交的单据中最好有代表货物所有权的运输单据（如提单）。否则，进口商银行及进口商付款之后，如果无法取得代表货物所有权的运输单据，就等于无法控制运输途中的货物，给出口商诈骗货款提供了可乘之机。

④合同中规定的信用证的有效期（或到期时间）和交单期，应当与合同的装运期条款相匹配，一般规定在装运期结束之后一段时间信用证才到期或交单期才结束。注意该装运期结束之后的"一段时间"不宜太长，特别是交单期，给出口商留下制单结汇的合理时间就行，一定不能超过货物跨国运输的正常时间。否则，如果货物已经运到目的港或目的地，而受益人尚未交单，进口商就很难及时提货，会增加额外的成本

负担和风险负担（如目的港的滞港费及仓储费等，货物在目的港或目的地停滞期间的风险等）。

（8）托收结算方式下进口商需要注意的其他事项。

①托收行和代收行只是提供收款服务，并不保证出口商所交单据和货物真实合格，而进口商能否收到合格的货物取决于出口商是否信守合同按时交付合格的货物和单据，所以进口商要严格审查出口商的单据内容及其真伪，以防被出口商骗取货款。

②跟单托收结算方式，尤其是远期 D/P 或 D/A，对进口商比较有利，进口商不需要预垫资金，或仅需垫付较短时间的资金，就可以先行提货，到期再付款，提高资金的利用率。

③如果进口商计划申请托收下的融资（如凭信托收据借单），为了更容易操作或者得到更多融资，进口商最好要求在进口合同中指定跟进口商关系较好的某银行为代收行。

④最好在合同中明确规定出口商应当提交的单据（种类、份数、出具机构、出单期限以及其他具体要求等）。并且，这些要求的单据中最好有代表货物所有权的运输单据（如提单），否则，进口商付款之后，如果无法取得代表货物所有权的运输单据，就等于无法控制运输途中的货物，给出口商诈骗货款提供了可乘之机。

（9）汇付结算方式下进口商需要注意的其他事项。

①T/T 按汇款时间分为预付货款（前 T/T，payment in advance）与货到付款（后 T/T）两种方式，不同的方式对买卖双方风险的划分是不对称的。（a）在前 T/T 方式下，进口方需承担贸易中所产生的全部风险，所以进口商应当注意搞好客户资信调查，切实了解对方的状况，并考虑交易货物的性质与市场情况，必要时可以通过投保信用保险和货运保险控制风险。（b）后 T/T 方式恰好与前 T/T 方式相反，进口商在交易中没有信用和资金风险。因此，如果进口采用完全后 T/T 的方式，可以在很大程度上降低风险。（c）如果货款一部分采用前 T/T、一部分采用后 T/T 结算，买卖双方承担的风险就相对均衡一些。在贸易实践中，前 T/T 与后 T/T 的比例由买卖双方磋商决定，主要依据双方的信用度、信任度及资金状况和谈判桌上的实力对比，一般为 20% ~ 40% 的前 T/T。

②汇付的使用场合。因为汇付业务中，买卖双方风险分担不均衡，其使用场合一般局限于：（a）对本企业的联号或分支机构和个别的信用极可靠的客户进行的赊账交易、预付货款交易或随订单付现等；（b）订金、货款尾数、佣金及个别费用等的支付；（c）大宗交易使用分期付款（payment by instalments）或延期付款（deferred payment）时的货款支付。

③为了平衡买卖双方的风险，可以采用"凭单付汇"的做法。凭单付汇指进口商先通过当地银行（汇出行）将货款以信汇或电汇方式汇给出口地银行（汇入行），指示汇入行凭出口商提供的某些指定的单据和装运凭证（如提单、装箱单、商检证书和发票等）付款给出口商的做法。

（10）注意其他国际结算的风险（具体参见本书第十三章第二节内容）。

第十节　价格条款的签订

价格是贸易洽谈的中心问题，价格条款也是国际货物买卖合同中的一项主要条款。一般情况下，价格条款包括单价条款和总值条款两部分。其中单价条款通常包括贸易术语、计价货币、计量单位、单位价格金额、价格调整条款等内容。

一、价格条款中的贸易术语的基础知识

（一）贸易术语的含义、性质和作用

贸易术语是指用以表明商品的价格构成，说明买卖双方之间在货物交接过程中的风险、责任和费用划分问题的专门用语，通常用几个英文字母简称。

贸易术语具有双重性质，它既表示价格条件，又表示买卖双方之间的交货条件。其作用主要有：

（1）简化交易磋商的内容、过程和手续，节省时间和费用，促成交易。

（2）便于进出口商进行比价和成本核算。

（3）有助于解决贸易争端。对于合同中未规定的条件，买卖双方可以援引有关解释贸易术语的国际惯例来处理。

（二）有关贸易术语的国际惯例

本书第一章第一节中已经阐述，目前解释贸易术语含义的国际惯例主要有《国际贸易术语解释通则》、《华沙—牛津规则》和《美国对外贸易定义修订本》三个，由于后两者在目前的国际贸易中很少被使用，因此本节只介绍被世界多数国家采用的《国际贸易术语解释通则》的内容。

需要特别提醒进口商的是，因为国际惯例没有强制约束力，而由贸易商自由选用，所以为了防止纠纷，在签订贸易合同时进口商最好与出口商明确规定合同遵守 *Incoterms* 及其版本。比如，*Incoterms* 迄今为止的最新版本是 2020 年 1 月 1 日生效的 Incoterms® 2020（其结构见表 6 - 1）。但是，贸易商人仍然可以继续选择使用《2000 年通则》的解释，或者如果合同中出现了新版本中没有的术语（诸如 DAF 等）仍将被认为适用早期版本。再加上目前世界上关于贸易术语的惯例不是只有《国际贸易术语解释通则》，因此，为避免误解，贸易合同中最好标明适用的贸易术语的惯例的名称及其版本。

表 6-1　Incoterms® 2020 中解释的贸易术语

类别	简称	全称	对应中文
适用于任何运输方式类（any mode of transport）	EXW	ex works	工厂交货
	FCA	free carrier	货交承运人
	CPT	carriage paid to	运费付至
	CIP	carriage and insurance paid to	运保费付至
	DAP	delivered at place	目的地交货
	DPU	delivered at place unloaded	目的地卸货后交货
	DDP	delivered duty paid	完税后交货
适用于水运类（sea and inland waterway transport）	FAS	free alongside ship	装运港船边交货
	FOB	free on board	装运港船上交货
	CFR	cost and freight	成本加运费
	CIF	cost, insurance and freight	成本加运保费

与 Incoterms® 2010 相比，新版本的 Incoterms® 2020 有了明显的升级，买卖双方的权利义务关系更加明晰，用户友好度更高。以后将会有很多企业在订立合同时采用新版本的 Incoterms® 2020，因此学习并研究新版本的 Incoterms® 2020 对于做国际贸易的进口企业非常重要。

Incoterms® 2020 对 Incoterms® 2010 中的 FCA、CIF、CIP 等贸易术语的含义进行了修改，并且将《2010 年通则》中的 DAT 修改为了 DPU。这两个最近年份版本的比较如下：

1. Incoterms® 2020 与 Incoterms® 2010 框架结构（见表 6-2）比较

Incoterms® 2020 没有改变 Incoterms® 2010 对贸易术语的分类规则，仍然按照贸易术语适用的货物运输方式进行分类。即 Incoterms® 2020 仍然将贸易术语分为两大类：适用于任何运输方式类和适用于海运和内河运输类。

表 6-2　Incoterms® 2010 中解释的贸易术语

适用于任何运输方式类（rules for any mode or modes of transport）		
EXW	ex works	工厂交货
FCA	free carrier	货交承运人
CPT	carriage paid to	运费付至
CIP	carriage and insurance paid to	运保费付至
DAT	delivered at terminal	指定目的地或目的港终端交货
DAP	delivered at place	指定目的地交货
DDP	delivered duty paid	完税后交货
仅适用于水运类（rules for sea and inland waterway transport）		
FAS	free alongside ship	装运港船边交货
FOB	free on board	装运港船上交货
CFR	cost and freight	成本加运费
CIF	cost, insurance and freight	成本加运保费

2．Incoterms® 2020 与 Incoterms® 2010 术语数量的比较

两个版本解释的贸易术语数量都是 11 个，数量没有变。但是 Incoterms® 2020 修改了 Incoterms® 2010 中的一个贸易术语的名字，即将 DAT 改成了 DPU。

3．Incoterms® 2020 与 Incoterms® 2010 引言的比较

Incoterms® 2020，在其开头的引言中详细介绍了具体实际交易时该如何选择合适的贸易术语，以及贸易合同如何与其相关的附属合同（如运输合同、保险合同等）相互协调。

4．Incoterms® 2020 与 Incoterms® 2010 每个术语下图示的比较

Incoterms® 2020 对 Incoterms® 2010 在每个术语开头的图示进行了升级，使外贸商人看起来更易懂、更清晰。

5．Incoterms® 2020 与 Incoterms® 2010 每个术语下使用指引或说明的比较

Incoterms® 2020 设置了专门的更详细的"用户解释性注释"（explanatory notes for users）。在 Incoterms® 2010 中，指引（guidance notes）放在每一个贸易术语解释的开头，而现在有了专门的"用户解释性注释"（explanatory notes for users），这些注释解释了 Incoterms® 2020 的基本原则，例如如何使用、何时转移风险以及如何在买卖双方之间分配成本等。解释性说明可以帮助用户准确、有效地选用适合特定交易的适当的贸易术语。

6．Incoterms® 2020 与 Incoterms® 2010 每个术语下买卖双方各 10 条责任的比较

Incoterms® 2020 对卖方 10 条责任（A1—A10）和买方 10 条责任（B1—B10）进行了重新整理和重新排序（见表 6 - 3）。

表 6 - 3　Incoterms® 2010 与 Incoterms® 2020 基本义务对比表

条款	Incoterms® 2010	Incoterms® 2020
A1/B1	general obligations 一般义务	general obligations 一般义务
A2/B2	licenses，authorization，security clearances and other formalities 许可证、授权、安检通关和其他手续	delivery/taking delivery 交货/提货
A3/B3	contract of carriage and insurance 运输合同与保险合同	transfer of risk 风险转移
A4/B4	delivery 交货	carriage 运输
A5/B5	transfer of risk 风险转移	insurance 保险
A6/B6	allocation of costs 费用分担	deliver/transport document proof of delivery 交货/运输单据

续上表

条款	Incoterms® 2010	Incoterms® 2020
A7/B7	notices 通知	export/import clearance 进出口通关
A8/B8	delivery document 交货凭证	checking/packaging/marking 查对—包装—标记
A9/B9	checking – packaging – marking 查对—包装—标记	allocation of costs 费用分担
A10/B10	assistance with information and related costs 协助提供信息及相关费用	notices 通知

7. Incoterms® 2020 与 Incoterms® 2010 每个术语下买卖双方成本划分说明的比较

Incoterms® 2020 的成本划分说明比 Incoterms® 2010 更清楚。

在每个 Incoterm® 2020 的贸易术语解释中，A9/B9 都完整总结了卖方应当负担的成本费用和买方应当负担的成本费用，使买卖双方之间分配成本的细节非常清楚。

在之前版本的 Incoterms 规则中，由不同条款分配的各种成本通常出现在每个术语规则的不同部分。而 Incoterms® 2020 则在每个贸易术语下都总结列出了买卖双方各自负担的所有成本，向用户提供了一个一站式的成本清单，以便卖方或买方可以在一个地方（A9/B9）找到其根据 Incoterms 规则应承担的所有成本。

8. Incoterms® 2020 与 Incoterms® 2010 每个术语下与安全相关要求的比较

Incoterms® 2020 比 Incoterms® 2010 增加了运输、通关义务和成本中与安全相关的要求（A4、A7、A9/B9）。

当前贸易界和航运界对安全问题更加关注，运输安全性的要求越来越普遍。Incoterms® 2010 与安全相关的要求放在 A2/B2 和 A10/B10 项中，且条目相当有限。Incoterms® 2020 针对新的贸易形势和市场需求，每个术语项下的 A4（carriage 运输）和 A7（export/import clearance 进出口通关）部分都明确规定了与安全有关的义务的分配，而履行这些相应的安全义务所产生的费用也被更明确的标明，放在每个贸易术语的 A9/B9（allocation of costs 费用分担）项下，使安全义务更加明确突出。

9. Incoterms® 2020 与 Incoterms® 2010 中 FCA、DAP、DPU 和 DDP 术语下运输责任的比较

Incoterms® 2020 在 FCA、DAP、DPU 和 DDP 中，比 Incoterms® 2010 增加了允许负责运输的买方或卖方可以选择自己的运输工具运输货物的相关条款。

Incoterms 以往的版本都是假定在从卖方被运往买方的过程中，货物是由第三方承运人负责的，而承运人受控于哪一方则取决于买卖双方使用哪一种贸易术语。然而，在贸易实务中，有时货物可以完全不雇用任何第三方承运人就能从卖方被运至买方。因此，Incoterms® 2020 规定在采用 DAP、DPU、DDP 时，负责货物运输的卖方也可以选择自己的运输工具运输货物；同理，规定在采用 FCA 条款时，负责运输的买方也可以选用自己的运输工具运输货物。

10. Incoterms® 2020 与 Incoterms® 2010 中 FCA、CIF、CIP、DAT/DPU 术语的比较

除了上述 9 个方面，Incoterms® 2020 还对 Incoterms® 2010 中的 FCA、CIF、CIP、DAT 进行了修改。

（1）根据市场实践需要在 FCA 术语中加入了有关提单的规则。大家都喜欢用 FOB，但是 FOB 术语下货物集装箱运输时，卖方在集装箱到达装运港时就失去了对集装箱的控制，但是卖方却要承担风险和成本直至其被装上买方指定的船上，卖方可能面临一些不合理的风险及问题。

如果使用 FCA 以规避 FOB 的上述问题，又会使卖方失去获得已装船提单的机会。而在国际贸易中，买方又经常利用其银行融资或卖方通常希望使用信用证来确保买方付款，而买方的融资银行或信用证的开证银行通常会要求卖方提交已装船提单。也就是说，国际贸易中，买方或买方的银行付款的时候通常会要求卖方提交已装船提单。

根据国际货物运输的规则，一般只在货物装船完毕之后承运人才签发已装船提单（on board bill of lading）。而根据原来的 Incoterms® 2010 下的 FCA 规则，交货是在货物被交给承运人时（装船之前）完成的，而船又是由买方租的，卖方交货的时候可能不能从承运人处获得装船提单，尤其通常不能获得已装船提单，因为承运人只有在货物实际装船后才有义务签发已装船提单。

综合以上几个方面，对 FCA 合同下的卖方而言，如果买方安排的运输方式是船运，同时要求卖方提交结算单据是提单并且应当是已装船提单，卖方是很难保证的，或者是有风险的。

解决该问题的最有效方案是改变贸易付款规则或航运规则，但是 INCOTERMS 又不能强制贸易融资或航运规则改变。所以，为了引导贸易商人使用 FCA 以规避 FOB 的上述问题，国际商会采用了一种补救措施，修改 FCA，以使各方当事人同意买方指示其承运人向卖方签发装船提单。

Incoterms® 2020 的 FCA A6/B6 条款提供了一个附加选项（在2010基础上添加的内容）。买卖双方可以约定，买方可指示其承运人在货物装船后向卖方签发装船提单，然后卖方有义务向买方提交该提单（通常是通过银行提交）。最后，应当强调的是，即使采用了这一机制，卖方对买方也不承担运输合同条款的义务。

（2）CIF、CIP 术语中与保险有关的条款。Incoterms® 2010 在 CIF 和 CIP 的 A3 规定：卖方有义务"自费购买货物保险，至少符合协会货物保险条款（C）（劳埃德市场协会/国际承保协会'LMA/IUA'）或任何类似条款"。

Incoterms® 2020 对 CIF 和 CIP 中的保险条款分别进行了规定，CIF 默认使用协会货物保险条款（C），即卖家只需要购买最低险，但是买卖双方可以规定较高的保额；而 CIP 使用协会货物保险条款（A），即卖家需要购买最高险别，相应的保费也会更高。也就是说，在 Incoterms® 2020 中，使用 CIP 术语，卖方承担的保险义务会变大，而买方的利益会得到更多保障。

（3）将 DAT 改为了 DPU。

（三）Incoterms® 2020 中 11 种贸易术语的含义

1. EXW

EXW 是 ex works 的缩写，即"工厂交货"。采用 EXW 报价时，其后必须加一地名（通常为卖方工厂所在地）才有意义。

Incoterms® 2020 中 EXW 的含义是：当卖方在指定的地点（如工场、工厂或仓库）将货物交给买方处置时，即完成交货，卖方不办理出口清关手续，也不负责将货物装上任何运输工具。

通常，卖方报的 EXW 价与其国内贸易的出厂价相同，即

$$EXW 价 = 生产成本 + 出口国内税费 + 净利润$$

使用 EXW 术语签订的合同下，卖方的责任最小，买方必须承担在约定的卖方工厂所在地受领货物之后的全部费用和风险，包括进出口报关的一切手续和费用。因此，如果进口商不能直接或间接地办理货物出口报关时，不应采用该术语签订合同（可以换用 FCA）。

（1）EXW 合同下卖方的基本责任和义务。

①在指定地点，于约定的日期或期限内，将与合同相符的货物交由买方控制，与货物有关的风险和费用同时转移给买方。

②承担将货物交给买方处置之前的一切费用和风险。

③提交商业发票（或具有同等作用的电子信息）以及合同要求的证明交货符合合同的证件。

（2）EXW 合同下买方的基本责任和义务。

①在指定地点、约定日期或期限内，受领卖方提交的货物。

②承担受领货物之后的一切费用和风险。随后，买方可以采用任何运输方式运输货物，并自由决定是否购买国际货运保险。

需要注意的是，如果卖方做好了按时交货的准备，但因为买方没有按时去接货，导致卖方不能按时交货的，如果货物已经被单独存放，并指明该批货物是本合同下的货物，则与货物有关的风险和费用自约定的交货日期或交货期限届满之日起提前转移给买方。

③自负费用和风险，取得出口和进口许可证或其他官方证件，并办理货物出口和进口的一切海关手续。

④按合同规定接收卖方提交的单据，并按规定支付货款。

2. FCA

FCA 是 free carrier 的缩写，即"货交承运人"。采用 FCA 报价时，其后必须加一地名（通常为出口国内卖方将货物交给买方的接货人的地点）才有意义。

Incoterms® 2020 中 FCA 的含义是：卖方在指定的交货地点将合格的货物交给买方指定的人（一般是承运人），就算完成交货义务，风险和费用转移。并且卖方负责办理

货物的出口报关手续。通常:

FCA 价 = EXW 价 + 从卖方仓库到交货地点的运费、保险费 + 出口报关的税费

(1) FCA 合同下卖方的基本义务。

①在指定地点,于约定的日期或期限内,将与合同相符的货物交由买方指定的人,并及时通知买方。在货物交给买方指定的人控制时,与货物有关的风险和费用转移。

②承担在指定地点将货物交给买方指定的人之前的一切费用和风险。

③提交商业发票、证明已交付货物的凭证(或具有同等作用的电子信息)以及合同要求的证明交货符合合同的证件。

④取得出口许可证或其他官方证件,按时办理出口报关,并缴纳相关税费。

(2) FCA 合同下买方的基本义务。

①指派某人(一般是承运人)在指定地点、约定日期或期限内接运货物,并及时将该指定的接货人名称和联系方式通知给卖方。

②承担货物在指定地点被交给买方指定的人控制之后的一切费用和风险。买方可以使用任何运输方式运货,并自由决定是否购买国际货运保险。

需要注意的是,如果卖方做好了按时交货的准备,但是因为买方不通知卖方接货人是谁,或者通知错了,或者虽然通知了,但是却没有按时派人去接货或者指定接货人没有能够去按时接货等,导致卖方不能按时交货的,如果货物已经被单独存放,并指明该批货物是本合同下的货物,则与货物有关的风险和费用自约定的交货日期或交货期限届满之日起提前转移给买方。

承担货物在指定地点被交给买方指定的人控制之后的一切费用和风险。买方可以使用任何运输方式运货,并自由决定是否购买国际货运保险。Incoterms® 2020 的 FCA A6/B6 条款提供了一个附加选项,即买卖双方可以约定,买方可指示其承运人在货物装船后向卖方签发装船提单,然后卖方有义务向买方提交该提单(通常是通过银行提交)。

③接收卖方交付的结算单据,并对合格的单据按时付款。

④取得进口许可证或其他官方证件,办理货物进口的一切海关手续,并缴纳相关税费。

3. FAS

FAS 是 free alongside ship 的缩写,即"船边交货"。采用 FAS 报价时,其后必须加装运港的名称才有意义。

Incoterms® 2010 中 FAS 的含义是:卖方在合同规定的日期或期限内,将货物交至约定的装运港买方指定的船边时完成交货,与货物有关的风险转移。通常:

FAS 价 = EXW 价 + 从卖方仓库到装运港的运费、保险费 + 出口报关的税费

FAS 合同下,买方必须使用水上运输方式接运(包括内河运输和海洋运输)货物。

(1) FAS 合同下卖方的基本义务。

①在指定装运港、于规定的日期或期限内,按港口惯常方式将合同规定的货物交

到买方指派船只的船边，并及时通知买方。注意，在货物被放到买方指派船只的船边时，与货物有关的风险转移。

②承担货物被交至装运港买方船只的船边之前的一切费用和风险。

③提交商业发票、交货凭证（或具有同等作用的电子信息）以及合同要求的证明交货符合合同的证件。

④取得出口许可证或其他官方证件，按时办理出口报关，并缴纳相关税费。

（2）FAS 合同下买方的基本义务。

①订立从指定装运港至目的港的货物运输合同，支付运费，并将船名、装货地点和船舶预计到达装运港的时间及时通知给卖方。

②承担货物在指定装运港被交到买方船只的船边之后的一切风险和费用，并自由决定是否购买国际货运保险。

需要注意的是，如果卖方做好了按时交货的准备，但是因为买方没有及时通知卖方船名，或者通知错了，或者虽然通知了，但该船只没有按时到达装运港接收货物，或者该船只提前停止装货等，导致卖方不能在合同中约定的交货期内交货的，如果货物已经被单独存放，并指明该批货物是本合同下的货物，那么与货物有关的风险自约定的交货日期或交货期限届满之日起提前转移给买方。

③接收卖方交付的结算单据，并对合格的单据按时付款。

④取得进口许可证或其他官方证件，办理货物进口的一切海关手续，并缴纳相关税费。

4．FOB

FOB 是 free on board 的缩写，即"运港船上交货"。采用 FOB 报价时，其后必须加装运港名称才有意义。

Incoterms® 2020 中 FOB 的含义是：卖方在指定装运港按约定日期将货物装上买方指定的船上，完成交货义务，并承担货物装上船之前的费用和风险。通常：

$$FOB \text{ 价} = EXW \text{ 价} + \text{从卖方仓库到装运港的运费、保险费} + \text{装船成本} + \text{出口报关的税费}$$

需要注意的是，FOB 合同下，买方必须使用水运方式接运货物。

（1）FOB 合同下卖方的基本义务。

①在指定装运港，于规定的日期或期限内，按港口惯常方式将合同规定的货物装上买方指定的船只，并及时通知买方。应注意，在货物装上船时，与货物有关的风险转移。

②承担货物在装运港装上船之前的一切费用和风险。

③提交商业发票、交货凭证（或具有同等作用的电子信息）以及合同要求的证明交货符合合同的证件。

④取得出口许可证或其他官方证件，按时办理出口报关，并缴纳相关税费。

（2）FOB 合同下买方的基本义务。

①订立从指定装运港至目的港的货物运输合同，支付运费，并将船名、装货地点和船舶预计到达装运港的时间及时通知卖方。

②承担货物在指定装运港被装上船之后的一切风险和费用，并自由决定是否购买国际货运保险。

需要注意的是，如果卖方做好了按时交货的准备，但是因为买方没有及时通知卖方船名，或者通知错了，或者虽然通知了，但该船只没有按时到达装运港接收货物，或者该船只提前停止装货等，导致卖方不能在合同约定的交货期内交货的，如果货物已经被单独存放，并指明该批货物是本合同下的货物，那么与货物有关的风险和费用自约定的交货日期或交货期限届满之日起提前转移给买方。

反之，如果买方按照合同约定按时通知并派船到装运港了，而卖方未能备妥货物，并因此导致未在合同约定的装运期内装运货物，则应由卖方承担违约责任，并赔偿买方因此而引起的损失。

如果卖方在合同约定的交货期内把货物运到了装运港，并且买方在合同约定的交货期内把船派到了装运港，也不意味着双方交接货物的义务就完成了。比如，假设某合同买卖双方成交货物数量非常大（按照装运港的正常装船速度需要 2 天装船时间），合同中规定当年 10 月在某装运港交货，而卖方在 10 月 31 日才把货物运到装运港，并因此导致货物未能在 10 月内装船完毕，这显然属于卖方延迟交货所致，卖方应当承担赔偿责任；反过来，如果卖方 10 月 20 日就把货物运到了装运港，而买方 10 月 31 日才把船派到装运港，当天还是不能把货物装船完毕，那么这就属于买方派船延迟，买方就应该承担相应的责任。

③接收卖方交付的结算单据，并对合格的单据按时付款。

④取得进口许可证或其他官方证件，办理货物进口的一切海关手续，并缴纳相关税费。

（3）关于 FOB 的两点特别说明。

①相关国际惯例（如《1990 年美国对外贸易定义修订本》）与 Incoterms® 2010 对 FOB 的解释不同，所以 FOB 合同中最好注明遵守 Incoterms® 2010。

②FOB 合同下，货物的装船费用一般认为应当由卖方负担，但是并不是所有国家的进出口商都这样认为，所以合同中最好明确装船费用由哪一方负担。另外，国际上对 FOB 术语的变形没有一致的理解，所以不建议使用 FOB 术语的变形表示装船费用在买卖双方之间的划分。

5．CFR

CFR 是 cost and freight 的缩写，即"成本加运费"。采用 CFR 报价时，其后必须加目的港名称才有意义。

Incoterms® 2020 中 CFR 的含义是：卖方在指定装运港将货物装船，自货物在装运港装上船时起，与货物有关的风险即转由买方承担，但是卖方应当支付货物被运往指定目的港的必须的运费。通常：

$$CFR 价 = FOB 价 + 从装运港到目的港的正常运费$$

（1）CFR 合同下卖方的基本义务。

①按通常条件订立运输合同（委托运输公司经由惯常航线，将货物用适航的船舶运往指定的目的港），于规定的日期或期限内，在装运港将符合合同规定的货物装船，并及时通知买方。应注意，在货物被装上船时，与货物有关的风险转移。

②承担货物在装运港装上船之前的一切费用和风险，并支付将货物从装运港运至指定目的港的必须的运费。

③提交商业发票、运输单据（或具有同等作用的电子信息）以及合同要求的证明交货符合合同的证件。

④取得出口许可证或其他官方证件，按时办理出口报关，并缴纳相关税费。

（2）CFR 合同下买方的基本义务。

①承担货物在指定装运港装上船之后的一切风险，并在接到卖方的已装船通知后，根据具体情况自由决定是否购买国际货运保险。应注意，如果卖方不发装船通知或者不及时发出装船通知或者通知不清楚，致使买方不能及时办理投保或无法办理投保，卖方须赔偿买方因此而遭受的损失。

②在指定目的港接收货物，支付从装运港到目的港的必需的运费以外的其他费用，如卸货费用（CFR 合同下，卸货费用一般由买方负担。当然，买卖双方也可以在合同中做出相反的明确规定）。

③接收卖方交付的结算单据，并对合格的单据按时付款。

④取得进口许可证或其他官方证件，办理货物进口的一切海关手续，并缴纳相关税费。

6. CIF

CIF 是 cost, insurance and freight 的缩写，即"成本、保险费加运费"。采用 CIF 报价时，其后也必须加目的港名称才有意义。

Incoterms® 2020 中 CIF 的含义是：卖方在指定装运港将货物装船，支付货物运往指定目的港的必需的运费，为买方的利益购买货物海运保险，但自货物在装运港装上船时起，与货物有关的风险即转由买方承担。通常：

$$CIF 价 = FOB 价 + 从装运港到目的港的正常运费和最低险别保险费$$

（1）CIF 合同下卖方的基本义务。

①按通常条件订立运输合同（委托运输公司经由惯常航线，将货物用适航的船舶运往指定的目的港），在规定日期或期限内，在装运港将符合合同规定的货物装船，并及时通知买方。应注意，在货物被装上船时，与货物有关的风险转移。

②承担货物在装运港装上船之前的一切费用和风险，并支付将货物从装运港运至指定目的港的必须的运费。

③按照合同的约定，购买将货物运至指定目的港的货运保险，支付保险费。Incoterms® 2020 要求卖方须向信誉良好的保险公司购买货运保险最低险别，保险金额

最少为合同金额的110%，如果买方要求卖方加保战争、罢工、暴乱和民变险等，卖方也应当购买，但因此而增加的费用应当由买方承担。

④提交商业发票、运输单据和保险单据（或具有同等作用的电子信息）以及合同要求的证明交货符合合同的证件。

⑤取得出口许可证或其他官方证件，按时办理出口报关，并缴纳相关税费。

（2）CIF合同下买方的基本义务。

①承担货物在指定装运港装上船之后的一切风险，并在接到卖方的已装船通知后，根据具体情况自由决定是否加保更高的国际货运保险险别。应注意，如果卖方不及时发出装船通知或者通知不清楚或者不发装船通知，致使买方不能及时加保更高的险别，卖方须赔偿买方因此而遭受的损失。

②在指定目的港接收货物，支付从装运港到目的港所必需的运费和保险费以外的其他费用，如卸货费用（CIF合同下，卸货费用一般由买方负担。买卖双方也可以在合同中做出相反的明确规定）。

③接收卖方交付的结算单据，并对合格的单据按时付款。

④取得进口许可证或其他官方证件，办理货物进口的一切海关手续，并缴纳相关税费。

7．CPT

CPT是carriage paid to的缩写，即"运费付至"。采用CPT报价时，其后必须加目的地名称才有意义。

Incoterms® 2020中CPT的含义是：卖方自负费用订立货物运往指定目的地的运输合同，在约定交货地点和规定日期或期限内，将货物交给第一承运人。此时卖方完成交货，与货物有关的风险转移。通常：

$$CPT 价 = FCA 价 + 从交货地到目的地的正常运费$$

（1）CPT合同下卖方的基本义务。

①按通常条件订立将货物运往指定目的地的运输合同（委托运输公司按照习惯的运输方式经由惯常路线，将货物运往指定的目的地），在约定的交货地点、交货日期或期限内，将与合同相符的货物交给第一承运人运输，并通知买方。在货物交给第一承运人控制时，与货物有关的风险转移。

②承担在交货地点将货物交给第一承运人之前的一切费用和风险，并支付将货物从交货地运往指定目的地的必须的运费。

③提交商业发票、运输单据（或具有同等作用的电子信息）以及合同要求的证明交货符合合同的证件。

④取得出口许可证或其他官方证件，按时办理出口报关，并缴纳相关税费。

（2）CPT合同下买方的基本义务。

①承担货物在交货地点被交给第一承运人控制之后的一切风险，并在接到卖方的装运通知后，根据具体情况自由决定是否购买国际货运保险。应注意，如果卖方不及

时发出装运通知或者通知不清楚或者不发通知，致使买方不能及时办理投保或无法办理投保，卖方须赔偿买方因此而遭受的损失。

②在指定目的地接收货物，支付从交货地到目的地所必需的运费以外的其他费用，如卸货费用（CPT 合同下，卸货费用一般由买方负担。买卖双方也可以在合同中做出相反的明确规定）。

③接收卖方交付的结算单据，并对合格的单据按时付款。

④取得进口许可证或其他官方证件，办理货物进口的一切海关手续，并缴纳相关税费。

8. CIP

CIP 是 carriage and insurance paid to 的缩写，即"运费及保险费付至"。CIP 术语后必须加目的地名称才有意义。

Incoterms® 2020 中 CIP 的含义是：卖方除负有与 CPT 术语相同的义务外，还须负责办理运输途中货物的保险，并支付保险费，并且卖方需要购买 ICC（A）险或者一切险等最高险别，但是运输途中的风险仍由买方承担。通常：

CIP 价 = FCA 价 + 从交货地到目的地的正常运费和最高险别保险费

（1）CIP 合同下卖方的基本义务。

①按通常条件订立将货物运往指定目的地的运输合同（委托运输公司按照习惯的运输方式经由惯常路线，将货物运至指定的目的地），在约定的交货地点、交货日期或期限内，将与合同相符的货物交给第一承运人，并通知买方。在货物交给第一承运人控制时，与货物有关的风险转移。

②承担在交货地点货物被交给第一承运人之前的一切费用和风险，并支付将货物从交货地运往指定目的地的必需的运费。

③按照合同的约定，购买将货物运至指定目的地的货运保险，支付保险费。Incoterms® 2020 规定卖方须向信誉良好的保险公司购买 ICC（A）险或其他最高险别，保险金额最少为合同金额的 110%。

④提交商业发票、运输单据和保险单据（或具有同等作用的电子信息）以及合同要求的证明交货符合合同的证件。

⑤取得出口许可证或其他官方证件，按时办理出口报关，并缴纳相关税费。

（2）CIP 合同下买方的基本义务。

①承担货物在交货地点交给第一承运人控制之后的一切风险。

②在指定目的地接收货物，支付从交货地到目的地所必需的运费和保险费以外的其他费用，如卸货费用（CPT 合同下，卸货费用一般由买方负担。买卖双方也可以在合同中做出相反的明确规定）。

③接收卖方交付的结算单据，并对合格的单据按时付款。

④取得进口许可证或其他官方证件，办理货物进口的一切海关手续，并缴纳相关税费。

9. DPU

Incoterms® 2020 中用 DPU 取代了 Incoterms® 2010 中的 DAT。

Incoterms® 2020 中 DPU 的全称是 delivered at place unloaded，即"目的地卸货后交货"。DPU 术语后应当加约定的目的地的名称才有意义。

Incoterms® 2020 中 DPU 的含义是：卖方自行负担费用和风险订立运输合同，在合同规定日期或期限内，将货物从出口国运到进口国内指定目的地，卸货之后，将货物置于买方支配之下，才算完成交货义务。

（1）DPU 合同下卖方的基本义务。

①订立将货物运到进口国内约定目的地运输合同，并支付有关运费。

②于合同规定的时间，在约定的目的地，卸货之后，将合同规定的货物交由买方控制。

③承担在指定目的地将货物交给买方控制之前的一切费用和风险，包括卸货费用和风险。

④自负费用和风险，取得出口许可证或其他官方证件，并办理货物出口的一切海关手续，支付关税及其他有关费用。

⑤提交商业发票，并且自负费用向买方提交在约定目的地提货所需的通常的单证，或具有同等作用的电子信息。

（2）DPU 合同下买方的基本义务。

①按时接收卖方提供的有关单据，按时在约定的目的地收货，并按照合同规定支付货款。

②承担在约定目的地（或目的港）终端受领货物之后的风险和费用。

③自负费用和风险，取得进口许可证或其他官方证件，并办理货物进口的一切海关手续，支付关税及其他有关费用。

10. DAP

DAP 是 delivered at place 的缩写，即"目的地交货"。采用 DAP 报价时，其后必须加约定的目的地名称才有意义。

Incoterms® 2020 中 DAP 的含义是：卖方在合同规定的日期或期限内，在约定的进口国目的地点运输工具上，将货物交给买方控制（卖方不承担卸货费用和风险），完成交货义务。

除了在指定目的地的卸货费用的分担不同外，DAP 和 DPU 的差异并不明显。

（1）DAP 合同下卖方的基本义务。

①订立将货物运到进口国内约定的目的地的运输合同，并支付有关运费。

②于合同规定的时间，在约定的目的地的运输工具上，将合同规定的货物交由买方控制。

③承担在指定目的地的运输工具上将货物交给买方控制之前的一切费用和风险。

④自负费用和风险，取得出口许可证或其他官方证件，并办理货物出口的一切海关手续，支付有关税费。

⑤提交商业发票，并且自负费用向买方提交在约定目的地提货所需的通常的单证，或具有同等作用的电子信息。

（2）DAP 合同下买方的基本义务。

①按时接收卖方交的单据，按时在目的地收货，并按合同规定支付货款。

②承担在目的地的运输工具上受领货物之后的风险和费用（包括卸货的风险和费用）。

③自负费用和风险，取得进口许可证或其他官方证件，并办理货物进口的一切海关手续，支付关税及其他有关费用。

11. DDP

DDP 是 delivered duty paid 的缩写，即"完税后交货"。采用 DDP 报价时，其后也必须加目的地名称才有意义。

Incoterms® 2020 中 DDP 的含义是：卖方在规定日期或期限内，办理货物进口报关手续并缴纳有关税费之后，在约定的进口国内目的地点，将货物交给买方控制，完成交货义务。

DDP 术语是卖方承担的责任、费用和风险最大的一种术语，买方的责任则最小，对于买方而言，类似于国内贸易。

（1）DDP 合同下卖方的基本义务。

①订立将货物运到约定的进口国内目的地的运输合同，并支付有关运费。

②在合同规定的时间和目的地点，将合同规定的货物交由买方控制。

③承担在指定目的地点将货物交给买方控制之前的一切费用和风险。

④自负费用和风险，取得出口和进口许可证或其他官方证件，并办理货物出口和进口的一切海关手续，支付有关税费。

⑤提交商业发票，并且自负费用向买方提交提货单或在约定目的地提货所需的运输单证，或具有同等作用的电子信息。

（2）DDP 合同下买方的基本义务。

①按时接收卖方所交单据，按时在约定的目的地点受领货物，并按照合同规定支付货款。

②承担在约定的目的地点受领货物之后的风险和费用。

③根据卖方的请求，并由卖方负担风险和费用的情况下，给予卖方协助，使其取得货物进口所需的进口许可证或其他官方证件。

（四）进口商在选用贸易术语报价时应当注意的问题

一般而言，进口商需要综合考虑下列因素：

1. 贸易术语是决定合同性质的一个最重要因素，但不是唯一因素

解释各个贸易术语含义的国际惯例（包括 Incoterms® 2020）不是法律，没有强制性。如果买卖双方在合同中做出与惯例相反的规定，就可能会改变贸易合同的性质。例如，按照 Incoterms® 2010 的解释，CIF 合同下的卖方并没有义务保证货物一定安全运抵目的港，但是如果买卖双方在该合同中明确规定"卖方必须把货物安全运到目的

港，在目的港把合格的货物按时交给买方才算完成交货义务"，则该规定就改变了合同的性质，该 CIF 合同就不再是装运合同，而变成了到货合同。

2．比较掌握 Incoterms® 2010 中各种贸易术语的含义，考虑运输和保险情况，考虑办理进出口通关手续的风险和费用，并做好核算

（1）如果买方只想在本国等着接货，而不愿意承担货物的跨国运输及其风险、保险和报关等责任，可选用 DDP。

（2）如果买方想在本国等着接货，并且仅愿意负责进口报关，可选用 DAP。

（3）如果买方想在本国等着接货，并且仅愿意负责进口报关及卸货，可选用 DPU。

（4）如果买方愿意承担货物跨国运输的风险，并负责进口报关及卸货，但是希望卖方办理货物跨国运输手续、卖方支付基本的运费、卖方购买基本的货运保险、卖方负责出口报关，则可选用 CIF 或 CIP。其中，选择 CIF 术语签订的合同下的货物只能用船运，而 CIP 合同则对货物运输方式没有限制。

（5）如果买方愿意承担货物跨国运输的风险，负责进口报关及卸货，并自己选择决定是否购买货运保险，但是希望卖方办理跨国货运手续并支付基本的运费、卖方负责出口报关，可选用 CFR 或 CPT。其中，选择 CFR 术语签订的合同下的货物只能用船运，而 CPT 合同则对货物运输方式没有限制。

（6）如果买方愿意办理货物的跨国运输、保险、进口报关及卸货手续，并愿意承担办理这些手续的成本和风险，而希望卖方负责出口报关，则可选用 FAS、FOB 或 FCA。其中，选择 FAS 术语签订的合同下，买方只能租用船舶接运货物并负责装船；选择 FOB 术语签订的合同下，买方只能租用船舶接运货物但不负责装船，而 FCA 合同则对运输方式没有限制，且一般买方要负责装货。

（7）如果买方愿意在卖方仓库或工厂所在地接货，买方负责办理货物的装载、运输、保险、出口报关、进口报关及卸货手续，并愿意承担办理这些手续的成本和风险，可选用 EXW。

3．做好资信调查，弄清出口商的资信情况

如果出口商的信用很好，则选择哪种贸易术语差别不大，只要核算清楚相关成本和收益即可；如果出口商信用较差或者是新客户，进口商最好选择风险较小的贸易术语签订合同，比如选用 FOB 或 FCA 等术语对外报价。因为货物由进口商派人接运，进口商对货物的控制力较强，而如果进口商选择 CFR、CIF 或 CPT、CIP 等术语，因为运输公司是出口商雇用的，出口商有可能不按合同规定按时装运合格的货物而伪造运输单据骗取货款，或者出口商与运输公司合伙骗取进口商的货款。

4．考虑整个交易过程中的风险因素，将贸易术语与合同中的其他条款巧妙配合

进口商风险的大小，不仅仅取决于贸易术语，还取决于付款时间、结算方式、运输方式等。比如，FOB 合同下，如果货款采用预付货款方式结算，进口商同样面临可能被出口商诈骗货款的风险；CIF 合同下，如果采用货到付款，进口商被出口商诈骗货款的风险反而小很多。因此，在选择贸易术语时，需要考虑整个交易过程中的风险，注意贸易术语与合同中的其他条款的配合。

二、有关佣金和折扣的基础知识

（一）佣金（commission）

佣金是指卖方或买方付给中间商的，对其提供的中介服务（销售或购买）的酬金。佣金的本质是一种劳动报酬。进口货物时合理使用佣金，可以调动中间商的积极性，获取更多信息，达到以优惠的条件购买到最适合的商品的目的。

1. 佣金在合同中的规定方法

（1）用百分比表示，例如：

USD 500.00 per metric ton CIF New York，including 2% commission.

（2）用绝对数表示，例如：

USD 500.00 per metric ton CIF New York，including commission USD 10.00.

（3）在贸易术语后加 C 并注明百分比，例如：

USD 500.00 per metric ton CIF C 2% New York.

简称容易引起误会，所以进口商最好不要使用这种规定方法。

2. 佣金的计算及其支付方式

佣金一般以交易金额（发票金额）为基础计算，即按照合同项下价格，不扣除任何费用直接计算佣金额。即

$$佣金 = 含佣价 \times 佣金率$$

佣金通常在交易成功后再另行支付给中间商或代理商，个别交易则由中间商或代理商或银行直接从价款中扣除佣金，把剩余的货款付给出口商。

（二）折扣（discount）

折扣是指卖方按照原价给买方的一定的价格减让，其本质是一种价格优惠。

1. 折扣在合同中的规定方法

（1）用百分比表示，例如：

USD 300.00 per metric ton FOB Shanghai including 2% discount.

（2）用绝对数表示，例如：

USD 300.00 per metric ton FOB Shanghai including discount USD 6.00.

（3）在贸易术语后加 D 并注明百分比，例如：

USD 300.00 per metric ton CIF D 2% New York.

然而，因为简称容易引起误会，所以进口商最好不要使用这种规定方法。

2. 折扣的计算及其支付方式

折扣是以交易金额（发票金额）为基础计算的。即

$$折扣 = 发票金额 \times 折扣率 或 折扣 = 原价 \times 折扣率$$

折扣一般由买方在支付货款时预先扣除。

三、进口贸易报价策略

（一）进口报价的基本原则

在进口报价时，必须清醒地把握报价的基本原则，这些原则通常包括：

（1）成本加成定价原则。

（2）目标收益率报价原则。

（3）依据市场行情报价原则。

（4）比较报价原则。

（5）保本报价原则。

上述原则的运用不是一成不变的，不管运用什么原则，最主要的有两点：一是必须坚持平等交易，互惠互利。报价时应当以商品的价值为基础，同时要考虑对方的利益。二是必须注意报价的成功率。即不光要考虑到所报价格所能获得的利益，还要考虑到所报价格能否被对方接受，使对方能看到成交的希望。如果对方拒不接受所报价格，且价格分歧很大，就意味着这笔生意没有成功。

（二）进口商应当如何报价

报价适当与否，对实现自己既定的经济利益具有举足轻重的意义。掌握好报价的分寸，可以使己方在讨价还价的过程中占据有利的地位。

1. 做好市场调查、掌握行情是报价的基础

国际贸易价格水平的高低并不是由一方毫无根据随心所欲决定的，它要受国际市场上的供求、竞争以及谈判对手的状况等方面的因素制约。进口商应对来自各种渠道的信息进行比较、分析，判断和预测市场变化的动向，尤其是研究有关商品的国际市场供求关系及其价格动态。有关进口贸易市场调研的内容，参见本书第五章第一节。

2. 确定最佳的报价价位

进口商报价时不仅要考虑所能获得的利益，还要考虑报价成功的概率。因此，报价前要通过反复的研究和比较，设法找出所报价格能得到的利益与此报价能被接受之间的最佳结合点。通常，买方应当根据市场调查所掌握的拟进口商品的市场行情，分析影响供求关系诸因素的变动情况，根据近期的国内销售价格和进口成交价格，并结合自己的经营意图，根据不同的谈判对象，制订一个价格幅度方案（包括最低价格和最高价格）。

（1）最低价格。外贸实践证明，倘若买方的报价低，一般就以较低的价格成交。所以，一般情况下，买方的报价要比市场价格适当地低一些。买方的报价偏低的好处有以下三个方面。

①报价较低，给自己留有谈判的余地。在对外经贸洽谈中，特别是讨价还价阶段，双方经常会出现相持不下乃至陷入僵局的困境。为了推动谈判的进程，不影响谈判的战略部署，买方可以根据情况做出一点让步，适当地满足对方的某些要求，以打破僵

局或换取对己方有利的条款。因此，较低的报价就为讨价还价阶段准备了有利的筹码和回旋的余地。

②报价越低，进口商最终取得的利益也就越大。道理在于，如果你的报价相对较低，尽管在洽谈中不得不做出让步，但结果仍然有可能很理想；如果你的报价较高，即使你在洽谈过程中不需要而且也没有做出让步，结果仍然不会也不可能理想。

③给洽谈结果设定一个价格的下限，可以避免在报价之后再降价，失去对方对你的信任。当然，买方不能随意压价，任何一个报价都要考虑到对方的感受和利益，低要低得合理，还得让对方可以接受，否则将有碍于谈判的顺利进行。

（2）最高价格。最高价格指进口商可以勉强接受的谈判结果，如果购货价格高于该最高价格，买方宁可放弃这笔进口业务。报价前设定一个最高可接纳的价格的好处有：

①洽谈者可据此避免拒绝接受有利的条件。

②洽谈者可据此避免接受不利的条件。

③洽谈者可据此避免一时不成熟的鲁莽行动。

④在有多个洽谈人员参加的场合，可以据此避免洽谈者各行其是、相互矛盾。

3. 抢先报价

抢先报价和等对方报价各有利弊，但绝大多数谈判专家认为抢先报价的利大于弊，这是因为抢先报价显得更有力量。谈判者一般都希望谈判尽可能地按照己方的意图进行并树立己方在谈判中的影响。抢先报价就为此迈出了一步，并为以后的讨价还价树立了一个界碑，设立了一个有利于己方的参照目标，使对方的判断和行为有意无意地接受其影响并偏向于己方的谈判目标，实际上等于为谈判划定了一个框架或基准线，最终谈判将在这个范围内进行。总之，先报价在整个谈判中都会持续地起作用。当然，如果进口商的谈判实力不甚雄厚或对价格行情不是很了解，让对方先报价可能对己方更为有利，但应当注意不可无言以对或是让人牵着鼻子走。

4. 报价态度

报价时态度要果断坚定、开诚布公，不能犹豫不决、含糊不清，以避免使对方产生误解和猜疑。只有这样才会给对方留下真诚坦率的印象，有助于推动洽谈的继续深入，才有可能争取最终成功。

5. 要善于进行价格分析和比价

如果进口商对所购商品的行情了如指掌，那就一定要详细阐述。必须强调的一点是，在报价过程中或报价以后，不用对所报的价格做过多的解释、说明和辩解，只要报价是合理的，就没有必要为它辩护，倘若你主动为你的报价做过多解释和辩护，对方将认为你的报价是不合理的，或是站不住脚的。因此，一般只有在对方对你的报价表示不满意或者要求你做出解释时，你才需要对自己的报价进行辩护。除此之外，千万不要画蛇添足。

如果进口商能成功地进行比价，则有较强的说服力。所谓比价不仅仅指比较价格，而是指进口商将几家出口商所报的所有成交条件以及我们从其他方面调查和收集的同类产品进口贸易成交条件进行研究、整理、分析和比较，从中选择最适合自己也最有利于自己的条件。具体进口商可以进行以下几个方面的比较。

（1）不同外商同期所报条件的比较。对不同国家、地区的商人所报的条件，在其他条件完全相同的情况下进行比较。

（2）历史成交条件的比较。指将过去我们进口同样商品的成交条件或过去外商对同样商品所报条件与现在所报条件，扣除各种因素的差异进行比较。

（3）地区成交条件的比较。将同一外商对我国不同地区、不同公司以及对其他国家的不同客户所报条件或成交条件与对我们所报的条件进行比较。

（4）分项条件的比较。对技术规格比较复杂、型号比较多的商品，可以要求对方分项报价，然后进行分项条件的比较。

（三）如何讨价还价

通常情况下，一方报价以后，另一方不会马上接受该报价，而一般会根据对方的报价，检查自己原来的设想，寻求如何向对方还价以便自己获得最大的利益。

1. 还价前的准备

（1）进口商作为被报价方时。在对方报价时，应认真听取并尽力完整、准确地把握对方的报价内容。对不清楚的地方可以要求对方进行解答。在对方报完价之后，不急于还价，而是要求对方对价格的构成、价格的依据、计算的基础以及方式方法做出解释。通过多方面的价格解释，可以了解对方报价的实质、意图及其诚意，以便从中找出破绽，为己方争取便利。在清楚地了解了对方报价的全部内容后，就要据此判断对方的意图，进而分析怎样才能使交易既对己方有利又能满足对方的某些要求。

（2）进口商作为报价方时。报价后应做好讨价还价的准备。出口商为掌握谈判的主动或为迫使进口商做出最大限度的让步，经常会对进口商的报价表示不能接受，其目的就是要探测进口商的态度、策略及最大的让步幅度。在这种情况下，进口商不要马上做出让步或采取防卫的态度，而应主动将谈判转到非价格问题上，扩大谈判的话题，进而判定对方不接受报价的真正原因之后，才能进行合理的还价。

2. 投石问路

讨价还价的主要技巧就是投石问路。一方报价以后，另一方不马上进行讨价还价，而是围绕价格向对方提出种种问题，从而在对方的回答中寻找可能出现的机会，为接下来的讨价还价做准备。同样，进口商也可以向出口商提出一些问题和要求以增加其议价的力量。通过提出各种问题，了解出口商的内心动机、意愿及商业习惯等进一步的情况。需要注意的是，当听到出口商不合理的报价时，不要立即干扰其报价，更不要完全回绝。因为你干扰对方报价，无疑会迫使对方在报价的中途突然停止。这样做，至少听不到对方报价的后面部分。许多人在报价时通常是先提出价格，而把让步或优待条件放在最后再说。因此，你的干扰可能使出口商省略让步和优惠条件。此外，作为社交的一般原则，打断对方讲话是一种不礼貌的行为，正确的做法是听完出口商的报价后，最好能马上复述出口商报价的内容，以确认自己已经全面了解了其报价，再要求出口商对其高报价的理由做出解释，然后向出口商说明可以再考虑，并建议洽谈暂停，待考虑完后继续进行。

3．还价的方式

了解了出口商的相关情况以后，针对其报价，一般有两种还价的方式：一种是要求降低价格，另外一种就是报出自己的价格。通常情况下，第一种选择比较有利，因为这是对报价的一种反击，如果成功，就可以争取到对方的让步，而没有暴露自己的报价内容。

（四）必要的妥协和让步

买卖双方经过一番讨价还价之后，为了使谈判得以继续进行，必要时双方都应考虑如何做出必要的适当的让步。在外贸谈判的实践中，进口商可以在不同的情况下分别使用以下几种让步方式。

1．步步为营的让步方式

在任何一场外贸谈判中双方相互做出让步似乎已成为谈判双方为达成协议而必须承担的义务。因此，进口商在价格谈判中的让步应该是步步为营，循序渐进，不轻易做无谓的让步。进口商应该努力使自己每一次的让步都能取得实际性的效果并设法使对方做些让步。

2．互惠互利的双向让步

在价格谈判中，只要求一方做出让步是很难的。即使对方向你做出了让步，他们也希望对此能有所补偿。因此，进口商向出口商做出让步承诺的同时，应该力争使出口商在另一个问题上也向自己做出让步。这种互惠互利双向式的让步最容易促使双方达成协议。高明的谈判者应具有纵观全局的眼光，不计较一点一滴之得失，有时退一步的目的往往是为了进两步。让步是一种策略，目的是促进双方之间的交易并从对方那儿得到实惠。

3．以攻制攻的让步

如果对方咄咄逼人，进口商就可以采取以攻制攻的让步策略。当出口商提出某个问题要你让步时，你就可以将该问题与另一个问题联系起来，同时也要求出口商在另一个问题上做出让步。这样双方都让步或都不让步，从而阻止了对方的攻势。如果出口商的要求是无理的，或是会从根本上损害你的利益，那你也可以提出一个出口商无法回答也根本做不到的要求来回敬他们。这样，出口商很快就会放弃他们的要求。

上述这些只是外贸价格谈判最基本的策略，更为重要的是谈判者应根据实际情况、根据不同的谈判对象而临场发挥，绝不能生搬硬套。进口商的合同谈判人员应多注重实践锻炼，灵活地运用价格谈判策略，争取达到预期的目的。

四、进口合同中价格条款常见的规定方法

（1）明确规定成交的价格（固定作价），例如：

USD 300.00 per piece FOB London.

（2）不规定具体价格或者暂定一个以后可以调整的价格（非固定作价）。

①合同中只规定确定价格的方法，例如：

Price as per the market price of port of shipment on the date of bill of lading.

②合同中规定以后交易双方再具体商定价格，例如：

Price should be decided by the seller and the buyer on 24th September，2011.

③合同中先暂定一个价格，并规定以后交易双方再根据具体情况调整，例如：

Initial price：USD 80.00 per piece FOB New York. And the parties should adjust it according the following formula：

$$P = P_0 \ (15\% + 50\% \times M/M_0 + 35\% \times W/W_0)$$

P.S.：P is the final price；P_0 is the initial price；M is the price index on the date of delivery；M_0 is the price index on the date of contract；W is the wage index on the date of delivery；W_0 is the wage index on the date of delivery.

五、签订进口合同中的价格条款时应当注意的问题

（1）固定作价办法明确、具体，便于买卖双方核算盈亏和合同的履行。一个完整的固定价格单价条款，一般应当包括贸易术语（包含地名）、计价货币、计量单位、单位价格金额等内容。

（2）价格不是一个可以孤立地订立的条款，它几乎与合同中所有的责任条款都有关系，任何市场因素的变动、合同中的任何条款的变动，都要考虑对成交价格的影响和调整。因此，进口商在签订进口合同中的价格条款时，应当综合考虑所有的市场调研信息、交易商品的特点、交易数量以及对包装的要求，根据船源、货源等实际情况，考虑交货方式、交货地点、运输条件、保险条件、进出口报关等因素，配合付款条件，选择适当的贸易术语，合理地预估和确定商品的进口单价，多家询价和比较，防止进口价格偏高。当然，谈判的时候争取较低的价格时不能是过分地压价，这样反而不利于成交。

（3）单价条款中的计量单位、计价货币和装运港或目的港名称，必须书写清楚，以利合同的履行。

（4）争取选择有利的计价货币以降低外汇风险，必要时可加订保值条款。在外贸实践中减少外汇风险的常见方法有：

①规定价格调整条款。

②软硬币结合使用。

③在合同中订立外汇保值条款。

④进行外汇套期保值交易等。

（5）参照国际贸易的习惯做法，合理运用佣金和折扣，以促成交易并获取最大利益。

（6）如交货品质、交货数量有机动幅度或包装费另行计价时，应一并订明机动部分货物的作价办法和包装计价的具体办法，以免引起纠纷。

（7）固定作价办法有一个弱点，即买卖双方要承担从签约到交货付款甚至直至转卖时价格波动的风险，如果成交货物的价格波动较大，可能会导致交易的一方损失过重，从而会影响合同的顺利履行。对于非固定作价办法，虽然规避了固定作价法下买卖双方的价格波动的风险，如果将来双方未能就价格达成一致，势必影响合同的有效成立和履行。因此，一般对那些价格比较稳定的进口商品，采用固定作价办法；而对于价格波动太频繁且波动幅度过大的进口商品，进口商应当灵活运用各种不同的作价办法，尽可能避免承担价格变动的风险。

（8）对于出口商的任何要求变更合同条件的函电以及进口商品国际市场趋势的变化，进口商都应当反应迅速、专业，并考虑在进口价格谈判时是否需要做相关调整。反之，如果进口商不予反应或者回复不专业，可能会失去良好的成交时机或者被出口商认为是非专业的进口商，不利于双方的合作。

第十一节　商检条款的签订

一、进口合同中商检条款常见的规定方法

商检条款一般包括检验的时间和地点、检验的标准与方法、检验机构、检验证书、复验时间和地点、复验机构等内容。

1. 明确规定卖方商检的时间和检验机构、买方复验的时间

例如，Inspection：The seller shall have the goods inspected by _____ days before the shipment and have the Inspection Certificate issued by _____. The buyer may have the goods reinspected by _____ after the goods arrival at the destination.

2. 明确规定卖方检验的种类和时间，买方复验的时间、地点、种类以及有关损害赔偿的问题

例如，Inspection：The manufacturers shall, before delivery, make a precise and comprehensive inspection of the goods with regard to its quality, specifications, performance and quantity/weight, and issue inspection certificates certifying the technical data and conclusion of the inspection. After arrival of the goods at the port of destination, the buyer shall apply to _____ for a further inspection as to the specifications and quantity/weight of the goods. If damages of the goods are found, or the specifications and/or quantity are not in conformity with the stipulations in this contract, except when the responsibilities lies with Insurance company or shipping company, the buyer shall within _____ days after arrival of the goods at the port of destination, claim against the seller, or reject the goods according to the inspection certificate issued by _____. In case of damage of the goods incurred due to the design or manufacture defects and/or in case the quality and performance are not in conformity with the contract, the Buyer shall during the guarantee period, request _____ to make a survey.

二、签订进口合同中的商检条款时应当注意的问题

1. 一致性

注意商检条款与合同中的贸易术语、品质条款、支付条款和索赔条款等的一致性。有的进口合同甚至将商检条款与索赔条款合并为一个条款。例如：

Inspection & claims: It is mutually agreed that the certificate of quality and quantity or weight issued by the manufacturer (or _____ surveyer) shall be part of the document for payment under the relevant L/C. In case the quality, quantity or weight of the goods be found not in conformity with those as stipulated in this contract upon re-inspection by _____ within _____ days after completion of the discharge of the goods at the port of destination or, if goods are shipped in containers, _____ days after the opening of such containers, the buyer shall have the right to request the seller to take back the goods or lodge claims against the seller for compensation of losses upon the strength of the inspection certificate issued by the said bureau, with the exception of those claims for which the insurers or the carriers are liable, all expenses including but not limited to inspection fees, interest, losses arising from the return of the goods or claims should be borne by the seller. In such a case, the buyer may, if so requested, send a sample of the goods in question to the seller, provided that sampling and sending of such sample is feasible.

2. 进口合同中应当明确规定商品检验的时间、地点和检验机构

商品检验的时间和地点的常见规定有："在出口国检验""在进口国检验"以及"在出口国检验后，到进口国复验"等，具体见表6-4。

表6-4　常见的商品检验的时间和地点

检验地点	检验时间	分析
在出口国检验	在卖方工厂交货时检验	买方派人检验或者委托卖方检验，检验证书作为卖方交货品质和数量的依据，对卖方有利
	在装运港（地）装运之前检验	依合同由商检机构在装运港（地）检验，商检证书作为确定商品品质、数量的最终依据（即以离岸品质、数量为准），对卖方有利

续上表

检验地点	检验时间	分析
在进口国检验	在目的港（地）卸货之后检验	依合同由商检机构在目的港（地）检验，商检证书作为确定商品品质、数量的最终依据（即以到岸品质、数量为准），对买方有利
	在货物到达买方营业处所或最终用户所在地时检验	依合同由买方或商检机构进行检验，检验证书作为最终依据。主要用于成套设备等和在口岸拆件后难以恢复原包装的商品，对买方有利
在出口国检验，到进口国之后复验	在装运港（地）装运前检验，到目的港（地）后再次检验	在出口国检验的证书作为议付依据，在进口国检验的证书作为最后依据。是进出口双方利益的折中调和，比较公平合理
	在装运港（地）装运前检验数量，到目的港（地）卸货后检验品质	装运港（地）检验证书作为交货数量的最终依据、目的港（地）检验证书作为交货品质的最终依据。是进出口双方利益的折中调和，比较公平合理

进口合同中，可以规定在出口国某地点检验，也可以规定在进口国某地点，但是一般规定在交货地点检验。如"在卖方工厂交货时检验"的做法主要适用于包装开拆麻烦的大宗商品的进口采用 EXW 术语成交的情况；"在装运港（地）检验"的做法则适用于以 F 或 C 开头的贸易术语成交的、包装容易拆装的商品的进口；"在目的港（地）检验"的做法适用于以 D 开头的贸易术语成交的、包装容易拆装的商品的进口，而"在买方营业处所或最终用户所在地检验"的做法则主要用于以 D 开头的贸易术语成交的、成套设备以及在口岸拆件较难或拆件后难以恢复原包装的商品进口。另外，国际贸易中最常用的是"在出口国检验的证书作为议付依据，在进口国检验的证书作为最后依据"的做法。

商检的时间通常规定在交货后一定时间内进行检验。

3. 应当根据各种进口商品的不同特点和使用要求，在合同中订明具体的检验项目

例如进口原材料，应根据国内生产和使用的需要，订明详细的品质、规格和成分，订好理化方面的主要项目，订明具体数据的上下幅度，便于到货时对照验收。再如进口农产品，有些应订明生产年份，防止供应方提交多年的陈货；有些应标明色泽，或提供标准样品，以便对照检验等。

4. 进口合同中应当明确规定商品检验的标准

在遵守法律法规规定的标准的前提下，一般应尽量采用国际标准或国外先进标准。由于国际上检验标准每隔几年就修订一次，所以在选订标准时，应尽可能选用较新年份的版本，防止采用已过时的版本。对于引用标准代号的，更要正确注明该代号的制定机构以及版本年份。对于检验标准中已有抽样和检验方法的，一般可按标准的规定执行，如标准中没有规定具体抽样、检验方法的，则应当具体订明抽样方法和检验方法。

5. 进口技术设备的进口商应当特别注意的事项

（1）要注意避免"由卖方提供设备材料"的条款。这种条款意味着引进的技术或设备必须使用国外原材料才能达到规定指标，也意味着今后开工投产也必须使用进口原材料。

（2）进口与国内设备配套的重要设备时，应当在合同中明确规定卖方的品质保证责任和技术服务责任，以避免对进口的技术设备进行考核验收发生问题时引起不必要的问题和纠纷。

（3）对于进口设备的生产能力，避免在合同中笼统地订年产多少，应规定年产量的具体计算方法，如每年多少工作日、每个工作日是多少工作时等。

（4）避免使用"××年的备件"的条款，应规定××年备件的具体品名、规格的数量。

（5）进口非标准技术的设备时，还应当把这些非标准设备的技术指标、检验标准定得具体明确。

（6）有的中外合资或中外合作生产合同中约定由外商提供样机的，合资或合作合同中必须规定由外商提供样机的性能技术指标和检验测试项目、标准、方法和条件等。

6. 关于买方的复验权

买方的复验权是指买方收到货物后对货物进行再检验的权利。《公约》规定任何买方对其购买的货物都享有复验权。如果已经超过了规定的复验期限或者买方做出了与卖方的所有权相抵触的行为，买方就丧失了对货物复验的权利。

（1）合同中最好明确规定买方复验的期限，该期限越长，买方就越从容。复验时间长短因商品特性、需要的商检时间及港口情况而定。合同中没有规定的，可以参考《公约》的规定（"买方必须在按情况实际可行的最短时间内检验货物或由他人检验货物"）。

（2）合同最好也明确规定复验地点。一般选在进口商所在地复验对进口商最好。否则，《公约》第38条第（2）款规定："如果合同涉及货物的运输，检验可推迟到货物到达目的地后进行。"该条第（3）款又规定："如果货物在运输途中改运或买方须再发运货物，没有合理机会加以检验，而卖方在订立合同时已知道或理应知道这种改运或再发运的可能性，检验可推迟到货物到达新目的地后进行。"目的港一般是不适合检验和验收货物的地点。因此，进口商一定要视货物和目的港的具体情况规定复检的地点，如果不能在目的港验货，合同中一定要规定在最终目的地（比如进口商的仓库）检验货物。

7. 进口合同中最好明确规定商检费用的负担

一般进口商只负责支付在进口国复验的费用。

第十二节　索赔和理赔条款的签订

一、关于索赔和理赔的基础知识

（一）国际货物买卖业务中常见的索赔种类

索赔是指合同的一方当事人因另一方当事人违约致使其遭受损失而向违约方提出损害赔偿要求的行为。理赔是指合同一方对于对方提出的索赔进行处理的行为。索赔与理赔是一个问题的两个方面。

在国际货物买卖业务中，常见的索赔有三种：买卖双方之间的索赔、买方或卖方向承运人的索赔和买方或卖方向保险人的索赔。

本节只研究买卖双方之间的索赔。

（二）买卖双方常见的违约情况

违约是指合同当事人不履行或者不完全履行其义务的情况。国际贸易中，买卖双方常见的违约情况有以下两种。

（1）卖方违约的常见情况：不交货或不按时交货；交货的品质、数量、包装不符合或不完全符合合同的规定；不交单据或不按时交单据；所交单据不符合合同或信用证规定等。

（2）买方违约的常见情况：不按时接货；无理拒收货物或拒收单据；不按时付款或不足额付款；无理拒付货款等。

（三）《公约》关于违约的相关规定

国际上，各个国家的法律对违约的规定不尽相同，这里只阐述《公约》的相关规定。

《公约》把违约分为根本性违约（fundamental breach of contract）和非根本性违约（non-fundamental breach of contract）两类。《公约》第 25 条规定："一方当事人违反合同的结果，如使另一方当事人蒙受损害，以至于实际上剥夺了他根据合同规定有权期待得到的东西，即为根本违反合同，除非违反合同一方并不预知而且一个同等资格、通情达理的人处于相同情况中也没有理由预知会发生这种结果。"

如果合同的一方根本性违约，则遵守合同的一方有权要求违约方采取补救措施，也可以撤销合同。并且，无论是要求违约方采取补救措施还是撤销合同，遵守合同的一方都有权同时要求损害赔偿。

如果合同的一方非根本性违约，则遵守合同的一方只能要求违约方采取补救措施和损害赔偿，不能撤销合同。

二、进口合同中索赔和理赔条款的规定

常见的有异议和索赔条款以及违约金条款（也叫罚金条款）两种规定方式。其中，异议和索赔条款一般是针对卖方交货的质量、数量或包装不符合同规定而订立的，而违约金条款较多使用于卖方延期交货或买方延期接货或延期付款的场合。

（一）异议和索赔条款

异议和索赔条款主要包括索赔依据、索赔期限以及索赔的处理方法、索赔金额等内容。

（1）索赔依据，包括法律依据和事实依据。法律依据是指证明违约方违反的适用法律的条款和合同中的有关规定。事实依据则指违约的事实、情节及其书面证明等。

（2）索赔期限，指受损害的一方有权向违约方提出索赔的期限。

（3）索赔金额，即遵守合同的一方有权要求违约方赔偿的金额。

异议和索赔条款示例：

①In case of quality discrepancy, claim should be filed by the buyer within _____ days after the arrival of the goods at port of destination, while for quantity discrepancy, claim should be filed by the Buyer within _____ days after the arrival of the goods at port of destination. In all cases, claims must be accompanied by survey reports of recognized public surveyors agreed by the seller. Should the responsibility of the subject under claim be found to rest on the part of the seller, the seller shall within _____ days after receipt of the claim, send his reply to the buyer together with suggestion for settlement.

②Damages: With the exception of late delivery or non-delivery due to "force majeure" causes, if the seller fails to make delivery of the goods in accordance with the terms and conditions, jointly or severally, of this contract, the seller shall be liable to the buyer and indemnify the buyer for all losses, damages, including but not limited to, purchase price and/or purchase price differentials, deadfreight, demurrage, and all consequential direct or indirect losses. The buyer shall nevertheless have the right to cancel in part or in whole of the contract without prejudice to the buyer's right to claim compensations.

（二）违约金条款（罚金条款）

这种条款的特点是预先在合同中规定违约金的数额或违约金的百分率。例如规定："卖方延期交货每过期_____天（不足者按_____天计）罚货价的_____%，买方延期接货或延期付款每过期_____天（不足者按_____天计）罚货价的_____%，最多罚货价的_____%，超过_____%时，遵守合同的一方有权解除合同。"

罚金条款示例：

Late delivery and penalty：Should the seller fail to make delivery on time as stipulated in the contract，with the exception of force majeure causes specified in clause _____ of this contract，the buyer shall agree to postpone the delivery on the condition that the seller agree to pay a penalty which shall be deducted by the paying bank from the payment under negotiation. The rate of penalty is charged at _____% for every _____ days，less than _____ days should be counted as _____ days. But the penalty，however，shall not exceed _____% of the total value of the goods involved in the delayed delivery. In case the seller fail to make delivery _____ days later than the time of shipment stipulated in the contract，the buyer shall have the right to cancel the contract and the seller，in spite of the cancellation，shall nevertheless pay the aforesaid penalty to the buyer without delay. The buyer shall have the right to lodge a claim against the seller for the losses sustained if any.

三、签订进口合同中的索赔和理赔条款时应当注意的问题

（1）在规定索赔依据时，要与商品检验条款规定的内容相衔接，不能互相矛盾。

（2）合理规定索赔期限。进口商应当根据货物的特性、运输情况、检验方法的难易以及检验需要的时间长短等因素合理规定索赔期限。一般商品的索赔期限可以订为45天、60天或90天等，但是对于进口机电设备、成套技术设备等商品，因其结构和技术比较复杂，检验测试费时较长，索赔有效期应适当延长，可订为120天、150天、180天甚至更长时间。

最好明确规定索赔期开始计算的时间，进口商应当根据不同的贸易对象、其他贸易条件以及谈判地位等情况，选择规定合适的起算时间。根据国际贸易习惯，开始计算的时间可分为：从签发提单日期起算；抵岸日期开始，即承运船舶抵达到货口岸的码头或浮筒时起算；卸毕日期开始，即全船货物卸毕之日起算。上述起算时间中，以卸毕日期开始对进口商最为有利。

如果合同中没有明确规定索赔期限的长短及其起算的时间，一般以合同所适用的法律的规定为准。《公约》规定的索赔最长期限是自买方收到货物之日起2年。

（3）合同中最好规定赔偿金额的确定方法或具体金额。世界上大多数国家都承认补偿性的罚金，但有些国家，如英国和美国，不承认惩罚性的罚金。《公约》规定，赔偿金额应与因违约而遭受的包括利润在内的损失额相等，但应以违约方在订立合同时可预料到的合理损失为限；并且，由于受损害的一方未采取合理措施使有可能减轻而未减轻的损失，应在赔偿金额中扣除。《民法典》第五百八十四条规定，当事人一方不履行合同义务或者履行合同义务不符合约定，造成对方损失的，损失赔偿额应当相当于因违约所造成的损失，包括合同履行后可以获得的利益；但是，不得超过违约一方订立合同时预见到或者应当预见到的因违约可能造成的损失。

（4）注意索赔条款与品质保证期的关系。品质保证期是指买方在接受卖方提交货物后，在保存或使用中发现进口商品质量问题而向卖方提出索赔的时间期限，或者说是指卖方保证其产品能够被正常使用的期限。对于在开箱检验中不易发现或者不经一

段时间的保存或使用无法考查其质量性能的进口商品，在签订进口合同时，应当订明品质保证期。品质保证期的具体长短，应当根据商品特点和贸易条件确定，一般情况订为 1 年或 2 年或 3 年等，起算日期最好订为"从买方收货后检验、验收、启用之日起计算"或"安装调试完毕之日起计算"。

因为在品质保证期限内，如果卖方产品出现品质问题，应当由卖方承担修理、换货或者赔偿等责任。所以，进口合同中规定的索赔期限最起码应当与卖方的品质保证期相同或者更长（即索赔期限在品质保证期结束之后再延长一段合理时间）。

第十三节　不可抗力条款的签订

一、不可抗力

（一）含义及范围

不可抗力（force majeure）指在合同签订以后，发生了不是由于任何一方当事人的故意、过失或疏忽导致的，当事人在订立合同时对其发生的后果不能预见、不能预防，又无法避免、不能克服的客观情况，导致遭遇该情况的一方当事人不能履行合同或不能完全履行合同。

英美法中将不可抗力事故称为"合同落空"（frustration of contract），其意思是指合同订立以后，不是由于合同当事人的自身过失，而是由于发生了双方当事人意想不到的事件，致使订约的目的受到挫折，造成合同落空，则遭受该意想不到的事件的当事人得予免除合同责任。

大陆法通常将不可抗力事故称为"情势变迁"或"契约失效"，其意思是指在签订合同后，不是由于合同当事人的原因而发生了双方当事人意想不到的情况，致使合同不能被履行或应当对原来合同的法律效力做相应的变更，则有关当事人可以免除其合同责任。

《公约》第 79 条第（1）款规定："当事人对不履行义务，不负责任，如果他能证明此种不履行义务，是由于某种非他所能控制的障碍，而且对于这种障碍，没有理由预期他在订立合同时能考虑到或能避免或克服它或它的后果。"该"某种非他所能控制的障碍"即不可抗力事件。

综上所述，不可抗力的范围主要有两大方面：

（1）自然原因，如洪水、暴风、干旱、地震等人类无法控制的非正常的自然界力量所引起的灾害。

（2）社会原因，如战争、罢工、政府禁运等引起的不可抗力情况。

（二）不可抗力事故的法律后果

根据国际条约以及各国法律的规定，发生不可抗力事故后，一般应当免除遭受事故的一方的违约赔偿责任，但是其合同义务是否可以解除要视情况而定。

（1）延期履行合同。如果不可抗力事件只是使合同的履行暂时中断，以后还能继续，则只能暂时免除遭遇不可抗力事件的一方的履约责任，待不可抗力事件消失后仍然应该继续履行合同。

（2）解除合同。如果不可抗力事件的发生使合同部分或全部不可能履行，而且以后也不可能履行，则可以将遭受不可抗力事件一方的合同义务部分解除或者全部解除。

如果不可抗力事件对合同双方当事人的履约能力毫无影响，则双方当事人都应当按规定履行合同义务。

（三）不可抗力的通知以及不可抗力的证明文件

不可抗力发生后，不能履约的一方要取得免责的权利，必须及时通知另一方，并提供必要的证明文件，并且在通知中应提出处理的意见。

在国外，不可抗力的证明文件一般由当地的商会或合法机构出具；在我国，由中国国际贸易促进委员会或其设在各口岸的分会以及国际商会中国分会出具。

二、进口合同中不可抗力条款的规定

不可抗力条款即指合同中规定免除遭遇不可抗力事故的一方当事人的违约赔偿责任，允许其迟期履约甚至免除其合同义务的条款。

为了防止合同一方当事人任意扩大和缩小不可抗力事故的范围，或在不可抗力事故发生后在履约问题上提出不合理的要求，有必要在进口合同中订入不可抗力条款，以免引起不必要的纠纷。

在不可抗力条款中，一般应包括不可抗力事故的范围、不可抗力事故的法律后果、不可抗力的通知以及不可抗力的证明文件等内容。常见的规定方法有概括式、列举式和综合式，国际贸易中最常使用的是综合式的规定方法。

（1）概括式，即在合同条款中只做概括的规定，而不具体订明哪些事件是不可抗力事件。例如：

Force majeure：Neither the seller or the buyer shall be held responsible for late delivery or non-delivery owing to generally recognized "force majeure" causes. However in such a case，the seller shall immediately advise by cable or telex the buyer of the accident and airmail to the buyer within _____ days after the accident，a certificate of the accident issued by the competent government authority or the chamber of commerce which is located at the place where the accident occurs as evidence thereof. If the said "force majeure" cause lasts over _____ days，the buyer shall have the right to cancel the whole or the undelivered part of the order for the goods as stipulated in contract.

（2）列举式，即在合同条款中明确规定哪些意外事故是不可抗力事故，凡合同中没有列出的，均不能作为不可抗力事故处理。例如：

Force majeure：If the two sides of any party due to the war, flood, fire, strike, earthquake, snow disaster and storm, the two sides should conclude an agreement and extend the performance of the contract period according to the accident time. Neither side can not comment on the resulting losses. And a certificate of the accident issued by the competent government authority or the chamber of commerce which is located at the place where the accident occurs as evidence thereof.

（3）综合式，即将概括式和列举式两种方法结合使用。例如：

Force majeure：①If the two sides of any party due to the war, floods, typhoon, fire, strikes, storm, earthquake or other can not be foreseen and can not be avoided, can not overcome the impact of the objective situation of the implementation of the contract, the two sides should conclude an agreement and extend the performance of the contract period according to the accident time. Neither side can not comment on the resulting losses. If the parties can not on the above issues through friendly consultations to reach agreement, either party can submit by clause _____ for arbitration. ②the party affected by the incident should immediately notify the other party by fax, and force majeure documents issued by the authorities after the accident 14 days by EMS to the other party for inspection and confirmation. ③If the party affected by the accident did not promptly notify the other party relating to any force majeure situation, which the damage caused by impact to the other party borne by the party affected the accident. ④If the impact of force majeure more than _____ days, should get in touch with each other, so that the two sides through friendly consultations in a timely manner to resolve the issue of the implementation of this contract as soon as possible to reach an agreement. If no agreement is reached, either party can submit by clause _____ for arbitration.

三、签订进口合同中的不可抗力条款时应当注意的问题

（1）在规定不可抗力事故的法律后果时，最好明确规定不同后果的划分标准及处理的原则和方法等。

（2）合同中最好订明不可抗力通知的方式、通知的期限以及出具不可抗力证明文件的机构等。

（3）进口商接到对方关于不可抗力的通知或证明文件后，无论同意与否都应及时答复。否则，按有些国家的法律，将被视作默认。

第十四节 仲裁条款的签订

一、仲裁

解决国际货物买卖合同纠纷的方式主要有双方友好协商解决、由第三者调解解决、由仲裁机构仲裁解决以及通过司法诉讼解决等。本节只研究仲裁这种解决贸易纠纷的方式。

（一）含义及其特点

仲裁，又称公断，指买卖双方在争议发生之前或之后，签订书面协议，自愿将争议提交双方所同意的第三者（仲裁机构）予以裁决，以解决争议的一种方式。仲裁具有以下特点：

（1）仲裁是争议双方协商一致的结果，是当事人自愿采用的。

（2）仲裁机构是第三方的民间团体，与争议双方无利害关系。

（3）争议双方都有权推举仲裁员。

（4）仲裁必须按照法律所允许的仲裁程序进行。

（5）仲裁裁决一般是终局性的，对双方都有约束力。

（6）相对于司法诉讼，仲裁的程序比较简单、费用较低、速度较快、气氛较缓和。

（二）仲裁协议的形式和作用

仲裁协议是指在争议产生之前或之后由争议双方达成的表示双方自愿将争议交给仲裁机构仲裁的书面协议。根据我国《仲裁法》第四条规定："当事人采用仲裁方式解决纠纷，应当双方自愿，达成仲裁协议。没有仲裁协议，一方申请仲裁的，仲裁委员会不予受理。"

（1）仲裁协议的形式。

①争议发生之前，买卖双方在合同中订立的仲裁条款（arbitration clause）。

②争议发生之后，争议双方另外订立的书面的仲裁协议（arbitration agreement）。

（2）仲裁协议的作用。

①约束双方当事人在和解不成时，只能采用仲裁方式解决争议，不得诉至法院。

②使仲裁机构取得对争议案件的管辖权。

③排除法院对争议案件的管辖权。

（三）仲裁裁决的执行

根据各国法律的规定，仲裁裁决应由败诉方自动执行。如果败诉方不执行裁决，仲裁机构并没有强制当事人执行仲裁裁决的权利和义务，胜诉方只能请求法院协助，强制败诉方执行。

国际贸易的双方一般属于不同国家的当事人，胜诉方国家的法院一般没有权力直接强制属于另一国家的败诉方执行裁决。因此，为了解决执行外国仲裁裁决的问题，各国政府都积极签订仲裁的国际公约。当前关于执行外国仲裁裁决的最主要的公约是1958 年通过的《联合国承认及执行外国仲裁裁决的公约》（简称《纽约公约》），该公约规定，凡在缔约国的领土内做出的仲裁裁决，都可以适用本公约予以执行；在非缔约国领土内做出的仲裁裁决，只要执行地不认为这完全属于其本国仲裁，也可以适用本公约加以执行。截至 2023 年 1 月 10 日，《纽约公约》已有 171 个缔约国。①

我国已经加入了《纽约公约》，但在加入时做了两点保留：

（1）坚持互惠原则，即我国只在互惠的基础上对在另一缔约国领土内做出的仲裁裁决适用该公约。

（2）坚持该公约只适用于商事法律争议，即我国只对根据我国法律认定为属于契约性和非契约性商事法律关系所引起的争议适用该公约。

二、进口合同中仲裁条款的规定

仲裁条款一般包括：仲裁地点、仲裁机构、仲裁规则、裁决的效力和仲裁费用的负担等内容。其中，仲裁规则（即仲裁的具体程序）一般采用仲裁地的仲裁规则。

1. 规定在我国仲裁的条款示例

Arbitration：Both parties agree to attempt to resolve all disputes between the parties with respect to the application or interpretation of any term hereof of transaction hereunder, through amicable negotiation. If a dispute cannot be resolved in this manner to the satisfaction of the seller and the buyer within a reasonable period of time, maximum not exceeding _____ days after the date of the notification of such dispute, the case under dispute shall be submitted to arbitration if the buyer should decide not to take the case to court at a place of jurisdiction that the buyer may deem appropriate. Unless otherwise agreed upon by both parties, such arbitration shall be held in China, and shall be governed by the rules and procedures of arbitration stipulated by the Foreign Trade Arbitration Commission of the China council for the Promotion of International Trade. The decision by such arbitration shall be accepted as final and binding upon both parties. The arbitration fees shall be borne by the losing party unless otherwise awarded.

2. 规定在被诉方的所在国仲裁的条款示例

All disputes in connection with this contract or the execution thereof shall be settled by friendly negotiation between the two parties. If no settlement can be reached, the case in dispute shall then be submitted for arbitration in the country of the defendant in accordance

---

① 源自联合国国际贸易法委员会网站（https://uncrital.un.org）。

with the Arbitration Regulations of the Arbitration Organization of the defendant's country. The decision made by the Arbitration shall be final and binding upon both parties.

3. 规定在第三国仲裁的条款示例

All disputes in connection with this contract or the execution thereof shall be settled by friendly negotiation between the two parties. If no settlement can be reached，the case in dispute shall then be submitted for arbitration in _____（country's name）in accordance with the Arbitration Regulations of the Arbitration Organization of _____（country's name）. The decision made by the Arbitration shall be final and binding upon both parties.

三、签订进口合同中的仲裁条款时应当注意的问题

（1）关于仲裁地点。仲裁地点关系到仲裁适用的程序法和实体法，所以应争取在合同中规定在我国仲裁；如果争取不到的，一般规定在被告所在国仲裁；如果对方仍不同意，则可规定在双方同意的某个第三国仲裁。在选择第三国作为仲裁地点时，应注意该国法律是否允许受理外国的争议案件以及是否具有较高业务能力的仲裁机构等情况。

（2）仲裁一般都由仲裁所在地的仲裁机构进行审理。我国国际贸易买卖纠纷的仲裁机构主要是中国国际经济贸易仲裁委员会。另外，中国海事仲裁委员会也可以进行国际贸易纠纷的仲裁。

（3）仲裁一般采用仲裁地的仲裁规则。我国现行的国际贸易争议的仲裁规则是2015年1月1日起施行的《中国国际经济贸易仲裁委员会仲裁规则》[①]。

（4）仲裁条款中应当明确仲裁费用由哪一方负担。一般都规定由败诉方支付，也有的规定按仲裁裁决的决定。

（5）根据各国法律的规定，仲裁裁决应由败诉方自动执行。如果败诉方不执行裁决，仲裁机构并没有强制当事人执行仲裁裁决的权利和义务，胜诉方只能请求法院协助，强制败诉方执行。

（6）合同双方应当在仲裁条款或仲裁协议中明确规定仲裁裁决是终局性的，除了某些特殊情况（如仲裁程序有问题、仲裁适用法律错误、仲裁员有受贿行为等，此时败诉方可以宣告裁决无效并提起诉讼），仲裁裁决对双方都有约束力。

关键概念

发盘、还盘、接受、凭样品交易、对等样品、品质机动幅度、计量单位、计量方法、溢短装条款、运输包装、销售包装、运输标志、班轮运输、定程租船、铁路运输、航空运输、国际多式联运、租船权、装运期、分批装运、转运、装运通知、装卸时间

---

① 中国国际经济贸易仲裁委员会网站可以下载其条文。

（装卸率）、滞期费、速遣费、保险险别、平安险、水渍险、一切险、一般附加险、特殊附加险、保险金额、跟单信用证、汇付、托收、保付代理、福费廷、贸易术语、Incoterms® 2020、FOB、CFR、CIF、佣金、折扣、商品检验、索赔、罚金、不可抗力、仲裁

复习思考题

1. 《公约》规定一份有效的进口合同的达成必经的法律步骤有哪些？
2. 签订进口合同品名条款时需要注意什么问题？
3. 进口合同中表示商品品质的方法主要有哪些？
4. 溢短装条款的含义及其主要内容有哪些？
5. 运输标志的含义及其常见内容有哪些？
6. 进口合同中的装运条款通常包括哪些内容？
7. 为什么进口商应当争取租船权？
8. 中国海运货物保险的基本险有哪些？
9. 信用证结算方式下进口商面临的风险有哪些？
10. Incoterms® 2020 解释的贸易术语有哪些？
11. 进口合同中的单价条款包括哪几部分？
12. 进口合同中的商检条款主要包括哪些内容？
13. 异议与索赔条款的含义及其内容。
14. 不可抗力的含义。
15. 仲裁条款的主要内容。

第七章
进口合同的履行

· 本章要点 ·

在进口合同履行过程中，进口商的基本义务是依约接货和付款。同时，一般还需要与运输公司、保险公司、商检部门以及银行等各有关方面紧密联系和配合。

进口合同的履行包括许多环节，合同中的交易条件不同，合同履行的步骤就不同。本章首先以几个有代表性的贸易条件签订的进口合同为例，介绍进口合同履行的主要业务环节，让读者从总体上把握货物进口合同履行的主要环节和步骤。其次，按照进口合同履行的通常顺序分节介绍各主要业务环节的具体操作流程和方法。

本章的重点是：如何申领贸易许可文件；如何申请融资支持；如何申请开立信用证或者申请汇款；如何办理货物运输手续；如何办理货运保险手续；如何审核出口商提交的各种单据；如何办理进口报关报检手续等。

本章的难点是：如何申领进口配额证；如何申请进口贸易融资支持；如何审核提单；如何办理进口报关手续；如何对外索赔及退运货物等。

第一节　进口合同履行步骤总览

本节分别以有代表性的不同贸易术语和支付方式签订的合同为例简单介绍进口合同履行的主要业务环节，让读者从总体上把握货物进口合同履行的主要环节和步骤。

一、以"FOB 术语和跟单 L/C 结算方式"成交的进口合同的主要履行步骤

假设进口合同中使用的贸易术语是 FOB，货款的结算方式是跟单 L/C 方式，并且合同遵守 Incoterms® 2020、UCP600 等国际贸易惯例，则该类合同通常的履行步骤见图 7-1。

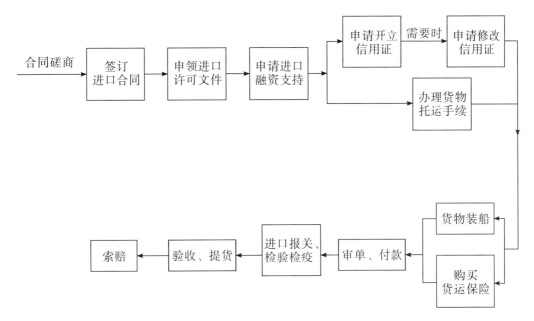

图 7 - 1 以 "FOB 术语和跟单 L/C 结算方式" 成交的进口合同的主要履行步骤

需要说明的是：

（1）"申领进口许可文件"环节：法律法规要求在签订进口合同之前就申领的文件，应当在签订正式进口合同之前就申领。

（2）"申请进口融资支持"环节：没有融资需要的进口商没有这一环节的操作。

（3）"申请开立信用证"和"办理货物托运手续"环节：一般情况下，进口商会先"申请开立信用证"，然后等装运期快到的时候再"办理货物托运手续"。但是，有时进口商也会先"办理货物托运手续"再"申请开立信用证"，特别是装运港特别繁忙或者船舶航次较少的情况下，进口商通常需要提前很长时间租船。因此，将"申请开立信用证"和"办理货物托运手续"画成同步，表示这两个步骤没有严格的先后顺序，并不是表示必须同时进行。

（4）"申请修改信用证"环节：一般都是在出口商要求修改信用证并且其要求合理的情况下，进口商才会申请修改信用证。

（5）"货物装船"和"购买货运保险"环节：在"货物装船"之前就"购买货运保险"是最合理的做法。因此，经常有进口业务的进口商，通常会选择预约保险。但是，仍然有进口商，特别是不常有进口业务的进口商，选择在接到出口商的装运通知之后，再"购买货运保险"。因此，"货物装船"和"购买货运保险"两个环节也没有必然的先后顺序。将"货物装船"和"购买货运保险"画成同步，也表示这两个步骤没有严格的先后顺序，并不是表示必须同时进行。另外，FOB 合同下，是否购买货运保险由进口商自由选择，如果进口商不愿支付保险费，可以不购买货运保险。

（6）"审单、付款"环节：跟单 L/C 结算方式下，信用证受益人（一般为出口商）在发货后按照信用证的要求缮制单据并向有关银行（议付行或付款行或保兑行或开证行等）按时交单收款。有关银行审单合格向受益人付款之后通知进口商（开证申请人）付款赎单，进口商接到银行的通知之后，要认真审查有关单据，并依据国际结算有关惯例（与银行有特殊协议的，遵守有关特殊协议）的规定付款。应注意，如果银行对进口商有融资，进口商可能在得到合格单据并提货之后（有时甚至是国内销售完毕回笼资金之后）才付款，即"付款"环节有时会在"提货、验收"环节之后。

（7）"进口报关、检验检疫"环节：国家法律法规要求检验检疫的进口商品必须申请检验检疫，经检验检疫合格之后才能进口；非法定检验检疫的进口商品，如果进口合同中有相关要求，进口商应当依据进口合同的规定进行检验；如果法律法规和进口合同都没有要求检验，进口商可以自由决定申请检验与否。商品的非法定检验，根据合同以及有关国际条约或惯例的规定，可以推迟到最终目的地检验的，进口商可以在"提货"之后"验收"货物的时候进行检验。

（8）"索赔"环节：如果卖方违约，进口商可以索赔。但是，如果卖方合格履行了全部合同义务，就没有索赔这一步骤了。

（9）其他特别说明：根据有关国际惯例的解释，合同中使用的贸易术语不同，进口商的合同责任也将发生变化，进口合同的履行环节也会发生变化。比如，如果合同中的贸易术语不是 FOB，而是 CFR，则依据 Incoterms® 2020 的解释，由出口商负责办理货物跨国运输的托运手续并支付正常运费，进口商在履行合同时就没有办理货物托运手续这一操作环节；如果合同中的贸易术语是 CIF，则依据 Incoterms® 2020 的解释，由出口商负责办理货物跨国运输的托运手续并支付正常运费，进口商在履行合同时没有办理货物托运手续这一操作环节，并且出口商起码要自付费用购买货物跨国运输的最低货运保险险别（保险金额最低为 CIF 金额的 110%）；如果进口商认为出口商购买的保险已经足够，可以不用购买货运保险。但是，如果进口商认为出口商已购买的保险保障不够，进口商也可以自付费用选择购买更大承保范围的货运保险。另外，如果进口合同中的具体条款规定与国际惯例的解释不同（有差异甚至相反），则进口商在履行合同的时候，应当以进口合同的具体条款为准，进口合同的履行步骤也需要做出相应的调整。

二、以"FOB 术语和跟单托收结算方式"成交的进口合同的主要履行步骤

假设进口合同中使用的贸易术语是 FOB，货款的结算方式是跟单托收方式，并且合同遵守 Incoterms® 2020、URC522 等国际贸易惯例，则该类合同通常的履行步骤见图 7 - 2。

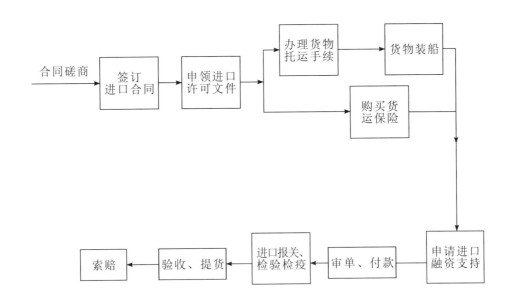

图 7-2　以"FOB 术语和跟单托收结算方式"成交的进口合同的主要履行步骤

需要说明的是：

（1）"申领进口许可文件"环节：与以"FOB 术语和跟单 L/C 结算方式"成交的进口合同相同。

（2）"办理货物托运手续""货物装船"和"购买货运保险"环节：经常有进口业务的进口商，通常会选择预约保险，即在"货物装船"之前就"购买货运保险"。但是，仍然有进口商，特别是不常有进口业务的进口商，选择在接到装运通知之后，再"购买货运保险"。因此，"货物装船"和"购买货运保险"两个环节也没有必然的先后顺序，将"办理货物托运手续""货物装船"和"购买货运保险"画成同步，表示这两个步骤没有严格的先后顺序，并不是表示必须同时进行。另外，如果进口商不愿意支付保险费，可以不购买货运保险。

（3）"申请进口融资支持"环节：没有融资需要的进口商不用申请融资支持，没有这一环节的操作。

（4）"审单、付款"环节：跟单托收结算方式下，出口商在发货之后会依据进口合同的要求缮制单据，然后交单给银行（托收行）委托收款，然后单据会被转到进口商所在地的代收行（或提示行），代收行按照托收指示向进口商提示收款。进口商接到银行的通知之后，要认真审查有关单据，并依据国际结算有关惯例（与银行有特殊协议的，遵守有关特殊协议）和合同的规定付款。应注意，如果是 D/A 或者远期 D/P 得到了融资支持（如凭信托收据借单），则进口商在得到合格单据并提货之后（有时甚至是国内销售完毕回笼资金之后）才付款，即"付款"环节有时会在"提货、验收"环节之后。

（5）"进口报关、检验检疫"环节：与以"FOB 术语和跟单 L/C 结算方式"成交的进口合同相同。

（6）"索赔"环节：与以"FOB 术语和跟单 L/C 结算方式"成交的进口合同相同。

（7）其他特别说明：与以"FOB 术语和跟单 L/C 结算方式"成交的进口合同相同。

三、以"FOB 术语和汇付结算方式"成交的进口合同的主要履行步骤

假设进口合同中使用的贸易术语是 FOB、货款的结算方式是汇付方式，并且合同遵守 Incoterms® 2020，则该类合同通常的履行步骤见图 7-3。

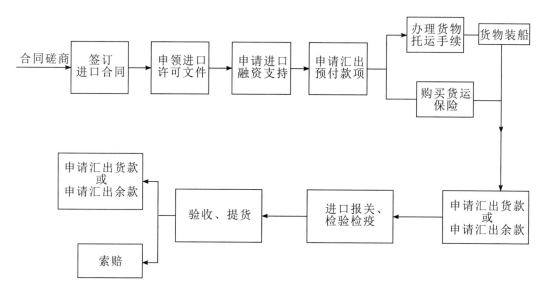

图 7-3 以"FOB 术语和汇付结算方式"成交的进口合同的主要履行步骤

需要说明的是：

（1）"申领进口许可文件"环节：与以"FOB 术语和跟单 L/C 结算方式"成交的进口合同相同。

（2）"申请进口融资支持"环节：没有融资需要的进口商没有这一环节的操作。

（3）"申请汇出预付款项"环节：如果进口合同中规定在货物装运之前进口商汇付货款或汇付部分货款，则进口商就应当按规定按时汇出预付款项。如果合同中规定货物装运之后汇款或者进口商收到货物之后汇款，则没有本步骤。

（4）"办理货物托运手续""货物装船"和"购买货运保险"环节：与以"FOB术语和跟单托收结算方式"成交的进口合同相同。

（5）"申请汇出货款或申请汇出余款"环节：如果进口合同中规定货物装运之后汇出货款（或汇出部分货款），进口商就等货物装船之后汇出有关款项；如果进口合同中规定进口商收到货物之后汇出货款（或汇出部分货款），进口商就等收到货物并验收合格之后汇出有关款项；如果进口合同中规定在货物装运之前进口商汇付全部货款，则

没有本步骤。

（6）"进口报关、检验检疫"环节：与以"FOB 术语和跟单 L/C 结算方式"成交的进口合同相同。

（7）"索赔"环节：与以"FOB 术语和跟单 L/C 结算方式"成交的进口合同相同。

（8）其他特别说明：与以"FOB 术语和跟单 L/C 结算方式"成交的进口合同相同。

第二节　申领进口贸易许可文件

为了让读者有系统而完整的认识，编者把所有申领进口贸易许可文件的手续都编入了本节。然而，本节的操作，有的进口许可文件最好在订立进口合同之前就提前申领，比如申领进口配额证明等行政审批文件；而有的进口许可文件则需要在订立进口合同之后才申领，比如申领进口许可证。为了避免读者对各手续办理时间上的认识困难，本节在保持知识体系完整的同时，在介绍每个具体手续办理步骤之前，都特别注明了该手续申请办理的合理时间，供读者参考。

根据我国现行的《货物进出口管理条例》的规定，我国对货物进口主要实行三个层次的管理：禁止进口货物的管理、限制进口货物的管理和自由进口货物的管理。由于国家会根据国内外的经济贸易、政治形势以及其他各种因素的变动不断调整对外贸易管理的政策，因此，我国禁止进口货物的范围、限制进口货物的范围和允许自由进口货物的范围也随政策在不断地变化调整。进口商需要时时关注商务部、海关总署、其他国务院有关部门的最新政策规定，才能准确把握有关的贸易管理政策。同时，建议进口商最好定期浏览商务部网站"政策发布"页面、海关总署网站"海关法规"页面的最新内容以及国务院其他有关部门网站发布的最新政策。

一、我国目前禁止进口的货物

本部分的内容是进口商必须在签订进口合同之前就提前了解和掌握的。

我国《货物进出口管理条例》第八条规定："……禁止进口的货物目录由国务院外经贸主管部门会同国务院有关部门制定、调整并公布。"第九条规定："属于禁止进口的货物，不得进口。"

根据我国现行的《禁止进口货物目录》以及其他法律法规的有关规定，我国目前禁止进口的货物主要有：

（1）被列入《禁止进口货物目录》[①] 的货物。

[①]　具体内容参见商务部、海关总署等部门网站，如 https://www.mofcom.gov.cn、http://www.customs.gov.cn。

（2）被列入《禁止进口固体废物目录》①的货物。

（3）国家其他有关法律法规明令禁止进口的货物。如来自动植物疫情流行的国家和地区的有关动植物及其产品和其他检疫物；动植物病源及其他有害生物、动物尸体、土壤；带有违反"一个中国原则"内容的货物及其包装；以氯氟烃物质为制冷剂、发泡剂的家用电器产品和以氯氟烃物质为制冷工质的家用电器用压缩机等。

（4）其他各种原因停止进口的货物。如右置方向盘的汽车、旧服装、以 CFC-12 为制冷工质的汽车以及以 CFC-12 为制冷工质的汽车空调压缩机、Ⅷ因子制剂等血液制品、氯酸钾、硝酸铵等。

二、我国目前限制进口的货物及有关进口许可证件的申领

《货物进出口管理条例》第十条规定："……限制进口的货物目录由国务院外经贸主管部门会同国务院有关部门制定、调整并公布。"第十一条规定："国家规定有数量限制的限制进口货物，实行配额管理；其他限制进口货物，实行许可证管理。"

（一）进口配额管理及进口配额的申领

我国进口货物配额管理以关税配额管理为主。

1. 目前我国实施进口配额管理的货物

我国《货物进出口管理条例》第十二条规定："实行配额管理的限制进口货物，由国务院外经贸主管部门和国务院有关经济管理部门（以下统称'进口配额管理部门'）按照国务院规定的职责划分进行管理。"第十七条规定："进口经营者凭国务院外经贸主管部门发放的配额证明，向海关办理报关验放手续。"

我国管理进口配额的部门主要是国家发展改革委、商务部和生态环境部等。由于进口配额需要申请和审批，所以，一般情况下，进口商能否得到有关进口配额是不能完全确定的。也因此，进口配额的申请和分配工作都会提前进行。

根据国家发展改革委、商务部和生态环境部的有关文件，目前我国施行进口配额管理的货物有：

（1）农产品：有小麦、玉米、稻谷和大米、棉花、食糖、羊毛和毛条等。国家发展改革委及其授权机构负责受理本地区内对小麦、玉米、稻谷和大米、棉花进口配额的申请。商务部及其授权机构负责受理本地区内对食糖、羊毛和毛条进口配额的申请。

（2）工业品：主要是化肥，也包括非国营贸易进口的原油和成品油、受控消耗臭氧层物质等。根据我国《化肥进口关税配额管理暂行办法》（2002 年颁布，其最新版为商务部令 2018 年第 7 号修改后的版本），商务部负责全国化肥关税配额管理工作。实行关税配额管理的化肥品种和年度配额总量由商务部对外公布。国家对化肥进口实行国营贸易管理。国营贸易企业名单由商务部确定和公布。按照规定的资格和条件，有关企业可以向商务部申请成为非国营贸易企业，由商务部负责认定和公布。商务部

---

① 最新目录参见中华人民共和国生态环境部网站（https://www.mee.gov.cn）。

负责对化肥进口关税配额进行分配。商务部委托的化肥关税配额管理机构（以下简称"委托机构"）负责管辖范围内化肥进口关税配额的发证、统计、咨询和其他委托工作。

此外，原油和成品油非国营贸易进口也由商务部采取进口配额管理。国家消耗臭氧层物质进出口管理办公室[①]对消耗臭氧层物质的进出口配额实行统一监督管理。

一般商务部在每年的 9 月 15 日至 10 月 14 日公布下一年度的进口配额商品种类、配额数量、申请条件、期限和分配原则等，要求申请单位于公布配额当年的 10 月 15 日至 30 日提出申请。商务部一般会在公布当年的 12 月 31 日之前就将进口配额分配完毕，并通过其授权机构发放进口配额证。而到了下一年（配额使用年度），商务部只对极少数企业已经申领但是在本年度内不能使用完毕的进口配额做再分配。

根据我国商务部和生态环境部的有关文件，我国对列入《中国进出口受控消耗臭氧层物质名录》的受控消耗臭氧层物质实行进口绝对配额管理，不许超额进口。我国生态环境部根据消耗臭氧层物质淘汰进展情况，由商务部确定国家消耗臭氧层物质年度进出口配额总量，并在每年 12 月 20 日前公布下一年度进出口配额总量。进出口单位应当在每年 10 月 31 日前向国家消耗臭氧层物质进出口管理办公室申请下一年度进出口配额。国家消耗臭氧层物质进出口管理办公室应当在每年 12 月 20 日前对进出口单位的进出口配额做出发放审批单与否的决定，并予以公告。

因此，对于受国家进口配额管理的商品的进口商，要及时关注商务部、国家发展改革委和生态环境部的有关下一年进口配额的新公告（申请条件、分配原则等），及时申领下一年的进口配额。也因此，进口配额的申领一般是在签订进口合同之前进行的。

2. 棉花和粮食（小麦、玉米、稻谷和大米）进口关税配额证的申领步骤[②]

（1）申请企业准备申请材料。具体如下：

①进口关税配额申请表。进口商可从国家发展改革委网上政务服务大厅下载。具体而言，进口棉花的，需准备"棉花进口关税配额申请表"或"棉花进口关税配额再分配申请表"（纸质版，原件，一式 1 份）；进口粮食的，需准备"粮食进口关税配额申请表"或"粮食进口关税配额再分配申请表"（纸质版，原件，一式 1 份）。

②项目所在地授权机构出具的转报文件（同时在国家发展改革委纵向网提交电子信息）或相关国营贸易企业的申请（附企业法人营业执照复印件，纸质版，原件，一式 1 份）。

（2）申请企业送交申请材料。申请企业将准备齐全的申请材料报送国家发展改革委授权当地机构（一般为各省、自治区、直辖市、计划单列市的发展改革委）。

（3）国家发展改革委及其授权机构审核申请材料。

①国家发展改革委授权机构受理申请、汇总形成转报文件后，登录国家发展改革

---

① 国家消耗臭氧层物质进出口管理办公室是由我国生态环境部、商务部和海关总署根据我国《消耗臭氧层物质管理条例》和《消耗臭氧层物质进出口管理办法》的规定，联合设立的国家消耗臭氧层物质进出口管理机构。

② 源自国家发展和改革委员会网站的网上政务服务大厅"粮食进口关税配额审批办事指南"。

委网上政务服务大厅进行网上登记。国家发展改革委各授权机构于每年 10 月 15 日至 30 日受理属地范围内企业的下年度配额分配申请，11 月 30 日前转报国家发展改革委；9 月 1 日至 15 日受理当年度配额再分配申请，9 月 20 日前转报国家发展改革委。

②网上登记完成后，国家发展改革委授权机构可选择将申请材料邮寄或现场报送至国家发展改革委政务服务大厅。

③国家发展改革委政务服务大厅收到申请材料后，窗口工作人员对申请材料进行形式审查，审查合格的予以接收。

④国家发展改革委承办司局收到申请材料后，对申请材料进行复审，复审合格的予以受理。

⑤国家发展改革委承办司局办理并做出审批决定。

（4）国家发展改革委及其授权机构发送审批文件及有关信息。审批文件通过机要渠道送至相关国营贸易企业或授权机构，国家发展改革委政务服务大厅将审批结果信息通过短信、邮件形式告知来文单位，由其转告相关申请人。年度分配结果于每年年初统一下达，当年度再分配结果于 10 月 1 日前下达。申请人可以登录国家发展改革委网上政务服务大厅或政务服务大厅微信公众号查询进展信息和结果信息，也可以到国家发展改革委政务服务大厅现场咨询。

3. 羊毛、毛条、食糖、化肥进口关税配额证的申领步骤

我国对羊毛、毛条、食糖、化肥实行进口关税配额管理，关税配额数量内进口的货物适用关税配额税率，关税配额数量外进口的货物按进出口关税条例规定执行。其进口关税配额申领步骤如下[①]：

（1）填写进口关税配额申请表。进口商可以在商务部网站下载各有关文件附件中的进口配额申请表并填写完整。目前，进口商可以登录商务部业务系统统一平台（https://ecomp.mofcom.gov.cn/loginCorp.html）办理在线申报及状态查询。

（2）送交申请材料。申领人将填写完整的进口关税配额申请表以及商务部网站（https://zhylsexp.mofcom.gov.cn/zhinan.shtml）要求的其他材料（企业法人营业执照复印件、货物进口合同等）在规定的期限内提交商务部委托的当地机构（一般为各省、自治区、直辖市、计划单列市的商务厅）。商务部委托机构收到申请材料之后进行初审，然后将符合条件的申请送至商务部审批。

进口关税配额审批的办理方式为一般程序，包括申请、受理、审查与决定、配额分配与配额证明发放、结果公开等。

（3）领取进口配额证。商务部做出准予许可的决定后，在 3 个工作日内通过短信、在线公告等方式通知或告知申请人，向符合规定的申请人分配配额，发放配额证明。以现场领取方式将进口关税配额证明送达。进口企业可通过商务部进出口许可证件申领平台在线查询，或者通过咨询电话查询。

---

① 源自我国商务部网站"网上政务大厅"。

4. 受控消耗臭氧层物质①进口审批单的申领步骤②

（1）填写及提交申请资料③。

满足对方贸易国是《蒙特利尔议定书》及受控物质所对应的修正案的缔约方，进出口消耗臭氧层物质的种类和用途符合《蒙特利尔议定书》的相关要求，消耗臭氧层物质来源合法，并且符合《消耗臭氧层物质进出口管理办法》第七条规定的合法企业，可凭以下资料向国家消耗臭氧层物质进出口管理办公室申请消耗臭氧层物质进口配额：

①进口受控消耗臭氧层物质申请书原件 1 份（加盖企业公章）。

②申请进口属危险化学品的消耗臭氧层物质的单位，须提交危险化学品生产、使用或经营许可证复印件 1 份（加盖企业公章）。

③对外贸易合同原件 1 份。

④国家消耗臭氧层物质进出口管理办公室要求的其他相关材料。

进口单位应将"进口受控消耗臭氧层物质申请书"及其他相关材料报送国家消耗臭氧层物质进出口管理办公室，同时在 ODS 进出口管理网上管理系统进行数据录入并将电子表格上报至国家消耗臭氧层物质进出口管理办公室。

（2）申请审查。国家消耗臭氧层物质进出口管理办公室根据有关规定对申请材料进行审查。

（3）办理审批单。国家消耗臭氧层物质进出口管理办公室根据审查提出审批意见，报办公室主任审批后办理受控消耗臭氧层物质进口审批单。

（4）传送电子数据。在发放审批单的同时，国家消耗臭氧层物质进出口管理办公室将所批准的进口单位的相关数据传送到商务部数据中心。

消耗臭氧层物质进口审批单实行一单一批制。审批单有效期为九十日，不得超期或者跨年度使用。进口单位应当持进口审批单，向所在地省级商务主管部门所属的发证机构申请领取消耗臭氧层物质进口许可证。在京中央企业向商务部授权的发证机构申请领取消耗臭氧层物质进口许可证。消耗臭氧层物质进口许可证的申领程序见本节"（二）进口许可证件管理及其申领"。

（二）进口许可证件管理及其申领

进口许可证件管理是指以国家各主管部门签发许可证件的方式来实现各类限制进口的措施。我国进口许可证件管理主要包括进口许可证、重点旧机电产品进口、濒危物种进口、限制类可利用废物进口、药品进口、音像制品进口、黄金及其制品进口等管理。国务院商务主管部门或者国务院有关部门在各自的职责范围内，根据国家有关法律法规的规定签发上述各项管理所涉及的各类许可证件，海关凭相关许可证件验放货物。

---

① 这里的"受控消耗臭氧层物质"指被列入《中国进出口受控消耗臭氧层物质名录》中的进口货物。

② 源自我国生态环境部网站政务服务大厅"消耗臭氧层物质进出口配额许可审批事项办事指南"。

③ 可从我国环境保护部网站下载有关表格。

1. 进口许可证管理及进口许可证的申领

（1）目前我国实施进口许可证管理的货物。进口许可证是国家管理货物进口的凭证。《货物进出口管理条例》第十九条规定："实行许可证管理的限制进口货物，进口经营者应当向国务院外经贸主管部门或者国务院有关部门（以下统称进口许可证管理部门）提出申请。进口许可证管理部门应当自收到申请之日起 30 天内决定是否许可。进口经营者凭进口许可证管理部门发放的进口许可证，向海关办理报关验放手续。"

商务部是全国进口许可证的归口管理部门，负责制定进口许可证管理办法及规章制度，监督、检查进口许可证管理办法的执行情况，处罚违规行为。为了规范进口许可证的管理工作，商务部颁布了《货物进口许可证管理办法》（由商务部令 2004 年第 27 号公布）。

商务部会同海关总署制定、调整和发布年度进口许可证管理货物目录。商务部配额许可证事务局（简称"许可证局"），商务部驻各地特派员办事处和各省、自治区、直辖市、计划单列市以及商务部授权的其他省会城市商务厅（局）、外经贸委（厅、局）（统称为"地方发证机构"）为进口许可证的发证机构，负责在授权范围内签发"中华人民共和国进口许可证"（简称"进口许可证"）。进口许可证不得买卖、转让、涂改、伪造和变造。

我国商务部、海关总署、国家市场监督管理总局每年底都会发布下一年度我国实施进口许可证管理的具体货物目录及其分级发证目录。目前，我国实施进口许可证管理的货物主要有消耗臭氧层物质和重点旧机电产品两大类。进口被列入《中国进出口受控消耗臭氧层物质名录》中的货物，须先向国家消耗臭氧层物质进出口管理办公室申领受控消耗臭氧层物质进口审批单，然后再申领进口许可证。消耗臭氧层物质进口许可证实行一批一证制，每份进出口许可证只能报关使用一次，当年有效，不得跨年度使用。进出口单位凭消耗臭氧层物质进出口许可证向海关办理通关手续。

（2）进口许可证的申领步骤。进口许可证一般在签订进口合同之后申领。对申领到进口许可证没有把握的进口商，为了避免因申领不到进口许可证而导致无法进口报关的风险，签订进口合同的时候可以要求在合同中加列：

"If the buyer couldn't get the Import License before … (date)，this contract shall become null and void."

货物进口许可证可以通过书面或网上两种形式申领。

①书面申领进口许可证的主要程序有：

第一步：申请。

申请单位或个人向发证机关提交进口许可证申请表及其他有关材料。相关材料要求以政府有关部门要求为准。

第二步：发证机构审理、发证。

消耗臭氧层物质进口许可证的发证机构自收到符合规定的申请之日起 3 个工作日内发放进口许可证。特殊情况下，最多不超过 10 个工作日。发证机构凭加盖经营者公章的申请表取证联和领证人员本身的身份证明材料发放进口许可证。

申领重点旧机电产品进口许可证的申请材料齐全的情况下，商务部应正式受理，并向申请进口单位出具受理通知单。商务部认为申请材料不符合要求的，应在收到申请材料后的 5 个工作日内一次性告知申请进口单位，要求申请进口单位说明有关情况、补充相关文件或对相关填报内容进行调整。商务部应当在正式受理后 20 日内决定是否批准进口申请，如需征求相关部门或行业协会意见的，商务部应在正式受理后 35 日内决定是否批准进口申请。

②网上申领进口许可证的主要程序有：

第一步：申领用于身份认证的电子钥匙。

领证人从商务部许可证事务局网站下载专区下载进口许可证"网上申领电子钥匙申请表"，并用正楷字填写完整，签署责任书。然后，领证人将填写完整的进口许可证"网上申领电子钥匙申请表"（一式两份，加盖企业公章）、"责任书"（一式两份，加盖企业公章）、"对外贸易经营者备案登记表原件与复印件"或"外商投资企业批准证书原件与复印件"及"办理人的身份证原件与复印件"送各地商务主管部门许可证发证机构（当地外经贸厅、局），接受审批。同时，领证人按照有关指示使用申请公司账户向北京国富安电子商务安全认证有限公司汇款支付电子钥匙费用。

审核批准之后，由各地商务主管部门发证机构（当地外经贸厅、局）通知企业领取电子钥匙。

申领电子钥匙的具体流程、要求提交的文件和费用标准参见商务部许可证事务局网站上"电子钥匙申请流程"。

第二步：正确安装电子钥匙的驱动程序。电子钥匙有关驱动程序及说明在商务部许可证事务局网站上可在线下载。

第三步：网上填报。领证人可以通过商务部网站"网上政务大厅"栏选择"业务系统统一平台"或者直接通过网址 https://ecomp.mofcom.gov.cn/loginCorp.html，进入"企业网上申领平台"，按照有关指示和说明申领。申领人也可以直接通过登录中华人民共和国商务部配额许可证事务局网站（http://www.licence.org.cn）进入相关的进口许可证申领系统。在网上录入数据时，进口商应当根据进口合同内容，按要求如实地在线逐项填写、保存、上报申请表电子数据。领证人可以对尚未上报的申请表电子数据进行修改、撤销、删除等操作。如需对已上报的申请表电子数据内容进行更改，应在申请被审核通过之前在线提交撤销申请并通知商务主管部门发证机构，商务主管部门发证机构在接到通知后即将申请表电子数据退回，经营者可在线修改申请表电子数据后重新上报。

第四步：发证机构依照有关规定在网上进行审核，合格的予以通过。

第五步：查询、打印、签字、盖章。领证人上报申请表电子数据之后，可以通过进口许可证申领系统查询商务主管部门发证机构网上审核的结果——"予以通过"或"不予通过"，未通过的会在"审核意见"一栏注明理由。如果进口商查询到"不予通过"，则应当根据审核意见修改申请表电子数据并再次上报。审核通过的，进口商可直接打印进口许可证申领单并签字、加盖经营者公章。

第六步：进口商持打印出来的申领单、进口合同（正本复印件）、进口经营权的证明文件（第一次申领的企业需要提交）、进口商品证明文件、商务部的核批文件（指定公司经营的进口商品需要提交）及商务部要求提交的其他相关文件材料到发证机关交手续费，并领取进口许可证。

（3）货物进口许可证的修改、使用及有效期。货物进口许可证一经签发，不得擅自更改证面内容；如需更改，经营者应当在许可证有效期内提出更改申请，并将许可证交回原发证机构重新换发许可证。

进口许可证实行"一证一关"管理。一般为"一批一证"，如果实行"非一批一证"，应当在其备注栏内打印"非一批一证"字样，使用次数最多不超过12次。

对于大宗、散装货物，允许不超过许可证所列数量的5%的溢装，其中原油、成品油溢装数量不得超过其许可证所列数量的3%。对于不实行"一批一证"制的大宗、散装货物，在每批货物进口时，其溢短装数量按该许可证实际剩余数量并在规定的溢短装限5%内计算（原油、成品油在溢装上限3%内计算）。

货物进口许可证有效期为1年，当年有效。特殊情况需要跨年度使用时，有效期最长不得超过次年3月31日，逾期自行失效。

2. 两用物项和技术进口许可证管理及其申领

（1）我国实施两用物项和技术进口许可证管理的货物。目前，我国对两用物项和技术进口许可证管理的主要依据是《两用物项和技术进出口许可证管理办法》（商务部、海关总署令2005年第29号，自2006年1月1日起施行）和商务部、海关总署每年末公布的新一年度的《两用物项和技术进出口许可证管理目录》①。

《两用物项和技术进出口许可证管理办法》第三条规定："商务部是全国两用物项和技术进出口许可证的归口管理部门，负责制定两用物项和技术进出口许可证管理办法及规章制度，监督、检查两用物项和技术进出口许可证管理办法的执行情况，处罚违规行为。"第四条规定："商务部会同海关总署制定和发布《两用物项和技术进出口许可证管理目录》（以下简称《管理目录》）。商务部和海关总署可以根据情况对《管理目录》进行调整，并以公告形式发布。"第五条规定："商务部委托商务部配额许可证事务局（以下简称许可证局）统一管理、指导全国各发证机构的两用物项和技术进出口许可证发证工作，许可证局对商务部负责。许可证局和商务部委托的省级商务主管部门为两用物项和技术进出口许可证发证机构（以下简称发证机构），省级商务主管部门在许可证局的统一管理下，负责委托范围内两用物项和技术进出口许可证的发证工作。"第六条规定："以任何方式进口或出口，以及过境、转运、通运《管理目录》中的两用物项和技术，均应申领两用物项和技术进口或出口许可证。"第七条规定："两用物项和技术进出口时，进出口经营者应当向海关出具两用物项和技术进出口许可证，依照海关法的有关规定，海关凭两用物项和技术进出口许可证接受申报并办理验放手续。"第十一条规定："进出口经营者获相关行政主管部门批准文件后，凭批准文

---

① 具体内容可以在商务部网站"政策发布"栏搜索到。

件到所在地发证机构申领两用物项和技术进口或者出口许可证（在京的中央企业向许可证局申领），其中：（一）核、核两用品、生物两用品、有关化学品、导弹相关物项、易制毒化学品和计算机进出口的批准文件为商务主管部门签发的两用物项和技术进口或者出口批复单。其中，核材料的出口凭国防科工委的批准文件办理相关手续。外商投资企业进出口易制毒化学品凭《商务部外商投资企业易制毒化学品进口批复单》或《商务部外商投资企业易制毒化学品出口批复单》申领进出口许可证。（二）监控化学品进出口的批准文件为国家履行禁止化学武器公约工作领导小组办公室签发的监控化学品进口或者出口核准单。监控化学品进出口经营者向许可证局申领两用物项和技术进出口许可证。"

（2）两用物项和技术进口许可证的申领步骤。在签订两用物项和技术进口合同之前，进口商必须先获得相关行政主管部门的批准文件，然后凭批准文件到《两用物项和技术进出口许可证管理办法》附件2中列出的所在地发证机构或者到许可证局申领两用物项和技术进口许可证。

与申领一般的进口许可证类似，两用物项和技术进口许可证一般也在签订进口合同之后申领，只要符合申领条件，进口商一般是可以顺利申领到有关的进口许可证的。但是，万一进口商某个方面不符合有关申领条件或者提交的申请材料有问题，就不能或者不能按时申领到许可证。所以，先签订进口合同再申领许可证对进口商而言有一定的风险，进口商一定要重视。对申领到两用物项和技术进口许可证没有把握的进口商，为了避免因申领不到而导致无法进口报关的风险，签订进口合同的时候可以要求在合同中加列：

If the buyer couldn't get the Import License before… (date), this contract shall become null and void.

申领两用物项和技术进口许可证的材料一般是：相关行政主管部门的"批准文件"、"两用物项和技术进口许可证申请表"、"进口合同正本复印件"、"进口经营者公函（介绍信）原件"、"进出口经营者领证人员的有效身份证明"等。如因异地申领等特殊情况，需要委托他人申领两用物项和技术进出口许可证的，被委托人应提供进出口经营者出具的委托公函（其中应注明委托理由和被委托人身份）原件和被委托人的有效身份证明。

另外，进口放射性同位素按《放射性同位素与射线装置安全和防护条例》和《两用物项和技术进出口许可证管理办法》有关规定，报我国生态环境部审批后，在商务部配额许可证事务局申领两用物项和技术进口许可证。

申领两用物项和技术进口许可证也有书面申请和网上申请两种方式。

①书面申领两用物项和技术进口许可证：进出口经营者到所在地发证机构提交申请材料（在京的中央企业向许可证局申领）；发证机构收到相关行政主管部门批准文件（含电子文本、数据）和相关材料并经核对无误后，在3个工作日内签发两用物项和技术进口或者出口许可证。

②网上申领两用物项和技术进口许可证：领证人也要先申领用于身份认证的电子

钥匙（具体流程、要求提交的文件和费用标准参见商务部网站"电子钥匙申请流程"），然后通过商务部网站"网上政务大厅"栏选择"业务系统统一平台"或者直接进入网址 https://ecomp.mofcom.gov.cn/loginCorp.html，进入相关的申领系统，按照有关指示和说明申领。

（3）两用物项和技术进口许可证的使用、修改及有效期。

两用物项和技术进口许可证仅限于申领许可证的进口经营者使用，不得买卖、转让、涂改、伪造和变造。两用物项和技术进口许可证证面的进口商、收货人应分别与海关进口货物报关单的经营单位、收货单位相一致。两用物项和技术进口许可证实行"非一批一证"制和"一证一关"制。"非一批一证"制是指每证在有效期内可多次报关使用，但最多不超过十二次，由海关在许可证背面"海关验放签注栏"内逐批核减数量；大宗、散装两用物项，每批进口时，按其实际进口数量进行核扣，最后一批进口物项报关时，其溢装数量按该两用物项和技术进口许可证实际剩余数量并在规定的溢装上限 5% 内计算。

两用物项和技术进口许可证一经签发，任何单位和个人不得更改证面内容。如需对证面内容进行更改，进口经营者应当在许可证有效期内向相关行政主管部门重新申请进口许可，并凭原许可证和新的批准文件向发证机构申领两用物项和技术进口许可证。

两用物项和技术进出口许可证有效期一般不超过一年，逾期自动失效。

3. 废物进口许可证管理及其申领

国家禁止进口不能用作原料的固体废物，对于可以用作原料的固体废物实行限制管理。我国生态环境部是进口废物的国家主管部门。生态环境部会同商务部制定、调整并公布《进口废物管理目录》① （包括《禁止进口固体废物目录》《限制进口类可用作原料的固体废物目录》和《自动许可进口类可用作原料的固体废物目录》）。

进口商进口被列入《限制进口类可用作原料的废物目录》或《自动进口许可管理类可用作原料的废物目录》的废物时，都应该事先向生态环境部申领废物进口许可证。废物进口许可证实行"非一批一证"管理。

（1）进口商进口被列入《限制进口类可用作原料的废物目录》的废物时，应该事先向生态环境部申领"中华人民共和国限制进口类可用作原料的固体废物进口许可证"。货物被运抵进口口岸后，进口商还要凭该废物进口许可证向海关的口岸检验检疫机构报验，经检验合格的，海关凭有效的废物进口许可证及其他有关单据验放货物。

（2）进口商进口被列入《自动进口许可管理类可用作原料的废物目录》的废物时，应该事先向生态环境部申领"中华人民共和国自动进口许可类可用作原料的固体废物进口许可证"。货物被运抵进口口岸后，进口商还要凭该废物进口许可证向海关的口岸检验检疫机构报验，经检验合格的，海关凭有效的废物进口许可证及其他有关单据验放货物。

---

① 具体内容可查阅我国生态环境部网站文件。

4. 濒危物种进口管理及其进口证明的领取

国家濒危物种进出口管理办公室会同国家其他部门依法制定或调整《进出口野生动植物种商品目录》，并负责签发有关进出口证明书。

进口被列入《进出口野生动植物种商品目录》且属于濒危野生动植物种国际贸易公约成员国（地区）应当履行保护义务的动植物及其产品时，进口商应当向国家濒危物种进出口管理办公室或其授权的办事处申领"濒危野生动植物种国际贸易公约允许进口证明书"（简称"公约证明"）。公约证明实行"一批一证"制度。

进口被列入《进出口野生动植物种商品目录》中属于我国自主规定管理的野生动植物及其产品时，进口商应当向国家濒危物种进出口管理办公室或其授权的办事处申领"中华人民共和国濒危物种进出口管理办公室野生动植物允许进口证明书"（简称"非公约证明"）。非公约证明实行"一批一证"制度。

进口未被列入《进出口野生动植物种商品目录》的动植物物种，或被列入《进出口野生动植物种商品目录》但不属于《濒危野生动植物种国际贸易公约》附录动植物物种的，进口商应当向国家濒危物种进出口管理办公室或其授权机构申领"非《进出口野生动植物种商品目录》物种证明"（简称"非物种证明"）。非物种证明有"当年使用"和"一次性使用"两种。

5. 药品进口管理及其进口准许证的领取

从监督管理角度来看，进口药品被分为麻醉药品、精神药品和一般药品三类。国家药品监督管理局会同商务部对药品依法制定并调整管理目录。目前，我国公布的药品进出口管理目录有《麻醉药品管制品种目录》《精神药品管制品种目录》《生物制品目录》《进口药品目录》。

（1）进口被列入《麻醉药品管制品种目录》的药品时，进口商须向国家药品监督管理局申领"麻醉药品进口准许证"。"麻醉药品进口准许证"实行"一批一证"制度，且只能在其注明的口岸海关通关时使用。

（2）进口被列入《精神药品管制品种目录》的药品时，进口商须向国家药品监督管理局申领"精神药品进口准许证"。"精神药品进口准许证"实行"一批一证"制度，且只能在其注明的口岸海关通关时使用。

（3）进口被列入《生物制品目录》和《进口药品目录》的药品时，进口商须向国家药品监督管理局授权的口岸药品检验所申领"进口药品通关单"。"进口药品通关单"实行"一批一证"制度，且只能在其注明的口岸海关通关时使用。

6. 黄金及其制品进口管理及其进口准许证的领取

进口被列入中国人民银行、海关总署联合发布的《黄金及其制品进出口管理商品目录》的黄金及其制品，应当向中国人民银行或其授权的中国人民银行分支机构申领"黄金及其制品进口准许证"。

7. 音像制品进口管理及进口音像制品批准单的领取

只有文化和旅游部指定的音像制品经营单位才能进口音像制品成品。

进口母带（母盘）或音像制品成品的进口商须向文化和旅游部申领"中华人民共

和国文化和旅游部进口音像制品批准单"。

8. 有毒化学品进口管理及有毒化学品环境管理放行通知单的领取

进口被列入 2020 年 1 月 1 日起实施的《中国严格限制的有毒化学品名录》的化学品时，进口商须向环境保护部申领"有毒化学品环境管理放行通知单"。

9. 农药进口管理及进口农药登记证明的领取

进口被列入农业农村部会同海关总署制定的《中华人民共和国进出口农药管理名录》的农药时，进口商须向农业农村部农药检定所申领"进口农药登记证明"。

对于一些既可以做农药又可以做工业原料的商品，如果进口商以工业原料用途进口，则不需申领"进口农药登记证明"，但需要向农业农村部申领"非农药登记管理证明"。

10. 兽药进口管理及进口兽药通关单的领取

进口被列入农业农村部会同海关总署制定的《进口兽药管理目录》的兽药时，进口商须向进口口岸所在地省级人民政府兽医行政管理部门申领"进口兽药通关单"。

三、我国对自由进口货物的管理及有关证件的申领

除国家禁止、限制进口货物外的其他货物，均属于自由进口货物范围。

（一）目前我国实施自由进口管理的货物

《货物进出口管理条例》第二十二条规定："基于监测货物进口情况的需要，国务院外经贸主管部门和国务院有关经济管理部门可以按照国务院规定的职责划分，对部分属于自由进口的货物实行自动进口许可管理。"第二十四条规定："进口属于自动进口许可管理的货物，进口经营者应当在办理海关报关手续前，向国务院外经贸主管部门或者国务院有关经济管理部门提交自动进口许可申请。国务院外经贸主管部门或者国务院有关经济管理部门应当在收到申请后，立即发放自动进口许可证明；在特殊情况下，最长不得超过 10 天。进口经营者凭国务院外经贸主管部门或者国务院有关经济管理部门发放的自动进口许可证明，向海关办理报关验放手续。"

商务部和海关总署于每年底都会公布下一年度的《自动进口许可管理货物目录》。

《货物自动进口许可管理办法》（2018 年修订版）第五条规定："商务部配额许可证事务局、商务部驻有关地方特派员办事处和受商务部委托的各省、自治区、直辖市、计划单列市、新疆生产建设兵团商务主管部门以及地方、部门机电产品进出口办公室或者法律、行政法规规定的机构（以下简称发证机构）负责货物自动进口许可管理和《中华人民共和国自动进口许可证》（以下简称自动进口许可证）的签发工作。"第七条规定："进口属于自动进口许可管理的货物，收货人（包括进口商和进口用户）在办理海关报关手续前，应向所在地或相应的发证机构提交自动进口许可证申请，并取得《自动进口许可证》。凡申请进口法律法规规定应当招标采购的货物，收货人应当依法招标。海关凭加盖自动进口许可证专用章的《自动进口许可证》办理验放手续。银行凭《自动进口许可证》办理售汇和付汇手续。"

（二）自动进口许可证的申领步骤

自动进口许可证的申领一般在签订进口合同之后进行。

《货物自动进口许可管理办法》（2018 年修订版）第九条规定："收货人可以直接向发证机构书面申请《自动进口许可证》，也可以通过网上申请。"

申领自动进口许可证的具体程序与本节"进口许可证的申领步骤"类似，只是所需提交的申领材料不同。

申领自动进口许可证时所需提交的基本材料[①]有：

（1）"自动进口许可证申请表"（适用于进口非机电类货物），原件，1 份。

（2）企业法人营业执照，复印件，1 份。

（3）货物进口合同，原件，1 份。

（4）属于委托代理进口的，应当提交委托代理进口协议（正本）。

（5）对进口货物用途或者最终用户法律法规有特定规定的，应当提交进口货物用途或者最终用户符合国家规定的证明材料。

（6）"机电产品进口申请表"（适用于进口机电类货物），原件，1 份。

（7）国家广播电视主管部门批准文件（适用于申请进口广播电视及卫星设备）。

（8）国家烟草主管部门编制的年度计划（适用于申请进口烟草设备）。

（9）国家无线电管理委员会签发的型号核准证（复印件）或地方无线电管理部门在"机电产品进口申请表"备注栏的签章盖章（适用于申请进口移动通信设备）。

（10）向设区的市级人民政府水路运输管理部门提出增加运力的申请及报经有许可权限部门批准的证明文件（适用于申请进口运输类船舶）。

（11）有关检验报告或技术评定书（适用于申请进口旧船舶）。

（12）国家发展改革委或者民航局的批复复印件及经营许可证复印件（适用于申请进口飞机）。

（13）其他法定材料。

书面申领自动进口许可证时，收货人可以到发证机构领取或者从相关网站下载"自动进口许可证申请表"（可复印）等有关材料，按要求如实填写，并采用送递、邮寄或者其他适当方式，与上述所需提交的基本材料一并递交发证机构。

网上申领自动进口许可证时，收货人也应当先到省级商务主管部门申领用于收货人身份认证的电子认证证书和电子钥匙。然后，领证人可以通过商务部网站"网上政务大厅"栏选择"业务系统统一平台"或者直接通过网址 https://ecomp.mofcom.gov.cn/loginCorp.html 进入相关的申领系统，按照有关指示和说明申领。

申领人进入相关申领系统，按要求如实在线填写"自动进口许可证申请表"等资料，同时向发证机构提交上述所需提交的基本材料。

发证机构收到合格完备的申请材料之后，最多不超过 10 个工作日予以签发"自动进口许可证"。

---

① 源自商务部网上政务大厅资料及《货物自动进口许可管理办法》（2018 年修订版）的规定。

（三）自动进口许可证的修改、使用及有效期

伪造、变造、买卖"自动进口许可证"或者以欺骗等不正当手段获取"自动进口许可证"的，依照有关法律、行政法规的规定处罚；构成犯罪的，依法追究刑事责任。

收货人已申领的"自动进口许可证"，如未使用，应当在有效期内交回原发证机构，并说明原因。发证机构对收货人交回的"自动进口许可证"予以撤销。

"自动进口许可证"如有遗失，收货人应当立即向原发证机构以及自动进口许可证证面注明的进口口岸地海关书面报告挂失。原发证机构收到挂失报告后，经核实无不良后果的，予以重新补发。

自动进口许可证自签发之日起1个月后未领证的，发证机构可予以收回并撤销。

自动进口许可证需要延期或者变更的，一律在原发证机构重新办理，旧证同时撤销，并在新证备注栏中注明原证号。实行"非一批一证"的"自动进口许可证"需要延期或者变更的，核验原证已报关数量后，按剩余数量发放新证。

海关对散装货物溢短装数量在货物总量正负5%以内的予以免证验放。对原油、成品油、化肥、钢材四种大宗货物的散装货物溢短装数量在货物总量正负3%以内予以免证验放。

"自动进口许可证"原则上实行"一批一证"管理，对部分货物也可实行"非一批一证"管理。

"一批一证"指同一份"自动进口许可证"不得分批次累计报关使用。同一进口合同项下，收货人可以申请并领取多份"自动进口许可证"。

"非一批一证"指同一份"自动进口许可证"在有效期内可以分批次累计报关使用，但累计使用不得超过六次。海关在"自动进口许可证"原件"海关验放签注栏"内批注后，海关留存复印件，最后一次使用后，海关留存正本。对"非一批一证"进口实行"自动进口许可"管理的大宗散装商品，每批货物进口时，按其实际进口数量核扣自动进口许可证额度数量；最后一批货物进口时，其溢装数量按该自动进口许可证实际剩余数量并在规定的允许溢装上限内计算。

"自动进口许可证"的有效期为6个月，但是仅限公历年度内有效。

（四）免交自动进口许可证的情况

根据《货物自动进口许可管理办法》（2018年修订）的规定，在下列情况下进口列入《自动进口许可管理货物目录》的商品时，可以免交"自动进口许可证"：

（1）加工贸易项下进口并复出口的（原油、成品油除外）。

（2）外商投资企业作为投资进口或者投资额内生产自用的。

（3）货样广告品、实验品进口，每批次价值不超过5 000元人民币的。

（4）暂时进口的海关监管货物。

（5）国家法律法规规定其他免领"自动进口许可证"的。

第三节　申请进口贸易融资支持

本节中的"进口贸易融资"是指银行或其他金融机构直接或间接对进口商提供的与进口货款结算有关的融资产品或服务。国际结算环节所发生的融资（如企业申请外汇贷款）以及由买卖双方直接进行的如赊销、延期付款等不包括在本节的融资范围之内。

目前，进口贸易融资常见的种类有授信开证、进口押汇、提货担保、汇出汇款融资、出口买方信贷等。

一、授信开证

授信开证指银行在未向客户（进口商）收取全额保证金的情况下，为其开立进口信用证的业务，分为可控制货权授信开证、不可控制货权授信开证、授信开立假远期信用证和授信开立背对背信用证几种情况。

授信开证属于进口贸易短期融资业务，短期内可以减少进口商的资金占压，适用于流动资金不充裕或有其他投资机会，希望部分或全部免交开证保证金的进口商。

各开证银行对进口商申请授信开证的具体条件要求不一，但是起码都要求进口商在该开证银行拥有足够的授信额度，开证银行才在授信额度内减免保证金开出信用证。

进口商申请授信开证业务的具体流程为：

（1）进口商向银行提出申请综合授信额度，并填写申请书或与银行签署相应的协议。

（2）银行根据进口商偿债能力、履约记录和担保条件等情况为其核定授信额度。

（3）进口商填写开证申请书申请银行开出信用证。

（4）银行受理进口商的开证申请，占用授信额度（或单笔授信）对外开证。在授信额度之内进口商可全部或部分免交开证保证金。

（5）银行收到出口商提交的全套合格的信用证下的单据，经审核无误后扣划进口商款项对外付款，同时归还授信额度。

二、进口押汇

进口押汇是指银行在进口信用证或进口托收结算方式下，凭有效凭证和商业单据代进口商对外垫付进口款项的短期资金融通。按结算方式不同，进口押汇分为进口信用证押汇和进口托收押汇。

进口押汇帮助进口商在无法立即支付货款的情况下及时取得物权单据、提货、转卖，从而抢占市场先机，利用银行资金进行商品进口和国内销售，特别适用于进口商遇到临时资金周转困难、无法按时付款赎单或者进口商在付款前遇到新的投资机会，且预期收益率高于押汇利率的情况。

进口押汇通常与信托收据配套使用，银行凭申请人签发给银行的信托收据垫付货款并将单据给申请人。信托收据是进口商提供的一种书面信用担保文件，用以表示出据人愿意以银行的受托人身份代为提货、报关、存仓、保险、出售，同时承认货物的所有权仍属银行，货物售出后所得的货款归属银行，进口商只能通过向开证行付款（垫付的金额和相关利息赎回）才能收回信托收据。

进口商申请进口押汇业务的具体流程为：

（1）进口商向银行（开证行或代收行）提出申请，并填写进口押汇申请书。

（2）银行应根据进口商申请为其核定授信额度。

（3）进口商与银行签订进口押汇协议。

（4）银行代进口商对外垫付押汇货款，并将货物单据交付进口商。

（5）到期进口商向银行付款，用以归还押汇款项及相关利息。

三、提货担保

提货担保是指在货物先于货运单据到达目的地时，银行应进口商的申请，为其向承运人或其代理人出具的承担由于先行放货引起的赔偿责任的保证性文件。提货担保多用于要求全套货权单据的信用证结算方式。

提货担保可以帮助进口商及时提货，避免货物滞港，加快资金回笼。

提货担保也通常与信托收据配套使用。银行凭申请人签发给银行的信托收据出具提货担保，申请人凭提货担保先行办理提货、报关、存仓、保险和销售。

进口商申请提货担保业务的具体流程为：

（1）货物早于单据（含正本提单）到达后，进口商向银行提交提货担保申请书。

（2）银行经审核后为进口商出具提货担保。

（3）进口商凭银行出具的提货担保向船公司（或其他承运人）办理提货。

（4）单据到达后，进口商向银行办理付款赎单，然后凭正本提单向船公司（或其他承运人）换取先前出具的提货担保并交还银行。

四、汇出汇款融资（货到付款 T/T 融资）

业务银行只针对货到后 T/T 付款结算方式的进口合同办理，并且银行非常重视进口商的授信额度以及对进口商提货后的物流控制。

汇出汇款融资具体业务程序是：

（1）在进口货物运到我国目的港后，进口商向银行申请进口 T/T 融资。

（2）银行为进口商核定授信额度。

（3）进口商提交汇出汇款融资申请书。

（4）银行在授信额度内替进口商垫付货款予境外出口商。

（5）货物销售、货款回笼后进口商归还银行融资款及利息。

五、出口买方信贷

出口买方信贷是为了解决进口商暂时无力支付而又必须支付给出口商货款的需要，由出口国贷款银行把款项贷给进口商或进口国的银行（一般利率较低、期限较长），再由进口商用这笔贷款以现汇形式向出口商支付货款的一种出口信贷融资方式。

出口买方信贷是出口国政府为鼓励本国货物（一般为大型设备等资本性货物）的出口、提高其国际竞争力而提供的一种带有利息补贴性质的融资，属于政策性融资，进口商需要满足一定的条件才能享受这种融资，而不是所有的进口商都能得到这种融资支持。

出口买方信贷具体有两种方式。

1. 出口国贷款银行先向进口国银行贷款，再由进口国银行为进口商提供信贷

进口国银行可以按进口商原计划的分期付款时间陆续向出口国贷款银行归还贷款，也可以按照双方银行另行商定的还款办法办理，而进口商与进口国银行之间的债务，则由双方在国内直接结算清偿。其具体业务流程为：

（1）进口合同中约定使用买方信贷。一般买方信贷最多为总贸易金额的85%，所以进口商至少要先支付合同金额15%的现汇。

（2）出口国贷款银行与进口国银行签订贷款协议，并提供贷款。

（3）进口国银行向进口商贷款，进口商以此向出口商支付现汇货款。

（4）进口商按贷款协议向进口国银行分期归还贷款。

（5）进口国银行再分期还款给出口国贷款银行。

2. 出口国贷款银行直接向进口商贷款，并由进口国银行或第三国银行为该项贷款担保，进出口贸易的结算方式则为即期付款

通常情况下，出口国贷款银行根据合同规定凭出口商提供的交货单据将贷款直接付给出口商，而进口商则按合同规定陆续将贷款本息偿还给出口国贷款银行。其具体业务流程为：

（1）进口合同中约定使用买方信贷。

（2）进口商申请进口国银行提供还款担保。

（3）出口国贷款银行与进口商签订贷款协议并提供贷款，进口商以所贷资金向出口商支付现汇货款。通常情况下，出口国贷款银行根据合同规定凭出口商提供的交货单据将贷款直接付给出口商。

（4）进口商按贷款协议向出口国贷款银行分期归还贷款。

六、进口贸易融资业务创新产品

最近几年，我国各大银行为了抢占贸易融资市场，纷纷推出融资创新产品，如内保外贷/外保内贷、展业通、融货达等。以下仅对这些业务做简单介绍，具体申办条件和操作程序请咨询有关银行。

1. 内保外贷/外保内贷

内保外贷/外保内贷是招商银行内地分行与香港分行合作，通过担保方式，为客户

提供的多种形式的担保服务，适用于两地母子公司或关联公司从事商贸活动需取得跨境融资的企业客户。其具备以下两个特点。

（1）解决内地驻港公司的融资需要。实力较强的境内企业客户，其驻港公司的实力可能较弱或不具备独立在香港分行直接取得融资授信的条件，可透过"内保外贷"方式，解决驻港公司的融资需要。

（2）简便快捷。境内外公司都可在同一家银行办理业务，额度审批快捷，操作简便。打破地域限制，结合内地分行和香港分行的合作优势，在两地共同服务于两地的集团公司。

内保外贷/外保内贷具体包括以下两种融资模式。

（1）"内保外贷"为香港分公司办理贷款融资：内地企业可通过招商银行境内分行开出以香港分行为受益人的备用信用证或担保函，为境外分公司向香港分行取得贷款或其他融资。

（2）"外保内贷"为内地分公司办理贷款融资：香港企业通过香港分行向境内分行开出备用信用证或担保函，为内地附属公司向境内分行取得贷款或其他融资。（担保直通车）

另外，招商银行的内保外贷/外保内贷业务目前已经扩展至"一带一路"沿线国际项目，成为其全球项目融资业务中的一种，使企业集团可用集团实力支持相对弱小的子公司开展国际业务。

2. 展业通

展业通是交通银行针对中小企业开展的融资业务，该业务整合了小企业贷款及小企业主个人贷款的各项产品，分成"生产经营一站通""贸易融资一站通""工程建设一站通"及"结算理财一站通"等四个产品系列，在一定程度上可以满足小企业不同发展阶段的特定融资需求。进口商可以充分利用其"生产经营一站通""贸易融资一站通"等组合业务，解决资金问题。

3. 融货达

目前，融资机构越来越重视对物权的控制。我国多家银行都推出了体现这一点的融资产品，如融货达等。

融货达是中国银行开展的业务。该业务要求进口企业把处于运送过程中的货物作为质押或贷款的抵押担保，向进口企业提供融资服务。融货达可以有效解决缺乏授信额度的中小进口企业的融资困难，为其开辟新的授信渠道。

第四节　申请开立信用证或者申请汇款

如果进口合同中规定的货款结算方式为信用证，则进口商应当按时申请开出信用证；如果进口合同中规定的货款结算方式为汇付，则进口商应当按时申请汇款；如果进口合同中规定的货款结算方式为托收、保付代理或者福费廷等，则进口商无本节的操作。

一、办理必要的进口付汇事前审核手续

办理进口付汇前，进口付汇企业需办理进入货物贸易外汇监测系统进口单位名录的手续。并且属于我国外汇管理局施行贸易外汇收支企业名录管理中的全部 C 类企业以及部分进口付汇业务的 B 类企业，在每次付汇前还需要办理以下进口付汇事前审核手续。

（一）需要申请的企业情况及应准备的申请材料及数量

1. C 类企业申请

（1）书面申请原件 1 份，需说明需登记的事项和具体内容。

（2）以信用证、托收方式结算的，提交进口合同复印件各 1 份。

（3）以汇款方式结算的（预付货款除外），提交进口合同、进口货物报关单复印件各 1 份。

（4）以预付货款方式结算的，提交进口合同复印件 1 份、发票复印件 1 份；单笔预付货款金额超过等值 5 万美元的，还须提交经金融机构核对密押的外方金融机构出具的预付货款保函复印件 1 份。

（5）对于进口主体与支出主体不一致的业务，除按不同结算方式提交相关材料外，还应区分下列情况提交证明材料：

①属于捐赠进口业务的，提交捐赠协议复印件 1 份。

②因企业分立、合并原因导致的，提交相关部门出具的分立、合并证明文件 1 份。

③对外汇局认定的其他业务，提交相关证明材料复印件 1 份。

（6）对于贸易收汇的退汇支付，应在书面申请中具体说明退汇原因以及退汇时是否发生货物退运。因错误汇入产生的，提交原收汇凭证复印件 1 份；因错误汇入以外的其他原因产生的，提交原收入申报单、原出口合同复印件各 1 份；发生货物退运的，还应提交对应的进口货物报关单复印件 1 份。

2. 超过付汇额度的 B 类企业申请

（1）参照 C 类企业贸易付汇登记规定的相关材料。

（2）额度不足的证明材料。

3. 发生超比例或超期限转口贸易的 B 类企业申请

（1）书面申请原件 1 份，需说明需登记的事项和具体内容。

（2）收入和支出申报单复印件 1 份。

（3）买卖合同复印件 1 份。

（4）提单、仓单或其他货权凭证复印件 1 份。

4. 90 天以上延期付款的 B 类企业申请

（1）书面申请原件 1 份，需说明需登记的事项和具体内容。

（2）进口合同复印件 1 份。

（3）进口货物报关单复印件 1 份。

5．超期限或无法原路退汇的企业申请

（1）参照 C 类企业贸易付汇登记有关退汇规定所需提供的相关材料，在书面申请中说明造成超期限或无法原路退汇的原因。

（2）超期限或无法原路退汇的证明材料。

6．办理外汇局认定的其他需要登记的业务的企业申请

（1）书面申请原件 1 份，需说明需登记的事项和具体内容。

（2）相关证明材料。

（二）进口付汇事前审核手续办理流程

（1）企业应当在付汇、开证前，持申请材料到所在地外汇局办理事前逐笔登记手续。

（2）外汇局审核企业提交的资料无误后，向企业出具加盖"货物贸易外汇业务监管章"的纸质"登记表"，并通过监测系统将"登记表"电子信息发送到指定金融机构。

（3）企业凭"登记表"在登记金额范围内，到指定金融机构办理相关业务。

（4）金融机构应根据企业提交的"登记表"，在监测系统银行端查询并核对相应"登记表"电子信息；在"登记表"有效期内，按"登记表"注明的业务类别、结算方式和"外汇局登记情况"，在登记金额范围内为企业办理相关业务，并通过监测系统银行端签注"登记表"使用情况。

二、信用证结算方式下进口商申请开立信用证

办理开证前，进口付汇企业需进入货物贸易外汇监测系统进口单位名录中。

对于 B 类企业，银行将通过监测系统银行端查询企业的进口可付汇余额，并在进口付汇核查界面的"本次核注金额"和"本次核注币种"栏录入企业实际开证或交单金额与相应币种，供监测系统自动扣减对应进口可付汇额度。超过可付汇额度的，审核外汇局签发的"登记表"电子信息，无须实施电子数据核查。

对于凭"登记表"办理的业务，银行将在监测系统银行端查询并核对相应"登记表"电子信息。在"登记表"有效期内，按照"登记表"注明的业务类别、结算方式和"外汇局登记情况"，在登记金额范围内为企业办理相关业务，并通过监测系统银行端签注"登记表"使用情况。对于业务类别为"付汇"的"登记表"，结算方式为"信用证"的，在开证时签注付款金额，在信用证实际付款时补签注申报单号。一份"登记表"只能在一家金融机构使用，可分次使用，也可签注多笔付汇信息。

进口企业可以根据其真实合法的进口付汇需求提前购汇存入其经常项目外汇账户，并在同一家银行办理付汇手续，不能在不同银行间办理同名划转，提前购汇资金用于符合规定的理财等业务的，应充分考虑支付货款的时间周期，实际对外支付时不得再次购汇。因合同变更等原因导致企业提前购汇后未能对外支付的进口货款，企业可以自主决定结汇或保留在其经常项目外汇账户中。

（一）申请开立信用证时进口商需要提交的材料

1. A类企业应提交的单据
(1) 进口合同。
(2) 开证申请书。

2. B类企业应提交的资料
(1) 开证申请书。
(2) 进口合同。
(3) "登记表"〔超可付汇额度，以及90天以上（不含）延期付款〕。

3. C类企业应提交的资料和单据
(1) 开证申请书。
(2) 进口合同。
(3) "登记表"。

（二）进口商申请开立信用证的时间

如果进口合同中规定有开证时间条款，进口商以合同规定的时间为准。

如果进口合同中没有规定开证时间，而规定了确定开证时间的方式或方法（如合同中规定在卖方领到出口许可证或支付履约保证金后开证），则进口商应在收到对方已领到许可证的通知或银行告知保证金已收妥后开证，即按照合同规定的方式或方法先确定开证时间，然后依据该时间按时开证。

如果进口合同中没有关于开证时间的任何规定，则依据惯例或法律，对进口商开证的时间没有特殊要求。在贸易实践中，进口商一般都需在装运期之前申请开立信用证，否则，出口商一般拒绝交货或拒绝按时交货，会影响贸易的顺利进行。

即使合同中没有规定开证时间，进口商开证的时间也不宜过早。这是因为过早开证不仅增加费用开支，而且会造成虚假占汇额度。

（三）信用证的开立方式

信用证的开立可以用信函方式或电文方式，因此信用证也被分为信开本和电开本两种。

1. 信开本（mail credit）

信开本是指以信函格式开立的信用证。该类信用证一般被开证行用航空挂号信等方式寄给通知行或受益人。按照邮递方式的不同，信开本还可以分为平邮、航空挂号和特快专递等。

信开信用证没有统一的格式，银行一般都自己事先印就，开证行只需要按照开证申请书上的要求缮制完毕，就可以邮寄通知银行。

2. 电开本（cable credit）

电开本指采用电文格式开立并以电信方式传递的信用证。通常采用的电信方式主要是电传和 SWIFT 等。电开本又可分为简电本（brief cable credit）和全电本（full cable credit）。

简电本（或称"简电通知开证"）指开证银行只通知信用证的主要内容，如信用证号码、金额、货物描述、装运期、受益人名址、开证行名址等，一般同时注明详细条款另外航寄通知银行（或"详情后告"等类似用语）。简电本不是有效的信用证。

全电本指开证银行用电信方式将信用证全部条款通知给通知银行的信用证，它是内容完整、有效的信用证。目前银行多采用 SWIFT 系统发送信用证，SWIFT 信用证属于正式有效的信用证。

SWIFT 是一个银行同业间非营利性的国际组织，其总部在比利时的布鲁塞尔。SWIFT 专门传递各国之间的非公开性的国际金融电信业务，其中包括外汇买卖、证券交易、开立信用证、办理信用证项下的汇票业务、托收以及汇款电文等。发电成本低廉并且安全是 SWIFT 通信方式的一大特点。

SWIFT 用统一的字母和数字来规范电文内容，比如 MT700、MT701 代表信用证业务，MT100 代表私人汇款业务，MT400 代表托收业务。采用 SWIFT 信用证必须遵守 SWIFT 的规定，亦必须使用 SWIFT 手册规定的代号（tag），而且信用证必须遵守 UCP600 各项条款的规定。在 SWIFT 信用证中可省去开证行的承诺条款，但不能免除银行所承担的义务。

（四）进口商申请开立信用证的操作程序

进口合同签订后，进口商应当根据合同的规定向当地银行办理申请开证手续。

近几年，国外业务中，也有进口商向一些资金实力比较强、信用比较好的财务公司申请开立信用证（此类信用证一般被称为"非银行信用证"），只要该开证的财务公司被受益人认可，也同样可以顺利结算国际货款，还可以节约费用（非银行信用证一般比银行信用证手续费便宜）。因此，只要信用证受益人（一般为出口商）认可，我国进口商也可以尝试向国内一些资金实力比较强、信用比较好的有资格做国际结算业务的财务公司申请开立信用证。

进口商向银行申请开立信用证的一般操作程序如下：

1. 申请授信额度

需要注意的是，如果进口商不需要开证银行授信开证，则无此步操作。

如果进口商需要开证银行授信开证，并且是向该开证银行第一次申请开证，则进口商应当首先向银行提出申请综合授信额度，并填写申请书或与银行签署相应的协议。银行收到进口商的申请书并与进口商签署相应的协议之后，根据进口商的偿债能力、履约记录和担保条件等情况为其核定授信额度。

2. 填写开证申请书申请开证

进口商申请开证时，应填写开证申请书。开证申请书是开证申请人与开证银行之间的契约，是开证银行开立信用证的依据，其内容必须完整、明确。开证申请书没有统一的格式，一般由开证银行印制空白格式的开证申请书，进口商填写完整就可以了。

开证申请书一般一式三份，其中一份交银行，另两份留开证申请人的业务部门和财务部门。开证申请书的内容一般包括两个部分：

第一部分是正面内容，是开证申请人对开证行的指示，通常包括：

（1）开证行名址、开证申请人名址、受益人名址、通知行名址等。

（2）信用证的种类。

（3）信用证金额（大小写）和币别。

（4）信开航寄或电开。

（5）以议付、承兑或付款方式结算。

（6）是否要汇票，付款人名称及汇票期限。

（7）要求提供的单据情况（种类、正副本份数、签发机构、内容及其他具体要求等）。

（8）有关货物的描述（货名、规格、数量）、单价及贸易条件。

（9）装运条件（装货地及目的地；可否分批；可否转运；装运限期等）。

（10）申请开证的日期。

（11）信用证有效期及到期地点。

（12）原产国等。

第二部分是背面内容，是进口商对开证银行的声明或保证，用以明确双方责任，通常由开证银行提前印刷，进口商不需要填写，其内容主要为开证申请人承认：

（1）在没有付清货款前，开证行对单据及其所代表的货物有所有权。

（2）开证行可接受"表面上合格"的单据，对伪造单据、货单不符等，银行并不负责。

（3）单据到达后，申请人应当如期向开证行付款赎单。

（4）银行对电报传递中的差错或单据在邮递中的遗失不负责。

（5）进口商在申请开证时，根据银行的规定，应交付一定比例的保证金，或提供担保人，并支付手续费等。

进口商填写开证申请书时应该对照进口合同填写。如果信用证规定存在与进口合同不一致之处，出口商有权要求修改信用证。若进口商不修改信用证，就意味着进口商未遵守合同，构成违约，出口商有权根据违约的程度要求索赔或解除合同。

另外，开证银行一般都规定其办理信用证业务遵守 UCP600、ISBP 等有关信用证的国际惯例。因此，为了避免增加额外的改证费用、避免耽误时间，进口商必须依据进口合同以及 UCP600 等有关惯例的规定填写开证申请书。

开证申请书的主要内容见示样 7 - 1。

【示样 7 - 1】

IRREVOCABLE DOCUMENTARY CREDIT APPLICATION

Issuing Bank: (1)	Date of application: (2)
( ) Issue by airmail (3) ( ) With brief advice by teletransmission ( ) Issue by teletransmission	Form of Credit: (4) Date and place of expiry (5)
Applicant (6)	Beneficiary (7)
Advising bank (8)	Amount (figure and words) (9)

Partial shipment (10) ( ) allowed ( ) not allowed	Transshipment (11) ( ) allowed ( ) not allowed	Credit available with (16) by ( ) sight payment ( ) acceptance
Loading on board/dispatch/taking in charge at/from: (12)		( ) negotiation
not later than (13) for transportation to: (14)		( ) deferred payment at __ days after against the documents detailed herein and (17) ( ) beneficiary's drafts for __ % of invoice value at (18)
( ) FOB ( ) CFR ( ) CIF ( ) Other terms (15)		drawn on (19)

Documents required: (marked with ×) (20)

1. ( ) Signed commercial invoice in ____ copies indicating L/C No. and contract No.
2. ( ) Full set of clean on board Bill of Lading made out to order and blank endorsed marked freight ( ) prepaid / ( ) collect notify _____.
3. ( ) Air Waybill / cargo receipt / copy of railway bill issued by _____ showing freight ( ) prepaid / ( ) collect indicating freight amount and consigned to _____.
4. ( ) Insurance Policy / Certificate in ____ for __ % of invoice value showing claims payable in __ in currency of the draft, blank endorsed, covering ( ) Ocean Marine Transportation / ( ) Air Transportation / ( ) Over Land transportation ( ) All risks, war risk.
5. ( ) Packing List / Weight memo in __ copies indicating quantity, gross and net weights of each package.
6. ( ) Certificate of Quantity / weight in ____ copies issued by _____.
7. ( ) Certificate of Quality in __ copies issued by ( ) manufacturer / ( ) public recognized surveyor / ( ).
8. ( ) Certificate of Origin in ____ copies issued by _____.
9. ( ) Beneficiary's certified copy of fax / telex dispatched to the applicant within _____ hours after the shipment advising L/C No., name of vessel, date of shipment, name, quantity, weight and value of goods.
10. ( ) Other documents, if any

Description of goods: (21)

Additional instructions: (22)

1. ( ) All banking charges outside the opening bank are for the beneficiary's account.
2. ( ) Documents must be presented within _____ days after the date of issuance of the transport documents but within the validity of this credit.
3. ( ) Third party as shipper is not acceptable, short form / blank back B/L is not acceptable.
4. ( ) Both quantity and amount ____ % more or less are allowed.
5. ( ) All documents must be forwarded in _____.
6. ( ) Other terms, if any

Stamp of Applicant (23)

This credit will be subject to the Uniform Customs and Practice for Documentary Credits (2007 Revision, ICC Publication No. 600) insofar as they are applicable.

开证申请书的填写说明：

（1）issuing bank：开证行。开证行通常将银行的名称预先印上。

（2）date of application：开证申请人填写本开证申请书的日期，按实际时间填写。

（3）关于信用证的开立方式：开证申请人可以根据进口合同的规定或需要在可选项目前面的括号里打"×"表示选中。其中："（　）Issue by airmail"指航空邮寄开证；"（　）With brief advice by teletransmission"指简电通知开证；"（　）Issue by teletransmission"指电信传递开证。

（4）form of Credit：信用证的种类。进口商根据合同规定填写需要开立的信用证种类。有的银行开证申请书格式中没有"Form of Credit"栏，而有"Confirmation of the Credit"和"Transferable Credit"等类似栏目。进口商申请开立保兑的信用证通常不需要指定保兑行，而由开证行选择指定（填写"the bank of your choice"即可）。如果进口商申请开立可转让的信用证，则在"Transferable Credit"前面的括号里打"×"。

（5）date and place of expiry：信用证的到期日（有效期）和到期地点。信用证的到期日是指受益人交单的最后一天。信用证的有效期如果太短，进口商将面临展期的麻烦；如果太长，将会增加进口商的资金压力以及产生额外的费用。外贸实践中，到期日多为装运期结束后第 15 天。有的信用证中有专门的"交单期限"栏（Documents should be presented within... days after the date of shipment but within the validity of the credit），一般填写 15 天。

信用证的到期地点一般选择信用证的被指定银行（通知行或议付行）所在地的城市。自由议付的信用证可写在某个城市或者某个出口国家的任何银行，即写"any bank at/in...（城市名称或国家名称）"。

（6）applicant：开证申请人名称、地址。应填写完整，包括开证申请人所在街道或邮政信箱、邮政编码等。

（7）beneficiary：受益人全称、地址（包括街道地址或邮政信箱和邮政编码的全称）。

（8）advising bank：通知银行。进口商一般不需要填写该栏，而由开证行填写，进口商填写"the bank of your choice"即可。但是，如果出口商要求指定某银行做通知银行，进口商经开证行同意，也可以在开证申请书中指定通知银行的全称及联系方式（SWIFT 代码、传真、电话、邮箱地址等）。

（9）amount（figure and words）：信用证金额，填写小写金额数字及大写金额（注意带币种）。进口商在填写金额时，还要看合同中是否有溢短装条款和增减价条款等。并且，即使进口合同采用非固定作价办法规定价格，进口商也必须确定一个金额（可以规定允许变动的幅度）。

（10）partial shipment：分批装运。进口商可以在 allowed（允许）或 not allowed（不允许）之前的括号中打"×"。

（11）transshipment：转船运输。进口商可以在 allowed（允许）或 not allowed（不允许）之前的括号中打"×"。

（12）loading on board/dispatch/taking in charge at/from：装运港/发货地/接货地。进口商根据进口合同的规定填写。

（13）not later than：最迟装运日。进口商根据进口合同的规定填写，不要使用prompt，immediate，as soon as possible 等词语。

（14）for transportation to：目的港或目的地名称。由进口商根据进口合同的规定填写。

（15）贸易术语：进口商根据进口合同中价格条款中使用的贸易术语，在 FOB、CFR、CIF 或 Other terms 等前面的括号中打"×"。如果选择 Other terms，还可以在后面注明具体的贸易术语。

（16）credit available with：结算条件。进口商应当在进口合同中明确规定结算条件（即期付款/承兑/限制议付或自由议付/延期付款的信用证）。在填写结算条件时，进口商参照进口合同中的规定填写就可以。即，如果是即期付款信用证结算货款，进口商在"sight payment"前面的括号中打"×"；如果是承兑信用证结算货款，进口商在"acceptance"前面的括号中打"×"；如果是限制议付或自由议付的信用证结算货款，进口商在"negotiation"前面的括号中打"×"，同时在"Credit available with"后面可以注明"… bank"（指定的议付行名称）或"any bank"；如果是延期付款信用证结算货款，进口商在"deferred payment"前面的括号中打"×"，并在后面的"at __ days"中间的空格处填写具体期限。

（17）against the documents detailed herein and：跟单信用证下的单据和汇票问题。如果该信用证不仅需要受益人提交单据，还需要受益人提交汇票，则在下一行的"beneficiary's drafts"前面的括号中打"×"，并同时在后面的"for __% of invoice value"中间的空格处填写对汇票金额的要求（发票金额的百分比）。

（18）汇票的期限：进口商应当依据进口合同中的有关规定合理填写汇票的期限。如果依据进口合同的规定，要求受益人提交即期汇票，在"at"后面填写"sight"即可；如果要求受益人提交远期汇票，在"at"后面填写具体期限，比如"30 days after sight"。

（19）drawn on：汇票的付款人。信用证结算方式下，一般要求出口商将汇票的付款人做成开证银行，因此该栏一般填写"the issuing bank"。

（20）documents required：信用证要求的单据。由进口商根据贸易的需要选择。如果进口商需要更多或者其他特殊单据，可以在该栏目的最后一行补充。进口商在填写该栏目的时候，一定要注意充分明确单据的名称、特殊内容要求、份数、正本还是副本、出单人等有关内容。

需要注意的是，进口商应当将进口合同的有关规定转化成单据条款，而不能简单地照搬照抄合同条款。因为若信用证中规定的某一条件不是通过出具单据来实现的，开证行和受益人可以不予理会。

非单据化条款示例1：我国某公司的进口信用证的单据条款中规定需提交 CIQ 证书，同时在特别条款中规定"If the beneficiary has not received the CIQ certificates within

50 days after completion of discharge, certificate of weight issued by CIQ could be substituted by load port certificates of weight. ",由于银行无法判断受益人是否在卸货后 50 天内取得 CIQ 证书,所以也无从判断何时应以 CIQ 证书作为议付单据,何时接受装运港的重量证作为议付单据,其结果是,即使受益人在 50 天内收到了 CIQ 证书,仍然可以装运港的重量证议付。

非单据化条款示例 2:我国某公司进口 180CST 燃料油,其签约时尚未确定具体价格,只是约定计价方式,以装运日以及前后 2 天新加坡 PLATTS 的 180CST 报价的平均价格加 38 美元/吨作为合同的单价。其信用证中规定 "The unit price on CIF zhoushan, China shall be based on average of the mean quotations for HSFO180cst as published by Platts' Asia Pacific/Arabgulf markets can for 5 days pricing around B/L date plus a premium of U. S. dollars 38. 00 (thirty eigh tpoint zero) per metric ton. ",由于银行并没有义务了解装运日的新加坡 PLATTS 的报价,受益人提交发票的价格是否正确,银行是无法判断的。

进口贸易中通常要求的单据有货物单据(以发票为中心,包括装箱单、重量单、产地证、商检证书等)、运输单据及保险单据,另外还有其他单据,如寄样证明、装船通知电报副本等。进口商除了注意利用这些单据条款约束出口商按时交付合格的货物,还应当事先向海关、检验检疫局等口岸机关了解我国管理进口贸易的有关法律法规的要求,并在开证申请书中做出对单据的相应的规定(单据种类、份数、内容、出单人等一定要全面、正确),以免因漏掉一种或两种单据或者单据有误等,影响到商品的进口验放、征税等。例如,对动植物及其产品的进口报检时,一般需提供出口国的官方检疫证书以及原产地证,因此,信用证开证申请书中,除了要求一般的商业单据外,还需要注明要求有关进口报检需要的单据。再如,适用优惠贸易协定项下的进口特惠税率时,必须在报关时提供海关规定的有关文件。如适用《中国—东盟自由贸易区协议》税率的进口货物,其开证申请书中应当要求提供六国政府指定机构签发的原产地证书等。

进口商在规定单据的出单人时,应当避免使用模糊用语。如"第一流的"(first class)、"有资格的"(competent)及其他类似词语。因为对这些模糊词语,开证行在将来审核受益人提交的单据时,只要单据的出单人不是受益人,符合信用证的其他条件和条款,银行将接受,这样就无法达到设置这类条款的目的。所以在制作开证申请书时,应明确出单人的具体名称。另外,进口商要求装船前的检验证书时,在开证申请书中最好明确规定是检验机构出具的,而非卖方出具的报告。

进口商在开证申请书中要求有关单据及其内容时,还应当注意该单据及其内容与进口合同中全部有关条款的吻合。比如,在采用 CIF 术语签订的进口合同的开证申请书中,应该要求提单(bill of lading)和保险单(insurance policy)等,在提单上应要求注明"运费付讫"(freight prepaid);而在采用 FOB 术语签订的进口合同的开证申请书中,则不该要求保险单,在提单上应要求注明"运费到付"(freight to be collected)。再如,进口合同规定采用定程租船运输,则应当规定"Charter Party B/L is acceptable";进口合同中允许转运的,应当规定"Transshipment B/L is acceptable"或者不能要求

"Direct B/L"。

（21）description of goods：货物的描述。一般包括货物的名称、品质规格、包装和运输标志等。该栏目的填写应当尽可能简短，不宜罗列过多细节，因为如果描述太烦琐、不清楚，根据 UCP600 的规定，可能导致延迟通知信用证。

但是，对于货物的描述一般不要规定"参照贸易合同或某一出处"。因为银行在将来审核单据时是不看贸易合同的，也就无法参照合同中的具体规格，而只按信用证中的"参照贸易合同或某一出处"进行判断，无法体现合同中对货物的具体要求。

（22）additional instructions：附加指示。若开证申请人有一些特别的指示，而该指示又不能以单据方式表现出来，则可利用附加指示来说明，如技术规格、质量的说明、包装的搭配以及迟期提单可以接受，等等。

进口商应当根据需要充分利用该栏目，选择或者补充填写需要的附加指示，以保护自己的权益。如"T/T reimbursement not allowed.（不允许电索汇）"，因为在电索汇条款下，出口地议付行在收到受益人提交的单据，与信用证条款核对无误后，可用电报要求开证银行立即付款。但是实际操作中，议付行和开证行可能在是否单证相符上有不同的观点，而货款已经付出，进口商容易陷入被动局面。再如"Forwarder's B/L, house B/L unacceptable.（不接受货代提单、分单）"，由于货代提单、分单不是货权凭证，可能会影响到进口企业在目的港的提货，所以不宜接受。

（23）stamp of applicant：开证申请人的名称、地址及签章等。注意，该栏目一定要填写详细，包括街道或邮政信箱及邮编等。

3. 进口商与开证行签订一些经常性的偿付协议

进口商申请开立信用证时，开证行有时会要求开证申请人与他签订单独的协议，明确开证保证金或抵押品的交付方式；明确货款的偿付方式；明确开证申请人对任何修改请求都会做出迅速的答复；明确开证申请人对任何要求放弃不符点的请求都会做出迅速的答复；明确只要提交信用证规定的单据，且符合信用证的条件和条款的情况下，开证申请人保证支付有关款项等。

4. 交纳押金和开证手续费

开证行收到进口商提交的开证申请书以及其他有关材料之后，经审核后如果认为该开证业务合法并愿意办理该业务，会要求进口商交付开证费用、一定比例的押金或其他担保品（在授信额度之内进口商可全部或部分免交开证保证金或担保）。

如果开证行收到开证申请书后，认为进口商没有对外付汇的资格，则会拒绝开证。

如果进口商有对外付汇的资格，但是开证行审查发现开证申请书的内容有不妥之处或者开证申请书前后内容矛盾、与有关条款及国家的相关规定抵触等，开证行可以向开证申请人提出修改意见，经开证申请人修改合理之后再开立信用证。

5. 开证行开出信用证

开证申请人交付开证费用、押金或其他担保品等之后，开证行按照开证申请书的要求开出信用证。

信用证开出之后，开证行会交给开证申请人一份信用证副本。然后，开证行将所开信用证按照开证申请书的要求传递给通知银行，委托通知银行通知给受益人。

6. 信用证的修改

信用证开立之后，如果进口商自己发现信用证需要修改（如相关国内外条件或交易情况发生了变化，或开证行的工作疏漏导致打字或传递上的错误），或者出口商（受益人）要求修改信用证中的某些不符合进口合同或国际贸易惯例的条款，进口商（开证申请人）应当向开证行提交一份有开证申请人印章的信用证修改申请书。

信用证修改的步骤一般为：

（1）开证申请人向开证银行申请修改信用证。

（2）开证银行按开证申请人的申请修改信用证。

（3）开证行将修改后的内容通知给通知银行，并委托通知银行转交给受益人。

（4）通知银行将修改内容通知给受益人。受益人要么全部接受，要么全部拒绝修改通知的内容，不允许部分接受。

需要强调一点，UCP600 规定，信用证一经开出，都是不可撤销的。因此，未经受益人同意，信用证不能被有效地修改。所以，进口商在申请修改信用证之前，最好事先通过传真或 E-mail 等方式与受益人进行沟通，待双方达成一致以后，一次性地进行信用证修改，从而节省修改费。

三、汇款结算方式下进口商申请汇款手续的办理

进口付汇既可以是预付货款，也可以是货到付款。预付货款在收货之前申请汇款，货到付款在收到货物之后申请汇款。预付货款和货到付款的汇款手续基本相同。

办理付汇前，企业需进入货物贸易外汇监测系统"进口单位名录"。企业可以根据其真实合法的进口付汇需求提前购汇存入其经常项目外汇账户，并在同一家银行办理付汇手续，不能在不同银行间办理同名划转，提前购汇资金用于符合规定的理财等业务的，应充分考虑支付货款的时间周期，实际对外支付时不得再次购汇。因合同变更等原因导致企业提前购汇后未能对外支付的进口货款，企业可以自主决定结汇或保留在其经常项目外汇账户中。

对于凭"登记表"办理的业务，银行会在监测系统银行端查询并核对相应"登记表"电子信息；在"登记表"有效期内，按照"登记表"注明的业务类别、结算方式和"外汇局登记情况"，在登记金额范围内为企业办理相关业务，并通过监测系统银行端签注"登记表"使用情况。对于业务类别为"付汇"的"登记表"，结算方式非"信用证"的，在付款时同步完成申报单号和金额的签注。一份"登记表"只能在一家金融机构使用，可分次使用，可签注多笔付汇信息。

（一）申请汇款时进口商需要提交的材料

1. A 类企业应提交的单据

（1）"境外汇款申请书"或"境内汇款申请书"。

（2）进口合同或发票。

2．B 类企业应提交的单据资料

（1）"境外汇款申请书"或"境内汇款申请书"。

（2）进口合同。

（3）发票。

（4）"登记表"（超可付汇额度）。

银行通过监测系统银行端查询 B 类企业的进口可付汇余额，并在进口付汇核查界面的"本次核注金额"和"本次核注币种"栏录入企业实际付汇金额与相应币种，供监测系统自动扣减对应进口可付汇额度。超过可付汇额度的，审核外汇局签发的"登记表"电子信息，无须实施电子数据核查。

3．C 类企业应提交的资料

（1）"境外汇款申请书"或"境内汇款申请书"。

（2）"登记表"。

（二）进口商申请汇款的时间

如果进口合同中规定有汇款时间的条款，进口商应当以合同规定的时间为准。如果进口合同中没有明确规定汇款时间，而规定了确定汇款时间的方式或方法，则进口商应按照合同规定的方式或方法先确定汇款时间，然后依据该时间按时汇款。

如果进口合同中没有关于汇款时间的任何规定，则依据惯例或法律，对进口商汇款的时间并没有特殊要求。但是贸易实践中，如果进口合同中规定的是预付货款（包括预付订金等），进口商一般都须在装运期之前汇款，否则出口商一般拒绝交货或拒绝按时交货；如果进口合同中规定的是货到付款，进口商则应当在收到货物并验收合格之后的一段合理时间之内汇款。

（三）进口商申请汇款的操作程序

1．进口商向银行申请进口汇出汇款融资

需要注意的是，如果进口商不需要融资，则无此步操作。

目前，我国银行的汇出汇款融资只针对货到后 T/T 付款结算方式的进口合同办理，并且银行非常重视进口商的授信额度以及对进口商提货后的物流控制。

如果进口商是第一次向银行提出融资要求，则进口商应当首先向银行提出申请综合授信额度，并填写申请书或与银行签署相应的协议。银行收到进口商的申请书并与进口商签署相应的协议之后，根据进口商的偿债能力、履约记录和担保条件等情况为其核定授信额度。

进口商取得授信额度之后，向银行提交汇出汇款融资申请书，汇出银行根据进口商的授信额度及融资需求，在授信额度内替进口商垫付货款。

2．填写境外汇款申请书申请银行汇出款项

境外汇款申请书是汇款人与汇出银行之间的契约，其内容必须完整、明确。境外汇款申请书没有统一的格式，一般由汇出银行印制空白格式的汇出汇款申请书，进口商申请汇款的时候填写完整就可以了。

境外汇款申请书一般一式三份，其中一份银行留存，一份汇款人留存，还有一份交外汇管理局留存。银行也可以根据需要增加相应的联数，如会计凭证联等。因此，境外汇款申请书一般同时具有汇出汇款申请书、国际收支申报单、银行会计凭证等多种功能。

境外汇款申请书的内容一般包括两个部分。

第一部分是汇款人填写部分。通常包括：

（1）汇款的币种及金额。

（2）汇款的种类（信汇、电汇或票汇）。

（3）汇款资金的来源（现汇或购汇）及账号（人民币或外币账号）。汇款人可以使用人民币资金向银行申请购汇汇出资金，也可以使用自有现汇资金办理原币支付，或者使用银行的国内外汇贷款、向境外借用的外债资金等办理支付。

（4）汇款人名称和地址、组织机构代码或个人身份证件号码。

（5）收款人名称及地址。

（6）收款人开户银行及账号。进口商最好填写完整、正确和清楚，否则会影响资金的正常汇出。

（7）收款人国别。

（8）是预付货款或货到付款或退款或其他等。

（9）汇款费用的承担。

（10）交易附言及编码。

（11）贸易合同号码及发票号码。

（12）是否为进口核销项下付款。

（13）外汇局批件或备案表号。

（14）报关单有关内容等。

第二部分是银行填写部分。汇出银行在收到汇款人的有关申请汇款的资料和境外汇款申请书之后，经审核合格的，办理售付汇手续，并填写该部分内容。这部分通常包括：

（1）使用的汇率。

（2）手续费。

（3）邮电费（如电报费等）。

（4）支付费用的方式等。

进口商填写境外汇款申请书时，应该根据进口合同条款、出口商提供的有关账户资料、我国有关外汇管理的规定等填写。

如果进口商不按照进口合同的规定汇款，就意味着进口商未遵守合同，构成违约，出口商有权根据进口商违约的程度要求索赔或解除合同。

3. 汇出银行审核进口商提交的所有汇款材料

汇出银行收到进口商提交的境外汇款申请书以及其他有关材料之后，根据国家有关外汇管理法规的要求进行审核。如果认为汇款人申请汇款的材料真实充分、该汇款业务合法、汇款申请书填写完整和正确，并愿意办理该业务的，汇出银行会根据进口商的申请办理该业务。如果汇出行审核后认为进口商没有对外付汇的资格，则会拒绝办理该业务。如果进口商有对外付汇的资格，但是经汇出行审查发现境外汇款申请书的内容有不妥之处、与有关条款及国家的相关规定抵触等，汇出行可以向汇款人提出修改意见，经汇款人修改合理之后再受理业务。

4．汇出行扣收汇款人资金及费用等

汇出行受理汇款业务的，会按照境外汇款申请书的有关内容扣收汇款人资金及有关手续费等，并将境外汇款申请书的内容填写完整，交付汇款人其中一联（即汇款回执）供其留存。汇出行选择境外合适的账户行和代理行等办理转账手续，将款项汇出境外。

如果进口商在境外汇款申请书中选择票汇方式，汇出行还需要根据进口商的要求制作银行汇票，并将汇票交付汇款人，再由汇款人根据进口合同的规定将汇票寄交收款人（出口商）。

第五节　办理进口货物运输手续

在进口商有责任办理货物托运手续的进口合同的履行过程中（如 FOB 合同），进口商才应当向货运代理或运输公司办理货物的托运手续。如果依据进口合同或有关国际惯例的规定，应当由出口商负责货物的运输（如 CFR 合同或 CIF 合同下），则进口商不需要进行本节的操作。

进口商在办理货运手续之前，应当多了解国际货运代理（简称"货代"）和国际货运公司的情况，比较委托货代办理货运手续和亲自办理货运手续哪个更合理。如果进口商决定委托货代办理货运手续，那么选择一个可靠的货代与之签订货运委托协议即可，并由货代处理所有货物运输事务。如果进口商决定亲自办理货运手续，那么才需要进行本节的操作。

一、进口商办理货物国际海运手续的步骤

如果货物的数量不大，进口商应当租用班轮接运货物；如果货物的数量较大，则进口商与船公司签订租船合同接运货物比较经济。进口商在办理货运手续之前，还需要调查和比较不同的国际航运公司的服务质量及其费用，通过调查和比较之后，进口商向最合适的国际航运公司办理货物的托运手续。

（一）班轮运输方式下进口货运手续的基本程序

1．进口商或委托货代向船公司或船代租船订舱

在该环节，进口商需要填写海运托运单（Booking Note，B/N）（见示样 7－2）。

【示样 7 - 2】

托运单
Booking Note for Cargo

发货人（Shipper）：

编号（No.）：　　　　　　　　　　　　　　　　　船名（S/S）：

装运港（From）：　　　　　目的港（To）：　　　　　日期（Date）：

运输标记及号码 Shipping Marks & Nos.	件数 Quantity	货物描述 Description of Goods	重量（公斤）Weight（Kilos）	
			净重 Net	毛重 Gross
			运费付款方式 Method of Freight Payment	
共计件数（大写）Total Number of Packages in Words				
运费计算 Freight		尺码 Measurement		
备注 Remarks				
收货人 Consignee			转船 Transshipment	分批 Partial Shipments
通知 Notify			装期 Time of Shipment	效期 Expiry Date	提单张数 No. of B/L
			银行编号 Bank No.	信用证号 L/C No.

委托人：　　　　　　　　　　地址：　　　　　　　　　　电话：

海运托运单是进口商向外运公司提供的必要资料，是船公司订舱配载的依据。海运托运单主要内容有：托运人、装运港、目的港、标记及号码、件数、货名、毛净重、尺码等。常见的托运单一式十联：第一联由船务代理公司留存。第二、三联是运输通知，其中一联向进口商收取运费，另一联由外代（或外运）留底。第四联装货单（Shipping Order，S/O）亦称关单，须经船代理盖章有效。海关完成验关手续后，在装货单上加盖海关放行章，船方方能收货装船，并在收货后留存。第五联收货单（Mates Receipt）亦称大副收据，它与装货单内容相同，形影不离，直到装货完毕后才告分离。收货单经船方大副签收后交发货人，发货人凭此向船代理换取装船提单。如果大副在大副收据上批注货物包装不良、有残损等事项，这些批注将全部转移到提单上，使之成为不清洁提单。第六联外运留底。第七联配舱回单。外运公司订好舱，将船名、关单号填入后交发货人。发货人凭此制作船卡、缮制提单预送外代（外运）公司。货物装上船且大副收据签发后，外代（外运）即签发正本提单。第八联是缴纳货物港务费申请书。在货进栈时做码头存仓记录，货物装上船后即凭此收取港务费用。此外，再附空白格式的两联，由码头作桩脚标记和码头仓库存查之用。

海运托运单的缮制：

（1）发货人（shipper）：如果出口商没有特殊要求，进口商在该栏可以填写自己的名称和地址。根据国际贸易的习惯，出口商为了保障其权益，一般要求 Shipper 栏填写出口商的名称和地址。

（2）编号（No.）：一般与合同号码或者发票号码一致，以方便查询与核查。

（3）船名（S/S）：由外轮公司或船方或其代理人在完成配舱工作后填写。若事后出现原定装载船舶无法适航，需更换配载船舶的情况，船方或其代理应及时通知托运人修改。

（4）装运港（from）和目的港（to）：可以是一个港口，也可以是选择港，由进口商依据进口合同的规定填写。

（5）日期（date）：即托运单上填具的日期。

（6）运输标记及号码（shipping marks & Nos.）：按照合同规定填写。

（7）件数（quantity）：依据进口合同的规定填写，即按最大包装的件数填制，而非技术测量的数量。船方为适应船舶运载能力，有时须在合同规定范围内对托运货物溢短装。因此，托运货物数量有时会与合同中的规定不完全一致。如果货物的包装材料不同或同一批出运的货物有若干种，每种包装方式不同，则应填清每种包装或每种货物的最大包装件数及每件包装中所含货物个数，直至最小包装，最后统计总件数及总个数。

（8）货物描述（description of goods）：依据进口合同的规定填写。一般只写统称，不必具体标明分类货物的尺寸、规格和特点。但若货物同时含有几个大类的货物，应全部标明，不允许仅填写数量较多或金额较大的一类商品。货物分类的标准应尽量规范，可参照"海关合作理事会分类目录"（CCCN 分类法）、"联合国国际贸易商品分类目录"（STC 分类法）、"商品分类和编码协调制度"（HS 分类法）对商品的有关分类来制单，按列明货物计价，使货名尽可能合理且节约费用。

（9）重量（weight）：依据进口合同的规定填写，且须以国际单位制规定的单位为计量单位。若一次装运的货物中有几种不同的包装材料（或几种不同的货物）则要分别计算每种的毛净重，最后再合计全部的毛净重。

（10）运费付款方式（method of freight payment）：依据合同中的贸易术语或者运费支付条款等，选择填写 Freight Prepaid 或者 Freight Collect。

（11）运费计算（freight）：由外轮公司或其代理计算填写。填写运费总额，以便留底查核。

（12）尺码（measurement）：依据进口合同的规定填写。一般按托运货物的尺码总数填写，其值略大于原先计算出的各件货物的尺码总和数。由于还需考虑货物堆积时的合理空隙所占的体积，该栏的正确测量和估计，是保证船方在配载过程中正常装船的基础，其单位一般为立方米。

（13）备注（remarks）：主要用于收货单一联，如货物装船过程中出现表面状况不良情况，由大副填写。

（14）收货人（consignee）：依据进口合同的规定填写。如果合同中没有特殊规定，则该栏目填写进口商名称和联系方式。出口商为了保障其权益，一般要求填写"凭指示"（To Order 或 To Order of ×××），这种情况对于准备卖出在途货物的进口商也很方便（可以通过自由转让提单实现货物的转卖）。然而，这种填写方法给船方通知进口商提货增加了不便，须在通知栏中做必要的、明确的补充。

（15）转船（transshipment）和分批（partial shipments）：该两栏目只能填写允许或不允许，如果有具体说明内容，如分批装运条款对每批内容有具体数量规定，则须将其填在"备注条款"栏目中。

（16）通知（notify）：被通知人栏通常填写进口商的名称和联系方式。若进口商准备卖出在途货物，可以不填写被通知人栏目。为了确保托运单的有效性和完整性，制单人可在副本托运单的被通知人栏中填写买方的名称和联系方式。

（17）装期（time of shipment）：按合同或 L/C 规定填写。

（18）效期（expiry date）：按 L/C 的有效期填写，若托运时间距离装运期限、L/C 有效期限长，为保证及早装运，防止船方因此拖延安排装运，可将托运单上装期与效期两栏空白不填。

（19）提单张数（No. of B/L）：按 L/C 规定填列。

（20）银行编号（bank No.）：即转付船方运费的银行。

（21）委托人、地址和电话等：填写进口商或其货运代理的名称、地址和电话等。

2. 船公司或其代理人接受托运单并签发装货单

船公司或其代理同意承运的，将承运的船名填入托运联单内，留存托运单联，其他联交付托运人（进口商）或发货人（出口商），并按照约定签发给发货人全套装货单（shipping order，S/O）。装货单中列有船名以及装货地点和时间等，是通知船长收货装运的凭证（即将来出口商在装运港装货时必须有装货单）。

3. 支付运费

一般，船公司同意承运货物之后会要求进口商支付运费。如果运输合同中规定到货付费，则待货物运到目的港之后进口商再支付运费。

班轮运费由基本运费（basic freight）和附加运费（additionals or surcharges）构成。

（1）基本运费。基本运费是指班轮公司负责将货物从班轮航线上挂靠的某基本港（装运港）运往另一基本港（目的港）时计收的运费。班轮运输基本运费的计算标准主要有：

①按货物的毛重（gross weight）计收运费，运价表内通常用字母"W"表示。

②按货物的体积（measurement）计收运费，运价表内通常用字母"M"表示。

③按货物的毛重或体积中较高的一种计收运费，运价表内通常用字母"W/M"表示。实践中，用以计算运费的货物毛重（重量吨，一般认为1公吨为1重量吨）和用以计算运费的货物体积（尺码吨，一般认为1立方米为1尺码吨）统称为运费吨（Freight ton），即一运费吨可以指一重量吨，也可以指一尺码吨。

④按货物的价值计收运费，也称从价运费。运价表内通常以"Ad. Val"或"AD. V."表示。

⑤按货物的毛重、体积、价值中收费最高的一种计收运费，运价表内通常以"W/M or AD. V."表示。

⑥按货物的毛重与体积中收费最高的一种计征运费后，再按价值加收一定的运费，运价表内通常以"W/M plus AD. V."表示。

⑦按货物的件数或头数计收运费，运价表内通常用"Per Unit"表示。

⑧大宗低值货物按临时议价"Open Rate"计收运费，如粮食、煤炭、矿砂等，在运价表内一般都不规定具体费率。在订舱时，由托运人与船公司临时协商议定，一般都比较低。

⑨每提单起码运费，即班轮公司接运一批货物收取的最低运费，运价表内通常以"Minimum charge per B/L"表示。

（2）附加运费。附加运费（surcharges）是指为了保持在一定时期内基本费率的稳定，又能正确反映出各港口的各种货物的航运成本的不同及变化，班轮公司在基本运费之外，又规定另外加收的费用。该费用用以弥补班轮公司在运输中的额外开支或意外损失。附加运费通常以基本运费的一定百分比计算，即：

$$附加运费 = 基本运费 \times 附加百分比$$

班轮运输常见的附加运费有：

①燃油附加费（bunker adjustment factor，BAF；bunker recovery charge，BRC；fuel adjustment factor，FAF；emergency bunker surcharge，EBS；emergency bunker adjustment，EBA）。在燃油价格突然上涨时加收。

②货币贬值附加费（currency adjustment factor，CAF）。在货币贬值时，船方为实际收入不致减少，按基本运价的一定百分比加收。比如日元贬值附加费（Yen adjustment surcharge，YAS，日本航线专用）。

③转船附加费（transshipment surcharge）。凡运往非基本港的货物，需转船运往目的港，船方收取的附加费，其中包括转船费和二程运费。

④直航附加费（direct additional），当运往非基本港的货物达到一定的货量，船公司可安排直航该港而不转船时所加收的附加费。

⑤与货物有关的附加费。如超重附加费（heavy-lifts additional 或 extra charges on heavy lifts）、超长附加费（long length additional 或 extra charges on over length）和超大附加费（surcharge of bulky cargo），当一件货物的毛重或长度或体积超过或达到运价本规定的数值时加收的附加费。

⑥与港口有关的附加费。如港口附加费（port additional 或 port surcharges），有些港口由于设备条件差或装卸效率低，以及其他原因，船公司所加收的附加费；上海港口附加费（shanghai port surcharge，SPS）；本地出口附加费（origin receipt charges，ORC），或叫发货港收货费，与 SPS 类似，一般在中国华南地区使用；码头操作费（terminal handling charges，THC），在香港使用；港口拥挤附加费（port congestion surcharge，PCS），是由于有些港口拥挤，船舶停泊时间增加而加收的附加费；选港附加费（optional additional 或 optional fees 或 additional on optional discharging port），是货方托运时尚不能确定具体卸港，要求在预先提出的两个或两个以上港口中选择一港卸货，船方加收的附加费；变更卸货港附加费（alteration charges 或 additional of destination charge），是货主要求改变货物原来规定的港口，在有关当局（如海关）准许，船方又同意的情况下所加收的附加费。

⑦绕航附加费（deviation surcharge）。由于正常航道受阻不能通行，船舶必须绕道才能将货物运至目的港时，船方所加收的附加费。

⑧旺季附加费（peak season surcharges，PSS）。运输旺季加收。

⑨苏伊士运河附加费（suez canal surcharge，SCS）等。

4. 取得装货凭证

货物报关之后，发货人（通常是出口商）凭装货单交货，之后取得收据或备运提单。

5. 取得运输单据

船公司或其代理人装货，之后对出口商签发提单或者在已经签发的备运提单上加装船批注。

（二）集装箱班轮运输方式下进口货运手续的基本程序

目前，国际贸易货物运输最常用的运输方式为集装箱班轮运输。集装箱运输货物的装箱方式主要有整箱货（full container load，FCL）和拼箱货（less than container load，LCL）两种。

整箱货是指一个发货人的货物能够装满一个或数个集装箱的情况。如果发货人的货物是整箱货，那么通常由发货人负责装箱、计数、积载并加铅封，再运至发货地集装箱堆场（container yard，CY）。如果收货人只有一个，运输公司通常把货物从发货地集装箱堆场运到目的地集装箱堆场，再由收货人到目的地集装箱堆场自行提箱、拆箱；如果收货人不是一个，运输公司通常把货物从发货地集装箱堆场运到目的地集装箱货运站（container freight station，CFS），发货人一般委托运输公司在货运站拆箱，将货物分交给不同的收货人。

拼箱货是整箱货的相对用语，指装不满一整箱的小票货物。这种货物通常是由承运人分别揽货并在集装箱货运站集中（发货人须将货物运到集装箱货运站交给承运人），而后将两票或两票以上的货物拼装在一个集装箱内，同样要在目的地的集装箱货运站拆箱分别交货。对于这种货物，承运人要负担装箱与拆箱作业，装、拆箱费用仍向货方收取。承运人对拼箱货的责任，基本上与传统杂货运输相同。

如果货物采用集装箱班轮运输，进口商办理托运手续的基本程序一般包括以下环节：

1. 进口商自行或委托货运代理人订舱

进口商自行或委托货运代理人填制订舱单并向船公司或其代理人申请订舱。集装箱货物托运单如示样7-3。

【示样 7 – 3】

集装箱货物托运单

Shipper（发货人）	D/R NO.（编号）
Consignee（收货人）	集装箱货物托运单 货主留底
Notify Party（通知人）	
Pre-Carriage by（前程运输）　　Place of Receipt（收货地点）	
Ocean Vessel（船名）　　Voy No.（航次）　　Port of Loading（装货港）	

Port of Discharge（卸货港）　　Place of Delivery（交货地点）　　Final Destination（目的地）

Container No. （集装箱号）	Seal No. （封志号） Marks & Nos. （标记与号码）	No. of Containers or Packages （箱数或件数）	Kind of Packages； Description of Goods （包装种类与 货名）	Gross Weight （毛重/千克）	Measurement （尺 码/立 方 米）
TOTAL NUMBER OF CONTAINERS OR PACKAGES （IN WORDS） 集装箱数或件数合计（大写）					

FREIGHT & CHARGES （运费与附加费）	Revenue Tons （运费吨）	Rate （运费率）	Per （每）	Prepaid （运费预 付）	Collect （到付）
Ex Rate（兑换率）	Prepaid at （预付地点）		Payable at （到付地点）	Place of Issue （签发地点）	
	Total Prepaid （预付总额）		No. of Original B（S）/L （正本提单份数）		

Service Type on Receiving ☐ – CY　☐ – CFS ☐ – DOOR	Service Type on Delivery ☐ – CY　☐ – CFS ☐ – DOOR	Reefer-Temperature Required （冷藏温度）	F	C

TYPE OF GOODS （种 类）	☐Ordinary，☐Reefer，☐Dangerous，☐Auto （普通）　　（冷藏）　　（危险品）　　（裸装车辆） ☐Liquid，☐Live animal，☐Bulk ☐＿＿ （液体）　　（活动物）　　（散货）	危险品	Class： Property： IMDG Code Page： UN No.

可否转船	可否分批	
装　　期	效　　期	
金　　额		
制单日期		

2. 船公司或其代理人接受托运申请

船公司或其代理人首先考虑航线、船舶、运输要求、港口条件、运输时间等各方面的条件。如果可行，接受托运申请并着手编制订舱清单，分送集装箱码头堆场、集装箱货运站，据此办理空箱及货运交接。

3. 支付运费

一般，船公司同意承运货物之后会要求进口商支付运费。如果运输合同中规定到货付费，则待货物运到目的港之后进口商再支付运费。

集装箱海运运费基本上分为两个大类：

（1）散货价。指袭用件杂货运费计算方法，即以每运费吨为单位，与班轮运费计算类似。关于附加费，除传统杂货所收的常规附加费外，还要加收一些与集装箱货物运输有关的附加费。

（2）包箱价。即以每个集装箱为计费单位，常用于整箱交货的情况，即 CFS-CY 或 CY-CY 等，常见的包箱费率（box rate）有三种：

①FAK 包箱费率（freight for all kinds），即对每一集装箱不细分箱内货类，不计货量（在限重之内）统一收取的运价。

②FCS 包箱费率（freight for class），指按不同货物等级制定的包箱费率，集装箱普通货物的等级划分与杂货运输分法一样，仍是 1 ~ 20 级。但是集装箱货物的费率级差大大小于杂货费率级差，一般低级的集装箱收费高于传统运输，高价货集装箱低于传统运输；同一等级的货物，重货集装箱运价高于体积货运价。在这种费率下，拼箱货运费计算与传统运输一样，根据货物名称查得等级，计算标准，然后去套用相应的费率，乘以运费吨，即得运费。

③FCB 包箱费率（freight for class 或 basis），这是按不同货物等级或货类以及计算标准制订的费率。

4. 船公司或其代理人发放空箱

发货人（出口商）到集装箱码头堆场领取空箱（拼箱货物运输则由集装箱货运站负责领取），办理交接，填制设备交接单。

集装箱设备交接单（equipment receipt，E/R），指集装箱进出港区、场站时，用箱人或运箱人与管箱人或其代理人之间交接集装箱和特殊集装箱及其设备的凭证。设备交接单分出场（港）设备交接单和进场（港）设备交接单两种，各有三联，分别为管箱单位（船公司或其代理人）留底联码头、堆场联用箱人、运箱人联。设备交接单位的各栏分别由管箱单位的船公司或其代理人、用箱人或运箱人、码头和堆场的经办人填写。船公司或其代理人填写的栏目有：用箱人/运箱人、船名/航次、集装箱的类型及尺寸、集装箱状态（空、重箱）、免费使用期限和进（出）场目的等。由用箱人、运箱人填写的栏目有运输工具的车号，如果是进场设备交接单，用箱人、运箱人还须填写来自地点、集装箱号、提单号、铅封号等栏目。由码头、堆场填写的栏目有集装箱进、出场日期、检查记录。如果是出场设备交接单，码头、堆场还须填写所提集装箱号和提箱地点等栏目。

交接单第一张背面印有交接使用条款，主要内容是集装箱及设备在货方使用期中产生的费用以及遇有设备及所装货物发生损坏、灭失的责任划分，以及对第三者发生损害赔偿的承担。设备包括集装箱、底盘车、台车及电动机等，设备交接一般在区、站大门口办理。

5. 装箱（或拼箱）

发货人（出口商）将整箱货整理装箱，或将不足一整箱的货物交由集装箱货运站，并由货运站根据订舱清单，核对货主填写的场站收据，负责整理装箱。装箱一般都在海关监管下进行，装箱完毕后由海关加海关封志。

6. 集装箱货物的交接

由发货人（出口商）自行负责装箱并加海关封志的整箱货，通过内陆运输运至集装箱码头堆场，集装箱码头堆场在验收货箱后，签署集装箱设备交接单给出口商。拼箱货则由集装箱货运站运至集装箱码头堆场，集装箱码头堆场在验收货箱后，根据订舱清单，核对场站收据和装箱单项式接收货物，然后在场站收据上签字，并将签署的场站收据交还给出口商，由出口商据此换取提单。

场站收据（dock receipt，D/R）（见示样 7-4），是由发货人或其代理根据轮船公司制定的格式填制，由承运人签发的，并随货运至 CY 或 CFS，证明船公司已从发货人处接收了货物，并证明当时货物状态。它是船公司对货物开始负有责任的凭证，发货人据此向承运人或其代理人换取待装提单或装船提单。如果同一批货物装有几个集装箱，先凭装箱单验收，直到最后一个集装箱验收完毕时，才由港站管理员在场站收据上签收。站场在收到整箱货时，如果所装的箱外表或拼箱货包装外表有异状，应加批注。场站收据的作用，相当于传统运输中的大副收据，它是发货人向船公司换取提单的凭证。

【示样 7 - 4】

场站收据

Shipper（发货人）

Consignee（收货人）

Notify Party（通知人）

Pre-Carriage（前程运输）　　Place of Receipt（收货地点）

Ocean Vessel（船名）　Voy No.（航次）　Port of Loading（装货港）

D/R No.（编号）

场站收据
DOCK RECEIPT

Received by the carrier the total number of container of other packages or unit stated below to be transported subject to the tems and conditions of the carrier's regular form and conditions of the Carrier's regular form of Bill of Landing for Combined Transport of Port to Port Shippment which shall be deemed to be incorporated herein.
Date（日期）

场站章

Port of Discharge（卸货港）			Place of Delivery（交货地点）	Final Destination for the Merchant's Reference（目的地）	
Container No.（集装箱号）	Seal No.（封志号）Marks & NOS.（标记与号码）	No. of Container or Packages（箱数或件数）	Kind of packages：Description of Goods（包装种类与货名）	Gross Weight 毛重（公斤）	Measurement尺码（立方米）

（托运人提供详细情况）

TOTAL NUMBER OF CONTAINERS OR PACKAGES
（IN WORDS）集装箱数或件数合计（大写）

Container No.（箱号）　Seal No.封　Packages（件数）　Container No.（箱号）　Seal No.（封志号）　Packages（件数）
（封志号）

Received（实收）By Terminal Clerk（场站员签字）

ExRate（兑换率）FREIGHT& CHARGES	Prepaid at（预付地点）	Payable（到付地点）	Place of Issue（签发地点）
	Total Prepaid（预付总额）	No. of Original B（s）/L（正本提单份数）	BOOKING（订舱确认）proved by

Service Type on Receiving ☐-CY，☐-CFS，☐-DOOR		Service Type on Delivery ☐-CY，☐-CFS，☐-DOOR	Reeter Temperature Required（冷藏温度）　K　℃	
TYPE OF GOODS（种类）	☐Ordinary，☐Reeter，☐Dangerous ☐Auto（普通）　（冷藏）　（危险品）（裸装车辆）		危险品	Class：Property：IMDG CodePage：UN No.
	☐Liquid ☐Live Animal ☐Bulk ☐（液体）　（活动物）　（散货）_____			

场站收据一式九联，各联作用为：

（1）正本。拼箱货由货运站签发，整箱货由堆场在验收货物后签发。托运人凭此换取提单。

（2）发货人副本。经场站签字后发货人自留。

（3）通知船长上船方留存。

（4）海关联。交海关凭此验关放行。

（5）代理公司联。由代理公司签发、提货部门存查，并据以重印提单联。

（6）场站副本。由场站收货后留存。

（7）运费计算联。由代理公司计算运费部门存查。

（8）运费收据联。作为运费通知联用。

（9）卸港副本。由装港代理公司交卸港代理使用。

场站收据的缮制：

（1）编号（D/R No.）。这一栏填写将要签发的集装箱提单号码。

（2）前程运输（pre-carriage）。指联合运输过程中在装货港装船前的运输工具。

（3）接货地点（place of receipt）。指前段运输的接货地点。

（4）装货港（port of loading）。按贸易合同规定填写。若贸易合同中只笼统规定装货港名称，制单时应根据实际情况填写具体港口名称。

（5）卸货港（port of discharge）。指海运承运人终止承运责任的港口。若货物直达目的港，未经转船，则该栏填最后目的港，也有的不填写此栏而在交货地栏填目的港；若为转船运输，此栏填转船港，在交货地栏填目的港，也有的在此栏填目的港，而在货名下面另加说明，如"With transshipment at…"；若为联合运输，则填实际卸货港；如来证规定"Transhipment permitted"，又规定途经（Via）某港口，则可在此港口转船，制单时应照办；如来证规定"Transhipment not allowed"，则"途经某港"仅指航线，制单时也应加注。

（6）交货地点（place of delivery）。为运输的截止地、联合运输的终站点。如为港至港运输，此栏填目的港；如为联合运输，本栏填最终将货物交与收货人的地点（城市）名称。

（7）目的地（final destination for the merchant's reference）。填写货物实际到达的目的地。

（8）集装箱号（container No.）和封志号（seal No.）。这两栏填写装载货物的集装箱号，在集装箱号之后还加注海关查验后作为封箱的封志号。若为拼箱货，关封号码不注亦可。此外，在集装箱号和封志号之后，还应加注货物的具体交接方式，如（FCL/FCL）、（CY/CY）、（LCL/LCL）、（CFS/CFS）、（CY/CFS）、（CFS/CY）等。

（9）箱数或件数（No. of container or packages）。若为由托运人装箱的整箱货，可只注集装箱数量，如"3 Containers"，只要海关已对集装箱封箱，承运人对箱内的内容和数量不负责任。如果须注明箱内小件数量，数量前应加"Said to Contain…"；如果是拼箱货，应详细列明最大包装数量。若出口货物有若干种，而包装方式、包装材料完全不同，则应先填写每种货物的最大包装件数，然后合计总件数。

（10）签发地点（place of issue）。通常为承运人接收货物或装船地址，但有时不一致，如接收或装运货物在新港，而签单在大连，或在不同国家，按实际情况填写即可。

（11）正本提单份数［number of original B(s)/L］。按证中规定填写。若证中仅规定"Full Set""Complete Set"等，未规定具体份数，可掌握两或三份。提单份数通常用大写英文数字注明，有的在大写字母之后用括号或斜线隔开，标注阿拉伯数字。

7. 装船

船公司或其代理人根据订舱清单安排集装箱货物的装船。

8. 换取提单

发货人（出口商）凭集装箱设备交接单或经签署的场站收据，向负责集装箱运输的人或其代理人换取提单。

（三）不定期船运输方式下进口货运手续的基本程序

国际贸易货运中，不定期船运输最常用的方式是定程租船运输。定程租船货运手续的基本程序如下。

1. 进口商与船公司签订定程租船合同

定程租船合同的主要内容有：

（1）当事人的名称和地址。

（2）船舶的概况。

（3）对提单的说明。

（4）货物名称、种类/规格、数量、包装等。

（5）装卸港口，船舶经由的航线及停靠港口等。

（6）船期：受载日期、解约日期等。

（7）装卸条件。即装卸费的负担问题，常见的做法有四种：

①船方负担装卸费（liner terms），又称"班轮条件"。

②船方不负担装卸费（free in and out, F. I. O.），采用这一条件时，还要明确理舱费和平舱费由谁负担。一般都规定租船人负担，即船方不负担装卸，理舱和平舱费条件（free in and out, stowed, trimmed, F. I. O. S. T.）。

③船方管装不管卸（free out, F. O.）条件。

④船方管卸不管装（free in, F. I.）条件。

（8）运费（计算方法和支付方法及时间等）情况。定程租船运费费率与运输距离、货物种类、装卸率、港口使用、装卸费用划分和佣金高低以及租船市场供求关系有关。定程租船合同中有的规定运费费率按货物每单位重量或体积若干金额计算，有的规定整船包价（lumpsum freight）。特别要说明的是，租船合同中规定的应付运费支付时间一般是指船东收到运费的日期，而不是租船人付出运费的日期。

（9）装卸时间（装卸率）、滞期费（demurrage）和速遣费（dispatch money）的相关规定。定程租船合同中对"装卸日"的含义应当注明。"装卸日"常见的有六种含义：

①日或日历日（day），指午夜至午夜连续24小时的时间。

②连续日（running day, consecutive days），指一天紧接一天的时间。

③工作日（working day），指扣除周末、法定节假日后，港口可以作业的时间。

④晴天工作日（weather working day），指扣除周末、法定节假日后，因天气不良而不能进行装卸货物作业的工作日也不计入的装卸时间。

⑤24小时晴天工作日（weather working day of 24 hours），也称累计24小时晴天工作日，指扣除周末、法定节假日、天气不良影响装卸作业的工作日或工作小时后，不论工作小时数跨越几天的时间，以累计24小时作为一个晴天工作日的时间。

⑥连续24小时晴天工作日（weather working day of 24 consecutive hours），指扣除周末、法定节假日、天气不良影响装卸作业的工作日或工作小时后，以真正的连续24个小时为一日。

（10）当事人的责任与免责、留置权、绕航、燃料补给、共同海损、仲裁等条款。

2．取得装货单

船公司签发装货单，并按照有关规定计收运费及其他有关费用。

3．装船

发货人（出口商）凭装货单安排货物的装船，之后取得大副收据。

4．换取提单

发货人（出口商）凭大副收据向船公司或其代理人换取提单。

二、进口商办理国际铁路货物联运手续的步骤

以《国际铁路货物联运协定》（简称《国际货协》）下的进口货物铁路联运为例，其货运手续的基本程序是：

（1）进口商将进口合同资料及时寄给货物进口口岸的货运代理人一份。这些资料应当包括：合同号、货名、品质规格、数量、单价、经由口岸、到达路局、到达车站、完整的收货人唛头、包装和运输条件等。如果是口岸报关，口岸代理单位应事先为进口公司在口岸海关注册备案。

（2）托运。由发货人（出口商）向始发站按照《国际货协》以及始发国的铁路货运规章办理。一般情况下，发货人应当向始发站出具国际铁路联运委托书，对收货人姓名、收货人地址、联系方法、货名、规格、包装、数量、到站（即我国境内实际到站的名称）、到站编码、贸易合同号码等缮制铁路运单的必要事项用始发国语言和中文明确表示。

（3）承运。承运人审核托运人提供的全部资料，确认其是否符合始发国、过境国和到达国（中国）有关的国际铁路联运的规定，并对发货人提交的报关单据、法检单据等进行审核，进而确认是否可以承运。决定承运的，车站缮制国际铁路联运运单并在运单上签证，写明货物应进站的日期和装车日期。随后始发站安排货物的报关及报请装车。报关之后货物即可按照装车计划装车（整车货物一般装车完毕后，始发站在运单上加盖承运日期戳，即为承运）。

（4）始发站计收运费，并将加盖车站戳记的《国际货协》运单第三联发还给发货人。

（5）货物在国境站的交接由承运人、口岸货运代理以及国境站有关单位负责，而不需要进出口公司参加。在国境站，口岸货运代理不仅负责审查运输单据、进口合同资料、货物等之间是否完全相符，凭以决定是否核放进口货物，同时，还要负责进口货物的报关、报检、发运、缴纳运费和换装费、缴纳关税和增值税等。我国国境站交接所通过内部联合办公做好单据核放、货物报关验关工作，然后由铁路负责将货物调往换装线进行换装作业，并按流向编组向国内发运。

（6）到达交付。货物被运到到达站后，铁路根据随附运单的进口货物通知单所记载的实际收货人，发出货物到达通知，通知收货人提取货物。收货人接到通知后，必须持身份证明向车站领取货物并付清到达站的运费。在收货人付清一切应付运送费用后，铁路必须将货物连同运单一起交付收货人。

这里需要强调的是国际铁路合作组织 2018 年 1 月 15 日第 II－1/2HH 号通报，铁组委员会委员（2017）第 7 次定期会议决议通过了《国际货协》和《国际铁路货物联运协定办事细则》修改和补充事项，自 2018 年 7 月 1 日起生效。其修改和补充事项中增加了"电子文件"的定义，明确了电子文件和纸质文件享有同等效力。例如，在第 2 条中增加下列术语："电子文件——以电子形式编制的具有法律效力的文件，包含按本协定规定办理的相应文件应具备的数据"；在第 14 条中增加新的第 7 款，内容如下："运送参加者可使用纸质或电子文件履行其权利和义务。当参加运送的承运人之间有协议时使用电子文件"；第 15 条第 4 款采用下列表述："运单可以办理成纸质文件（纸质运单）或电子文件（电子运单）的形式"等。

三、进口商办理货物国际空运手续的步骤

进口货物空运的基本程序有：

（1）提前办妥货物的出口报关、检验检疫等手续，或委托外运公司代办。

（2）填写国际货物空运"托运单"，并提交与运输有关的资料和文件，交外运公司办理托运手续。

（3）外运公司收到托运单及有关单据后，会同航空公司，根据配载原则、货物性质、货运数量、目的地等情况，结合航班，安排舱位。

（4）装货。发货人或外运公司将货物送进机场，将货物送到指定舱位。

（5）签发运单。货物装机完毕，由航空公司签发航空总运单，外运公司签发航空分运单。

（6）货物到达后，航空公司通知收货人到货，收货人凭到货通知及身份证明提货。

四、进口商办理货物国际多式联运手续的步骤

进口货物国际多式联运的基本程序有：

（1）进口商与国际多式联运经营人（运输公司或货代公司）签订国际多式联运合同，明确规定由多式联运经营人负责全程运输（规定发货地、目的地及运输路线和运输方式等），多式联运经营人一次计收全程运费，签发一套涵盖全程运输的多式联运单据等。

（2）装运货物。发货人按照多式联运合同的规定，在约定的发货地将货物交付给多式联运经营人在发货地的办事处，取得多式联运单据。

（3）货物的运输。多式联运经营人可以亲自负责货运，也可以将货运或者某一段或者某几段的货物运输交付给实际承运人承运并支付运费。

（4）如果多式联运运费是预付，则发货时进口商就应当付给多式联运经营人；如果是到付，则由进口商提货时付清。

（5）目的地货物的交付。货物运到多式联运合同约定的目的地之后（或多式联运经营人在目的地的办事处从实际承运人处提货之后），多式联运经营人在目的地的办事处通知收货人（进口商）提货。进口商凭从出口商处得到的多式联运单据前往提货。

第六节　办理进口货运保险手续

如果依据进口合同或有关国际贸易惯例的规定，应当由进口商承担货运过程中的风险，则进口商通常需要购买货运保险（如果不愿意负担保险费，进口商也可以不购买保险）。需要特别说明的是，使用 CIF 或 CIP 术语签订的进口合同，虽然出口商应该购买货运保险，但是出口商的保险责任仅仅是购买最低货运保险的险种。如果进口商认为出口商购买的保险保障性不够，进口商仍然可以自负费用购买更高保障的货运保险。

一、进口商办理货运保险手续之前的准备工作

（一）调查分析货运途中的风险及其损失

办理投保手续前，进口商应当首先调查了解将要进口的货物运输航线上常见的风险类型、同类货物在同类航线上通常遭受的风险损失情况等。如果进口商无法取得有关资料，可以向国际货运保险公司咨询有关情况。

（二）选择确定合适的险别和保险金额

调查分析货运途中通常的风险及其损失之后，进口商应当根据将要进口的货物及其包装的特性，参考保险公司的国际货运保险险别的承保范围及保险赔偿的有关原则，分析选择合适的投保险别和投保金额。如果进口商无力进行这么专业的分析，可以向国际货运保险公司有关部门咨询。

1. 进口商选择投保险别时应当考虑的因素

（1）货物的性质和特点。例如，谷物、花生、豆类等含有水分的货物，长途海运过程中，如果船舶通风设备不良，容易受潮、发热甚至发霉变质，一般投保水渍险附加受潮受热险；各种液态货物，在运输途中常因包装容器破裂而渗漏或者沾染杂质等，一般投保水渍险附加短量险和玷污险；各类机电产品在运输途中容易被碰损，可以在平安险或水渍险的基础上加保碰损险等。

（2）货物的包装。如果货物的包装足够牢固，比如集装箱（运输包装），货物发生损失的概率就很小。然而集装箱运输方式下仍然有可能因为集装箱清理不干净或堆放不当等而出现玷污、混杂或碰损等损失，所以集装箱运输方式下的货物可以投保平安险附加混杂、玷污险和碰损破损险。

如果货物不是采用集装箱包装，而货物的包装材料又不够牢固，比如麻袋或化纤袋包装的货物，很容易因为袋子破损而漏掉一些，可以投保平安险附加包装破裂险或渗漏险。

（3）运输路线及船舶停靠的港口。各个海运航线及港口的自然条件（气候条件、海底情况等）以及社会条件（政局稳定性、是否有海盗等）不同，货物在运输途中可能面临的风险也不同。因此，进口商需要对运输路线及船舶停靠的港口情况进行调查分析。

（4）运输方式与运输工具。国际海运的风险大大高于国际空运，海运货物一般都会考虑购买货运保险（一般都会购买承保自然灾害引起的损失的险别）。即使都是海运，不同的船舶因为其不同的船龄、建造结构、运输能力等的差异，其运货的风险也不同。因此，进口商在投保险的时候还要对运输工具进行分析。

（5）运输的季节。运输季节不同，运输途中的自然条件就不同，货物受自然条件影响损失的可能性也不同。比如，夏季装运食品等受热或受潮容易变质的货物，应当投保平安险或水渍险附加受潮受热险。

（6）货物的用途及价值。如果货物有很重要的用途或者其价值很昂贵，则一般应该投保一切险，必要时附加偷窃提货不着险或者战争险等。比如，最近两年索马里海盗猖獗，如果货主的货物价值比较昂贵，运输路线又途经海盗经常出没的海域，应当考虑加保战争险。

2．进口商在确定保险金额时应当考虑的因素及保险费的计算

保险金额是保险公司的最高赔偿限额，也是保险费的计收基础。进口商如果想得到足够的风险保障，在确定保险金额的时候应当将包括利润在内的所有损失都计算在内。因此，进口商在确定保险金额时，通常需要核算的项目有：

（1）合同中的进货价值，即进口合同货款。

（2）与进口货物有关的所有跨国运费和保险费。如 FOB 进口合同下，进口商需自负费用租船接运货物，需自负费用购买跨国运输保险等。如果货物在跨国海洋运输途中灭失，进口商除了损失合同货款，还损失了海运费和保险费。如果进口商不用支付跨国运费和保险费，则不用核算该项费用。比如，CFR 进口合同下，因为跨国海运费已经核算在了合同成交价里面，所以不用核算跨国海运费。

（3）其他进口成本、费用及预期利润。如果货物不损失，进口商是可以收到所有的成本及预期利润的。如果货物损失了，进口商的成本和预期利润就没有了，那么进口商在确定投保金额的时候，还应当加上其他进口成本（如通信费、差旅费等）和预期利润。进口商可以根据实际情况核算这些成本和预期利润，也可以根据经验加一定的金额或比例投保。进口商也可以不加成，而只按合同货款加跨国运费和保险费投保，只不过保险金额越低，将来得到的保险赔偿越低。

综合以上分析，国际贸易中，进口商投保险的保险金额通常为：

$$保险金额 = （FOB + 跨国运费 + 跨国保险费）\times （1 + 投保加成率）$$
$$= CIF \times （1 + 投保加成率）$$

进口货物保险费的计算公式为：

$$保险费 = 保险金额 \times 保险费率$$

（三）分析和选择保险公司

目前，做国际货运的保险公司有很多家，包括中资企业和外资企业等。进口商应当调查了解各保险公司的资金实力、服务质量水平、信用记录状况以及保险费率等情况，通过比较，选择最适合自己的保险公司投保。

二、进口商办理货运保险手续的基本程序

进口货物投保，可以采用预约保险方式，也可以采用逐笔投保方式。

（一）采用预约保险方式办理货运保险

经常有进口业务的进口商，为了简化手续，防止进口货物在国外装运后因信息传递不及时而发生漏保或来不及办理投保等情况，对进口货物可以采用订立预约保险合

同的办法投保。

进口货物预约保险合同由投保人（进口商或其代理）与保险公司签订，通常规定的内容有：

（1）投保人从国外进口至国内的全部贸易货物，凡依据进口合同或国际贸易惯例规定是由投保人（进口商）负责办理保险的，都属于预约保险合同范围之内，保险公司对合同范围内的货物，负有自动承保的责任。

（2）在合同范围内的进口货物，如果需要在国外保险的，投保人应当事先将贸易合同的内容通知保险公司，以免重复保险。

（3）关于投保险别，根据预约保险合同附件"海运进口货物保险险别和特约费率表"，按各投保人经营进口商品分类列明投保险别。例如，纺织品和轻工产品投保一切险和战争险，金属原料投保水渍险和战争险，危险品装舱面加保舱面险等。

（4）逐笔通知保险公司并加付保险费。

（5）按照预约保险合同的规定，投保人（进口商）对每批进口货物不需逐笔办理投保，也无须填制投保单，而以国外卖方装船通知副本或进口货物结算凭单副本代替投保单，每10天向保险公司汇交一次办理投保。

（6）装船通知或结算凭单均需包括船名、开航日期及航线、货物名称及数量、货价及价格条件、订货合同号码等内容。

（7）每批货物的保险金额均以 CIF 进口价为准，不另加成。

（8）预约保险合同还规定有最高限额条款，超过限额时，投保人应当于货物在国外装船前通知保险公司，以便保险公司及时办理分保。

进口货物预约保险合同中除上述内容之外，还应当对保险金额及保险费的计算、保险公司的保险责任、被保险人索赔手续和期限以及保险公司赔款支付等，做出相应的规定。

（二）采用逐笔投保方式办理货运保险

逐笔投保方式适用于不经常有进口业务的进口商。在逐笔投保方式下，进口商应当在接到国外的发货通知或装运通知之后，立即向保险公司索取并填写"进口货物国际运输预约起运通知书"或"投保单"，经保险公司受理并在"进口货物国际运输预约起运通知书"或"投保单"上签章，即完成了投保手续。

海运出口货物投保单（见示样7-5）被视为被保险人或投保人要求订立海运货物保险合同的意思表示。因此，海运出口货物投保单一经保险人签章接受，保险合同即告成立。"海运出口货物投保单"通常包括被保险人的名称，货物的名称、数量和其他明细，装运地（港），目的地（港），船名或装运工具，开航日期，航程，投保险别，保险金额，投保日期，赔款地点，是否存在预约保险，投保人的签名或盖章等内容。

【示样7-5】

海运出口货物投保单

货物运输保险投保单

(1) 保险人：　　　　　　　　　　　　(2) 被保险人：

(3) 标记	(4) 包装和数量	(5) 保险货物项目	(6) 保险货物金额

(7) 总保险金额：（大写）

(8) 运输工具：　　　　（船名）　　　　（航次）

(9) 装运港：　　　　　　　　　　　　(10) 目的港：

(11) 投保险别：　　　　　　　　　　　(12) 货物起运日期：

(13) 投保日期：　　　　　　　　　　　(14) 投保人签字：

海运出口货物投保单一般一式两份，保险公司决定承保后，将其中一份签署后交投保人作为接受投保的凭证；另一份由保险公司留存作为编制保险单或保险凭证的依据。

保险公司受理保险业务以后，会要求投保人缴纳保险费。按照我国《海商法》的规定，投保人应当在保险合同订立之后立即缴纳保险费，在投保人支付保险费之前，保险公司可以拒绝签发保险单。

保险单的内容参见本章第七节。

（三）进口商办理海运货物保险时应当注意的事项

（1）如实申报货物的情况。包括货物的名称、装载的工具或船舶的名称以及其他重要情况。投保人申报不实，保险人可以根据最大诚实原则行使解除合同的权利。

（2）保险险别、保险条件、保险金额和保险目的地应当根据进口合同的要求，并结合货物和运输的具体情况灵活掌握。是否需要加保战争险、罢工险或附加险，应根据贸易条件需要和运输风险情况具体把握。

（3）投保后发现保险项目有遗漏或错误的，要及时向保险公司申请批单，特别是涉及装运港或目的港的变更、船名的错误、保险金额的增加，更应及时申报。保险人在签发批单时，首先会列明批单项目，然后再加批单的措辞。批单签发后，必须粘贴在原保险单上，加盖骑缝章，作为保险单的一个部分。

第七节　审单付款

如果进口合同中规定的货款支付方式是跟单信用证，那么进口商在接到开证行的通知之后到开证行审单。单据合格的，进口商应当根据信用证下有关合格的汇票的指示以及与开证行的协议的约定，向开证行付款赎单。

如果进口合同中规定的货款支付方式是跟单托收，那么进口商在接到代收行（或提示行）的通知之后到代收行审单，单据合格的按照进口合同的规定以及托收项下合格的汇票的指示，向银行承兑汇票取得单据（D/A 方式下）或到期付款之后取得单据（D/P 方式下）。

如果进口合同中规定的货款支付方式是货到汇款，那么进口商在接到出口商邮寄来的全套单据之后审单，单据合格的根据进口合同的规定到银行申请汇款（非预付货款的情况）。

如果进口合同中规定的货款支付方式是保付代理或福费廷，那么进口商在接到进口保理商或者福费廷融资者的通知之后，按照有关规定向银行支付款项。

综上所述，除了预付货款，无论进口合同中规定采用哪种货款支付方式，进口商在付款之前一般都需要审核出口商的单据，单据合格的，进口商才按照进口合同的规定以及其他有关规定支付款项。我国进口贸易中通常要求出口商提交并且进口商应当认真审核的单据主要有运输单据、发票、包装单据（装箱单或重量单等）、商检证明（质量检验证书、数量检验证书等）、保险单、产地证等。

一、运输单据

国际贸易货物大多数采用海运方式运输，而国际货物海运最常用的运输单据是海运提单（见示样 7-6），其次是海运单（较少使用）。

【示样 7 - 6】

多式联运提单

shipper EXXON CHEMICAL SINGAPORE PRIVATE LIMITED FOR AND ON BEHALF OF EXXON CHEMICAL INTERNATIONAL SERVICES LIMITED 33/F., SHIU ON CENTRE, 8 HARBOUR ROAD, WANCHAI, HONG KONG		B/L No. SIN6CN989334

COSCO

中国远洋运输(集团)总公司
CHINA OCEAN SHIPPING (GROUP) CO.
CABLE : COSCO BEIJING
TLX : 210740 CPC CN

Combined Transport BILL OF LADING

RECEIVED in apparent good order and condition except as otherwise noted the total number of containers or other packages or units enumerated below for transportation from the place of receipt to the place of delivery subject to the terms and conditions hereof. One of the Bills of Lading must be surrendered duly endorsed in exchange for the goods or delivery order. On presentation of this document duly endorsed to the Carrier by or on behalf of the Holder of the Bill of Lading, the rights and liabilities arising in accordance with the terms and conditions hereof shall, without prejudice to any rule of common law or statute rendering them binding on the Merchant, become binding in all respects between the Carrier and the Holder of the Bill of Lading as though the contract evidenced hereby had been made between them. IN WITNESS whereof the number of original Bills of Lading stated under have been signed, all of this tenor and date, one of which being accomplished, the other(s) to be void.

Consignee
TO ORDER

Notify Party
CHINA NATIONAL FOREIGN TRADE
TRANSPORTATION CORP.
HUANGPU, CHINA.
TEL NO. 2276853, 2284374

Pre - carriage by	Place of Receipt SINGAPORE
Ocean Vessel　Voy. No. PRETTY RIVER　0040E	Port of Loading SINGAPORE
Port of Discharge HUANGPU, CHINA	Place of Delivery HUANGPU, CHINA	Final Destination (of the goods - not ship) See Article 7. paragraph (2)

Marks & Nos. container Seal No.	No. of contai- ners or Pkgs	Kind of Packages : Description of Goods	Gross Weight Kgs	Measurement
HK - 12263 PARANOX 1131		SHIPPER'S LOAD STOW COUNT AND SEAL 1. X 20′ COUTAINER SAID TO CONTAIN 80 DRUMS PARANOX 1131 16 MTS PACKING : IN NEW IRON DRUM OF 200 KGS NET MANUFACTURER : EXXON CHEMICAL SINGAPORE PRIVATE LIMITED CIF HUANGPU, CHINA INCLUDING PACKING CHARGES ORDER NO. PAR830 × 6671	17 720.00KGS	24.240CBM
FBZU8453211/015003 (20′GP)CY - CY FULL		FREIGHT PREPAID　FCL/FCL		

Particulars Furnished by Merchants

TOTAL NUMBER OF CONTAINERS OR PACKAGES (IN WORDS)	ONE　20′ CONTAINER　ONLY			

FREIGHT & CHARGES	Revenue Tons	Rate	Per	Prepaid	Collect
OCEAN FREIGHT	1 × 20F			PREPAID	

Ex. Rate: USD SGD 1 = 1.41450	Prepaid at SINGAPORE	Payable at	Place and date of Issue SINGAPORE　21 - 06 - 02
	Total Prepaid	No. of Original B(s)/L THREE (3)	Signed for the Carrie COSTAR SHIPPING PTE LTD
	PRETTY RIVER	0040E	

LADEN ON BOARD THE VESSEL
DATE 21 - 06 - 96　BY
(COSCO STANDARD FORM 11)

(TERMS CONTINUED ON BACK HEREOF)
FOR THE CARRIER
CHINA OCEAN SHIPPING GROUP CORPRATION

AS AGENTS

（一）海运提单

1. 含义及性质

海运提单（ocean bill of lading 或 marine bill of lading，B/L）指承运人或其代理人收到货物后，签发给托运人或发货人的一种单证。海运提单用以证明海上货物运输合同和货物已经由承运人接收或装船，以及承运人保证据以交付货物的单证，并代表货物的所有权。

海运提单本应由船公司填制和签发，但船公司往往同意由发货人填制，交由船公司审核无误后签发。

海运提单具有以下性质：

（1）它是承运人应托运人的要求所签发的货物收据（receipt for goods），证明承运人已按提单所列内容收到货物。

（2）它是一种货物所有权的凭证（document of title）。

（3）它是承运人与托运人之间订立的运输契约的证明（evidence of the contract）。

由于海运提单是代表货物所有权的凭证，所以它是卖方向银行办理结汇时必须提交的重要单据之一，也是进口商最重视的贸易单据之一。

2. 海运提单的分类

海运提单可以从不同的方面予以分类，主要的有以下几种：

（1）根据货物是否已装船，分为已装船提单和收妥备运提单。

①已装船提单（on board B/L, shipped B/L）是指在货物已经装上指定船舶后承运人所签发的提单。一般提单签发日期即为装船日期。

②收妥备运提单（received for shipment B/L）是指承运人已收到托运货物等待装船期间所签发的提单。

国际贸易中，进口商或其银行一般要求出口商提交已装船提单。

（2）根据提单上对货物外表状况有无不良批注，分为清洁提单和不清洁提单。

①清洁提单（clean B/L）是指货物表面状况良好，承运人在提单上未加注任何货物及/或包装有缺陷的批注的提单。

②不清洁提单（unclean B/L, foul B/L）是指承运人在提单上加有明确宣称货物及/或包装有缺陷状况批注的提单。不清洁提单无法保障进口商收货的情况，所以国际贸易实践中，进口商或其银行一般要求出口商提交清洁提单。

（3）根据提单收货人抬头的不同，分为记名提单、不记名提单和指示提单。

①记名提单（straight B/L）又称收货人抬头提单，是指提单上的收货人（consignee）栏内具体填明收货人名称。记名提单下的货物，只能由指定收货人凭提单提取，所以，记名提单不能流通转让，不方便进口商转卖在途货物。

②不记名提单（bearer B/L）又称来人抬头的提单，是指提单上的收货人栏内仅注

明向提单持有人交付货物（to bearer）。任何持有不记名提单的人均可提取该提单下的货物，而且不记名提单不加背书即可任意转让，对买卖双方的风险都比较大，故在国际贸易中很少使用。

③指示提单（order B/L）是指在提单收货人栏内填写"凭指示"（to order）或"凭××人指示"（to order of ××）字样。"凭指示"即"凭发货人指示"（to the order of shipper），指提单须经发货人背书后才能据以提货。指示提单经过背书后可以转让，既方便又安全，故其在国际贸易中使用最广。

指示提单背书的方式有空白背书和记名背书两种。目前在实际业务中使用最广泛的是凭指示抬头并经空白背书的提单，习惯上称此为"空白抬头、空白背书"的提单。

（4）根据采用的运输方式不同，提单分为直达提单、转船提单和联运提单。

①直达提单（direct B/L）是指货物从装运港装船后，中途不再换船而直接驶往目的港卸货的提单。凡合同或信用证中规定不准转运者，必须使用这种直达提单。

②转船提单（transhipment B/L）是指货物在装运港装船后，中途需经转船才能驶往目的港卸货的包括运输全程的提单。其转船手续由第一程承运人负责安排，费用也由其承担，但运输责任则由各程承运人分段负责。由于转船过程中需要卸货和装货，转船会延长运输时间，增加货运及装卸的风险损失，进口商一般都希望货物直达运输。

③联运提单（through B/L）是指货物在运往目的港途中除了海运外，还需要经过其他运输方式联合运输（例如海陆、海空联运）时，由第一程承运人所签发的，包括运输全程并能在目的港或目的地凭以提货的提单，其运输安排、费用和责任如同转船提单。

（5）根据船舶营运方式不同，提单可分为班轮提单和租船提单。

①班轮提单（liner B/L）是指由班轮公司在承运货物后签发给托运人的提单。

②租船提单（charter party B/L）是指承运人根据租船合同载运货物时签发的提单。提单上通常注明"一切条件、条款和免责事项按照某某租船合同"字样。信用证结算方式下，如果没有特殊说明，开证银行和进口商一般不会接受租船提单。

（6）根据提单内容的繁简，可分为全式提单和略式提单。

①全式提单（long form B/L）是指不仅在提单正面列有必须记载事项，而且在提单背面印有承运人和托运人在权利和义务方面的详细条款的提单。

②略式提单（short form B/L）也称简式提单，是指只在提单正面列有必须记载事项而在提单背面无条款的提单，但一般都印有"本提单货物的收受、保管、运输和运费等事项均按本公司全式提单上的条款办理"的字样。略式提单和全式提单在法律上具有同等效力。

（7）其他形式的提单。

①舱面提单（on deck B/L）又称甲板提单，是指承运人签发的注明货物是装于甲板上的提单。有些货物如活动物、危险品及因货物体积过大，必须装在甲板上时，承

运人在其签发的提单上都加注"货装甲板"的字样。但是，因为货物装在甲板上，很容易受运输过程中外界因素的破坏，所以，进口商或其银行一般不能接受。

②过期提单（stale B/L）是指在提单签发日期 21 天之后，才交到银行结汇的提单。国际贸易结算业务中，进口商一般拒绝接受过期提单。

③倒签提单（anti-dated B/L）是指承运人应托运人的要求在货物的实际装船日期迟于信用证或合同规定的装运期限时，倒签符合装运期限的提单。

④预借提单（advanced B/L）是指承运人应托运人的要求在信用证或合同规定的装运期已到而货物尚未装船或未完全装船时，签发并借给托运人的"已装船"提单。

倒签提单和预借提单一旦被进口商查出，一般做欺诈论处。进口商可以拒绝收货、拒绝付款并要求赔偿。

3. 海运提单的主要内容

海运提单一般有正面内容也有背面内容，正面内容一般是一些表格，待货物装运完毕之后由托运人和船公司共同填制，背面内容则是船公司印好的格式条款，主要用以说明船公司的责任和义务等。

海运提单正面的主要内容有：

（1）承运人的名称（carrier）：记载该栏目的目的主要是便于收货人明确提单的承运人，一般船公司都在其提单上提前印有船东的名称和地址。

（2）托运人名称（shipper）：一般填出口商的名称和地址。个别进口商为了贸易上的需要，可能会在合同或信用证内规定托运人作成第三者。例如将货运代理做托运人。不过，如果进口商要求将托运人作成进口商，这是因为对出口商的货权没有保障，出口商一般不会同意。

（3）收货人名称（consignee）：该栏又称提单的抬头，不同种类的提单对该栏目的填写方式不同（具体内容参见本节"海运提单的分类"中记名提单、不记名提单和指示提单的相关内容）。国际贸易中，出口商交付的提单应当符合贸易合同、信用证及有关国际贸易惯例的规定。贸易实践中，如果收货人不是进口商，那么进口商在付款赎单的时候，一定要确保出口商已经对提单做了必要的背书转让手续（即出口商要将提单合格背书转让给进口商）。

（4）通知人名称（notify party）：指货物到达目的港时船方发送到货通知的对象，通常为进口商或其代理人。几乎所有提单上都有通知人这一项，但在记名提单上一般没有必要再填写通知人名称。如果进口商计划卖出在途货物，那么正本提单的通知人一栏以不填为宜，副本提单中仍应将进口商的名称、地址填明，以便承运人通知。

（5）船名（name of the vessel）及航次（voy. No.）：已装船提单须注明船名及航次，若是收妥备运提单，则待货物实际装船完毕后再记载船名和航次。如中途转船，只填写第一程船名和航次。

（6）装货港（port of loading）、卸货港（port of discharge）和转运港（port of

transhipment）：应填写具体的港口名称，如果在不同国家有重名，那么应加注国名。如果采取选择港方式，应全部列明，如在伦敦/鹿特丹/汉堡选卸，那么在卸货港栏中填上"option London/Rotterdam/Hamburg"。如中途转船，卸货港一般填写转船港的名称，而目的港则填入"最终目的地"（final destination）栏内。不过，也可以在卸货港内填上目的港，同时注明"在……港转船"（Via…）。

（7）货物描述（description of goods）、标志和号数（marks and numbers）、包装（package）、件数（No. of packages）、重量（weight）和体积（measurement）等：这些内容应当与进口合同、出口商的发票的内容一致。货物描述、标志等一般应由托运人按照合同和信用证的规定提供并填写全称；货物名称允许使用统称；危险品应写清化学名称，注明国际海上危险品运输规则号码（IMCO CODE PAGE）、联合危险货物编号（UN CODE NO.）、危险品等级（CLASS NO.）；冷藏货物需注明货物所要求的温度等。货物的包装、件数、重量和体积等应按实际情况填写，一般货物总数须大写；一张提单上的货物有几种不同包装的，应分别列明，托盘和集装箱也可作为包装填列；散装货应注明"In bulk"；除信用证另有规定外，重量以千克或公吨为单位，体积以立方米为计算单位。

（8）运费的支付（payment of freight）：本栏一般只填运费的支付情况。预付运费时（如按 CFR 或 CIF 术语签订的进口合同），本栏仅注明"Freight Prepaid"即可，一般不加注运费额；到付运费时（如按 FOB 术语签订的进口合同），在正、副本提单上均须加注"Freight Payable at Destination"或"Freight to Collect"，除非进口商委托发货人代付运费，一般也可以不加注运费额。如果运费在第三地支付，应列明付款人名称及详细地址，以保证收费安全。根据《海商法》的有关规定，若托运人拒绝支付运费和其他有关费用，根据提单条款规定，承运人对货物通常都享有留置权。

（9）提单的号码、签发日期、签发地点和份数（B/L No., dated _____ at _____）：提单上必须注明编号，以便核查，该号码与装货单或场站收据（集装箱运输方式下）的号码是一致的，没有编号的提单无效。

一般情况下，提单的签发日期应该是提单上所列货物实际装船完毕的日期（备运提单例外）。需要注意的是，提单日期不能迟于合同和信用证规定的装运期。提单签发的地点原则上应是装货地点。提单签发的份数，按航运惯例通常是正本一式两份至三份，每份具有同等效力。收货人凭其中一份提取货物后，其他各份自动失效，但副本提单的份数可视托运人的需要而定。副本提单不能作为物权凭证或背书转让，只能供有关作业方参考。

（10）承运人或船长，或由其授权的人签字或盖章（_____ for the Master/ or _____ as agent of _____）：按 UCP600 规定，海运提单表面应注明承运人的名称，并由承运人或其代理人、船长或其代理人签署，提单必须经过签署后才能生效。

UCP600 还规定，提单的签署人应当表明其身份，若为代理人签署，尚须表明被代理一方的名称和身份。目前国际海运中，尤其是班轮货物运输中，大多由船公司的代理人签发提单，但代理人必须经船公司授权方能行使提单签发权。

4. 进口商审核海运提单的依据

信用证结算方式下，进口商在审核提单的时候，一定要认真审核提单各栏内容是否符合进口合同和信用证的要求，是否与受益人提交的其他商业单据（发票、装箱单、检验证明、保险单等）内容一致，是否符合有关信用证的惯例等。

托收、汇款及其他结算方式下，进口商审核提单的时候，一定要认真审核提单各栏内容是否符合进口合同的要求，是否与受益人提交的其他商业单据（发票、装箱单、检验证明、保险单等）内容一致，是否符合进口国有关法律法规以及有关的国际结算惯例的规定等。

需要注意的是，UCP600 规定：

（1）除非信用证明示不准分批装运，信用证受益人（卖方）就有权分批装运。

（2）如果信用证中规定了每批的装运时间和数量，若其中任何一批未按规定装运，则本期及以后各期信用证均失效。

（3）运输单据表面注明同一运输工具、同一航次、同一目的地的多次装运，即使其表面上注明不同的装运日期及/或不同的装运港、接受监管地或发运地，将不视作分批装运。

（4）只要同一提单包括了全程运输，银行将接受注明货物将转运或可能转运的提单。

（5）UCP600 中的禁止转运，实际上只是禁止除集装箱、拖车或子母船运输以外的货物运输的转运，如果进口商想禁止集装箱拖车或子母船运输的货物的转运，必须在合同或信用证中明确予以规定。

（二）海运单

海运单（见示样7-7），又称海上运送单或海上货运单，是指证明海上货物运输合同已经成立、货物已由承运人装船或接管，承运人保证据以将货物交付单据所载明的收货人的一种不可流通的单证，因此又称"不可转让的海运单"（Non-Negotiable Sea Waybill）。

【示样 7－7】

海运单

MAER SEALAND	NON-NEGOTIABLE SEA WAYBILL	WB No. HKGH074

Booking No.

Shipper/Exporter (complete name and address)

MAER LOGISTICS HONG KONG LIMITED
O/B AMERSEAS ENTERPRISES LTD

Export references　　　ROT00141

Consignee (complete name and address)

ADIDA INTERNATIONAL TRADING BV
P.DE LA CONSTITUCION,NO.4-6 E-5
ZARAGOZA,SPAIN

Forwarding agent - references
HKG171881
MAER LOGISTICS

Point and Country of Origin

Shipper
memoranda
not part of
Sea Waybill

Notify Party (complete name and address)
SAME AS CONSIGNEE

Domestic routing/export instructions

*Pre-carriage by | *Place of Receipt

	Voy No.	Port of Loading	Onward inland routing
V REGINA MAER	0010	HONG KONG	

Port of Discharge　BARCELONA | *Place of Delivery

CARRIER'S RECEIPT		PARTICULARS FURNISHED BY SHIPPER - CARRIER NOT RESPONSIBLE		
Container No./Seal No. Marks and Numbers	No. of Containers or pkgs.	Kind of packages; description of goods	Gross Weight	Measurement
CART-NO.: 1-68 ORD-NO.: 027002679 ART-NO.: 681263 SIZE: PIECES: MADE IN: CHINA CART-NO.: 681265 ORD-NO.:	1	SHIPPERS LOAD, STOW AND COUNT FREIGHT COLLECT CY / CY CONTAINER(S) 742 CARTONS LADIES' 100% POLYESTER KNITTED TRACKSUITS (JACKET AND TROUSER) REF P.O.NO.: 42602001 -DO- REF P.O.NO.: 425 /001 -DO- REF P.O.NO.: 642568001 MEN'S 100% POLYESTER KNITTED TROUSERS	KGS 9748.300	CBM 66.78

LADEN ON BOARD REGINA MAER 0010 AT HONG KONG ON JUL 31, 2000

Freight & Charges	Rate	Unit	Prepaid	Collect
EXCH.RATE 7.8265				
Declared Value Charges (see clause 6) for Declared Value of US $	Total Prepaid			
	Total Collect			

Received for carriage as above in apparent good order and condition, unless otherwise stated herein, the goods described in the above particulars.

Delivery of the goods will be made to the consignee or his authorised representative upon proper proof of identity and authorisation without the need of producing or surrendering a copy of this waybill.

Place of Issue HONG KONG	Date JUL 31, 2000

MAER HONG KONG LIMITED
For Dampskibsselskab of 1912, Aktieselskab and
Aktieselskab Dampskibsselskabet Svendborg as carrier

*Applicable only when document used as a Through Sea Waybill

NON-NEGOTIABLE COPY

As Agent only

1. 海运单与海运提单的区别

（1）海运提单是货物收据、运输合同证明、物权凭证；海运单只是货物收据和运输合同证明，不是物权凭证。不可转让，即无须以在目的港提交该单据作为收货条件，船主或其代理人可凭收货人收到的货到通知或其身份证明而向其交货。

（2）提单可以是指示抬头形式，通过背书流通转让；海运单上标明了确定的收货人，不能转让流通。

（3）海运单和提单都可以做成"已装船（shipped on board）"形式，也可以是"收妥备运（received for shipment）"形式。海运单正面各栏目的格式和缮制方法与提单基本相同，只是海运单收货人栏应缮制确定的具体收货人。

（4）提单的合法持有人和承运人凭提单提货和交货，海运单上的收货人并不出示海运单，仅凭提货通知或其身份证明提货。

（5）海运单和记名提单（straight B/L），虽然都具名收货人，不能背书转让，但它们本质不同。记名提单属于提单，是物权凭证，收货人持记名提单可以提货却不能凭海运单提货。

2. 使用海运单对进口商的好处

（1）海运单对于进口商而言是一种安全凭证，不具有转让流通性，可避免单据遗失和伪造提单所产生的后果。尤其是在电子商务模式下，电子提单可能会被黑客盗取，而电子海运单则无此风险。

（2）海运单可以使进口商提货便捷、及时、节省费用，收货人提货时无须出示海运单。这既解决了近途海运货到而提单未到的常见问题，又避免了延期提货所产生的滞期费、仓储费等。

（3）海运单仅涉及托运人、承运人、收货人三方，程序简单，操作方便，有利于货物的转移。

3. 海运单的不足及解决办法

海运单在实践中存在着一些问题，因此，国际海事委员会制定并通过了《海运单统一规则》。海运单的不足主要有：

（1）进口方为收货人，但不是运输契约的订约人，与承运人无契约关系，若出口方发货收款后，向承运人书面提出变更收货人，则原收货人无诉讼权。为解决此问题，《海运单统一规则》第3条规定："托运人订立运输合同，不仅代表自己同时也代表收货人，并且向承运人保证他有此权限"。第6条同时规定："托运人具有将支配权转让收货的选择权，但应在承运人收取货物之前行使，这一选择权的行使，应在海运单或类似的文件上注明。"这些规定既明确了收货人与承运人之间也具有法律契约关系，也终止了托运人在原收货人提货前变更收货人的权利。

（2）对出口商来说，海运单项下的货物往往是货到而单未到，进口商已先行提货，若进口商借故拒付、拖付货款，出口商就会有货款两失的危险。出口商为避免此类情况，可以考虑以进口地银行作为收货人（经银行同意），使货权掌握在银行手中，直到进口商付清货款，或者出口商委托承运人货到代收货款之后再放货。

二、发票

（一）商业发票

商业发票（commercial invoice）（见示样 7－8），习惯上称为发票，是卖方签发给买方的，凭以向买方收款的发货清单，买方进货记账的凭证，买卖双方办理报关、清关、纳税的凭证和卖方对于一笔交易的全面说明。

【示样 7－8】

商业发票

ABC Import and Export Company

COMMERCIAL INVOICE

No. :

Sold to Messrs : _____

Shipped Per : _____ from _____ to _____

Marks & Nos.	Description	Amount

商业发票没有统一的格式，份数没有固定的要求，正副本也无固定要求。进口商应当根据进口报关、记账等需要，在进口合同或进口信用证中明确规定要求的份数（几份正本、几份副本等）。

商业发票的内容一般包括：

（1）出口商的名称及详细地址。

（2）进口人的名称及详细地址。

（3）发票号码、合同号码、信用证号码及出具发票的日期。

（4）起运地、目的地。

（5）运输标志（唛头）及件号。

（6）对商品名称、规格、数量及包装等内容的详细描述。

（7）商品的单价和总值。

（8）其他特殊条款。

（9）出口人（卖方）签章等。

进口商在审核商业发票时，应当注意以下问题：

（1）出票人：即卖方的名称和地址，由于相对固定，出口商通常将此项内容事先印制在发票的正上方或右上方。UCP600 规定："除非信用证另有规定，商业发票必须表明系由信用证中指定的受益人出具。"在可转让信用证项下，商业发票的出票人有时是第二受益人，而不是信用证原规定的受益人。

如果货款采用托收或汇付方式结算，收货人一般应为进口合同的卖方。

（2）收货人：即商业发票的抬头人。根据 UCP600 的规定，除非信用证另有规定，发票应以申请人的名称为抬头。如果信用证另有规定指定发票抬头人，则卖方应按指定缮制。如在信用证中列明"FOR ACCOUNT OF ×××"或"BY ORDER OF ×××"即以此者为抬头。有时两者同时列入，通常以"FOR ACCOUNT OF"后面的名称为发票抬头人。如果来证表示"××× BANK，FOR ACCOUNT OF ×××（公司）"，则按证照填写。

如果货款采用托收或汇付方式结算，收货人一般应为进口合同的买方。

（3）发票、合同、信用证号码及出票日期：发票号码是全套单据的中心编号，不能遗漏，由出口商自行编号填写。有些出口商通过发票号码识别不同种类的商品、不同单证人员、不同年份等。因此，一般发票的编号位数都比较多，有的长达十几位。

发票的出具是以买卖合同为依据，故信用证项下的发票一般都应注明合同号码或订单号码；托收方式下的发票必须填写合同号。

根据 UCP600 规定，发票日期可以早于开证日期，但不得迟于信用证规定的议付有效期。商业发票是所有单据中的核心单据，其他单据的缮制均以商业发票的内容为依据，所以商业发票的出具日期一般在其他单据的出具日期之前。

如果货款采用托收或汇付方式结算，商业发票的出具日期只要在交单日期之前就可以。

（4）货物的描述：信用证结算方式下，商业发票所描述的商品名称必须与进口合同、信用证规定的名称完全一致。例如，信用证规定"苹果"，商业发票不可以表示其统称"水果"；信用证表示其统称，商业发票也应照样以统称表示，必要时再详细列出具体名称。如信用证上的品名为"Machinery and Mill Works，Motors"，则发票上的品名也必须如此标明，而不能仅为"Motors"。如果信用证规定的商品名称是英语以外的第三种外语，也应照样表示。发票中对商品的品质、规格的描述也必须与进口合同、信用证等的规定一致。

如果货款采用托收或汇付方式结算，进口商对上述内容应按照进口合同的规定结合实际装货情况进行审核。

（5）发票的货物数量：信用证结算方式下，发票的货物数量应当与合同和信用证中所规定的数量一致。如果合同或信用证明确表明允许有增减幅度，例如信用证数量为 100 公吨，且规定："Amount of Credit and quantity of merchandise 5% more or less acceptable."（信用证金额和商品的数量可接受 5% 的增减），在这种情况下，如不允许分批装运，实际装运的数量和商业发票的数量最低为 95 公吨，最高为 105 公吨。如信用证规定"100 Metric Tons，5% more or less."，而金额仅是 100 公吨的金额，其数量的增减幅度就只能允许减少 5% 而不许增加 5%，否则商业发票的金额将超过信用证金额，不予议付。如果信用证对货物的数量并没有规定增减幅度，只要信用证没有特别指定其数量不得增减，而且商业发票的金额又不超过信用证金额，那么实际装运的数量和商业发票的数量仍然有 5% 的增减。如果以包装单位或以个数计数者，如箱、包、袋、打、只、套等，上述的数量 5% 增减幅度则不适用。如果信用证规定的数量前有"about""approximately""circa"等类似的词语时，按 UCP600 规定，应理解为数量（单价、金额）可允许有不超过 10% 的增减幅度。另外，商业发票的数量、计量单位、包装条件及货物的运输标志等既要与合同和信用证的规定一致，同时还须与运输单据上所表示的一致。

如果货款采用托收或汇付方式结算，进口商对上述内容应按照进口合同的规定结合实际装货情况进行审核。

（6）发票的单价、总值：商业发票中的单价要完整地表示计量单位、单价金额、计价货币、价格术语等四个组成部分，价格术语后一定要跟随指定的交货地名称，该地名要与运输单据和信用证规定一致，如果信用证只规定笼统的地名（如"Japanese port"），商业发票则表示具体地名。如果信用证对单价条款规定有附加条件时，商业发票应照样表示，如规定装卸费用的承担条件：FI（free in），FO（free out），FIO（free in and out），liner terms 等。

信用证规定单价使用的币别与总金额不一致时，商业发票应按信用证中单价的币别计算出总金额，然后再折合成信用证总金额的币别，并不超过规定的总金额。

信用证和合同规定的单价含有"佣金"的，发票上应照样填写，不能以"折扣"字样代替。如信用证和合同中规定有"现金折扣"（cash discount）字样的，在发票上也应全名照列。

凡属信用证方式，发票的总值不能超过信用证规定的最高金额，按照国际结算惯例的解释，开证银行和进口商可以拒绝接受超过信用证金额的商业发票。

信用证规定扣除佣金时，如"5% commission to be deducted from invoice value"或类似明确要求，商业发票的总金额应按规定表示扣除佣金，扣除后计算出其净额，汇票金额也以其净额出具。如果信用证要求另出具"commission note"（佣金单）或"credit note"（贷记通知单），如"Credit note for 5% of invoice value to be deducted from the amount negotiated."，则商业发票上不表示扣佣，按其货值毛额表示，而汇票则按商业发票的毛额扣除"佣金单"或"贷记通知单"上的金额后以其净额出具。如果信用证没有要求出具佣金单或贷记通知单，却规定汇票按商业发票毛额减一定的百分比作为扣除佣金，例如"Drafts to be drawn for full CIF value less 5% commission, invoice to show full CIF value."，商业发票则不表示扣佣金情况，汇票金额以扣除佣金后的净额出具。如果信用证规定"Beneficiary's drafts are to be made out for 95% of invoice value."，则汇票金额直接按商业发票金额 95% 出具。有的信用证规定由议付行在议付时扣除佣金，例如信用证条款规定"5% commission must be deducted from drawings under this credit at the time of negotiation, but invoice and draft to be drawn on full CIF value."，根据这样的条款，商业发票按 CIF 的毛额表示，不表示扣佣的过程，但在议付时由议付行负责扣除 5% 给开证人。

有的信用证不规定扣佣金，而且信用证的总额也是未扣佣金的毛额，则商业发票不应扣除。如果按合同规定其价格包含佣金在内，应在收回其毛额货款后，再办理汇款支付佣金，即所谓暗扣佣金。

如果信用证中规定有额外费用，如选港费（optional charges）、港口拥挤费（port congestion charges）、超额保费（additional premium）等由买方负担的，制作发票时也应将其列明并加在总金额内。如果信用证内未注明，而仅在合同中规定由买方负担的，就不能在信用证内支付，卖方只能在发票上注明额外费用采用托收办法，并另行开具托收汇票委托银行收取。

如果货款采用托收或汇付方式结算，进口商对上述内容应按照进口合同的规定结合实际装货情况进行审核。

需要特别强调的一点是，进口货物贸易的进口报关单的金额与其商业发票的金额一般是相等的。但不相等时也并不矛盾。比如进口合同中规定分批交货分批付款时，或者商业发票金额中含有其他的一些费用（佣金、安装费用等）。

（7）运输工具、起运地和目的地：两者均应严格按照合同与信用证的规定填写。陆运显示 Per Rail，海运显示 Per Vessel。若货物需转运，转运地也应载明。

如果货款采用托收或汇付方式结算，进口商对上述内容应按照进口合同的规定结合实际装货情况进行审核。

（8）标记与唛头：发票中的唛头必须与合同和信用证的规定一致，若合同或信用证中未作规定，则由卖方自由填写或者填写"N/M"。

（9）如果进口商在进口合同中或在信用证中要求在发票内加列船名、原产地、生产企业的名称、进口许可证号码（import license No.）、关税号（customs tariff No.）、外汇核准号（exchange permit No.）等，要求卖方证明发票内容的正确与真实、货物产地、价值等；要求发票中注明净重、毛重、海洋运费、船名、银行登记号等，那么卖方应当在发票结尾部分逐项注明这些内容，不可遗漏。

（10）出口商的签章：如果进口商要求已签署的发票（singed commercial invoices），那么应当在合同或信用证中明确规定。如果合同和信用证中没有要求已签署的商业发票，那么允许卖方提交没有签字的商业发票。进口商应当审核发票上的卖方名称、地址是否有误，是否与进口合同中的卖方名称、地址一致。

（二）其他一些特殊发票

1. 证实发票

有的进口商要求卖方提交证实发票（certified invoice）。所谓证实发票，是指加注有证实发票内容真实无误文句的商业发票。比如进口商要求卖方在商业发票上加注文句，以说明发票所列内容的真实性、正确性，即在商业发票上加注："We hereby certify that the contents of invoice herein are true and correct."（兹证实此发票内容真实无误）。

2. 联合发票

有的国外卖方把商业发票和产地证结合在一起（即在商业发票上注明："The above

goods are of…Origin."），或者把发票、产地证和保险凭证结合在一起（即在商业发票上除了加注上列表明产地证的文句外，再加注已投保××险别），此即联合发票（combined invoice）。因为联合发票使用起来不方便，所以我国进口贸易中，进口商一般不能接受。

3．厂商发票

我国海关估价计税及核定进口货物的成本价以确定是否存在倾销时，可能要求提供厂商发票（manufacture's invoice）。厂商发票是由货物的制造厂商所出具的以制造国货币计算价格，用以证明货物在出口国国内市场的出厂价格的一种发票。厂商发票的出具者是产品的实际生产制造商，发票的抬头人应当是出口商；厂商发票的出票日期要早于商业发票日期；价格要以出口国货币标明；厂商发票上的货物名称、规格、数量、件数等必须与商业发票一致；最后在下面由厂方签字盖章。

4．形式发票

形式发票（pro-forma invoice）又称预开发票、报价发票、估价发票，是卖方应买方要求在货物出运前出具的一种非正式发票。其主要作用是用作交易的发盘或供买方向本国有关当局申请进口许可证及审批外汇之用。发票内容包括拟售货物的商品名称、数量、规格、单价等栏目。

形式发票无统一格式，其上端通常印有"形式发票"字样。有些出口公司则习惯在发票字样前加印"pro-forma"一词，其余各项内容与商业发票一致。

形式发票是一种非正式的参考性发票，并非基于实际售货而制作，也不作为付款凭证，买卖双方均不受其约束，正式交易时需另开正式的商业发票。

三、包装单据

包装单据（packing documents）是指记载或描述商品包装情况的单据，是商业发票的附属单据。包装单据是进口地海关验货、公证行检验、进口商核对货物时的依据之一，用以了解包装件号内的具体内容和包装情况。

（一）包装单据的常见种类

不同商品有不同的包装单据，常用的有以下几种：

1．包装单（packing list/packing slip）

包装单（见示样7-9）用以表明包装货物的名称、规格、数量、唛头、箱号、件数、重量及包装情况，应当尽可能详细地描述每件包装的细节，包括商品的货号、色号、尺寸搭配、毛净重及包装的尺码等。

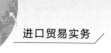
【示样 7 - 9】

包装单

ACABALA MACHINERY DEVELOPMENT CO．，LTD
6116 RIDGEWOO Rd，RIDGELAND，MISSISSIPPI，UNITED STATES

MARKS：			PACKING LIST		INVOICE NO.：		
					DATE：		
					S/C NO.：		
LOADPORT：		VIA：			DESTINATION：		
PAYMENT：				L/C NO.：			
ITEMS	PACKAGES		DESCRIPTION & SPECIFICATION	QUANTITY	G. W. (KGS)	N. W. (KGS)	VOL (CBM)
TOTAL：							

2．重量单（weight list）（见示样 7 - 10）

除包装单上的内容外，清楚地表明进口商品每件包装的毛重、净重及总重量的情况，供买方安排运输、存仓时参考。

【示样 7 - 10】

重量单

ACABALA MACHINERY DEVELOPMENT CO．，LTD

Add：6116 RIDGEWOO Rd，RIDGELAND，　　Invoice No.：

MISSISSIPPI，UNITED STATES　　Date：

WEIGHT LIST

TO：

L/C NO.：　　ISSUED BY：

SHIPPED PER　　SAILING DATE：

FROM　　TO　　CONTRACT NO：

MARKS & NUMBERS QUANTTIES AND DESCRIPTIONS　　QTY　　G. W.　　N. W.

TOTAL：

3. 尺码单（measurement list）

偏重于说明货物每件的尺码和总尺码，即在包装单内容的基础上再重点说明每件、每不同规格项目的尺码和总尺码。如果不是统一尺码，应逐件列明。

4. 其他

如包装说明（packing specification）、详细包装单（detailed packing list）、包装提要（packing summary）、重量证书（weight certificate）、磅码单（weight memo）、花色搭配单（assortment list）等。

（二）进口商审核包装单据时应当注意的事项

（1）审核包装单据名称、种类、份数及内容是否与进口合同和信用证内的规定一致。

（2）包装单据的内容应当与货物的实际包装相符，并与商业发票、提单等有关内容一致。进口地海关根据进口报关时预录入内容，与理货公司或船公司提供的电子舱单核对，内容一致就可通过。反之，就不能顺利通关。

（3）毛重、净重应列明每件的毛重和净重，总的毛重和净重数字必须与发票和运输单据、产地证等其他单据中的有关数字相符。

（4）如果进口合同或信用证规定要列明内包装情况（inner packing），则必须在单据中充分表示出来。例如：信用证规定，每件装一胶袋，每打装一盒，每20打装一纸箱，则包装单据上须注明："Packing each piece in a poly bag, one dozen in a cardboard box and then 20 dozens in a carton."。

（5）关于集装箱装箱单的特殊说明。集装箱装箱单是详细记载集装箱和货物名称、数量等内容的单据。国际贸易中，每个载货的集装箱都要制作这样的单据，它是根据已装进集装箱内的货物制作的。

不论是由货主装箱，还是由集装箱货运站负责装箱，集装箱装箱单是详细记载每个集装箱内所装货物情况的唯一单据。因此，集装箱装箱单的内容记载准确与否，对保证集装箱货物的安全运输有着密切的关系。集装箱装箱单填制的每项内容一定要正确无误。特别是品名、件数、数量、重量等，一定要与实物一致。否则，一旦被进口地海关查实，轻则将以走私货罚没，重则要追究刑事责任。

四、商检证明

商检证明（certificate of inspection），也可称为商检证书，是由买卖双方之外的第三方的商检机构对卖方拟交付或已经交付的货物按照一定的标准进行检验之后，签发的证明被检验货物的品质、数量、包装以及唛头等状况的一种证书。商检证明是证明卖方交货品质、数量、包装以及唛头等是否符合贸易合同或有关进出口国家关于检验检疫法律法规规定的重要单据之一。因此，国际贸易中的进口商，特别是FOB、CFR或CIF合同下的进口商，通常都要求出口商提交合格的装船前商检证明。

商检证明没有统一的格式，由各商检机构自行制定并出具。示样 7 – 11 是某商检机构的商检证明样本，供读者参考。

【示样 7 – 11】

商检证明

××××× INSPECTION CO. , LTD
CERTIFICATE OF QUANTITY AND QUALITY

DATE：

TO WHOM IT MAY CONCERN

SELLER：	
DATE OF INSPECTION：	
L/C NO. ： S/C NO. ： ORDER NUMBER：	
GOODS INSPECTED：	
QUANTITY DECLARED：	

- -

RESULTS OF INSPECTION：

PACKING：	

SHIPPING MARK：

QUALITY：	THE GOODS WERE SAMPLED BY ... PORT BEFORE LOADING AND ANALYZED IN ACCORDANCE WITH ... STANDARD WITH THE RESULTS AS FOLLOWS： ... ...
WEIGHT：	THROUGH WEIGHED ON A TESTED SCALE BEFORE LOADING, THE TOTAL QUANTITY OF THE GOODS TO BE SHIPPED WAS FOUND AS FOLLOWS：

TOTAL NET WEIGHT：...
TOTAL QUANTITY：...

CONCLUSION：	THROUGH OUR INSPECTION, THE QUANTITY AND QUALITY OF THIS LOT OF GOODS WERE FOUND ...

———————   ———————

进口商在审核商检证明的时候，首先要审核其出证机构是否符合进口合同以及有关信用证（如有）的要求，审核其出证机构的签章或签字是否有伪造或变造的迹象。其次审核商检的标准、结果和结论是否符合进口合同以及有关信用证的要求，其内容是否有伪造或变造的迹象等。

五、保险单

保险单是保险公司签发的，证明保险公司负有保险责任的凭证。被保险货物发生承保范围内的损失之后，被保险人或受益人应当凭保险单向保险公司索赔。在 CIF 或 CIP 合同下，依据 Incoterms® 2020 的解释，出口商应当购买跨国货物运输的保险，而货物在跨国货物运输途中如果遭受了风险损失，则由进口商承担。因此，这类进口合同或其信用证中，进口商都会要求出口商提交有关的保险单（见示样7-12）。

保险单的主要内容包括正面内容和背面内容。正面内容一般是表格形式，保险合同成立以及投保人交付保险费之后，由保险公司填制；背面内容则是保险公司印制好的格式条款，主要用以说明保险公司的责任和义务等。

保险单正面内容主要有：

（1）保险人（insurer）：即承保人，一般为保险公司或保险商或其代理人，但不是保险经纪人。进口商在审核保险单的时候，应当审核保险人的资信水平。

（2）被保险人（insured）：即保险的抬头。一般谁投保，谁为被保人。在 CIF 或 CIP 合同下，是由出口商投保的，而如果将来货物在跨国运输途中有损失，则由进口商向保险公司索赔，所以进口商在付款赎单的时候，一定要确保出口商已经对保险单做了必要的背书转让手续（即出口商要将保险单合格背书转让给进口商），或者进口商要求出口商投保的时候，就让保险公司出具进口商为被保险人的保险单。

（3）唛头和号码（marks & nos.）：应与发票和运输单据一致。如果唛头较复杂，可注"AS PER INVOICE NO. ..."（被保险人索赔时一定要提交发票）。

（4）保险货物项目（description of goods）：应与发票相符。如果货名过多，可只写统称，但不能与发票及其他单据的货物描述有冲突。

（5）包装及数量（package & quantity）：填写最大包装的件数。若为裸装货，可注明本身数量。

（6）保险金额与货币（amount insured and currency）：按惯例 Incoterms® 2020 的解释，除非合同或 L/C 另有规定，出口商应当按 CIF 或 CIP 价值或发票价值加一成（10%）投保。合同或信用证有特殊规定的，以合同或信用证的特殊规定为准。一般情况下，如果合同或信用证要求的保险金额超出了货款的110%，则出口商一般会要求进口商承担超出的保险费。

保险金额尾数进位取整（末位进位成相对整数），金额大小写必须一致，且使用与合同、L/C、发票、汇票等相同的货币。

（7）保险费和保险费率（premium and rate）：一般由保险公司印上"AS ARRANGED"，而不必填具体金额。但是如果进口合同或者 L/C 要求必须显示保险费和保险费率，则应将印就的"AS ARRANGED"删去，加盖核对章后打上"PAID"字样。

（8）船名或装运工具（per conveyance s. s）：若为海运（by sea, by streamer, by vessel per s. s），应在运输方式后填写装载船只的船名和航次。如以两程船完成整个航运，按提单第一程船名为 MAYER，第二程船名为 SOVIA，则此栏应填写 MAYER/ SOVIA。如为陆运（包括铁路运输 by rail, by railway, by train 等；公路运输 by truck, by road, by highway 等），此栏应填具车名、车皮号或运单号。如为空运（by air, by air plane, by airway 等），此栏应在运输方式后加航班号或运单号。如为邮运（by post, by parcel post, by mail 等），则加邮据号。

（9）开航日期约于（sailing on or about）：通常填提单装运日期，若填写时尚不知准确提单日（如备运提单），可填写准确提单日期前后 5 天内任一天的估计日期，也可填 as per b/l, as per air waybill 或 as per cargo receipt 或 as per transport document 等。

（10）起讫地点（from __ to __）：应按 B/L，填写 FROM 装运港 TO 目的港 W/A（或 VIA）转运港。当货物转运内陆时，应具体写明内陆城市名称。

（11）承保险别（conditions）：一般应包括具体投保险别、保险责任起讫时间、适用保险条款的文本及日期等。险别应按进口合同或 L/C 规定具体填列，不可笼统写成"海运保险"（marine clauses）。若进口合同或 L/C 规定的不明确，如要求投保一般险（usual risks）或惯常险（customary risks），开证银行可按保单填列的任何险别予以接受，对未经投保的任何险别不予负责，进口商也无权拒付。

（12）赔付地点（claim payable at）：一般为目的地。如果进口商有特殊需要，在签订进口合同或开立信用证时应当明确规定。

（13）理赔地点：一般为目的地，具体地址由保险公司提供。

（14）出单地点和日期：出单地点为保险公司所在地。按照有关国际惯例，保险手续应当在货物装船前或货交承运人前办理。因此，保险的出单日期至少不能晚于提单日、发运日或接受监管日，以保证符合事先投保的原则。

当保单以批单方式加以修改时，若批单日期迟于提单装运日期，应在批单上加注生效日，并与保单日期保持一致。

（15）背书（endorsement）：出口商向银行或进口商交单结汇时，除须将提单转让外，在保单正本及第二联的背面也应加盖背书签章，将保单的权益随同保险标的物权的转移一起转给后面的单据持有人（进口商）。单据持有人成为新的被保险人，享有就受损货物向保险人索偿的权利。

（16）保险单份数（copies of insurance policy）：UCP600 规定，除非 L/C 另有授权，如保险单据表明所出具正本单据系一份以上，则必须提交全部正本保险单据。这一规定是为了避免一旦发生损失索赔时，不同的持单人，如进口商、出口商、银行等均可分别向保险公司索赔。因此，进口商在付款赎单时，应当关注保险单是不是全套。

（17）保险人的签字、盖章。保险单上任何修改的地方都必须加盖校对章，进口商在审核保险单的时候，除了审核保险单的内容是否有伪造或变造的迹象，还应当审核保险公司的签章或签字是否有伪造或变造的迹象。

【示样 7 – 12】

保险单

中国人民保险公司
The People's Insurance Company of China

PICC

总公司设于北京　　　　一九四九年创立
Head Office Beijing　　　Established in 1949

货物运输保险单
CARGO TRANSPORTATION INSURANCE POLICY

发票号(INVOICE NO.)
合同号(CONTRACT NO.)　　　　　　　　　　　　保单号次
信用证号(L/C NO.)　　　　　　　　　　　　　　POLICY NO.
被保险人:
INSURED:

中国人民保险公司(以下简称本公司)根据被保险人的要求,由被保险人向本公司缴付约定的保险费,按照本保险单承保险别和背面所载条款与下列特款承保下述货物运输保险,特立本保险单。
THIS POLICY OF INSURANCE WITNESSES THAT THE PEOPLE'S INSURANCE COMPANY OF CHINA (HEREINAFTER CALLED "THE COMPANY")AT THE REQUEST OF THE INSURED AND IN CONSIDERATION OF THE AGREED PREMIUM PAID TO THE COMPANY BY THE INSURED,UNDERTAKES TO INSURE THE UNDERMENTIONED GOODS IN TRANSPORTATION SUBJECT TO THE CONDITIONS OF THIS OF THIS POLICY ASPER THE CLAUSES PRINTED OVERLEAF AND OTHER SPECIAL CLAUSES ATTACHED HEREON.

标　记 MARKS&NOS	包装及数量 PACKAGE & QUANTITY	保险货物项目 DESCRIPTION OF GOODS	保险金额 AMOUNT INSURED

总保险金额
TOTAL AMOUNT INSURED: _____

保费:　　　　　　　　　　　启运日期　　　　　　　　　　装载运输工具:
PREMIUM: _____ DATE OF COMMENCEMENT: _____ PER CONVEYANCE: _____
自　　　　　　　　　　　　经　　　　　　　　　　　　至
FROM _____ VIA _____ TO _____
承保险别:
CONDITIONS:

所保货物,如发生保险单项下可能引起索赔的损失或损坏,应立即通知本公司下述代理人查勘。如有索赔,应向本公司提交保单正本(本保险单共有 _____ 份正本)及有关文件。如一份正本已用于索赔,其余正本自动失效。
IN THE EVENT OF LOSS OR DAMAGE WITCH MAY RESULT IN A CLAIM UNDER THIS POLICY, IMMEDIATE NOTICE MUST BE GIVEN TO THE COMPANY'S AGENT AS MENTIONED HEREUNDER. CLAIMS,IF ANY,ONE OF THE ORIGINAL POLICY WHICH HAS BEEN ISSUED IN ___ORIGINAL(S) TOGETHER WITH THE RELEVANT DOCUMENTS SHALL BE SURRENDERED TO THE COMPANY. IF ONE OF THE ORIGINAL POLICY HAS BEEN ACCOMPLISHED. THE OTHERS TO BE VOID.

中国人民保险公司
The People's Insurance Company of China

赔款偿付地点
CLAIM PAYABLE AT _____
出单日期
ISSUING DATE _____　　　　Authorized Signature _____

PICC 中国人保财险股份有限公司

PICC **Property** and **Casualty** **Company** Limited

总公司设于北京　　一九四九年创立

Head Office Beijing　　Established in 1949

海 洋 货 物 运 输 保 险 单

MARINE **CARGO TRANSPORTATION INSURANCE POLICY**

发票号码 Invoice No.　　　　　　　　　　保单号次 **Policy No.**

被 保 险 人

Insured:

中保财产保险有限公司（以下简称本公司）根据被保险人的要求，及其所缴付约定的保险费，按照本保险单承担险别和背面所载条款与下列特别条款承保下列货物运输保险，特签发本保险单。

This policy of Insurance witnesses that The People Insurance (Property) Company of China, Ltd. (hereinafter called the Company) at the request of the Insured and in consideration of the agreed premium paid by the Insured, undertakes to insure the under mentioned goods intransportation subject to the conditions of this Policy as per the Clauses printed overleaf and other special clauses attached hereon.

货物标记 Marks of Goods	包装单位 Packing Unit	保险货物项目 Description of Goods	保险金额 Amount Insured

总保险金额:

Total Amount Insured:

保险费 Premium	开航日期 Sig. **On** or abt.	装载运输工具 Per conveyance S. S.
起运港 From	中转港 Via	目的港 To

承保险别 **Conditions**:

所保货物，如发生本保险单项下可能引起索赔的损失或损坏，应立即通知本公司下述代理人查勘。如有索赔，应向本公司提交保险单正本（本保险单共有2份正本）及有关文件。如一份正本已用于索赔，其余正本则自动失效。

In the event of damage which may result in a claim under this Policy, immediate notice be given to the Company Agent as mentioned hereunder. Claims,if any,one of the Original Policy which has been issued in TWO Original(s) together with the relevant documents shall be surrendered to the Company,if one of the Original Policy has been accomplished,the othersto be void.

赔款偿付地点

Claim payable at

日期

Date

中国人保财险股份有限公司天津分公司

PICC Property & Casualty Co Ltd, Tianjin **Branch**

六、产地证

产地证明书是出口国政府有关机构签发的证明货物原产地和制造地的证明文件，主要用于进口国海关实行差别关税，实施进口税率和进口配额等不同国别政策的依据。我国目前实行的原产地规则主要有优惠原产地规则和非优惠原产地规定。对应地，进口货物报关时，使用的原产地证明也不同。进口商应当了解和掌握不同的原产地规则及产地证。

我国目前的原产地规则的具体内容参见本书第二章第六节。我国进口商在审核优惠原产地规则下的原产地证时应当注意的事项如下。

1.《亚太贸易协定》产地证

进口商在审核《亚太贸易协定》规则的原产地证时应当注意：原产地证书的发证机构名称、签章应当与海关总署发布的有关原产地证书的发证机构及其签章的备案材料一致；原产地证书所列的出口商名称和地址、运输方式、货物名称、规格型号、重量、发票号码及日期等内容应当与进口合同、发票、装箱单及货物的实际情况等一致。

一个原产地证书只适用于一批进口货物，不可多次使用。进口商不能在进口报关当时提交原产地证书的，由海关依法确定进口货物的原产地并据以确定适用税率。货物征税放行后，自货物进境之日起 90 日内补交原产地证书的，经海关核实应当实施《亚太贸易协定》税率的，对按原税率多征的税收予以退还。

2.《中国—东盟自由贸易区原产地规则》产地证

进口商在审核《中国—东盟自由贸易区原产地规则》的原产地证时应当注意：原产地证书的发证机构名称、签章应当与海关总署发布的有关原产地证书的发证机构及其签章的备案材料一致；原产地证书所列的进出口商名称和地址、运输工具及路线、包装唛头及编号、包装件数及种类、货物名称（包括数量及进口国 HS 编码）、重量及价格、发票号码及日期等内容应当与进口合同、发票、装箱单及货物的实际情况等一致。

原产地证书应当自签发之日起 4 个月内向我国海关提交；如果经过第三方转运，提交期限延长为 6 个月；因不可抗力或者其他正当理由超过期限提交原产地证书的，海关审核后可以接受；原产于东盟国家的进口货物每批产品的 FOB 价不超过 200 美元的，无须原产地证书，但进口商需向海关提交出口商对有关产品原产于该出口成员国的声明。一个原产地证书只适用于一批进口货物，不可多次使用。

进口商不能在进口报关当时提交原产地证书的，由海关依法确定进口货物的原产地并据以确定适用税率。原产地证书应当在东盟国家出口时签发，允许在货物装运之日起 1 年内补发，但是应当在补发的产地证上注明"补发"字样。补发的产地证提交给我国海关之后，经海关核实应当实施中国—东盟协定税率的，对按原税率多征的税收予以退还。

3. 港澳 CEPA 产地证

进口商在审核港澳 CEPA 原产地证时应当注意：原产地证书的发证机构名称、签章应当与海关总署发布的有关原产地证书的发证机构及其签章的备案材料一致；原产地证书必须在有效期内使用，且所列的签发地区、到货口岸、数量等内容应当与合同及货物的实际情况等一致。原产地证书应当与海关联网核对无误。一个原产地证书只适用于一批进口货物，不可多次使用。

4.《中国—巴基斯坦自由贸易区原产地规则》产地证

进口商在审核《中国—巴基斯坦自由贸易区原产地规则》的原产地证时应当注意：原产地证书应当用 A4 纸印制，所用文字为英语；应当由巴基斯坦有关政府机构在货物出口前、出口时或在货物实际出口后 15 日内签发；允许在货物装运之日起 1 年内补发，但是应当在补发的产地证上注明"补发"字样。

发证机构的名称、签章应当与海关总署发布的有关原产地证书的发证机构及其签章的备案材料一致；原产地证书所列的进出口商名称和地址、运输工具及路线、包装唛头及编号、包装件数及种类、货物名称（包括数量及进口国 HS 编码）、重量及价格、发票号码及日期等内容应当与进口合同、发票、装箱单及货物的实际情况一致。

如果原产地证书被盗、遗失或毁坏，在该证书签发之日起 1 年内，进口商可以要求出口商向原发证机构申请签发证实的原产地证书复制本，原产地证书第 12 栏内需注明"经证实的真实复制本"，并注明原证的签发日期。除不可抗力外，原产地证书应当自签发之日起 6 个月内向我国海关提交，如果经过第三方转运，提交期限延长为 8 个月。

5."特别优惠关税待遇"项下受惠进口货物产地证

进口商在审核"特别优惠关税待遇"项下进口货物原产地证时应当注意：原产地证书的发证机构名称、签章应当与海关总署发布的有关原产地证书的发证机构及其签章的备案材料一致；用 A4 纸印制，所用文字为英语。进口商做进口报关时，应当向海关提交正本及第二副本。

6.《中国—智利自由贸易区原产地规则》产地证

进口商在审核《中国—智利自由贸易区原产地规则》项下进口货物原产地证时应当注意：原产地证书必须符合规定格式，所用文字为英语，并加盖有"ORIGINAL"字样的印章。原产地证书自签发之日起 1 年内有效。进口商应当在有效期内提交原产地证书。

7.《中国—韩国自由贸易协定》原产地规则项下产地证

应当同时符合下列条件：

（1）原产地证书应当由韩国授权机构在货物装运前、装运时或者装运后 7 个工作日内签发。

（2）具有签名以及印章等安全特征，并且印章应当与韩国通知中国海关的印章样本相符合。

（3）以英文填制。

（4）具有不重复的证书编号。

（5）注明货物具备原产地资格的依据。

（6）自签发之日起 12 个月内有效。

原产地证书未能在货物装运前、装运时或者装运后 7 个工作日内签发的，原产地证书可以在货物装船之日起 12 个月内补发。补发的原产地证书应当注明"补发"字样。

8.《中国—澳大利亚自由贸易协定》原产地规则项下产地证

应当同时符合下列条件：

（1）原产地证书应当由澳大利亚授权机构在货物出口前或者出口时签发。

（2）具有澳大利亚通知中国海关的印章样本等安全特征。

（3）以英文填制。

（4）自签发之日起 12 个月内有效。

9.《中国—瑞士联邦自由贸易协定》原产地规则项下产地证

应当同时符合下列条件：

（1）由瑞士授权机构在货物出口前或者出口时签发。

（2）含有瑞士通知中国海关的印章样本等安全特征。

（3）以英文填制。

（4）自签发之日起 12 个月内有效。

10.《中国—冰岛自由贸易协定》原产地规则项下产地证

应当同时符合下列条件：

（1）具有唯一的证书编号。

（2）列明同一批进口货物的一项或者多项货物。

（3）注明货物具有原产资格的依据。

（4）具有冰岛通知中国海关的签名或者印章样本等安全特征。

（5）以英文打印填制。

第八节　办理进口报关及检验检疫手续

我国《海关法》第八条规定："进出境运输工具货物、物品必须通过设立海关的地点进境或者出境"。一般情况下，只有海关监管货物才需要办理海关通关手续，非海关监管货物与海关没有直接监管关系。

海关监管货物，指尚未办结海关手续的，自进境起到办结海关手续止的进口货物；自向海关申报起到出境止的出口货物；自进/出境起到复出/进境止的暂准进出境货物；自进境起到出境止的过境、转运和通运货物等应当接受海关监管的货物。

根据货物进出境的目的不同，海关监管货物可以分成五大类，即一般进出口货物、保税货物、特定减免税货物、暂准进出境货物、过境/转运/通运货物以及其他尚未办结海关手续的货物。

一、进口报关的基本程序

进口报关的基本程序按时间先后可以分为三个阶段：前期阶段、进口阶段和后续阶段。

（一）前期阶段

前期阶段指进口货物收货人或其代理人根据海关对进境货物的监管要求，在货物进口以前，向海关办理备案手续的过程。主要包括：

（1）保税加工货物进口之前，进口货物收货人或其代理人办理加工贸易备案手续，申请建立加工贸易电子账册、电子化手册或者申领加工贸易纸质手册。

（2）特定减免税货物进口之前，进口货物收货人或其代理人办理货物的减免税申请手续，申领减免税证明。

（3）暂准进出境货物进口之前，进口货物收货人或其代理人办理货物暂准进出境备案申请手续。

（二）进口阶段

进口阶段指进口货物收货人或其代理人根据海关对进出境货物的监管要求，在货物进境时，向海关办理进口申报、配合查验、缴纳税费、提取货物手续的过程。所有种类的进口货物报关程序都有这一阶段。

在进口阶段，进口货物收货人或其代理人需要完成三个环节的工作：

1. 进口申报及税费缴纳环节

进口申报及税费缴纳指进口货物收货人或其代理人在海关规定的期限内，按照海关规定的形式，向海关报告进口货物的情况，自行缴纳税费，提请海关按其申报的内容放行进口货物的工作环节。海关与该环节对应的工作为"审核申报材料"。

2. 配合关检查验

关检查验是指海关在接受报关单位的申报，通过对进口货物进行实际的核查及检验检疫，以确定其报关单证申报的内容是否与实际进口的货物相符，是否符合我国检验检疫法律法规的一种监管方式。

配合关检查验指申报进口的货物经海关决定查验时，收货人或其代理人到达查验现场，配合海关以及检验检疫人员查验货物，按照要求搬移货物、开拆包装以及重新封装货物的工作环节。

3. 提取货物

提取货物是指在海关发送放行指令后，进口货物收货人或其代理人提取进口货物的环节。

关检查验合格后，海关统一发送一次放行指令，海关监管作业场所经营单位凭海关放行指令为企业办理货物提离手续。

（三）后续阶段

后续阶段指进口货物收货人或其代理人根据海关对进出境货物的监管要求，在货物进出境储存、加工、装配、使用、维修后，在规定的期限内，按照规定的要求，向海关办理上述进口货物的核销、销案、申请解除监管等手续的过程。主要包括：

（1）保税加工货物，进口货物收货人或其代理人在规定期限内办理申请核销的手续。

（2）特定减免税货物，进口货物收货人或其代理人在海关监管期满，或者在海关监管期内经海关批准出售、转让、退运、放弃并办妥有关手续后，向海关申请办理解除海关监管的手续。

（3）暂准进境货物，收货人或其代理人在暂准进境规定期限内，或者在经海关批准延长暂准进境期限到期前，办理复运出境手续或正式进口手续，然后申请办理销案手续。

（4）其他进出境货物中的出料加工货物、修理货物、部分租赁货物等，进出口货物收发货人或其代理人在规定的期限内办理销案手续。

二、一般进口货物的范围及报关程序

一般情况下，进口货物是指在办结了所有必要的海关手续并缴纳了必要的税费，海关放行之后不再进行监管，可以直接进入生产和消费领域流通的进口货物。一般进口货物不是指一般贸易货物。

（一）一般进口货物的范围

实际进口的货物，除特定减免税进口货物外，都属于一般进口货物的范围。一般进口货物主要有：

（1）一般贸易进口货物。

（2）转为实际进口的保税货物、暂准进境货物。

（3）易货贸易、补偿贸易进口货物。

（4）不批准保税的寄售代销贸易货物。

（5）承包工程项目实际进口货物。

（6）外国驻华商业机构进口陈列用的样品。

（7）随展览品进境的小卖品[①]。

（8）免费提供的进口货物，如外商在经济贸易活动中赠送的进口货物，外商在经济贸易活动中免费提供的试车材料，我国境外的企业、机构向国内单位赠送的进口货物等。

---

① "随展览品进境的小卖品"属于"小商品"中的一种。只是贸易商人通常用"小卖品"表达，以与展览品、赠品等相区别。

（二）一般进口货物的报关程序

一般进口货物的报关程序没有前期阶段和后续阶段，只有进口阶段，由四个环节构成，即进口申报、税费缴纳、配合关检查验和提取货物。

进口货物的收货人或其代理人应当自装载货物的运输工具申报进境之日起 14 日内，向海关申报进口。

申报期限的最后一天是法定节假日或休息日的，顺延至法定节假日或休息日后的第一个工作日。进口货物自装载货物的运输工具申报进境之日起超过 3 个月仍未向海关申报的由海关提取并依法变卖。对不适宜长期保存的货物，海关可以根据实际情况提前处理。

经收货人申请和海关同意，进口货物可以在设有海关的货物指运地申报。以保税货物、特定减免税货物和暂准进境货物申报进境的货物，因而改变使用目的从而改变货物性质转为一般进口时，进口货物收货人或其代理人应当在货物所在地的主管海关申报。

一般进口货物通关的具体操作程序如下：

1. 准备进口申报单证

进口申报单证包括进口报关单和随附单证，目前大部分可以使用电子数据。随附单证包括基本单证和特殊单证。基本单证包括进口提货单据、商业发票、装箱单等；特殊单证包括进口许可证件、加工贸易手册、特定减免税证明、原产地证书和贸易合同等。

进口货物报关单是由报关员按照根据随附单证和海关规定的格式填制的申报单，是进口单位向海关提供审核是否合法进口货物的凭据，也是海关据以征税的主要凭证。同时，进口货物报关单还作为国家法定统计资料的重要来源。因此，进口单位要如实填写，不得虚报、瞒报、拒报和迟报，更不得伪造、篡改。随附单证必须齐全、有效、合法，报关单与随附单证数据必须一致。

进口申报时，企业可以通过国际贸易"单一窗口"系统或者海关总署网站"互联网＋海关"系统在线填写并报送进口货物报关单及随附单证。

2018 年 6 月我国海关总署同步编写并对外发布《进出口货物报关单填制规范》（海关总署 2018 年第 60 号公告）、《进出口货物报关单和进出境货物备案清单格式》（海关总署 2018 年第 61 号公告）、《进出口货物报关单申报电子报文格式》（海关总署 2018 年第 67 号公告）等公告。即将原报关单、报检单整合形成一张报关单，实现报关报检"一张大表"货物申报；将原报关、报检单据单证整合为一套随附单证；将原报关、报检参数整合为一组参数代码；将原报关、报检申报系统整合为一个申报系统。2019 年 1 月我国海关总署对外发布《关于修订〈中华人民共和国海关进出口货物报关单填制规范〉的公告》（海关总署 2019 年第 18 号公告），又调整了报关单部分栏目的填制规范（见示样 7 - 13）。

【示样 7 - 13】
海关总署 2018 年第 61 号公告中"进口货物报关单"样本

 中华人民共和国海关进口货物报关单

预录入编号：　　　　海关编号：　　（××海关）　　　　页码/页数：

境内收货人	进境关别	进口日期	申报日期	备案号
境外发货人	运输方式	运输工具名称及航次号	提运单号	货物存放地点
消费使用单位	监管方式	征免性质	许可证号	启运港
合同协议号	贸易国（地区）	启运国（地区）	经停港	入境口岸

包装种类	件数	毛重（千克）	净重（千克）	成交方式	运费	保费	杂费

随附单证及编号

标记唛码及备注

项目	商品编号	商品名称及规格型号	数量及单位	单价/总价/重制	原产国（地区）	最终目的国（地区）	境内目的地	征免

报关人员　　报关人员证号　　电话　　　　|　海关批注及签章
兹申明对以上内容承担如实申报、依法纳税之法律责任
申报单位　　　　　　　申报单位（签章）

根据海关总署 2019 年第 18 号公告的规定，海关特殊监管区域企业向海关申报货物进出境、进出区，应填制"中华人民共和国海关进（出）境货物备案清单"，海关特殊监管区域与境内（区外）之间进出的货物，区外企业应填制"中华人民共和国海关进（出）口货物报关单"。保税货物流转按照相关规定执行。"中华人民共和国海关进（出）境货物备案清单"比照《中华人民共和国海关进出口货物报关单填制规范》的要求填制。根据海关总署 2019 年第 18 号公告的规定，海关总署 2018 年第 61 号公告中"进口货物报关单"的各栏目及其填制规范如下：

（1）预录入编号。预录入编号是指预录入报关单的编号，一份报关单对应一个预录入编号，由系统自动生成。

报关单预录入编号为 18 位，其中第 1～4 位为接受申报海关的代码（海关规定的《关区代码表》中相应海关代码），第 5～8 位为录入时的公历年份，第 9 位为进出口标志（"1"为进口，"0"为出口；集中申报清单"I"为进口，"E"为出口），后 9 位为顺序编号。

（2）海关编号。海关编号是指海关接受申报时给予报关单的编号，一份报关单对应一个海关编号，由系统自动生成。

报关单海关编号为 18 位，其中第 1～4 位为接受申报海关的代码（海关规定的《关区代码表》中相应海关代码），第 5～8 位为海关接受申报的公历年份，第 9 位为进出口标志（"1"为进口；集中申报清单"I"为进口），后 9 位为顺序编号。

（3）境内收货人。填报在海关备案的对外签订并执行进口贸易合同的中国境内法人、其他组织名称及编码。编码填报 18 位法人和其他组织统一社会信用代码，没有统一社会信用代码的，填报其在海关的备案编码。

特殊情况下填报要求如下：

①进口货物合同的签订者和执行者非同一企业的，填报执行合同的企业。

②外商投资企业委托进出口企业进口投资设备、物品的，填报外商投资企业，并在标记唛码及备注栏注明"委托某进出口企业进口"，同时注明被委托企业的 18 位法人和其他组织统一社会信用代码。

③有代理报关资格的报关企业代理其他进口企业办理进口报关手续时，填报委托的进口企业。

④海关特殊监管区域收发货人填报该货物的实际经营单位或海关特殊监管区域内经营企业。

（4）进境关别。根据货物实际进境的口岸海关，填报海关规定的《关区代码表》中相应口岸海关的名称及代码。

特殊情况填报要求如下：

①进口转关运输货物填报货物进境地海关名称及代码，出口转关运输货物填报货物出境地海关名称及代码。按转关运输方式监管的跨关区深加工结转货物，出口报关单填报转出地海关名称及代码，进口报关单填报转入地海关名称及代码。

②在不同海关特殊监管区域或保税监管场所之间调拨、转让的货物，填报对方海

关特殊监管区域或保税监管场所所在的海关名称及代码。

③其他无实际进出境的货物，填报接受申报的海关名称及代码。

（5）进口日期。进口日期填报运载进口货物的运输工具申报进境的日期。无实际进出境的货物，填报海关接受申报的日期。进口日期为8位数字，顺序为年（4位）、月（2位）、日（2位）。

（6）申报日期。申报日期指海关接受进口货物收货人、受委托的报关企业申报数据的日期。以电子数据报关单方式申报的，申报日期为海关计算机系统接受申报数据时记录的日期。以纸质报关单方式申报的，申报日期为海关接受纸质报关单并对报关单进行登记处理的日期。本栏目在申报时免予填报。申报日期为8位数字，顺序为年（4位）、月（2位）、日（2位）。

（7）备案号。填报进口货物收货人、消费使用单位、生产销售单位在海关办理加工贸易合同备案或征、减、免税审核确认等手续时，海关核发的"加工贸易手册"、海关特殊监管区域和保税监管场所保税账册、"征免税证明"或其他备案审批文件的编号。

一份报关单只允许填报一个备案号，具体填报要求如下：

①加工贸易项下货物，除少量低值辅料按规定不使用"加工贸易手册"及以后续补税监管方式办理内销征税的外，填报"加工贸易手册"编号。

使用异地直接报关分册和异地深加工结转出口分册在异地口岸报关的，填报分册号；本地直接报关分册和本地深加工结转分册限制在本地报关，填报总册号。

加工贸易成品凭"征免税证明"转为减免税进口货物的，进口报关单填报"征免税证明"编号，出口报关单填报"加工贸易手册"编号。

对加工贸易设备、使用账册管理的海关特殊监管区域内减免税设备之间的结转，转入和转出企业分别填制进、出口报关单，在报关单"备案号"栏目填报"加工贸易手册"编号。

②涉及征、减、免税审核确认的报关单，填报"征免税证明"编号。

③减免税货物退运出口，填报"中华人民共和国海关进口减免税货物准予退运证明"的编号；减免税货物补税进口，填报"减免税货物补税通知书"的编号；减免税货物进口或结转进口（转入），填报"征免税证明"的编号；相应的结转出口（转出），填报"中华人民共和国海关进口减免税货物结转联系函"的编号。

（8）境外发货人。境外发货人通常指签订并执行进口贸易合同中的卖方。

填报境外发货人的名称及编码。名称一般填报英文名称，检验检疫要求填报其他外文名称的，在英文名称后填报，以半角括号分隔；对于AEO①互认国家（地区）企业，编码填报AEO编码，填报样式为："国别（地区）代码+海关企业编码"。例如：

---

① AEO是Authorized Economic Operator的简称，即"经认证的经营者"。AEO制度是世界海关组织倡导的通过海关对信用状况、守法程度和安全水平较高的企业实施认证，对通过认证的企业给予优惠通关便利的一项制度。

新加坡 AEO 企业 SG123456789012（新加坡国别代码 + 12 位企业编码）；非互认国家（地区）AEO 企业等其他情形，编码免予填报。

特殊情况下无境外收货人的，名称及编码填报"NO"。

（9）运输方式。运输方式包括实际运输方式和海关规定的特殊运输方式。前者指货物实际进出境的运输方式，按进出境所使用的运输工具分类；后者指货物无实际进出境的运输方式，按货物在境内的流向分类。

根据货物实际进出境的运输方式或货物在境内流向的类别，按照海关规定的《运输方式代码表》选择填报相应的运输方式。

特殊情况填报要求如下：

①非邮件方式进出境的快递货物，按实际运输方式填报。

②进口转关运输货物，按载运货物抵达进境地的运输工具填报；出口转关运输货物，按载运货物驶离出境地的运输工具填报。

③不复运出（入）境而留在境内（外）销售的进出境展览品、留赠转卖物品等，填报"其他运输"（代码 9）。

④进出境旅客随身携带的货物，填报"旅客携带"（代码 L）。

⑤以固定设施（包括输油、输水管道和输电网等）运输货物的，填报"固定设施运输"（代码 G）。

无实际进出境货物在境内流转时填报要求如下：

①境内非保税区运入保税区货物和保税区退区货物，填报"非保税区"（代码 0）。

②保税区运往境内非保税区货物，填报"保税区"（代码 7）。

③境内存入出口监管仓库和出口监管仓库退仓货物，填报"监管仓库"（代码 1）。

④保税仓库转内销货物或转加工贸易货物，填报"保税仓库"（代码 8）。

⑤从境内保税物流中心外运入中心或从中心运往境内中心外的货物，填报"物流中心"（代码 W）。

⑥从境内保税物流园区外运入园区或从园区内运往境内园区外的货物，填报"物流园区"（代码 X）。

⑦保税港区、综合保税区与境内（区外）（非海关特殊监管区域、保税监管场所）之间进出的货物，填报"保税港区/综合保税区"（代码 Y）。

⑧出口加工区、珠澳跨境工业区（珠海园区）、中哈霍尔果斯边境合作区（中方配套区）与境内（区外）（非海关特殊监管区域、保税监管场所）之间进出的货物，填报"出口加工区"（代码 Z）。

⑨境内运入深港西部通道港方口岸区的货物以及境内进出中哈霍尔果斯边境合作中心中方区域的货物，填报"边境特殊海关作业区"（代码 H）。

⑩经横琴新区和平潭综合实验区（以下简称综合试验区）二线指定申报通道运往境内区外或从境内经二线指定申报通道进入综合试验区的货物，以及综合试验区内按选择性征收关税申报的货物，填报"综合试验区"（代码 T）。

⑪海关特殊监管区域内的流转、调拨货物，海关特殊监管区域、保税监管场所之

间的流转货物，海关特殊监管区域与境内区外之间进出的货物，海关特殊监管区域外的加工贸易余料结转、深加工结转、内销货物，以及其他境内流转货物，填报"其他运输"（代码9）。

（10）运输工具名称及航次号。填报载运货物进境的运输工具名称或编号及航次号。填报内容应与运输部门向海关申报的舱单（载货清单）所列相应内容一致。

①运输工具名称具体填报要求如下：

a. 直接在进出境地或采用全国通关一体化通关模式办理报关手续的报关单填报要求如下：

水路运输：填报船舶编号（来往港澳小型船舶为监管簿编号）或者船舶英文名称。

公路运输：启用公路舱单前，填报该跨境运输车辆的国内行驶车牌号，深圳提前报关模式的报关单填报国内行驶车牌号＋"/"＋"提前报关"。启用公路舱单后，免予填报。

铁路运输：填报车厢编号或交接单号。

航空运输：填报航班号。

邮件运输：填报邮政包裹单号。

其他运输：填报具体运输方式名称。例如：管道、驮畜等。

b. 转关运输货物的报关单填报要求如下：

水路运输：直转、提前报关填报"@"＋16位转关申报单预录入号（或13位载货清单号）；中转填报进境英文船名。

铁路运输：直转、提前报关填报"@"＋16位转关申报单预录入号；中转填报车厢编号。

航空运输：直转、提前报关填报"@"＋16位转关申报单预录入号（或13位载货清单号）；中转填报"@"。

公路及其他运输：填报"@"＋16位转关申报单预录入号（或13位载货清单号）。

以上各种运输方式使用广东地区载货清单转关的提前报关货物填报"@"＋13位载货清单号。

c. 采用"集中申报"通关方式办理报关手续的，报关单填报"集中申报"。

d. 无实际进出境的货物，免予填报。

②航次号具体填报要求如下：

a. 直接在进出境地或采用全国通关一体化通关模式办理报关手续的报关单填报要求如下：

水路运输：填报船舶的航次号。

公路运输：启用公路舱单前，填报运输车辆的8位进出境日期〔顺序为年（4位）、月（2位）、日（2位），下同〕。启用公路舱单后，填报货物运输批次号。

铁路运输：填报列车的进出境日期。

航空运输：免予填报。

邮件运输：填报运输工具的进出境日期。

其他运输方式：免予填报。

b. 转关运输货物的报关单填报要求如下：

水路运输：中转转关方式填报"@"+进境干线船舶航次。直转、提前报关免予填报。

公路运输：免予填报。

铁路运输："@"+8位进境日期。

航空运输：免予填报。

其他运输方式：免予填报。

c. 无实际进出境的货物，免予填报。

（11）提运单号。填报进口货物提单或运单的编号。一份报关单只允许填报一个提单或运单号，一票货物对应多个提单或运单时，应分单填报。

具体填报要求如下：

①直接在进出境地或采用全国通关一体化通关模式办理报关手续的，填报要求如下：

水路运输：填报进出口提单号。如有分提单的，填报进出口提单号 + " * " + 分提单号。

公路运输：启用公路舱单前，免予填报；启用公路舱单后，填报进出口总运单号。

铁路运输：填报运单号。

航空运输：填报总运单号 + "_" +分运单号，无分运单的填报总运单号。

邮件运输：填报邮运包裹单号。

②转关运输货物的报关单，填报要求如下：

水路运输：直转、中转填报提单号。提前报关免予填报。

铁路运输：直转、中转填报铁路运单号。提前报关免予填报。

航空运输：直转、中转货物填报总运单号 + "_" +分运单号。提前报关免予填报。

其他运输方式：免予填报。

以上运输方式进境货物，在广东省内用公路运输转关的，填报车牌号。

③采用"集中申报"通关方式办理报关手续的，报关单填报归并的集中申报清单的进出口起止日期［按年（4位）、月（2位）、日（2位）、年（4位）、月（2位）、日（2位）］。

④无实际进出境的货物，免予填报。

（12）货物存放地点。填报货物进境后存放的场所或地点，包括海关监管作业场所、分拨仓库、定点加工厂、隔离检疫场、企业自有仓库等。

（13）消费使用单位。①消费使用单位填报已知的进口货物在境内的最终消费、使用单位的名称，包括自行进口货物的单位，委托进出口企业进口货物的单位。

②减免税货物报关单的消费使用单位/生产销售单位应与"中华人民共和国海关进出口货物征免税证明"（简称"征免税证明"）的"减免税申请人"一致；保税监管场

所与境外之间的进出境货物，消费使用单位/生产销售单位填报保税监管场所的名称〔保税物流中心（B型）填报中心内企业名称〕。

③海关特殊监管区域的消费使用单位/生产销售单位填报区域内经营企业（"加工单位"或"仓库"）。

④编码填报要求：填报18位法人和其他组织统一社会信用代码。无18位统一社会信用代码的，填报"NO"。

⑤进口货物在境内的最终消费或使用对象为自然人的，填报身份证号、护照号、台胞证号等有效证件号码及姓名。

（14）监管方式。监管方式是以国际贸易中进出口货物的交易方式为基础，结合海关对进出口货物的征税、统计及监管条件综合设定的海关对进出口货物的管理方式。其代码由4位数字构成，前两位是按照海关监管要求和计算机管理需要划分的分类代码，后两位是参照国际标准编制的贸易方式代码。

根据实际对外贸易情况按海关规定的《监管方式代码表》选择填报相应的监管方式简称及代码。一份报关单只允许填报一种监管方式。

特殊情况下加工贸易货物监管方式填报要求如下：

①进口少量低值辅料（即5 000美元以下，78种以内的低值辅料），按规定不使用"加工贸易手册"的，填报"低值辅料"；使用"加工贸易手册"的，按"加工贸易手册"上的监管方式填报。

②加工贸易料件转内销货物以及按料件办理进口手续的转内销制成品、残次品、未完成品，填制进口报关单，填报"来料料件内销"或"进料料件内销"；加工贸易成品凭"征免税证明"转为减免税进口货物的，分别填制进、出口报关单，出口报关单填报"来料成品减免"或"进料成品减免"，进口报关单按照实际监管方式填报。

③加工贸易出口成品因故退运进口及复运出口的，填报"来料成品退换"或"进料成品退换"；加工贸易进口料件因换料退运出口及复运进口的，填报"来料料件退换"或"进料料件退换"；加工贸易过程中产生的剩余料件、边角料退运出口，以及进口料件因品质、规格等原因退运出口且不再更换同类货物进口的，分别填报"来料料件复出""来料边角料复出""进料料件复出""进料边角料复出"。

④加工贸易边角料内销和副产品内销，填制进口报关单，填报"来料边角料内销"或"进料边角料内销"。

⑤企业销毁处置加工贸易货物未获得收入，销毁处置货物为料件、残次品的，填报"料件销毁"；销毁处置货物为边角料、副产品的，填报"边角料销毁"。

企业销毁处置加工贸易货物获得收入的，填报为"进料边角料内销"或"来料边角料内销"。

（15）征免性质。根据实际情况按海关规定的《征免性质代码表》选择填报相应的征免性质简称及代码，持有海关核发的"征免税证明"的，按照"征免税证明"中批注的征免性质填报。一份报关单只允许填报一种征免性质。

加工贸易货物报关单按照海关核发的"加工贸易手册"中批注的征免性质简称及

代码填报。特殊情况填报要求如下：

①加工贸易转内销货物，按实际情况填报（如一般征税、科教用品、其他法定等）。

②料件退运出口、成品退运进口货物填报"其他法定"。

③加工贸易结转货物，免予填报。

（16）许可证号。填报进口许可证、两用物项和技术进口许可证的编号。一份报关单只允许填报一个许可证号。

（17）启运港。填报进口货物在运抵我国关境前的第一个境外装运港。

根据实际情况，按海关规定的《港口代码表》填报相应的港口名称及代码。未在《港口代码表》列明的，填报相应的国家名称及代码。货物从海关特殊监管区域或保税监管场所运至境内区外的，填报《港口代码表》中相应海关特殊监管区域或保税监管场所的名称及代码；未在《港口代码表》中列明的，填报"未列出的特殊监管区"及代码。

其他无实际进境的货物，填报"中国境内"及代码。

（18）合同协议号。填报进口货物合同（包括协议或订单）编号。未发生商业性交易的免予填报。

（19）贸易国（地区）。发生商业性交易的进口填报购自国（地区）。未发生商业性交易的填报货物所有权拥有者所属的国家（地区）。

按海关规定的《国别（地区）代码表》选择填报相应的贸易国（地区）中文名称及代码。

（20）启运国（地区）。启运国（地区）填报进口货物起始发出直接运抵我国或者在运输中转国（地）未发生任何商业性交易的情况下运抵我国的国家（地区）。

不经过第三国（地区）转运的直接运输进口货物，以进口货物的装货港所在国（地区）为启运国（地区）。

经过第三国（地区）转运的进出口货物，如在中转国（地区）发生商业性交易，则以中转国（地区）作为启运国（地区）。

按海关规定的《国别（地区）代码表》选择填报相应的启运国（地区）中文名称及代码。

无实际进出境的货物，填报"中国"及代码。

（21）经停港。经停港填报进口货物在运抵我国关境前的最后一个境外装运港。

根据实际情况，按海关规定的《港口代码表》选择填报相应的港口名称及代码。经停港在《港口代码表》中无港口名称及代码的，可选择填报相应的国家名称及代码。

无实际进出境的货物，填报"中国境内"及代码。

（22）入境口岸。入境口岸填报进境货物从跨境运输工具卸离的第一个境内口岸的中文名称及代码。采取多式联运跨境运输的，填报多式联运货物最终卸离的境内口岸中文名称及代码；过境货物填报货物进入境内的第一个口岸的中文名称及代码；从海关特殊监管区域或保税监管场所进境的，填报海关特殊监管区域或保税监管场所的中文名称及代码。其他无实际进境的货物，填报货物所在地的城市名称及代码。

入境口岸类型包括港口、码头、机场、机场货运通道、边境口岸、火车站、车辆装卸点、车检场、陆路港、坐落在口岸的海关特殊监管区域等。按海关规定的《国内口岸编码表》选择填报相应的境内口岸名称及代码。

（23）包装种类。填报进口货物的所有包装材料，包括运输包装和其他包装，按海关规定的《包装种类代码表》选择填报相应的包装种类名称及代码。运输包装指提运单所列货物件数单位对应的包装，其他包装包括货物的各类包装，以及植物性铺垫材料等。

（24）件数。填报进口货物运输包装的件数（按运输包装计）。特殊情况填报要求如下：

①舱单件数为集装箱的，填报集装箱个数。

②舱单件数为托盘的，填报托盘数。

不得填报为零，裸装货物填报为"1"。

（25）毛重（千克）。填报进口货物及其包装材料的重量之和，计量单位为千克，不足1千克的填报为"1"。

（26）净重（千克）。填报进口货物的毛重减去外包装材料后的重量，即货物本身的实际重量，计量单位为千克，不足1千克的填报为"1"。

（27）成交方式。根据进口货物实际成交价格条款，按海关规定的《成交方式代码表》选择填报相应的成交方式代码。

无实际进出境的货物，进口填报"CIF"。

（28）运费。填报进口货物运抵我国境内输入地点起卸前的运输费用。

运费可按运费单价、总价或运费率三种方式之一填报，注明运费标记（运费标记"1"表示运费率，"2"表示每吨货物的运费单价，"3"表示运费总价），并按海关规定的《货币代码表》选择填报相应的币种代码。

（29）保费。填报进口货物运抵我国境内输入地点起卸前的保险费用。

保费可按保险费总价或保险费率两种方式之一填报，注明保险费标记（保险费标记"1"表示保险费率，"3"表示保险费总价），并按海关规定的《货币代码表》选择填报相应的币种代码。

（30）杂费。填报成交价格以外的、按照《进出口关税条例》相关规定应计入完税价格或应从完税价格中扣除的费用。可按杂费总价或杂费率两种方式之一填报，注明杂费标记（杂费标记"1"表示杂费率，"3"表示杂费总价），并按海关规定的《货币代码表》选择填报相应的币种代码。

应计入完税价格的杂费填报为正值或正率，应从完税价格中扣除的杂费填报为负值或负率。

（31）随附单证及编号。根据海关规定的《监管证件代码表》和《随附单据代码表》选择填报除本规范第十六条规定的许可证件以外的其他进出口许可证件或监管证件、随附单据代码及编号。

本栏目分为随附单证代码和随附单证编号两栏，其中代码栏按海关规定的《监管证件代码表》和《随附单据代码表》选择填报相应证件代码；随附单证编号栏填报证件编号。

①加工贸易内销征税报关单（使用金关二期加贸管理系统的除外），随附单证代码栏填报"c"，随附单证编号栏填报海关审核通过的内销征税联系单号。

②一般贸易进口货物，只能使用原产地证书申请享受协定税率或者特惠税率（以下统称优惠税率）的（无原产地声明模式），"随附单证代码"栏填报原产地证书代码"Y"，在"随附单证编号"栏填报"＜优惠贸易协定代码＞"和"原产地证书编号"。可以使用原产地证书或者原产地声明申请享受优惠税率的（有原产地声明模式），"随附单证代码"栏填写"Y"，"随附单证编号"栏填报"＜优惠贸易协定代码＞"、"C"（凭原产地证书申报）或"D"（凭原产地声明申报），以及"原产地证书编号（或者原产地声明序列号）"。一份报关单对应一份原产地证书或原产地声明。各优惠贸易协定代码如下：

"01"为"亚太贸易协定"；

"02"为"中国—东盟自贸协定"；

"03"为"内地与香港紧密经贸关系安排"（香港CEPA）；

"04"为"内地与澳门紧密经贸关系安排"（澳门CEPA）；

"06"为"台湾农产品零关税措施"；

"07"为"中国—巴基斯坦自贸协定"；

"08"为"中国—智利自贸协定"；

"09"为"对也门等国特别优惠关税待遇"；

"10"为"中国—新西兰自贸协定"；

"11"为"中国—新加坡自贸协定"；

"12"为"中国—秘鲁自贸协定"；

"13"为"最不发达国家特别优惠关税待遇"；

"14"为"海峡两岸经济合作框架协议（ECFA）"；

"15"为"中国—哥斯达黎加自贸协定"；

"16"为"中国—冰岛自贸协定"；

"17"为"中国—瑞士自贸协定"；

"18"为"中国—澳大利亚自贸协定"；

"19"为"中国—韩国自贸协定"；

"20"为"中国—格鲁吉亚自贸协定"；

"21"为"中国—毛里求斯协定"。

海关特殊监管区域和保税监管场所内销货物申请适用优惠税率的，有关货物进出海关特殊监管区域和保税监管场所以及内销时，已通过原产地电子信息交换系统实现电子联网的优惠贸易协定项下货物报关单，按照上述一般贸易要求填报；未实现电子联网的优惠贸易协定项下货物报关单，"随附单证代码"栏填报"Y"，"随附单证编号"栏填报"＜优惠贸易协定代码＞"和"原产地证据文件备案号"。"原产地证据文件备案号"为进出口货物的收发货物人或者其代理人录入原产地证据文件电子信息后，系统自动生成的号码。

"单证对应关系表"中填报报关单上的申报商品项与原产地证书（原产地声明）上的商品项之间的对应关系。报关单上的商品序号与原产地证书（原产地声明）上的项目编号应一一对应，不要求顺序对应。同一批次进口货物可以在同一报关单中申报，不享受优惠税率的货物序号不填报在"单证对应关系表"中。

③各优惠贸易协定项下，免提交原产地证据文件的小金额进口货物，"随附单证代码"栏填报"Y"，"随附单证代码"栏填报"＜协定编号＞XJE00000"，"单证对应关系表"享惠报关单项号按实际填报，对应单证项号与享惠报关单项号相同。

（32）标记唛码及备注填报要求如下：

①标记唛码中除图形以外的文字、数字，无标记唛码的填报"N/M"。

②受外商投资企业委托代理其进口投资设备、物品的进出口企业名称。

③与本报关单有关联关系的，同时在业务管理规范方面又要求填报的备案号，填报在电子数据报关单中"关联备案"栏。

保税间流转货物、加工贸易结转货物及凭"征免税证明"转内销货物，其对应的备案号填报在"关联备案"栏。

减免税货物结转进口（转入），"关联备案"栏填报本次减免税货物结转所申请的《中华人民共和国海关进口减免税货物结转联系函》的编号。

减免税货物结转出口（转出），"关联备案"栏填报与其相对应的进口（转入）报关单"备案号"栏中"征免税证明"的编号。

④与本报关单有关联关系的，同时在业务管理规范方面又要求填报的报关单号，填报在电子数据报关单中"关联报关单"栏。

保税间流转、加工贸易结转类的报关单，应先办理进口报关，并将进口报关单号填入出口报关单的"关联报关单"栏。

办理进口货物直接退运手续的，除另有规定外，应先填制出口报关单，再填制进口报关单，并将出口报关单号填报在进口报关单的"关联报关单"栏。

减免税货物结转出口（转出），应先办理进口报关，并将进口（转入）报关单号填入出口（转出）报关单的"关联报关单"栏。

⑤办理进口货物直接退运手续的，填报"＜ZT"＋"海关审核联系单号或者《海关责令进口货物直接退运通知书》编号"＋"＞"。办理固体废物直接退运手续的，填报"固体废物，直接退运表××号/责令直接退运通知书××号"。

⑥保税监管场所进出货物，在"保税/监管场所"栏填报本保税监管场所编码［保税物流中心（B型）填报本中心的国内地区代码］，其中涉及货物在保税监管场所间流转的，在本栏填报对方保税监管场所代码。

⑦涉及加工贸易货物销毁处置的，填报海关加工贸易货物销毁处置申报表编号。

⑧当监管方式为"暂时进出货物"（2600）和"展览品"（2700）时，填报要求

如下：

a. 根据《中华人民共和国海关暂时进出境货物管理办法》（海关总署令第 233 号，以下简称《管理办法》）第三条第一款所列项目，填报暂时进出境货物类别，如：暂进六，暂出九。

b. 根据《管理办法》第十条规定，填报复运出境或者复运进境日期，期限应在货物进出境之日起 6 个月内，如：20180815 前复运进境，20181020 前复运出境。

c. 根据《管理办法》第七条，向海关申请对有关货物是否属于暂时进出境货物进行审核确认的，填报《中华人民共和国××海关暂时进出境货物审核确认书》编号，如：＜ZS 海关审核确认书编号＞，其中英文为大写字母；无此项目的，无须填报。

上述内容依次填报，项目间用"／"分隔，前后均不加空格。

d. 收发货人或其代理人申报货物复运进境或者复运出境的。货物办理过延期的，根据《管理办法》填报《货物暂时进/出境延期办理单》的海关回执编号，如：＜ZS 海关回执编号＞，其中英文为大写字母；无此项目的，无须填报。

⑨跨境电子商务进出口货物，填报"跨境电子商务"。

⑩加工贸易副产品内销，填报"加工贸易副产品内销"。

⑪服务外包货物进口，填报"国际服务外包进口货物"。

⑫公式定价进口货物，填报公式定价备案号，格式为："公式定价" ＋备案编号＋ "@"。对于同一报关单下有多项商品的，如某项或某几项商品为公式定价备案的，则备注栏内填报为："公式定价" ＋备案编号＋ "#" ＋商品序号＋ "@"。

⑬进出口与《预裁定决定书》列明情形相同的货物时，按照《预裁定决定书》填报，格式为："预裁定＋《预裁定决定书》编号"（如某份《预裁定决定书》编号为 R－2－0100－2018－0001，则填报为"预裁定 R－2－0100－2018－0001"）。

⑭含归类行政裁定报关单，填报归类行政裁定编号，格式为："c" ＋四位数字编号，例如 "c0001"。

⑮已经在进入特殊监管区时完成检验的货物，在出区入境申报时，填报"预检验"字样，同时在"关联报检单"栏填报实施预检验的报关单号。

⑯进口直接退运的货物，填报"直接退运"字样。

⑰企业提供 ATA 单证册的货物，填报 "ATA 单证册"字样。

⑱不含动物源性低风险生物制品，填报"不含动物源性"字样。

⑲货物自境外进入境内特殊监管区或者保税仓库的，填报"保税入库"或者"境外入区"字样。

⑳海关特殊监管区域与境内区外之间采用分送集报方式进出的货物，填报"分送集报"字样。

㉑军事装备出入境的，填报"军品"或"军事装备"字样。

㉒申报 HS 为 3821000000、3002300000 的，属于下列情况的，填报要求为：属于培养基的，填报"培养基"字样；属于化学试剂的，填报"化学试剂"字样；不含动物源性成分的，填报"不含动物源性"字样。

㉓属于修理物品的，填报"修理物品"字样。

㉔属于其他情况的，填报"压力容器""成套设备""食品添加剂""成品退换""旧机电产品"等字样。

㉕申报 HS 为 2903890020（入境六溴环十二烷），用途为"其他（99）"的，填报具体用途。

㉖集装箱体信息填报集装箱号（在集装箱箱体上标示的全球唯一编号）、集装箱规格、集装箱商品项号关系（单个集装箱对应的商品项号，半角逗号分隔）、集装箱货重（集装箱箱体自重＋装载货物重量，千克）。

㉗申报 HS 为 3006300000、3504009000、3507909010、3507909090、3822001000、3822009000，不属于"特殊物品"的，填报"非特殊物品"字样。"特殊物品"定义见《出入境特殊物品卫生检疫管理规定》（国家市场监督管理总局令第 160 号公告，根据国家市场监督管理总局令第 184 号和海关总署令第 238 号、第 240 号、第 243 号修改）。

㉘进出口列入目录的进出口商品及法律、行政法规规定须经出入境检验检疫机构检验的其他进出口商品实施检验的，填报"应检商品"字样。

㉙申报时其他必须说明的事项。

（33）分两行填报。第一行填报报关单中的商品顺序编号；第二行填报"备案序号"，专用于加工贸易及保税、减免税等已备案、审批的货物，填报该项货物在"加工贸易手册"或"征免税证明"等备案、审批单证中的顺序编号。有关优惠贸易协定项下报关单填制要求按照海关总署相关规定执行。其中第二行特殊情况填报要求如下：

①深加工结转货物，分别按照"加工贸易手册"中的进口料件项号和出口成品项号填报。

②料件结转货物（包括料件、制成品和未完成品折料），进口报关单按照转进"加工贸易手册"中进口料件的项号填报。

③料件复出货物（包括料件、边角料），出口报关单按照"加工贸易手册"中进口料件的项号填报；如边角料对应一个以上料件项号时，填报主要料件项号。料件退换货物（包括料件、不包括未完成品），进出口报关单按照"加工贸易手册"中进口料件的项号填报。

④成品退换货物，退运进境报关单和复运出境报关单按照"加工贸易手册"原出口成品的项号填报。

⑤加工贸易料件转内销货物（以及按料件办理进口手续的转内销制成品、残次品、未完成品）填制进口报关单，填报"加工贸易手册"进口料件的项号；加工贸易边角料、副产品内销，填报"加工贸易手册"中对应的进口料件项号。如边角料或副产品对应一个以上料件项号时，填报主要料件项号。

⑥加工贸易成品凭"征免税证明"转为减免税货物进口的，应先办理进口报关手续。进口报关单填报"征免税证明"中的项号，出口报关单填报"加工贸易手册"原出口成品项号，进、出口报关单货物数量应一致。

⑦加工贸易货物销毁，填报"加工贸易手册"中相应的进口料件项号。

⑧经海关批准实行加工贸易联网监管的企业，按海关联网监管要求，企业需申报报关清单的，应在向海关申报进出口（包括形式进出口）报关单前，向海关申报"清单"。一份报关清单对应一份报关单，报关单上的商品由报关清单归并而得。加工贸易电子账册报关单中项号、品名、规格等栏目的填制规范比照"加工贸易手册"。

（34）商品编号。填报由 10 位数字组成的商品编号。前 8 位为《进出口税则》和《海关统计商品目录》确定的编码，9、10 位为监管附加编号。

（35）商品名称及规格型号。分两行填报。第一行填报进口货物规范的中文商品名称，第二行填报规格型号。具体填报要求如下：

①商品名称及规格型号应据实填报，并与进口货物收发货人或受委托的报关企业所提交的合同、发票等相关单证相符。

②商品名称应当规范，规格型号应当足够详细，以能满足海关归类、审价及许可证件管理要求为准，可参照《中华人民共和国海关进出口商品规范申报目录》（海关总署 2021 年第 112 号公告）中对商品名称、规格型号的要求进行填报。

③已备案的加工贸易及保税货物，填报的内容必须与备案登记中同项号下货物的商品名称一致。

④对需要海关签发《货物进口证明书》的车辆，商品名称栏填报"车辆品牌 + 排气量（注明 cc） + 车型（如越野车、小轿车等）"。进口汽车底盘不填报排气量。车辆品牌按照《进口机动车辆制造厂名称和车辆品牌中英文对照表》中"签注名称"一栏的要求填报。规格型号栏可填报"汽油型"等。

⑤由同一运输工具同时运抵同一口岸并且属于同一收货人、使用同一提单的多种进口货物，按照商品归类规则应当归入同一商品编号的，应当将有关商品一并归入该商品编号。商品名称填报一并归类后的商品名称，规格型号填报一并归类后商品的规格型号。

⑥加工贸易边角料和副产品内销、边角料复出口，填报其报验状态的名称和规格型号。

⑦进口货物收货人以一般贸易方式申报进口属于《中华人民共和国海关进出口商品规范申报目录》范围内的汽车生产件的，按以下要求填报：

a. 商品名称填报进口汽车零部件的详细中文商品名称和品牌，中文商品名称与品牌之间用"/"相隔，必要时加注英文商业名称；进口的成套散件或者毛坯件应在品牌后加注"成套散件""毛坯"等字样，并与品牌之间用"/"相隔。

b. 规格型号填报汽车零部件的完整编号。在零部件编号前应当加注"S"字样，并与零部件编号之间用"/"相隔，零部件编号之后应当依次加注该零部件适用的汽车品牌和车型。汽车零部件属于可以适用于多种汽车车型的通用零部件的，零部件编号后应当加注"TY"字样，并用"/"与零部件编号相隔。与进口汽车零部件规格型号相关的其他需要申报的要素，或者海关规定的其他需要申报的要素，如"功率""排气量"等，应当在车型或"TY"之后填报，并用"/"与之相隔。汽车零部件报验状态是成套散件的，应当在"标记唛码及备注"栏内填报该成套散件装配后的最终完整品的零部件编号。

⑧进口货物收货人以一般贸易方式申报进口属于《需要详细列名申报的汽车零部件清单》（海关总署 2006 年第 64 号公告）范围内的汽车维修件的，填报规格型号时，应当在零部件编号前加注"W"，并与零部件编号之间用"/"相隔；进口维修件的品牌与该零部件适用的整车厂牌不一致的，应当在零部件编号前加注"WF"，并与零部件编号之间用"/"相隔。其余申报要求同上条执行。

⑨品牌类型（必填项目）。可选择"无品牌"（代码 0）、"境内自主品牌"（代码 1）、"境内收购品牌"（代码 2）、"境外品牌（贴牌生产）"（代码 3）、"境外品牌（其他）"（代码 4）如实填报。其中，"境内自主品牌"是指由境内企业自主开发、拥有自主知识产权的品牌；"境内收购品牌"是指境内企业收购的原境外品牌；"境外品牌（贴牌生产）"是指境内企业代工贴牌生产中使用的境外品牌；"境外品牌（其他）"是指除代工贴牌生产以外使用的境外品牌。上述品牌类型中，除"境外品牌（贴牌生产）"仅用于出口外，其他类型均可用于进口和出口。

⑩申报进口已获 3C 认证的机动车辆时，填报以下信息：

a. 提运单日期：填报该项货物的提运单签发日期。

b. 质量保质期：填报机动车的质量保证期。

c. 发动机号或电机号：填报机动车的发动机号或电机号，应与机动车上打刻的发动机号或电机号相符。纯电动汽车、插电式混合动力汽车、燃料电池汽车为电机号，其他机动车为发动机号。

d. 车辆识别代码（VIN）：填报机动车车辆识别代码，须符合国家强制性标准《道路车辆　车辆识别代号（VIN）》（GB 16735）的要求。该项目一般与机动车的底盘（车架号）相同。

e. 发票所列数量：填报对应发票中所列进口机动车的数量。

f. 品名（中文名称）：填报机动车中文品名，按《进口机动车辆制造厂名称和车辆品牌中英文对照表》（原质检总局 2004 年第 52 号公告）的要求填报。

g. 品名（英文名称）：填报机动车英文品名，按《进口机动车辆制造厂名称和车辆品牌中英文对照表》的要求填报。

h. 型号（英文）：填报机动车型号，与机动车产品标牌上整车型号一栏相符。

⑪进口货物收货人申报进口属于实施反倾销反补贴措施货物的，填报"原厂商中文名称""原厂商英文名称""反倾销税率""反补贴税率"和"是否符合价格承诺"等计税必要信息。

格式要求为："｜＜＞＜＞＜＞＜＞＜＞"。"｜""＜"和"＞"均为英文半角符号。第一个"｜"为在规格型号栏目中已填报的最后一个申报要素后系统自动生成或人工录入的分割符（若相关商品税号无规范申报填报要求，则需要手工录入"｜"），"｜"后面 5 个"＜＞"内容依次为"原厂商中文名称""原厂商英文名称（如无原厂商英文名称，可填报以原厂商所在国或地区文字标注的名称，具体可参照商务部实施贸易救济措施相关公告中对有关原厂商的外文名称写法）""反倾销税率""反补贴税率""是否符合价格承诺"。其中，"反倾销税率"和"反补贴税率"填写实际值，例如，税率为30%，填写"0.3"。"是否符合价格承诺"填写"1"或者"0"，"1"代表"是"，"0"代表"否"。填报时，5个"＜＞"不可缺项，如第3、4、5项"＜＞"中无申报事项，相应的"＜＞"中内容可以为空，但"＜＞"需要保留。

（36）数量及单位。分三行填报，填报要求如下：

①第一行按进口货物的法定第一计量单位填报数量及单位，法定计量单位以《海关统计商品目录》中的计量单位为准。

②凡列明有法定第二计量单位的，在第二行按照法定第二计量单位填报数量及单位。无法定第二计量单位的，第二行为空。

③成交计量单位及数量填报在第三行。

④法定计量单位为"千克"的数量填报，特殊情况下填报要求如下：

a. 装入可重复使用的包装容器的货物，按货物扣除包装容器后的重量填报，如罐装同位素、罐装氧气及类似品等。

b. 使用不可分割包装材料和包装容器的货物，按货物的净重填报（即包括内层直接包装的净重重量），如采用供零售包装的罐头、药品及类似品等。

c. 按照商业惯例以公量重计价的商品，按公量重填报，如未脱脂羊毛、羊毛条等。

d. 采用以毛重作为净重计价的货物，可按毛重填报，如粮食、饲料等大宗散装货物。

e. 采用零售包装的酒类、饮料、化妆品，按照液体/乳状/膏状/粉状部分的重量填报。

⑤成套设备、减免税货物如需分批进口，货物实际进口时，按照实际报验状态确定数量。

⑥具有完整品或制成品基本特征的不完整品、未制成品，根据《商品名称及编码协调制度》归类规则按完整品归类的，按照构成完整品的实际数量填报。

⑦已备案的加工贸易及保税货物，成交计量单位必须与"加工贸易手册"中同项号下货物的计量单位一致，加工贸易边角料和副产品内销、边角料复出口，填报其报验状态的计量单位。

⑧优惠贸易协定项下进口商品的成交计量单位必须与原产地证书上对应商品的计量单位一致。

⑨法定计量单位为立方米的气体货物，折算成标准状况（即零摄氏度及1个标准大气压）下的体积进行填报。

（37）单价。填报同一项号下进口货物实际成交的商品单位价格。无实际成交价格的，填报单位货值。

（38）总价。填报同一项号下进口货物实际成交的商品总价格。无实际成交价格的，填报货值。

（39）币制。按海关规定的《货币代码表》选择相应的货币名称及代码填报。如果《货币代码表》中无实际成交币种，那么应将实际成交货币按申报日外汇折算率折算成《货币代码表》列明的货币填报。

（40）原产国（地区）。原产国（地区）依据《进出口货物原产地条例》《中华人民共和国海关关于执行〈非优惠原产地规则中实质性改变标准〉的规定》以及海关总署关于各项优惠贸易协定原产地管理规章规定的原产地确定标准填报。同一批进出口货物的原产地不同的，分别填报原产国（地区）。进出口货物原产国（地区）无法确定的，填报"国别不详"。

按海关规定的《国别（地区）代码表》选择填报相应的国家（地区）名称及代码。

（41）最终目的国（地区）。最终目的国（地区）填报已知的进出口货物的最终实际消费、使用或进一步加工制造国家（地区）。不经过第三国（地区）转运的直接运输货物，以运抵国（地区）为最终目的国（地区）；经过第三国（地区）转运的货物，以最后运往国（地区）为最终目的国（地区）。同一批进出口货物的最终目的国（地区）不同的，分别填报最终目的国（地区）。进出口货物不能确定最终目的国（地区）时，以尽可能预知的最后运往国（地区）为最终目的国（地区）。

按海关规定的《国别（地区）代码表》选择填报相应的国家（地区）名称及代码。

（42）境内目的地。境内目的地填报已知的进口货物在国内的消费、使用地或最终运抵地，其中最终运抵地为最终使用单位所在的地区。最终使用单位难以确定的，填报货物进口时预知的最终收货单位所在地。

海关特殊监管区域、保税物流中心（B型）与境外之间的进出境货物，境内目的地填报本海关特殊监管区域、保税物流中心（B型）所对应的国内地区。

按海关规定的《国内地区代码表》选择填报相应的国内地区名称及代码。境内目的地还需根据《中华人民共和国行政区划代码表》选择填报境内目的地对应的县级行政区名称及代码。无下属区县级行政区的，可选择填报地市级行政区。

（43）征免。按照海关核发的"征免税证明"或有关政策规定，对报关单所列每项商品选择海关规定的《征减免税方式代码表》中相应的征减免税方式填报。

加工贸易货物报关单根据"加工贸易手册"中备案的征免规定填报；"加工贸易手册"中备案的征免规定为"保金"或"保函"的，填报"全免"。

（44）特殊关系确认。根据《中华人民共和国海关审定进出口货物完税价格办法》（以下简称《审价办法》）第十六条，填报确认进出口行为中买卖双方是否存在特殊关系，有下列情形之一的，应当认为买卖双方存在特殊关系，应填报"是"，反之则填报"否"：

（一）买卖双方为同一家族成员的；

（二）买卖双方互为商业上的高级职员或者董事的；

（三）一方直接或者间接地受另一方控制的；

（四）买卖双方都直接或者间接地受第三方控制的；

（五）买卖双方共同直接或者间接地控制第三方的；

（六）一方直接或者间接地拥有、控制或者持有对方 5% 以上（含 5%）公开发行的有表决权的股票或者股份的；

（七）一方是另一方的雇员、高级职员或者董事的；

（八）买卖双方是同一合伙的成员的。

买卖双方在经营上相互有联系，一方是另一方的独家代理、独家经销或者独家受让人，如果符合前款的规定，也应当视为存在特殊关系。

加工贸易及保税监管货物（内销保税货物除外）免予填报。

（45）价格影响确认。根据《审价办法》第十七条，填报确认纳税义务人是否可以证明特殊关系未对进口货物的成交价格产生影响，纳税义务人能证明其成交价格与同时或者大约同时发生的下列任何一款价格相近的，应视为特殊关系未对成交价格产生影响，填报"否"，反之则填报"是"：

（一）向境内无特殊关系的买方出售的相同或者类似进口货物的成交价格；

（二）按照《审价办法》第二十三条的规定所确定的相同或者类似进口货物的完税价格；

（三）按照《审价办法》第二十五条的规定所确定的相同或者类似进口货物的完税价格。

加工贸易及保税监管货物（内销保税货物除外）免予填报。

（46）支付特许权使用费确认。根据《审价办法》第十一条和第十三条，填报确认买方是否存在向卖方或者有关方直接或者间接支付与进口货物有关的特许权使用费，且未包括在进口货物的实付、应付价格中。

买方存在需向卖方或者有关方直接或者间接支付特许权使用费，且未包含在进口货物实付、应付价格中，并且符合《审价办法》第十三条的，在"支付特许权使用费确认"栏目填报"是"。

买方存在需向卖方或者有关方直接或者间接支付特许权使用费，且未包含在进口货物实付、应付价格中，但纳税义务人无法确认是否符合《审价办法》第十三条的，填报"是"。

买方存在需向卖方或者有关方直接或者间接支付特许权使用费且未包含在实付、应付价格中，纳税义务人根据《审价办法》第十三条，可以确认需支付的特许权使用费与进口货物无关的，填报"否"。

买方不存在向卖方或者有关方直接或者间接支付特许权使用费的，或者特许权使用费已经包含在进口货物实付、应付价格中的，填报"否"。

加工贸易及保税监管货物（内销保税货物除外）免予填报。

（47）自报自缴。进口企业、单位采用"自主申报、自行缴税"（自报自缴）模式向海关申报时，填报"是"；反之则填报"否"。

（48）申报单位。自理报关的，填报进口企业的名称及编码；委托代理报关的，填报报关企业名称及编码。编码填报 18 位法人和其他组织统一社会信用代码。报关人员填报在海关备案的姓名、编码、电话，并加盖申报单位印章。

（49）海关批注及签章。供海关作业时签注。

2. 进口整合申报（报关、报检一次申报）操作步骤

进口货物的收货人、受委托的报关法人及其他组织可以在取得提（运）单或载货清单（舱单）数据后，向海关提前申报，也可以待货物到达之后申报。我国海关目前要求货物到港前24小时前，承运人必须提交舱单数据给海关，进口企业只要能够查询到货物的电子舱单数据（进口货物电子舱单数据查询可以登录海关总署网站查询），就可以提前申报进口。

进口货物的收货人或其代理人可以委托或自行通过中国国际贸易单一窗口（https://www.singlewindow.cn）中"货物申报"栏录入报关、报检数据[①]，并通过单一窗口在线发送给海关。

需要提醒的是，须法定检验的货物必须报检。同时，法人及其他组织应当先进行报关报检资质备案（具体参见本书第五章），才能进行整合进口申报。

3. 税费缴纳

进口货物的收货人、受委托的报关法人及其他组织可以委托或自行通过中国国际贸易单一窗口（https://www.singlewindow.cn）税费电子支付系统缴纳税费。[②]

需要提醒的是，法人及其他组织应当先与银行、海关签署三方协议，并进行相关业务权限授权等，然后才能进行在线支付税费的操作。

4. 配合关检查验

2018年我国检验检疫合并入海关总署管理之后，海关总署进行了关、检查验整合。即海关与检验检疫合并，实施一次查验：关检合并3个查验环节，保留查验指令下达、实施查验、查验结果异常处置3个环节。

同时，关、检整合查验场地，负责查验业务的检验检疫与海关科室及人员合并工作。关检双方的布控查验系统同步运行，在同一时间段内对碰各自系统。对碰成功的，根据查验指令随机派具备查验、检验检疫技能的相应人员实施作业，避免重复查验；对碰不成功的，根据现有作业流程实施作业。海关决定查验时，将主动通知进口货物的收货人或其代理人查验的时间。进口货物收货人或其代理人应该按照相关通知配合查验。

5. 提取货物

上述所有步骤和手续办完之后，海关决定放行货物的，统一发送一次放行指令，海关监管作业场所经营单位凭海关放行指令为企业办理货物提离手续。

6. 放行后海关验估和稽（核）查等

进口货物被放行后，海关总署"税收征管中心"对报关单税收征管要素实施批量审核，筛选风险目标，统筹实施放行后验估、稽（核）查等作业。

---

① 具体操作手册请从中国国际贸易单一窗口网站下载。

② 具体操作手册请从中国国际贸易单一窗口网站下载。

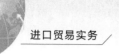

三、保税进口货物的范围及报关程序

（一）保税进口目的及业务范围

保税进口货物是指经海关批准未办理纳税手续进境，在境内储存或加工、装配后再复运出境的货物。保税进口货物是未办理纳税手续进境的，属于暂时免纳税，而不是免税，待货物最终流向确定后，海关再决定征税或免税。

保税进口货物的目的主要有：

（1）进行贸易活动（储存）或加工制造活动（加工、装配）。

（2）为灵活选择货物最终去向争取时间。

（3）缓纳或免纳关税等。

我国进口贸易的保税货物主要包括保税加工货物和保税物流货物（或称为保税仓储货物）。保税加工货物指经海关批准未办理纳税手续进境，在境内加工、装配后复运出境的货物；保税物流货物指经海关批准未办理纳税手续进境，在境内储存后复运出境的货物。

海关对保税加工货物的监管模式主要有两大类。一类是物理围网的监管模式，包括出口加工区和跨境工业区；另一类是非物理围网的监管模式，采用纸质手册管理或计算机联网监管（我国对保税进口货物的海关管理参见本书第二章）。

（二）保税货物进口报关程序

保税货物进口报关的基本程序包括四个环节：

1. 合同登记备案（前期阶段）

合同登记备案是指经营保税货物的单位持有关批件、对外签约的合同及其他有关单证，向主管海关申请办理合同登记备案手续，海关核准后，签发有关登记手册。合同登记备案是向海关办理的第一个手续，必须在货物进口前办妥，它是保税业务的开始，也是保税业务经营者与海关建立承担法律责任和履行监管职责的法律关系的起点。

2. 进口货物（进口阶段）

进口货物是指已在海关办理合同登记备案的保税货物实际进境时，经营单位或其代理人应持海关核发的该批保税货物的"登记手册"及其他单证，向进境地海关申报，办理进口手续。

3. 储存或加工后复运出口（后续阶段）

复运出口是指保税货物进境后，应储存于海关指定的场所或交付给海关核准的加工生产企业进行加工制造，在储存期满或加工产品后再复运出境。经营单位或其代理人应持该批保税货物的"登记手册"及其他单证，向海关申报办理出口手续。

4. 核销结案（后续阶段）

核销结案是指在备案合同期满或加工产品出口后的一定期限内，经营单位应持有关加工贸易登记手册、进出口货物报关单及其他有关资料，向合同备案海关办理核销手续，海关对保税货物的进口、储存、加工、使用和出口情况进行核实并确定最终征免税意见后，对该备案合同予以核销结案。这一环节是保税货物整个通关程序的终点，意味着海关与经营单位之间的监管法律关系的最终解除。

四、特定减免税进口货物及报关程序

（一）特定减免税对象范围

特定减免税货物指海关根据国家的政策规定准予减免税进境，使用于特定地区、特定企业、特定用途的进口货物。特定减免税进口货物在海关监管期限内，未经海关许可，不得抵押、质押、转让、移作他用或者进行其他处置。

特定减免税货物的范围有三大类，即特定地区减免税货物、特定企业减免税货物和特定用途减免税货物。

特定地区指我国关境内由行政法规规定的某一特别限定区域，享受减免税优惠的进口货物只能在这一特别限定的区域内使用（如保税区、出口加工区等）。

特定企业是指由国务院制定的行政法规专门规定的企业，享受减免税优惠的进口货物只能由这些专门规定的企业使用（如外商投资企业等）。

特定用途指国家规定可以享受减免税优惠的进口货物只能用于行政法规专门规定的用途（如用于国家鼓励发展的内外资项目、科教用品、残疾人专用品的进口货物）。

（二）特定减免税货物进口报关程序

特定减免税货物一般应提交进口许可证件，外商投资企业在投资总额内进口涉及机电产品自动进口许可管理的货物，可以免予交验有关许可证件。特定减免税进口的报关程序主要有：

1. 申请减免税手续（前期阶段）

申请减免税手续包括减免税备案和减免税证明申领两个环节。具体为：减免税申请人到主管海关办理减免税备案手续，海关对申请享受减免税优惠政策的申请人进行资格确认，对项目是否符合有关政策要求进行审核，确定项目的减免税额度等事项。减免税备案后，货物进口前，减免税申请人向主管海关申领减免税证明，主管海关进行审核，对合格的签发进口货物征免税证明。

2. 进口报关（进口阶段）

特定减免税货物进口阶段与一般货物进口阶段基本一致，只是报关除了提交报关单及随附单证，还应当提交征免税证明。特殊监管区域企业进口免税的机器设备时，还应当填制特殊监管区域进境货物备案清单。

另外，特定减免税货物进口报关单的"备案号"栏填写进口货物征免税证明的12位编码。

3. 申请解除监管（后续阶段）

特定减免税进口货物监管年限届满时，自动解除海关监管。在监管期内，为了在国内销售、转让、放弃或者退运境外的货物，当事人可以申请解除海关监管。

五、暂准进境货物的范围及报关程序

（一）暂准进境货物范围

暂准进境货物指为了特定的目的，经海关批准暂时进境，有条件暂时免纳进口关税并豁免进口许可证件，在规定的期限内除因使用中正常的损耗外按原状复运出境的货物。

暂准进境货物具有有条件暂时免予缴纳税费（必须要担保）、豁免进口许可证件、特定的进境目的、规定期限内按原状复运出境、按货物实际使用情况办结海关手续等特点。

暂准进境货物的范围主要包括：

（1）展览会、交易会、会议及类似活动中展示或者使用的货物、交通工具及特种车辆。

（2）文化、体育交流活动中使用的表演、比赛用品、交通工具及特种车辆。

（3）开展科研、教学、医疗活动使用的仪器、设备、用品、交通工具及特种车辆。

（4）货样、盛装货物的容器。

（5）慈善活动使用的仪器、设备及用品。

（6）旅游用自驾交通工具及其用品。

（7）进境修理货物、经营性租赁货物等。

（二）暂准进境货物的报关程序

暂准进境货物的报关程序分为使用 ATA 单证册的暂准进境货物报关程序和不使用 ATA 单证册的暂准进境货物报关程序。

1. ATA 单证册

ATA 单证册，即《暂准进口单证册》，俗称"货物免税进口护照"。ATA 是法语 admission temporaire（暂准进口）和英语 temporary admission（暂准进口）的第一个字母的组合，表示"暂准进口"，是指世界海关组织《货物暂准进口公约》（*Convention on Temporary Admission*，1990 年制订）及其附约 A《关于货物暂准进口的 ATA 报关单证册海关公约》（*Customs Convention on the ATA Carnet for the Temporary Admission of Goods*，*ATA Convention*，1961 年制订，简称《ATA 公约》）中规定使用的，用于替代各缔约方海关暂准进出口货物报关单和税费担保的国际性通关文件。使用 ATA 单证册的货物有别于普通进出口货物，这类货物在国际流转时，其所有权不发生转移。

自 1998 年 1 月起，我国开始实施 ATA 单证册制度。我国已部分加入《货物暂准进口公约》及其附约 A、附约 B1。经国务院批准、海关总署授权，中国国际商会（其业务主管单位为中国国际贸易促进委员会，简称"贸促会"）是我国 ATA 单证册的出证和担保商会，负责我国 ATA 单证册的签发和担保工作。

在我国，只有展览会、交易会、会议及类似活动项下的货物，海关才接受持 ATA 单证册办理进出口申报手续；除此之外的其他货物，海关不接受持 ATA 单证册办理进出口申报手续。

海关总署在北京海关的 ATA 核销中心是 ATA 单证册的管理机构，负责协调和管理全国海关 ATA 单证册的核销业务；负责对 ATA 单证册的进出境凭证进行核销、统计和追索，并应成员国要求提供有关 ATA 单证册项下暂准进出境货物已经进境或者从我国复运出境的证明。

ATA 单证册下货物未能按照规定复运出境或者过境的，ATA 核销中心向中国国际商会追索。自提出追索之日起 9 个月内，中国国际商会向海关提供货物已经在规定期限复运出境或已经办理进口手续的证明的，ATA 核销中心可以撤销追索；否则中国国际商会应当向海关支付税款和罚款。

在我国，使用 ATA 单证册报关的货物暂准进出境期限为 6 个月。延期最多不超过 3 次，每次延期不超过 6 个月。

ATA 单证册项下的货物延长复运出境、进境期限的，持证人应当在规定期限届满 30 个工作日前向货物暂准进出境申请核准地海关提出延期申请，并提交"货物暂时进/出境延期申请书"及其他有关申请材料。

直属海关受理延期申请的，应当于受理之日起 20 个工作日内制发《中华人民共和国海关货物暂时进/出境延期申请批准决定书》或者《中华人民共和国海关货物暂时进/出境延期申请不予批准决定书》。

展期在 24 个月以上的展览品，在 18 个月延长期满后仍需延长期限的，由主管地直属海关报海关总署审批。

申请延期超过 ATA 单证册有效期的，持证人应当向原出证机构申请续签 ATA 单证册（续签只能改变有效期，不改变其他内容），经主管地直属海关确认后，续签的 ATA 单证册才能替代原 ATA 单证册（原单证册同时失效）。

2. 使用 ATA 单证册的暂准进境货物报关程序

（1）前期阶段：申领 ATA 单证册，包括以下程序。

①申请资格：居住地或注册地在中华人民共和国境内的货物所有人或者可自由处分货物的人。

②受理机构：中国国际商会法律事务部 ATA 处或者中国贸促会/中国国际商会的地方分支机构出证部门。

③申办程序：

a. 填写申请表，并附申请人的身份证明文件。申请人为自然人的，提供身份证或护照复印件；申请人为企业法人的，提供法人营业执照的复印件；申请人为事业单位的，提供事业单位法人登记证书的复印件。

b. 填写货物总清单。

c. 提供担保（押金、银行或保险公司保函或者中国贸促会认可的书面保证），缴纳 ATA 单证册申办手续费。

向中国国际商会申请办理 ATA 单证册的申请人在填写好申请表及货物总清单后，须将填写好的这两份文件发送到中国国际商会 ATA 处的电子邮箱：atachina@ccpit.org。

中国国际商会 ATA 处工作人员在收到申请人的申请信息后将进行核查，然后根据相关信息向申请人出具付款通知。申请人须按照付款通知上的金额及其在申请时所选择的付款方式交付款项，并将申请表、货物总清单、申请人身份证明文件原本和复印件及商会所需其他文件在出证前送达中国国际商会 ATA 处。自申请手续完备之日起，贸促会将根据申请人的预计离境日期尽快签发单证，加急出证时间最短为 2 个小时。

（2）进境阶段：申报，包括以下程序。

①进境申报：进境货物收货人或其代理人持 ATA 单证册向海关申报进境展览品时，按要求填写 ATA 单证册的白色进口报关单上列明须由其填写的内容，如暂准进口货物的项号、报关地点、日期等。随后在海关核准的出证协会（中国国际商会/贸促会及其分支机构），将 ATA 单证册上的有关内容预录进海关与商会联网的 ATA 单证册电子核销系统，然后向展览会主管海关提交纸质的 ATA 单证册、提货单等单证。

海关审查合格之后，在白色进口单证上签注（存根和凭证上分别签注盖章），并撕下凭证（白色进口单证正联）存档，将存根联和 ATA 单证册其他各联退还给货物收货人或其代理人。

②配合查验（与一般进口货物类似）。

③提取货物（与一般进口货物类似）。

（3）后续阶段：结关，包括以下程序。

①正常结关：异地复运出境申报。ATA 单证册持证人应当持主管地海关签章的海关单证，并填写白色复出口报关单/黄色复进口报关单上应当填写的有关内容，向复运出境/进境地海关办理手续。

审查、查验合格之后，海关关员在白色复出口报关单/黄色复进口报关单上签注（存根和凭证上分别签注盖章），并撕下凭证（正联）存档，将存根联和 ATA 单证册其他各联退还给货物发货人或其代理人。

货物在规定期限内复运出境/进境后，主管地海关凭复运出境/进境地海关签章的海关单证办理核销结案手续。

②非正常结关：暂准进境货物复运出境时，未经我海关签注、核销的，另一缔约国海关在 ATA 单证上签注的证明该批货物从该国进境或者复运进境的证明，或者我国海关认可的能够证明该批货物已经实际离开我国境内的其他文件，对 ATA 单证册予以核销。在此情况下，单证册持有人应按规定向海关缴纳调整费。我国海关发出"ATA 单证册追索通知书"前，持证人凭有关证明要求予以核销单证册的，海关免收该调整费。

货物因不可抗力受损，无法原状复运出/进境的，持证人应当及时向主管地海关申报，凭有关部门出具的证明材料办理复运出/进境手续；因不可抗力原因灭失或失去使用价值的，经海关核实，可视为货物已经复运出/进境。

货物因不可抗力以外的其他原因引起灭失或者受损的，持证人应当按照货物进出口的有关规定办理海关手续。

3．不使用 ATA 单证册的暂准进境货物报关程序

（1）前期阶段：备案、担保或申请审批。办展人、参展人应当在展览品进/出境的20 个工作日前，向主管地海关提交有关的批准文件及展览品清单等有关单证办理备案手续（即事先抄送展出地海关，并向展出地海关办理备案手续）。

展览会不属于行政许可项目的，办展人、参展人应当向主管地海关提交展览会邀请函、展位确认书等其他证明文件以及展览品清单等办理备案手续。

展览品进境时，展览会主办单位或其代理人，应向海关提供担保。担保形式可为相当于税款金额的保证金、银行或其他金融机构的担保书，以及经海关认可的其他方式的担保。在海关指定场所或海关派专人监管的场所举办展览会的，经主管地海关批准，参展的展览品可免予向海关提供担保。

展览品以外的其他不使用 ATA 单证册的暂准进境货物进境申请应当向海关提交《货物暂时进境申请书》、暂准进出境货物清单、发票、合同或者协议以及其他有关单据，海关审核后，制发《中华人民共和国海关货物暂时进境申请批准决定书》或《中华人民共和国海关货物暂时进境申请不予批准决定书》。

（2）进出境阶段：填写进出口货物报关单报关，包括以下程序。

①进境申报：展览会的主办单位或其代理人应在展出地海关办理展览品进口申报手续。从非展出地海关进口的展览品，应当在进境地海关办理转关手续。主办单位或其代理人申报进口展览品时，应当向海关提交报关单、展览品清单、提货单、发票、装箱单等。展品中涉及检验检疫等管制的，还应当向海关提交有关许可证件。向海关提交展览品清单的内容填写应完整、准确，并译成中文。

②配合查验：展览会主办单位或其代理人应当于展览品开箱前通知海关，以备海关到场查验。海关对展览品进行查验时，展览品所有人或其代理人应当在场，并负责搬移、开拆、重新封货包装等协助查验的工作。

展览会期间展出或使用的印刷品、音像制品及其他海关认为需要审查的物品，应经过海关审查同意后，方能展出或使用。对我国政治、经济、文化、道德有害的以及侵犯知识产权的印刷品和音像制品，不得展出或使用，并由海关根据情况予以没收、退运出境或责令展出单位更改后使用。

③驻场监管：海关派员进驻展览场所执行监管任务时，展览会的主办单位或承办单位应当提供办公场所和必需的办公设备，并向海关支付规费。未经海关许可，展览品不得移出展览品监管场所，因故需要移出的，应当报经海关核准。

④提取货物。

（3）后续阶段：结关，包括以下程序。

①正常结关：异地复运出境申报。展览会结束后，展览会主办单位或其代理人应向展出地海关办理海关核销手续。

展览品实际复运出境时，展览会的主办单位或其代理人应向海关递交有关的核销清单和运输单据，办理展览品出境手续。对需要运至其他设关地点复运出境的展览品，经海关同意后，按照海关对转关运输的有关规定办理转关手续。

展览品自进境之日起 6 个月内复运出境。如需延长复运出境期限，应报经主管海关批准，延长期限最长不超过 6 个月，最多 3 次。展期超过 24 个月的，应由主管地直属海关报海关总署审批。

展览会闭幕后，展览会主办单位或其代理人应及时向展出地主管海关交验展览品核销清单一份。

②非正常结关：对于未及时退运出境的展览品，应存放在海关指定的监管场所或监管仓库，并接受海关监管。

对于不复运出境的展览品，海关按照有关规定办理进口手续，展览会主办单位应及时向海关办理展览品进口结关手续，负责向海关缴纳参展商或其代理人拖欠未缴的各项税费。

第九节　索赔及退运处理

一、索赔

进口商在收到货物之后，要首先对货物进行初步检查。检查之后，进口商认为进口货物全部合格，没有索赔的必要，且货物不是需要进行法定检验的货物，则进口商可以不申请对货物进行复检验，也没有必要索赔及做货物的退运处理。

如果进口商检查之后发现货物短缺的，应及时填制"短卸报告"交由船方签认，并根据短缺情况向船方提出保留索赔权的书面声明。如果买有货运保险的，进口商还应当同时立即通知保险公司，并按保险公司有关指示将货物存放于海关指定仓库，待保险公司会同商检机构检验后再做出处理。

一般情况下，合同规定要在卸货港检验的货物、已发现残损短缺有异状的货物或合同规定的索赔期即将届满的货物等，都需要在目的港口进行检验，然后凭有关的检验证书索赔。

如果经过法定检验证明进口货物不符合我国法律法规和/或进口合同的有关规定；或者经进口商初步检查发现货物不合格，之后进口商又依照进口合同中的商检条款以及有关的国际条约的规定按时对货物申请了商检，并拿到了证明货物不符合合同规定的商检证书；或者在整个进口合同的履约过程中有关方有其他违约行为或违约情况出现使进口商遭受了损失等，进口商都可以凭有效的索赔单证向有关方索赔。必要的时候，进口商可以拒收货物，对货物进行退运处理并要求赔偿。

依据有关的国际条约和法律，如果商检证明损失系由出口商未尽到有关责任引起、原装数量不足、原装货物的品质规格与合同规定不符、包装不良致使货物受损、卖方未按期交货或拒不交货等，那么进口商应当凭有关单证向出口商索赔。如果商检证明损失系由承运人没有尽到有关责任引起，例如货物数量少于提单所载数量，提单是清洁提单，而货物有残缺情况，且属于船方过失所致等，那么应当向承运人索赔。如果商检证明损失系由运输途中的承保风险引起，那么应当向保险公司索赔。

（一）索赔的依据

1. 向卖方索赔的依据

进口商向卖方索赔的依据是进口合同以及合同适用的国际条约、法律法规和国际惯例等。

进口商向卖方提出索赔时，通常需要提交的索赔单证有检验证书、发票、装箱单、重量明细单、提单副本等，有时还需要由船长及港务局理货员签证的理货报告及船长签证的短卸或残损证明等。

2. 向承运人索赔的依据

进口商向承运人索赔的依据是运输合同以及运输合同适用的国际条约和法律法规等。

进口商向承运人提出索赔时，通常需要提交的索赔单证有：检验证书、发票、装箱单、重量明细单、提单副本、由船长及港务局理货员签证的理货报告、船长签证的短卸或残损证明等。

3. 向保险公司索赔的依据

进口商向保险公司索赔的依据是保险合同以及保险合同适用的法律法规等。

进口商向保险公司提出索赔时，通常需要提交的索赔单证有：检验证书、发票、装箱单、重量明细单、提单副本、向承运人等第三者责任方请求赔偿的函电或其他凭证和文件、海事报告摘录、货损和货差证明、索赔清单（列明索赔金额及其计算依据以及有关的费用项目、说明和单据）、保险单、保险公司与买方的联合检验报告等有关证件。

（二）索赔金额

根据《公约》的规定，买方向卖方索赔的金额为：因卖方违约导致的买方包括利润在内的所有损失（即成本、费用损失再加预期利润损失，费用损失通常有商品检验费、装卸费、银行手续费、清关费、仓租费、利息等）。我国《民法典》规定，造成对方损失的，不得超过违约一方订立合同时预见到或者应当预见到的因违约可能造成的损失。

买方向运输公司的索赔金额以运输合同和/或提单的规定为确定依据。我国《海商法》第五十五条规定："货物灭失的赔偿额，按照货物的实际价值计算；货物损坏的赔偿额，按照货物受损前后实际价值的差额或者货物的修复费用计算。货物的实际价值，按照货物装船时的价值加保险费加运费计算。前款规定的货物实际价值，赔偿时应当减去因货物灭失或者损坏而少付或者免付的有关费用。"第五十六条规定："承运人对货物的灭失或者损坏的赔偿限额，按照货物件数或者其他货运单位数计算，每件或者每个其他货运单位为 666.67 计算单位，或者按照货物毛重计算，每公斤为 2 计算单位，以二者中赔偿限额较高的为准。但是，托运人在货物装运前已经申报其性质和价值，并在提单中载明的，或者承运人与托运人已经另行约定高于本条规定的赔偿限额的除外。货物用集装箱、货盘或者类似装运器具集装的，提单中载明装在此类装运器具中的货物件数或者其他货运单位数，视为前款所指的货物件数或者其他货运单位数；未载明的，每一装运器具视为一件或者一个单位。装运器具不属于承运人所有或者非由承运人提供的，装运器具本身应当视为一件或者一个单位。"

买方向保险公司的索赔金额以保险合同和/或保险单的规定为确定依据。我国《海商法》第二百三十七条规定："发生保险事故造成损失后，保险人应当及时向被保险人支付保险赔偿。"第二百三十八条规定："保险人赔偿保险事故造成的损失，以保险金额为限。保险金额低于保险价值的，在保险标的发生部分损失时，保险人按照保险金额与保险价值的比例负赔偿责任。"第二百三十九条规定："保险标的在保险期间发生几次保险事故所造成的损失，即使损失金额的总和超过保险金额，保险人也应当赔偿。但是，对发生部分损失后未经修复又发生全部损失的，保险人按照全部损失赔偿。"第二百四十条规定："被保险人为防止或者减少根据合同可以得到赔偿的损失而支出的必要的合理费用，为确定保险事故的性质、程度而支出的检验、估价的合理费用，以及为执行保险人的特别通知而支出的费用，应当由保险人在保险标的损失赔偿之外另行支付。保险人对前款规定的费用的支付，以相当于保险金额的数额为限。保险金额低于保险价值的，除合同另有约定外，保险人应当按照保险金额与保险价值的比例，支付本条规定的费用。"第二百四十一条规定："保险金额低于共同海损分摊价值的，保险人按照保险金额同分摊价值的比例赔偿共同海损分摊。"

（三）索赔期限

进口商向出口商索赔时，必须在交易合同规定的索赔期限内提出。如果交易合同未规定索赔期限，则可按《公约》的规定，进口商在实际收到货物后两年内提出索赔。

进口商向船公司索赔的期限，应当在运输合同或提单的规定的时限内提出。如果运输合同或提单中没有规定，可按《海牙规则》的规定，在货物到达目的港交货后一年内提出。

进口商向保险公司索赔的期限，应当在保险合同规定的时限内提出。如果保险合同没有规定，遵守中国人民保险公司 2009 年《海运货物保险条款》的，按照其规定，在货物在目的港全部卸离海轮后两年内提出。

（四）索赔过程中进口商的责任

进口商收货发现货物不合格时，应当立即通知有关当事人（卖方、承运人、保险人、有关装卸公司、港务当局等）损失情况，声明保留索赔权，索取货损、货差证明，并按有关规定或保险人指示申请联合检验货物。为了防止进口货物损失继续扩大，进口商应当立即采取合理的施救和整理措施，保管好索赔中的货物，直到索赔处理完时方可处理该批货物。如果进口商未能尽到及时通知责任、未能保管好货物或者提前处理了货物，将丧失索赔权。

当货物遭受承保范围内的损失，而其损失应由第三者（如承运方、海关等）负责时，保险人在履行赔偿后，在其赔付金额内，会要求被保险人转让其对造成损失的第三者责任方要求赔偿的权利，这种权利称代位权。被保险人在获得赔偿后有责任签署一份权益转让书，作为保险人取得代位权的证明，保险人便可凭此向第三者责任方进行追偿。如果被保险人的货物遭受严重损失，而要求按推定全损处理时，应向保险人提出委付通知，否则，保险人只按部分损失赔偿。被保险人在取得推定全损赔款后，应将向第三者追偿的权益转让给保险人，以使其取得代位权。

二、退运货物的处理

进口货物如果因为不符合我国法律法规的规定或者不符合进口合同的规定或者其他原因，需要退运的，要做退运出口处理。

根据货物通关手续办理的情况不同，进口贸易退运货物包括一般退运货物和直接退运货物。

（一）一般退运货物

一般退运货物是指已经办理申报手续且海关已经放行进口，由于各种原因造成退运出口的货物。进口转关货物在进境地海关放行后，当事人申办退运手续的，按照一般退运货物办理退运手续。

一般退运货物在退运出口时，原收发货人或其代理人应当填写"出口货物报关单"申报出境，并提供原进口时的"进口货物报关单""保险公司证明"或"承运人溢装、漏泄的证明"等有关资料，经海关核实无误后，验放有关货物出境。

因品种或者规格原因，进口货物自进口之日起 1 年内原状退货复运出境的，经海关核实后可以免征出口关税，已征收的进口关税和进口环节海关代收税，自缴纳进口税款之日起 1 年内准予退还。

（二）直接退运货物

直接退运货物是指在进境后、办结海关放行手续前，进口货物收发货人、原运输工具负责人或者其代理人（简称当事人）等申请直接退运境外（简称申请直退），或者海关根据国家有关规定责令直接退运境外（简称责令直退）的全部或者部分货物。

1. 当事人申请直退的货物

当事人可以申请直退货物的常见情形有：

（1）因国家贸易管理政策调整，收货人无法提供相关证件的。

（2）属于错发、误卸或者溢卸货物，能够提供发货人或者承运人书面证明文书的。

（3）收发货人双方协商一致同意退运，能够提供双方同意退运的书面证明文书的。

（4）有关贸易纠纷发生，能够提供法院判决书、仲裁机构仲裁决定书或者无争议的有效货物所有权凭证的。

（5）货物残损或者国家检验检疫不合格，能够提供国家检验检疫部门根据收货人申请而出具的相关检验证明文书的。

在当事人申请直退前，海关已经确定查验或者认为有走私违规嫌疑的货物，不予办理直接退运，待查验或者案件处理完毕后，按照海关有关规定处理。

当事人"申请直退"货物应当按照海关要求，提交"进口货物直接退运申请书"，证明进口实际情况的进口合同、发票、装箱清单、已报关货物的原报关单、提运单或者载货清单等相关单证，符合申请条件的相关证明文书以及海关要求提供的其他文件。

"申请直退"属于行政许可事项，海关按照行政许可程序受理或者不予受理，海关对"申请直退"申请受理并批准直接退运的，制发"准予直接退运决定书"。

办理进口货物直接退运手续，当事人还应当按照报关单填制规范填制进出口货物报关单，并符合下列要求：

（1）"标记唛码及备注"栏填写"准予直接退运决定书"编号。

（2）"贸易方式"栏填写"直接退运"（代码4500）。

当事人应当先填写出口货物报关单向海关申报，再填写进口货物报关单，并在进口货物报关单的"标记唛码及备注"栏填写关联报关单（出口货物报关单）号。

因进口货物收发货人或者承运人的责任造成货物错发、误卸或者溢卸，经海关批准直接退运的，当事人免予填制报关单，凭"准予直接退运决定书"向海关办理直接退运手续。

经海关批准直接退运的货物，不需要交验进出口许可证或者其他监管证件，免予征收各种税费及滞报金，不列入海关统计。

货物进境申报后，经海关批准直接退运的，在办理进口货物直接退运出境申报手续前，海关应当将原进口货物报关单或者转关单数据予以撤销。

进口货物直接退运应当从原进境地口岸退运出境。对因运输原因需要改变运输方式或者由另一口岸退运出境的，应当经由原进境地海关批准后，以转关运输方式出境。

2. 海关责令直接退运的货物

海关责令直接退运货物的常见情形有：

（1）进口国家禁止进口的货物，经海关依法处理后的。

（2）违反国家检验检疫政策法规，经国家检验检疫部门处理并且出具"检验检疫处理通知书"或者其他证明文书后的。

（3）未经许可擅自进口属于限制进口的固体废物用作原料，经海关依法处理后的。

（4）违反国家有关法律、行政法规，应当责令直接退运的其他情形。

对需要责令进口货物直接退运的，由海关根据相关政府行政主管部门出具的证明文书，向当事人制发"责令直退通知书"。

办理进口货物直接退运手续，当事人还应当按照报关单填制规范填制进出口货物报关单，并符合下列要求：

（1）"标记唛码及备注"栏填写"责令直退通知书"编号。

（2）"贸易方式"栏填写"直接退运"（代码4500）。

当事人应当先填写出口货物报关单向海关申报，再填写进口货物报关单，并在进口货物报关单的"标记唛码及备注"栏填写关联报关单（出口货物报关单）号。

因进口货物收发货人或者承运人的责任造成货物错发、误卸或者溢卸，经海关责令直接退运的，当事人免予填制报关单，凭"责令直接退运通知书"向海关办理直接退运手续。

经海关责令直接退运的货物，不需要交验进出口许可证或者其他监管证件，免予征收各种税费及滞报金，不列入海关统计。

进口货物直接退运应当从原进境地口岸退运出境。对因运输原因需要改变运输方式或者由另一口岸退运出境的，应当经由原进境地海关批准后，以转关运输方式出境。

关键概念

进口关税配额管理、进口许可证、授信开证、进口押汇、提货担保、汇出汇款融资、SWIFT 信用证、开证申请书、境外汇款申请书、基本运费、附加运费、整船包价、承运人、托运人、租船合同、托运单、场站收据、预约保险、逐笔投保、投保单、海运提单、海运单、发票、装箱单、重量单、商检证明、保险单、产地证、海关监管货物、进口申报、进口报关单、配合查验

复习思考题

1. 以 FOB 术语和跟单 L/C 结算方式成交的进口合同履行的主要步骤有哪些？
2. 以 FOB 术语和跟单托收结算方式成交的进口合同履行的主要步骤有哪些？
3. 以 FOB 术语和汇付结算方式成交的进口合同履行的主要步骤有哪些？
4. 常见的进口贸易许可文件有哪些？
5. 目前我国实行进口配额管理的货物有哪些？
6. 如何申领进口配额证？
7. 如何申领进口许可证？
8. 如何申领自动进口许可证？
9. 常见的进口贸易融资方式有哪些？
10. 进口商申请开立信用证的操作程序有哪些？
11. 进口商申请汇款的操作程序有哪些？
12. 班轮运输方式下进口货运手续的基本程序有哪些？
13. 如何缮制海运托运单？
14. 集装箱班轮运输方式下进口货运手续的基本程序有哪些？
15. 办理货运保险手续的基本程序有哪些？

16. 提单的含义及性质是什么？

17. 已装船的清洁的指示提单是什么样的提单？

18. 海运提单的主要内容有哪些？

19. 进口商审核海运提单的依据有哪些？

20. 进口商在审核商业发票时应当注意哪些问题？

21. 进口商在审核包装单据时应当注意哪些问题？

22. 简述进口报关的基本程序。

23. 简述一般进口货物的范围及其报关程序。

24. 简述进口商对外索赔的依据。

25. 一般退运货物的退运手续如何办理？

第八章
特殊行业进口贸易业务流程

> **· 本章要点 ·**
>
> 本章主要介绍我国目前特殊行业的进口操作流程，内容包括进口原油、成品油、铁矿石等大宗商品进口流程，以及进口食品、可做原料利用的废物以及医疗器械的业务流程等。
>
> 本章的重点是原油和成品油进口业务流程。
>
> 本章的难点是铁矿石进口业务流程。

第一节　原油和成品油进口业务流程

原油和成品油是重要的战略工业原料。原油和成品油在我国进口贸易中地位是非常重要的。

本书在第二章第三节中阐述了，我国目前原油和成品油进口分为国营贸易和非国营贸易，其进口企业都需要经商务部特殊的经营资格审批和进口配额分配，只有获得批准和进口配额的企业才能进口相应数量的原油或成品油。

与一般商品的进口贸易业务流程相比，原油或成品油的进口业务流程主要多了"取得进口贸易经营资格"和"申领进口贸易许可文件"两个环节。因此，本节的内容与本书第五章第五节"从事进口贸易经营的资质规定"和第七章第二节"申领进口贸易许可文件"的内容有所交叉，读者可以对照阅读。

一、取得原油或成品油进口经营资格及进口配额

本书在第二章第三节中已经阐述，经商务部审批，进入原油或成品油"进口国营贸易企业"名录的企业或机构（即"国营贸易企业"），才能做原油或成品油的进口业

务。原油和成品油"国营贸易企业"名录由商务部审批确定、调整并公布。商务部每年会公布原油和成品油国营贸易进口允许量及分配原则,"国营贸易企业"按照有关规定向商务部申请取得进口配额(之后才能申领相应的自动进口许可证,开展相应的进口业务),并且原油和成品油的国营贸易进口配额持有者必须委托"国营贸易企业"进口。

据我国加入 WTO 时签订的协议,我国从 2002 年开始还允许"非国营贸易企业"从事部分数量的原油和成品油进口(该类经过商务部批准但是未进入"国营贸易企业"名录的企业即为"非国营贸易企业")。商务部每年底会提前公布(商务部网站"政策发布"页面)下一年的原油、成品油的非国营贸易进口允许量、申领条件、分配依据及申请程序,凡符合相应条件的未进入"国营贸易企业"名录的企业都可以申请有关的非国营贸易进口配额(之后才能申领相应的自动进口许可证,开展相应的进口业务)。我国商务部会及时公布有关"非国营贸易企业"名录。目前,我国具有非国营贸易进口资质的企业已有二十多家,但获得资质的大部分仍然是国有企业。原油和成品油的非国营贸易配额的持有者可以委托"非国营贸易企业"或"国营贸易企业"进口,具备"非国营贸易企业"资格的也可以自行进口。

我国企业办理原油、成品油进口经营资格和进口配额手续的具体程序如下。

(一)申请企业提交申请

申请企业首先向商务部委托的各省自治区、直辖市、计划单列市及新疆生产建设兵团商务主管部门(以下简称"省级地方商务主管部门")递交申请资料,然后由省级地方商务主管部门初审之后,向商务部(商务部行政事务服务大厅)转报。

1. 申请企业需要满足的条件

(1)已依法办理对外贸易经营者备案登记。

(2)已依法订立货物进出口合同。

(3)具有从事国营贸易管理货物进出口贸易的必备条件。

(4)符合商务部公告 2018 年第 92 号规定的条件(适用于成品油进口非国营贸易允许量申请)。

(5)符合商务部公告 2018 年第 72 号规定的条件(适用于原油进口非国营贸易允许量申请)。

(6)符合商务部公告 2018 年第 25 号规定的条件(适用于浙江自贸试验区企业申请原油进口非国营贸易经营资格)。

(7)法律、行政法规、规章规定的其他条件。

2．申请企业需要提交的资料

（1）进出口国营贸易经营资格申请报告。原件，1 份。

（2）企业法人营业执照。复印件，1 份。

（3）货物进口或出口合同。原件，1 份。

（4）其他规定的材料。

（二）商务部受理申请

收到申请人的申请材料后，商务部根据下列情况分别做出处理：

（1）申请事项属于商务部职权范围，且申请材料齐全、符合法定形式的，予以受理。

（2）申请事项属于商务部职权范围，但申请材料不齐全或者不符合法定形式，补正后方能符合受理条件的，在接到申请材料后的 5 个工作日内出具《货物进出口行政许可事项申请材料补正告知书》，一次性告知申请人需要补正的全部内容。

（3）申请事项不属于商务部职权范围的，做出不予受理的决定，退回申请材料并告知申请人向有关行政机关申请。

（三）商务部征求其他部门意见（仅在必要时）

收到申请人的申请材料后，商务部如认为有必要，可征求有关部门或行业的意见。涉及国家安全、国计民生或者其他极其重大事项的，商务部将上报国务院。上报和征求意见所需时间不计入办结时限。

（四）商务部审核申请

自受理之日起 35 日内，商务部对申请人的申请材料进行审查。对符合条件且经公示无异议的，赋予进出口国营贸易经营资格或者分配非国营贸易允许量，列入进口国营贸易企业目录；对不符合条件的，书面告知申请人不赋予进出口国营贸易经营资格或者不分配非国营贸易允许量，并说明理由。公示所需时间不计入办结时限。

（五）企业领取有关批准文件

原油、成品油"国营贸易企业"取得进口经营资格之后，每年按照商务部的有关通知申领进口配额。

目前，我国原油"国营贸易"进口权主要集中在中石化、中石油、中海油、中化、珠海振戎（军方企业）五大石油央企手中。

二、磋商原油或成品油进口合同

原油或成品油进口合同的磋商与一般商品进口合同的磋商既有共同之处，也有特殊之处。一般商品进口合同磋商的形式、内容、步骤以及合同各条款签订时应当注意的问题参见本书第六章的详细内容，下面只是阐述原油或成品油进口合同磋商时，进口商需要特别注意的地方。

（一）注意特别关注出口国政局稳定性以及其石油出口政策的稳定性

原油和成品油属于战略物资，其进出口多受政府的管制和干预。因此，应当关注出口国政局以及其石油出口政策的稳定性，以降低政治风险。

（二）注意特别关注出口方的经营实力和信用水平

石油进口合同一般金额很高，而一般的小企业是无力开采原油或者冶炼石油的。因此，在签订进口原油或成品油合同之前，进口商一定要认真调查出口方的经营实力，比如其经营资质、规模以及技术水平等。同时，一定要关注其以往的经营状况和信用状况。

（三）注意防范价格风险

我国在国际原油市场上的定价权较弱，一般只能被动接受国际市场价格，导致进口价格风险非常高。因此，进口商应当注意化解价格风险。

（1）关注原油期货价格的变动。原油期货价格是国际油价的一个风向标，进口商应当时刻关注，并不断调整合同谈判价格。

（2）关注国际上广泛采用的石油现货报价系统及价格指数，比如普氏报价、阿格斯报价、路透社报价、美联社报价，亚洲石油价格指数、印尼原油价格指数、远东石油价格指数等，并不断调整合同谈判价格。

（3）努力实现油源多元化和运输方式的多元化。进口商要积极拓宽进口渠道，尽量改变主要从中东进口石油、主要依靠中东和过分依赖马六甲海峡运输的现状，尽量多地从南美、非洲、中亚、俄罗斯进口。必要时，有能力的进口企业可以与外国石油出口公司合资合作开发石油资源和进行石油管道建设。

（4）争取使用最优惠的贸易方式进口。目前，国际石油贸易主要有三种方式：一是分成油方式，即石油供需双方签订合资开发合同，供方用石油货款偿还需方的投资。这种合资开发业务大部分被国际大型石油公司控制。二是长期供货合同方式，此方式下交易价格较低，石油输出国往往对此不感兴趣，目前进口商在国际市场上很少能够争取到。三是公开交易方式，即在国际市场上公开销售石油，具体又分为现货和期货两种，以期货贸易为主。

石油进口企业应当努力实现由现货采购为主向长期贸易协定方式的转变，以打破价格联盟和短期因素，化解一部分油价风险。石油进口企业应当利用各种渠道，必要时可以争取合资开发等方式，争取以最低的成本得到相对稳定的油源。

（5）充分利用国际石油期货合约进行套期保值。石油期货是石油石化企业规避国际油价风险不可或缺的工具。目前，国际石油贸易合同中，一般不明确规定成交价格，而是规定一个价格计算公式，以使价格随行就市。然而，国际石油市场价格瞬息万变，为了避免价格大起大落的风险，进口商一定要充分利用国际石油期货合约进行套期保值。

（四）努力争取实力强的大银行的配套融资支持

如果进口商能找到合适的石油资源国的出口公司并确定合作意向，我国银行一般会积极给予资金支持，比如在双方石油进出口合同的基础上，贷款给石油出口公司，在帮助其石油勘探、开采和炼化的同时，也实现了我国的对外投资。

（五）在合同或信用证中争取明确规定

以卸货港检验检疫机构出具的品质和重量结果作为结算依据，尤其是对少数物理特性黏稠、挂壁严重、不利于卸船作业的油种，企业在合同中应明确规定以卸货港岸罐量结算，以避免以后的短重纠纷。

（六）在合同中明确计量方式

最好以卸货岸罐计量交接，有条件的企业可规定采用输油管线流量计进行计量交接。

三、申领自动进口许可证

获得原油或成品油"国营贸易"或"非国营贸易"进口配额之后，进口企业还须向我国商务主管部门书面申领相应的原油、成品油自动进口许可证，才能进口相应的原油或成品油。自动进口许可证申领的一般手续在第七章第二节中已经介绍，这里只是补充一下申领原油、成品油自动进口许可证的特别之处。

（一）提交申请

申领原油、成品油（不含燃料油）自动进口许可证必须到商务部提交申请；申领成品油（燃料油）自动进口许可证必须到商务部委托的各省级地方商务主管部门提交申请。一般需要提交的申请材料包括：

（1）"自动进口许可证申请表"（适用于进口非机电类货物）。原件，1份。

（2）企业法人营业执照。复印件，1份。

（3）货物进口合同。原件，1份。

（4）其他法定材料。如企业从事货物进出口的资格证书、备案登记文件；申请报告（内容包括申请数量，申请企业的基本情况）；属于委托代理进口的，须提交委托代理进口协议（正本）等。

（二）商务主管部门审核

商务部委托的各省级地方商务主管部门收到企业提交的符合要求的材料后向商务部转报。商务部受理有关申请后进行审核。

商务部自收到符合规定条件的申请及有关材料后做出准予许可的决定，最多不超过10日予以签发自动进口许可证。

申请企业可通过商务部进出口许可证件申领平台在线查询，或者通过咨询电话查询。

（三）领取自动进口许可证

商务部或者商务部委托的机构做出准予许可的决定后，申请人可在商务部网上政务大厅实时查询结果，并领取自动进口许可证电子证书。自动进口许可证纸质证书由申请人自取。

四、履行原油或成品油进口合同

原油或成品油进口合同的履行与一般商品进口合同的履行既有共同之处，也有特殊之处。一般进口合同履行的步骤及应当注意的问题参见第六章的详细内容，这里不再重复，下面只阐述原油或成品油进口合同履行时，进口商需要特别注意的地方。

（一）时刻关注政治和经济风险

中东地区以及非洲地区（如利比亚）是我国石油进口的重要来源地，由于其政治局势的混乱以及由此引发的地区动荡，可能造成这些地区石油输出的中断。因此，进口企业应当时刻关注政治和经济风险。

（二）重视运输渠道的安全

石油运输的主要方式有管道运输和海洋运输。我国现阶段石油进口的主要运输方式是海洋运输。我国从中东进口石油主要依靠海运，运输路线是：波斯湾—霍尔木兹海峡—印度洋—马六甲海峡—南海。霍尔木兹海峡和马六甲海峡非常狭窄，随时会因突发事件遭到封锁，而且油轮在通过这些狭窄的水道时易遭遇海盗的袭击和撞船事故。产地的动荡、周边国家关系不友好以及运输管线经过的地区有争议、暴力活动，也妨碍石油运输的通畅。近些年来，印度为谋求南亚霸主地位，大力加强其军事力量，对印度洋地区石油和天然气等资源更是加紧控制，印度海军的势力已经延伸到马六甲海峡和南海。而中国对海上石油运输通道的控制比较薄弱，一旦我国进口石油运输通道遭到封锁，我国从中东地区进口石油将被切断。

（三）关注进口石油短重问题

近年来，进口石油业务中短重问题越来越常见，进口企业应当高度关注。部分石油供货商为了谋取利益，按照重量溢短千分之五以内免责的国际惯例打擦边球，故意控制装货量，造成重量短少；或是存在明水；或是利用装、卸两港的密度存在差异，造成卸货港鉴重结果与装货港有较大差别。建议进口企业在履行合同过程中，加强实时监控。尤其是发生多港拼装货物时，企业应派员驻船，实时监控卸货量。

第二节　铁矿石进口业务流程

2013 年 7 月 1 日之前，我国对铁矿石进口业务的直接管理权主要归属于中华人民共和国工业和信息化部（以下简称"工信部"）和商务部。同时，中国钢铁工业协会和中国五矿化工进出口商会对我国铁矿石进口业务的协调发展和秩序维护也起着非常重要的作用。当时我国对铁矿石进口采取进口企业资质管理和自动进口许可证管理。企业必须先取得工信部铁矿石进口资质，然后向商务部申领到铁矿石自动进口许可证，才能进口相应的铁矿石。

为了促进贸易便利化，2013 年 6 月 7 日，我国商务部发布商办贸函〔2013〕第523 号取消了铁矿石进口资质管理，公布自 2013 年 7 月 1 日起，对铁矿石施行自动进口许可证网上申领，只要符合网上申领的条件，即可发放自动进口许可证，不再要求企业进口铁矿石必须先申请进口资质审批。

一、磋商铁矿石进口合同

铁矿石进口合同的磋商与一般商品进口合同的磋商有共同之处，也有特殊之处。一般商品进口合同磋商的形式、内容、步骤以及合同各条款签订时应当注意的问题参见第六章的详细内容，下面只是阐述铁矿石进口合同磋商时，进口商需要特别注意的地方。

（一）密切关注市场，积极预测和应对市场的发展变化

一般需要关注的市场信息包括：

（1）宏观的市场形势和市场需求的发展变化。市场的宏观变化会影响和决定市场供求关系的中长期变化和市场价格的总体走势。

（2）国内钢厂用户、下游建材等用户和行业的需求变化。他们的变化，将会对销售数量产生直接的影响。

（3）关注铁矿石经销环节的变化。

通过关注、分析市场，提前对市场的发展变化做出预测，研究制定应对措施，及时做出正确的经营决策，能够较好地规避市场发展变化所带来的经营风险。

（二）注意特别关注出口方的经营实力和信用水平

铁矿石进口合同一般金额很高，而一般的小企业是无力开采铁矿石的。因此，在签订进口铁矿石合同之前，进口商一定要认真调查出口方的经营实力，比如其经营资质、规模以及技术水平等，同时，一定要关注其以往的经营状况和信用状况。

（三）注意防范价格风险

进口铁矿石定价机制主要有两类：一是长协谈判价格，二是现货市场价格。在全球铁矿石需求较少时期，矿商与钢厂签订长协价是为了维持矿山经营，保证每年的铁矿石消费。铁矿石长协谈判是由供需双方共同商讨的。铁矿石的主要供应方为澳大利亚力拓、必和必拓及巴西淡水河谷，主要需求方为亚洲的中国、日本、韩国及欧洲的德国。近年来，中国进口铁矿石供应来源更加集中于澳大利亚和巴西两国。以前的谈判规则为需求方的一家钢厂代表全球钢厂与三大矿商中的一家进行谈判，最终谈判结果将在全球推广，其他钢厂只能接受最终谈判价格。但是，随着新兴国家钢铁生产的迅猛增加，对铁矿石需求的逐渐上升，这一首发价无条件跟随模式（长协谈判价格模式）在 2009 年已被打破，谈判的供应方必和必拓对长协价提出了异议。从 2010 年 1 月底起，该公司近一半业务已开始采纳与现货市场挂钩的定价体系。虽然目前力拓和淡水河谷生产的大部分仍然按年度定价出售，但是力拓也在逐步提高其现货销售量。而印度的加大矿山因为其国铁矿石市场起步较晚，则是通过现货招标的方式销售铁矿石。目前，淡水河谷、力拓、必和必拓的铁矿石贸易量占全球铁矿石贸易量的百分之七十多，力拓和必和必拓还成立了铁矿石合资公司，意在增强铁矿石供应和议价能力。其垄断地位难以撼动。由此可见，以现货价为基准的铁矿石定价机制正逐步抬头。

中国铁矿石进口量世界第一，约占全球铁矿石总贸易量的 70%，但是中国在长协谈判中却没有话语权，一直是长协价格的被动接受者。铁矿石现货价格波动远远超过

长协价格，铁矿石定价机制的变数使我国铁矿石进口企业面临较大的不确定性。因此，进口企业应当注意防范价格风险。

1. 对全世界的铁矿石供应商和需求方的发展和经营状况进行详尽的调查研究和预测

铁矿石供应商在以往的长协谈判前都会进行一系列活动为涨价做铺垫。常见的有：①轮番发布来年铁矿石需求预期。②利用媒体公布对铁矿石供应需求预测。③通过集中采购、集中租船等方式抬高铁矿石现货价格，制造铁矿石供应紧张局面。比如，2009年两拓在海运市场上大量租船炒作，推动BDI指数大涨，以此来方便长协谈判和推高铁矿石现货价格。④铁矿石成为国际资本的炒作对象，供应商利用其与国际投行千丝万缕的联系，使得他们不断调高预测，影响长协谈判结果。

因此，进口企业应当认真调查，看清真相再做决策。

2. 关注铁矿石价格指数的变动

目前在国际市场上有影响力的铁矿石指数主要有三个：一是普氏能源资讯（Platts）的普氏指数（Platts Iron Ore Index），二是环球钢讯（SBB）的TSI指数（The Steel Index），三是金属导报（MB）的MBIO指数（MB Iron Ore Index）。三个指数的编制方法不同，报价也有所不同。

3. 加强中国铁矿石进口企业之间的联合

目前，中国钢铁行业产业集中度较低。2017年，中国排名前十的钢厂粗钢产量仅占全国总产量的37%左右。而早在2007年，日本最大的四家钢铁公司占日本粗钢总产量比重就达74.77%。国外钢铁行业产业集中度高利于其合理预测铁矿石需求和钢材价格，利于在铁矿石长协谈判中占据主动地位。因此，如果中国的铁矿石进口企业在中国钢铁工业协会和中国五矿化工进出口商会的协调下，能实现一致对外，使所有用矿企业形成一个利益共同体，逐步向进口铁矿石的统一采购模式过渡，将能有效增强我国进口企业的谈判能力。

4. 尽量分散铁矿石的货源地

虽然澳大利亚、巴西和印度是我国进口铁矿石的主要货源国，但南非、智利、加拿大等其他地区的铁矿石产量也较大，进口企业应当及时掌握全球铁矿石供应资讯，使进口货源地尽量分散化。

5. 尽量分散进口铁矿石的供应商

这有利于缓解受制于三大矿商的不利局面。

6. 保持充裕的合同量和畅通销售渠道

优化贸易环节，尽量快进快出，尽量保持低库存，以提高资金利用率，最终通过足够的贸易量来平摊市场价格波动带来的风险。

7. 合理利用钢材期货市场规避价格剧烈波动的风险

钢材期货市场是国内钢铁企业规避铁矿石价格频繁、剧烈波动风险的有效途径。

铁矿石进口企业可以根据钢材期货价格的新动向和趋势，对铁矿石采购、价格进行相应的判断和预测。目前，数家国际投行还推出了场外交易市场（OTC）上交易的铁矿石掉期交易，交易以 1 年掉期合同为准，每月进行现金结算，合同的基准是澳大利亚—中国的 CFR 价和印度—中国的 CFR 价，价格参照《金属导报》和环球钢讯在彭博（Bloomberg）公布的报价。我国铁矿石进口企业也不妨对此铁矿石掉期交易的情况多加关注。

另外，进口商也要关注中国铁矿石价格指数（China Iron Ore Spot Price Index，CIOPI，简称 CSI）。该价格指数由"国产铁矿石价格指数"（样本采集以国产铁精矿市场成交完税价格为依据）和"进口铁矿石价格指数"（样本采集以钢协会会员企业和五矿商会会员企业报送的进口铁矿石数量和到岸价格为依据）两个分项指数组成，是基于实际成交价格的指数，更为客观。

（四）尽量减少中间环节，寻找矿山并争取与之建立双边直接贸易关系

近年来，我国从印度进口铁矿石发现的质量问题较多，除了印度一些小的矿山采选设备不先进、质量控制不严的原因之外，贸易中间环节多也是一个重要原因。所以，我国铁矿石进口企业应当尽量绕开外国中间商，直接与主要铁矿石出口商进行接触，就长期供货、稳定价格和保证质量等问题进行讨论，从而建立长期稳定的直接供应关系。

（五）注意规范进口合同条款

以往部分进口铁矿石合同不规范，导致进口企业索赔困难。所以，铁矿石进口企业应当进一步规范合同条款。

（1）在目前的铁矿石贸易合同条款中多规定以中国商检机构检验结果为最终计价依据，但由于签订的贸易合同不规范或不严谨（缺乏对应的价格调整条款或付款时间、付款方式不合理等），中国商检机构检验值对外方通常缺乏约束力。因此，建议进口企业尽量参考中国五矿化工进出口商会和中国钢铁工业协会建议的铁矿石标准进口合同，在贸易合同中对检验项目和检验结果的评定都应制定一一对应的溢价和折价条款，注意明确付款条件，明确贸易双方的经济权益，并且对出口方铁矿石检验机构的资质也要有明确的要求。

（2）对执行期限较长的进口合同，要注意约定合同有效期和终止条款。

二、申领自动进口许可证

（一）提交申请

申领铁矿石自动进口许可证必须到商务部委托的各省级地方商务主管部门提交申请。一般需要提交的申请材料包括：

（1）"自动进口许可证申请表"（适用于进口非机电类货物）。原件，1 份。

（2）企业法人营业执照。复印件，1 份。

（3）货物进口合同。原件，1 份。

（4）其他法定材料。

（二）商务主管部门审核

商务部委托的各省级地方商务主管部门收到企业提交并符合要求的材料后向商务部转报。商务部受理有关申请后进行审核。

商务部自收到符合规定条件的申请及有关材料后做出准予许可的决定，最多不超过 10 日予以签发自动进口许可证。

申请企业可通过商务部进出口许可证件申领平台在线查询，或者通过咨询电话查询。

（三）领取自动进口许可证

商务部或者商务部委托的机构做出准予许可的决定后，申请人可在商务部网上政务大厅实时查询结果，并领取自动进口许可证电子证书。自动进口许可证纸质证书由申请人自取。

三、铁矿石进口合同的履行

铁矿石进口合同的履行与一般进口商品合同的履行有共同之处，也有特殊之处。一般进口合同履行的步骤及应当注意的问题参见第七章的详细内容，下面只是阐述铁矿石进口合同履行时，进口商需要特别注意的地方。

（一）时刻关注政治风险

我国越来越重视环境保护和节能减排问题，并发出了遏制钢铁行业产量过快增长的紧急通报，因此，铁矿石进口商在履行合同的过程中，应当时刻关注我国有关政策的变化。

（二）需要时可以委托代理进口

铁矿石用户（特别是一些小的钢厂）委托实力较强的铁矿石进口公司代理进口，既可以强势互补，实现专业分工，又可以增加我国铁矿石进口企业的集中度，增强对外谈判能力。

（三）关注国际海运及其费率的变化趋势

国际油价的上涨使运输成本在铁矿石进口成本中占据越来越大的比重，我国进口铁矿石主要采用海洋运输方式，因此我国进口企业应当密切关注国际海运及其费率的变化趋势，以实时调整自己的进口策略。

（四）关注收货质量问题

由于个别小矿商采选设备不先进、质量控制不严，加之铁矿石进口贸易中间环节多，所以铁矿石进口贸易经常出现收货品质不合格的情况。我国铁矿石进口企业在收货时如果发现有关品质问题，应当及时凭有关检验证明对外索赔。

第三节　大豆进口业务流程

根据我国海关总署每年公布的全国《进口重点商品量值》中的统计数字，最近几年大豆进口额在我国农产品进口额中排名第一，在我国进口贸易总额中也一直排在第六七位，是我国进口最多的农产品。

我国对大豆进口业务的直接管理权归商务部。为了维护我国对外贸易秩序，保护经营者的合法权益，提供大宗农产品进口信息服务，商务部 2008 年 6 月 24 日公布了《大宗农产品进口报告和信息发布管理办法（试行）》（自 2008 年 8 月 1 日起施行），并于 2008 年 7 月公布了《实行进口报告管理的大宗农产品目录》，从 2008 年 8 月 1 日起开始对大豆等六种产品实行进口报告管理。同时，商务部委托中国食品土畜进出口商会负责进口报告信息的收集、整理、汇总、分析和核对等日常工作。

2010 年开始，商务部又将大豆列入了自动进口许可证管理货物目录（详见商务部、海关总署每年公告的《自动进口许可管理货物目录》）。

因此，目前我国对大豆进口贸易实行的是进口信息报告（备案）管理以及自动进口许可证管理。

大豆进口业务流程如下。

一、办理大豆进口有关证明

我国企业进口的大豆很大比例是转基因大豆。为了加强农业转基因生物的安全管理，规范相关产业的发展，国务院于 2001 年 5 月 23 日就发布了《农业转基因生物安全管理条例》[其最新版是被国务院令 2017 年第 687 号修订后的版本，该版本以下简称《农业转基因生物安全管理条例》（2017 年修订）]。为此，中华人民共和国农业部（现中华人民共和国农业农村部，以下简称为"农业农村部"）在 2002 年 1 月 5 日发布了《农业转基因生物进口安全管理办法》《农业转基因生物安全评价管理办法》和《农业转基因生物标识管理办法》3 个配套规章，自当年 3 月 20 日起施行。对这 3 个配套规章进行的最近一次修订是 2017 年 11 月 30 日农业部令 2017 年第 8 号。根据国务院及农业农村部的有关规定，目前，向中国出口转基因大豆的境外供应商必须向农业农村部申请安全证书，中国大豆进口商也必须向农业农村部申请标识许可证，之后才能进口。

（一）大豆境外供应商申请办理"安全证书"的具体程序

由于大豆进口"安全证书"的办理时间较长，我国进口大豆的企业应当要求出口商提前办理"安全证书"。

境外供应商按照《农业转基因生物安全管理条例》（2017 年修订版）和《农业转基因生物安全评价管理办法》（2017 年修订版）有关进口用作加工原料的农业转基因生物的规定，向我国农业农村部政务服务大厅申请安全证书。[①] 农业农村部服务大厅自收到境外供应商提供的完整的中文申请资料之日起，方开始正式受理安全证书的申请，并按有关规定进行审查（包括初审、专家评审、办理批件等程序），做出批准或不批准的决定。

境外供应商办理"安全证书"之后，将"安全证书"寄给进口商。

（二）大豆进口商申请办理标识使用认可批准文件

我国大豆进口商将境外供应商办理的"安全证书"加上进口大豆的有关材料交到我国农业农村部政务服务大厅申请标识使用认可。农业农村部根据《农业转基因生物标识管理办法》相关规定进行审核，审核合格者，发给进口商标识使用认可批准文件。

---

① 申请资料、流程及联系方式请登录中华人民共和国农业农村部网站"政务服务"栏查看。

（三）大豆进口商申请办理检验检疫许可证

进口商将上述"安全证书"加上标识使用认可批准文件一并提供给我国海关，办理检验检疫许可证。海关质检部门根据相关规定进行审核，审核合格者发给检验检疫许可证。

大豆进口商在得到上面三个步骤的文件之后，才可以同境外供应商签订合同。

二、磋商大豆进口合同

大豆进口合同的磋商与一般商品进口合同的磋商既有共同之处，也有特殊之处。一般商品进口合同磋商的形式、内容、步骤以及合同各条款签订时应当注意的问题参见本书第六章的详细内容，这里只强调三点。

（一）时刻关注我国有关大豆进口管理政策的变化

我国对大豆进口的快速增长促使政府越来越重视对大豆进口贸易的管理，致使我国有关大豆进口的管理政策不断变化。比如从 2004 年 4 月 20 日取消进口转基因大豆临时措施，开始施行正式的《农业转基因生物安全管理条例》；从 2008 年 8 月 1 日起实行大豆进口信息报告（备案）管理；从 2010 年开始施行大豆自动进口许可证管理等。因此，为了能顺利开展大豆进口贸易，我国大豆进口企业应当时刻关注我国农业农村部、商务部、海关总署现在以及未来有关的管理政策的变化。

（二）合同中明确规定出口商应当按时提供哪些必要的证明

大豆既可食用，又可用于榨油及生产饲料豆粕，是关系国计民生的重要油料作物。因此，我国对大豆的进口检验检疫相对于一般商品是比较严格的，报检时一般需要提供出口国的原产地证、非转基因证明（前已述及，如果是转基因大豆进口的还需要提供安全证书）、检疫许可证等。同时，进口合同中应当明确规定出口商应当按时提供原产地证、非转基因证明（前已述及，如果是转基因大豆进口的还需要提供安全证书）等必要的证明，以及有关的违约处理办法。

（三）注意价格风险

我国大豆进口企业要时刻关注国际大的交易所大豆价格的变化及趋势，以及时调整自己的经营策略。进口企业可以经常查看商务部网站"大宗农产品进口信息发布"专栏定期发布的有关大豆进口的汇总信息，关注我国大宗商品交易所大豆期货交易的情况，以把握国内市场行情。

同时，中国进口企业在磋商合同之前，还应当深入调查研究世界大豆供需双方的情况、大豆价格形成机制的特点，采用各种办法增强对大豆进口价格的控制和影响力。目前，国际大豆贸易主要掌握在以美国公司为主的国际粮商手中，形成了"南美种大豆，中国用大豆，美国卖大豆并决定价格"的格局。某些国际粮商及投机基金甚至操纵大豆价格，把价格炒高，再卖给中国进口企业。中国在大豆定价机制中没有话语权的现实与中国是大豆第一进口国（进口量占国际市场贸易量的40%左右）地位的对比，是非常值得我国进口企业反思的，也是需要我国进口企业未来努力改变的。

三、大豆进口信息报告报送（备案）

根据商务部《大宗农产品进口报告和信息发布管理办法（试行）》《关于实施〈大宗农产品进口报告和信息发布管理办法（试行）〉农产品目录及有关事项的公告》以及中国食品土畜进出口商会的《关于〈大宗农产品进口报告和信息发布管理办法（试行）〉企业备案流程及合同报送方法的说明》，大豆进口企业备案手续办理流程如下。

（一）进行进口企业信息备案

进口企业准备好以下全部资料（需要加盖企业公章）快递至中国食品土畜进出口商会①，同时将"大宗农产品进口报告企业备案登记表"电子文档（word 文档，无须签名、盖章）及所有其他资料的扫描件，发送电子邮件至中国食品土畜进出口商会指定邮箱②，邮件主题格式为"大宗备案—公司名称"。

（1）"大宗农产品进口报告企业备案登记表"填写完整，需法人签章。（注：联系人及身份证号一栏必须填写；邮寄地址若与公司地址不同请标注。）

（2）对外贸易经营者备案登记表复印件（三资企业需提供"外商投资企业批准证书复印件"）。

（3）企业法人营业执照正副本复印件、税务登记证复印件（或统一社会信用代码）。

（4）上年度有效的财务报表或会计师事务所审计报告（无重大问题）。

（5）备案登记申请函（公司自行出具文字性说明，无固定格式）。

（6）近 3 年无海关、外汇、工商、税务、质检方面涉及进口的违规记录（上级商务管理部门或当地政府可统一出具五方面证明，或者任意三方面的单方证明，可为政府官方网络公示平台信息）。

（7）符合有关商会、行业协会的行业自律要求（公司自行出具文字性说明，无固定格式）。

---

① 中国食品土畜进出口商会注明"粮油部"收（收件电话010 – 87109837 总机，不负责答疑）。

② beian@ cccfna. org. cn。

（二）发送电子钥匙

中国食品土畜进出口商会管理人员收到企业备案资料审核通过之后，通过大宗农产品进口报告系统管理端用户管理将进口企业用户添加到企业用户表和商务部统一平台用户表；通过后管理员会将企业系统账号、密码等资料以电子邮件等方式回复给进口企业。

进口企业用户使用自己的账号、密码就可以在任何地点、任何时间登录此大宗农产品进口报告系统。大宗农产品进口报告系统需要通过商务部统一平台登录页面登录[①]。

（三）报告报送有关进口信息

进口企业收到电子钥匙后，可以在中国食品土畜进出口商会网站下载大宗农产品进口报告系统用户手册，然后依据该手册的说明，通过商务部统一平台登录页面登录[②]，然后选择进入大宗农产品进口报告系统。进口企业首先完善企业资料，并按步骤填写合同报告。商务部对进口企业报告时间的要求是：进口企业在"签订进口合同""货物在装运港出运""货物抵达目的港""报告事项发生变更"后三个工作日内履行进口报告义务。报告的内容主要包括：对外贸易经营者、联系人、联系方式、商品名称、商品编码、贸易方式、贸易国（地区）、原产地国（地区）、合同号、合同数量、合同船期、装运港、预计抵港时间、实际船期、装船数量、进口报关口岸、进口数量和实际抵港日期等。

商务部网站"大宗农产品进口信息发布专栏"会定期发布有关汇总信息，如预计进口数量、预计货物到港时间、实际装船时间、实际装船数量、装运港、原产地国（地区）、主要口岸进口情况等。

四、申领大豆自动进口许可证

自动进口许可证申领的一般手续在本书第七章第二节中已经介绍，这里需要特别说明的是，大豆进口企业在向中国食品土畜进出口商会备案的同时，应当抄送有关备案信息给当地商务主管部门（外经贸厅）。

（一）提交申请

大豆自动进口许可证既可以网上申领也可以书面申领，受理机构是商务部（行政事务服务大厅）。一般需要提交的申请材料包括：

（1）"自动进口许可证申请表"（适用于进口非机电类货物）。原件，1份。

---

① http：//www. mofcom. gov. cn/mofcom/typt. shtml。

② http：//www. mofcom. gov. cn/mofcom/typt. shtml。

（2）企业法人营业执照。复印件，1份。

（3）货物进口合同。原件，1份。

（4）其他法定材料。如安全证书、标识使用认可批准文件、检验检疫许可证、由中国食品土畜进出口商会提供的大宗农产品进口报告企业备案登记表（首次申请需提交）、委托代理进口协议（正本，属于委托代理进口的须提交）等。

（二）商务主管部门审核

商务部自收到符合规定条件的申请及有关材料后做出准予许可的决定，最多不超过10日予以签发自动进口许可证。

申请企业可通过商务部进出口许可证件申领平台在线查询，或者通过咨询电话查询。

（三）领取自动进口许可证

商务部或者商务部委托的机构做出准予许可的决定后，申请人可在商务部网上政务大厅实时查询结果，并领取自动进口许可证电子证书。自动进口许可证纸质证书由申请人自取。

五、大豆进口合同的履行

大豆进口合同的履行与一般商品进口合同的履行既有共同之处，也有特殊之处。一般进口合同履行的步骤及应当注意的问题参见本书第七章的详细内容，下面只是阐述大豆进口合同履行时，进口商需要特别注意的地方。

（一）注意及时报告报送有关进口信息

如前所述，商务部对进口企业报告时间的要求是：进口企业在"签订进口合同""货物在装运港出运""货物抵达目的港""报告事项发生变更"后三个工作日内履行进口报告义务。

（二）重视大豆的进口检验检疫

如前所述，大豆是关系我国国计民生的重要油料作物，进口企业应当严格按照国家有关规定申请大豆进口检验检疫。

进口大豆到目的港（地）后，进口企业凭有关的原产地证、输出国官方植物检疫证书、非转基因证明（前已述及，如果是转基因大豆进口的还需要提供安全证书）、标识使用认可批准文件、《中华人民共和国进境动植物检疫许可证》、报检委托书（代理报检时）、合同、发票、提单、装箱单等各种装船单据（如果是大宗散货还需要提供船舶的《清洁舱底证书》等），到口岸海关办理货物检验检疫及通关手续。

第四节　食品进口业务流程

　　食品进口业务流程与一般商品的进口贸易业务流程有共同之处，也有特殊之处。共同之处本节不再重复，这里只重点阐述不同之处。

一、我国有关食品进口的主要法律法规和管理部门

　　我国管理食品进口的法律法规主要是《食品安全法》（2021 年修正）、《进出口食品安全管理办法》（2021 年修正）①、《食品安全国家标准管理办法》（2010 版）等。我国《食品安全法》（2021 年修正）第五条规定："国务院设立食品安全委员会，其职责由国务院规定。国务院食品安全监督管理部门依照本法和国务院规定的职责，对食品生产经营活动实施监督管理。国务院卫生行政部门依照本法和国务院规定的职责，组织开展食品安全风险监测和风险评估，会同国务院食品安全监督管理部门制定并公布食品安全国家标准。国务院其他有关部门依照本法和国务院规定的职责，承担有关食品安全工作。"因此，中华人民共和国国家市场监督管理总局（以下简称"国家市场监督管理总局"，属国务院食品安全监督管理部门）是我国食品生产经营活动监督管理机构，中华人民共和国国家卫生健康委员会（以下简称"国家卫生健康委员会"，属国务院卫生行政部门）是我国食品安全风险监测和风险评估机构，并会同国家市场监督管理总局制定并公布食品安全国家标准②。

　　我国《食品安全法》（2021 年修正）第十九条规定："国务院食品安全监督管理、农业行政等部门在监督管理工作中发现需要进行食品安全风险评估的，应当向国务院卫生行政部门提出食品安全风险评估的建议，并提供风险来源、相关检验数据和结论等信息、资料。属于本法第十八条规定情形的，国务院卫生行政部门应当及时进行食品安全风险评估，并向国务院有关部门通报评估结果。"第二十条规定："省级以上人民政府卫生行政、农业行政部门应当及时相互通报食品、食用农产品安全风险监测信息。国务院卫生行政、农业行政部门应当及时相互通报食品、食用农产品安全风险评估结果等信息。"第二十七条规定："食品安全国家标准由国务院卫生行政部门会同国务院食品安全监督管理部门制定、公布，国务院标准化行政部门提供国家标准编号。食品中农药残留、兽药残留的限量规定及其检验方法与规程由国务院卫生行政部门、

---

　　①　2021 年 3 月 12 日海关总署令第 249 号公布，自 2022 年 1 月 1 日起实施。
　　②　国家卫生健康委员会网站上有"食品安全国家标准目录"和"食品安全国家标准查询"链接。

国务院农业行政部门会同国务院食品安全监督管理部门制定。屠宰畜、禽的检验规程由国务院农业行政部门会同国务院卫生行政部门制定。"所以，农业农村部也是我国食品安全风险监测和风险评估机构，并会同国家市场监督管理总局制定并公布食品安全国家标准。

我国《食品安全法》（2021年修正）第九十一条规定："国家出入境检验检疫部门对进出口食品安全实施监督管理。"第九十二条规定："进口的食品、食品添加剂、食品相关产品应当符合我国食品安全国家标准。进口的食品、食品添加剂应当经出入境检验检疫机构依照进出口商品检验相关法律、行政法规的规定检验合格。进口的食品、食品添加剂应当按照国家出入境检验检疫部门的要求随附合格证明材料。"我国《进出口食品安全管理办法》（2021年修正）第五条规定："海关总署主管全国进出口食品安全监督管理工作。各级海关负责所辖区域进出口食品安全监督管理工作。"因此，我国海关总署是我国进口食品安全监督主管部门，特别是进口食品的检验检疫主管部门。

综上，国家卫生健康委员会、农业农村部、国家市场监督管理总局、海关总署等是我国有关进口食品的主要管理部门。进口企业应当随时关注国家卫生健康委员会、农业农村部、国家市场监督管理总局、海关总署制定的有关食品安全的相关规定。

二、签订进口食品合同之前应当办理的手续

在签订进口合同之前，我国进口企业应当要求国外出口商办理有关手续和证明，以满足国家卫生健康委员会、农业农村部、国家市场监督管理总局和海关总署的要求。

（一）应当向国家市场监督管理总局办理的注册和备案手续

我国《食品安全法》（2021年修正）第七十四条规定："国家对保健食品、特殊医学用途配方食品和婴幼儿配方食品等特殊食品实行严格监督管理。"第七十六条规定："使用保健食品原料目录以外原料的保健食品和首次进口的保健食品应当经国务院食品安全监督管理部门注册。但是，首次进口的保健食品中属于补充维生素、矿物质等营养物质的，应当报国务院食品安全监督管理部门备案。其他保健食品应当报省、自治区、直辖市人民政府食品安全监督管理部门备案。进口的保健食品应当是出口国（地区）主管部门准许上市销售的产品。"国家市场监督管理总局办理注册和备案手续的具体受理机构是国家市场监督管理总局食品审评中心。

1. 婴幼儿配方乳粉产品配方注册

由拟向我国出口婴幼儿配方乳粉的境外生产企业申请注册。① 受理方式包括窗口接

---

① 国家市场监督管理总局网站"网上办事"栏有详细的申请条件、申请材料清单、办理流程等。

收和信函接收。国家市场监督管理总局做出行政决定后，受理机构应在 10 个工作日内，通过网上发布领取信息的方式通知或告知申请人，并通过现场领取的方式将相关文书（婴幼儿配方乳粉产品配方注册证书，有效期为 5 年）送达。不予注册决定的，应告知申请人享有依法申请行政复议或者提起行政诉讼的权利。

2. 特殊医学用途配方食品注册

由拟向我国境内出口特殊医学用途配方食品的境外生产企业申请注册。① 受理方式只有窗口接收。国家市场监督管理总局做出准予注册决定的，受理机构自决定之日起 10 个工作日内颁发、送达特殊医学用途配方食品注册证书（有效期限为 5 年）；做出不予注册决定的，应当说明理由，受理机构自决定之日起 10 个工作日内发出特殊医学用途配方食品不予注册决定，并告知申请人享有依法申请行政复议或者提起行政诉讼的权利。

3. 使用新原料保健食品注册和首次进口的保健食品（不包含补充维生素、矿物质等营养物质的保健食品）注册审批②

注册申请人应当是境外生产厂商。国家市场监督管理总局食品审评中心的受理方式包括窗口接收和邮寄接收。受理机构在 10 个工作日内，向注册申请人发出保健食品注册证书（有效期 5 年）或不予注册决定。

4. 进口保健食品备案③

进口保健食品备案人应当是保健食品境外生产厂商。境外生产厂商（备案人）是指符合其所在国（地区）上市要求的法人或其他组织。国家市场监督管理总局食品审评中心的受理方式是窗口接收。受理机构对符合条件的备案申请给予当场备案，当场出具进口保健食品备案凭证；对于不符合条件的，退回申请人，申请人可以再准备资料重新申请备案。

（二）应当向国家卫生健康委员会办理的特殊审批手续④

依据我国《食品安全法》（2021 年修正）第九十三条的规定，进口尚无食品安全国家标准的食品，由境外出口商、境外生产企业或者其委托的进口商向国务院卫生行政部门提交所执行的相关国家（地区）标准或者国际标准。国务院卫生行政部门对相关标准进行审查，认为符合食品安全要求的，决定暂予适用，并及时制定相应的食品安全国家标准。因此，进口尚无食品安全国家标准的食品时，我国进口企业应当要求境外出口商、境外生产企业或者其委托的进口商向国家卫生健康委员会提交所执行的相关国家（地区）标准或者国际标准。

---

① ② ③　国家市场监督管理总局网站"网上办事"栏有详细的申请条件、申请材料清单、办理流程等。

④　国家卫生健康委员会网站"服务"栏有办事指南。

依据我国《食品安全法》（2021 年修正）第九十三条和第三十七条的规定，进口利用新的食品原料生产的食品或者进口食品添加剂新品种、食品相关产品新品种，应当向国家卫生健康委员会提交相关产品的安全性评估材料。国家卫生健康委员会应当自收到申请之日起六十日内组织审查；对符合食品安全要求的，准予许可并公布；对不符合食品安全要求的，不予许可并书面说明理由。

（三）应当向海关总署办理的注册和备案手续

依据我国《进出口食品安全管理办法》（2021 年修正）第十八条规定："海关总署对向中国境内出口食品的境外生产企业实施注册管理，并公布获得注册的企业名单。"第十九条规定："向中国境内出口食品的境外出口商或者代理商（以下简称'境外出口商或者代理商'）应当向海关总署备案。食品进口商应当向其住所地海关备案。境外出口商或者代理商、食品进口商办理备案时，应当对其提供资料的真实性、有效性负责。境外出口商或者代理商、食品进口商备案名单由海关总署公布。"

为了推进关检业务全面融合，海关总署已于 2019 年 3 月 25 日完成进口食品化妆品进出口商备案系统的切换。根据海关总署 2024 年第 105 号公告，相关用户可以通过国际贸易"单一窗口"或者海关总署网站"互联网 + 海关"页签向海关提交备案申请。

三、关于进口预包装食品标签的最新规定

为贯彻落实国务院深化"放管服"改革要求，进一步提高口岸通关效率，依据《食品安全法》（2021 年修正）及其实施条例、《进出口商品检验法》及其实施条例等法律法规规定，2019 年 4 月 22 日，我国海关总署发布《关于进出口预包装食品标签检验监督管理有关事宜的公告》（海关总署 2019 年第 70 号公告）。其中关于进口预包装食品标签的规定如下：

（1）自 2019 年 10 月 1 日起，取消首次进口预包装食品标签备案要求。进口预包装食品标签作为食品检验项目之一，由海关依照食品安全和进出口商品检验相关法律、行政法规的规定检验。

（2）进口商应当负责审核其进口预包装食品的中文标签是否符合我国相关法律、行政法规规定和食品安全国家标准要求。审核不合格的，不得进口。

（3）进口预包装食品被抽中现场查验或实验室检验的，进口商应当向海关人员提交其合格证明材料、进口预包装食品的标签原件和翻译件、中文标签样张及其他证明材料。

（4）海关收到有关部门通报、消费者举报进口预包装食品标签涉嫌违反有关规定的，应当进行核实，一经确认，依法进行处置。

（5）入境展示、样品、免税经营（离岛免税除外）、使领馆自用、旅客携带以及通过邮寄、快件、跨境电子商务等形式入境的预包装食品标签监管，按有关规定执行。

（6）《关于调整进出口食品、化妆品标签审核制度的公告》（原质检总局 2006 年第 44 号公告）、《关于运行进口预包装食品标签管理系统的公告》（原质检总局 2011 年第 59 号公告）、《关于实施〈进出口预包装食品标签检验监督管理规定〉的公告》（原质检总局 2012 年第 27 号公告）自 2019 年 10 月 1 日起废止，此前已备案的进口预包装食品标签信息同时作废。

四、进口食品报检报关

依据我国《进出口食品安全管理办法》（2021 年修正）第二十八条和第三十条的规定，海关总署对进口食品实施检验。我国进口食品报检范围包括进口食品、食品添加剂、食品容器、包装材料和食品用工具及设备等。

我国进口食品报关报检已经网络化。进口企业可以通过海关总署网站"互联网 + 海关"页面进入进境动植物及其产品检疫审批系统进行网上报检，通过"互联网 + 海关"页面进入货物通关系统进行网上报关等。

第五节 可作原料利用的废物进口业务流程

我国禁止进口不能用作原料的固体废物，禁止进口危险废物在我国境内倾倒、堆放和处置。对于可以用作原料的废物进口或外商设立的利用进口废料做原料的加工项目，我国也予以严格限制。

我国生态环境部是进口废物的国家主管部门。生态环境部会同商务部制定、调整并公布《进口废物管理目录》①（包括《禁止进口固体废物目录》《限制进口类可用作原料的固体废物目录》和《自动许可进口类可用作原料的固体废物目录》）以及废物进口的管理和审批的条件及程序，因此进口商应当不断关注我国生态环境部和商务部出台的最新公告或规章制度的内容。

一、签订进口合同之前应当办理的手续

（一）注册登记手续

我国《进口可用作原料的固体废物检验检疫监督管理办法》（由原质检总局令 2017 年第 194 号公布，自 2018 年 2 月 1 日起实施）第四条规定："国家对进口废物原

---

① 具体内容可查阅我国生态环境部网站文件。

料的国外供货商（以下简称供货商）、国内收货人（以下简称收货人）实行注册登记制度。供货商、收货人在签订对外贸易合同前，应当取得注册登记。注册登记有效期为 5 年。"

进口可用作原料的固体废物的国外供货商和国内收货人都应该向我国海关注册登记。满足注册登记条件的有关企业可以通过我国海关总署网站"互联网＋海关"页面的"行政审批"，进入进口可用作原料的固体废物的国外供货商和国内收货人注册登记系统，然后在该系统进行注册登记。

（二）备案手续

我国《进口可用作原料的固体废物检验检疫监督管理办法》第五条规定："国家对进口废物原料实行装运前检验制度。进口废物原料在装运前，应当由检验检疫部门或者承担装运前检验的检验机构（以下简称装运前检验机构）实施装运前检验并出具装运前检验证书。质检总局不予指定检验机构从事进口废物原料装运前检验。质检总局对装运前检验和装运前检验机构依法实施监督管理。"第三十一条规定："装运前检验机构应当是在所在国家（地区）合法注册的检验机构。装运前检验机构应当提前将下列信息向质检总局备案：

（一）经公证的所在国家（地区）合法注册的第三方检验机构资质证明；

（二）所在国家（地区）固定的办公和经营场所信息；

（三）通过 ISO/IEC 17020 认可的证明材料；

（四）从事装运前检验的废物原料种类；

（五）装运前检验证书授权签字人信息及印签样式；

（六）公司章程。

提交的信息，应当使用中文或者中英文对照文本。对提交材料完备的装运前检验机构，由质检总局对外公布。"

目前我国已将进出口检验检疫工作划归海关总署，所以进口可用作原料的固体废物装运前检验机构应受我国海关总署进出口检验检疫部门的监督管理。装运前检验机构可以通过我国海关总署网站"互联网＋海关"页面的"企业管理和稽查"，进入进口可用作原料的固体废物装运前检验机构备案系统，然后在该系统进行备案。

（三）申领废物进口许可证

进口商进口被列入《限制进口类可用作原料的废物目录》或《自动进口许可管理类可用作原料的废物目录》的废物时，都应该事先向生态环境部申领废物进口许可证。[①]

（1）进口商进口被列入《限制进口类可用作原料的废物目录》的废物时，应该事先向生态环境部申领"中华人民共和国限制进口类可用作原料的固体废物进口许可

---

① 我国生态环境部网站"政务服务大厅"有详细的办事指南。

证"。货物被运抵进口口岸后，进口商还要凭该废物进口许可证向海关的口岸检验检疫机构报验，经检验合格的，海关凭有效的废物进口许可证及其他有关单据验放货物。

（2）进口商进口被列入《自动进口许可管理类可用作原料的废物目录》的废物时，应该事先向生态环境部申领"中华人民共和国自动进口许可类可用作原料的固体废物进口许可证"。货物被运抵进口口岸后，进口商还要凭该废物进口许可证向海关的口岸检验检疫机构报验，经检验合格的，海关凭有效的废物进口许可证及其他有关单据验放货物。

二、装运前检验

我国《进口可用作原料的固体废物检验检疫监督管理办法》第三十二条规定："海关、装运前检验机构应当在境外装货地或者发货地，按照中国国家环境保护控制标准、相关技术规范的强制性要求和装运前检验规程实施装运前检验。"第三十三条规定："海关、装运前检验机构对经其检验合格的废物原料签发电子和纸质的装运前检验证书。检验证书应当符合以下要求：（一）检验依据准确、检验情况明晰、检验结果真实；（二）有统一、可追溯的编号；（三）检验证书应当为中文或者中英文，以中文为准；（四）检验证书有效期不超过90天。"

2018年5月28日，根据《进口可用作原料的固体废物检验检疫监督管理办法》，我国海关总署制定了《进口可用作原料的固体废物装运前检验监督管理实施细则》（海关总署2018年第48号公告，自2018年6月1日起执行）。该实施细则对装运前检验机构备案、装运前检验及其他监督管理方面进行了具体规定。

三、进口报检报关

进口的可用作原料的固体废物到达我国进口口岸后，进口企业可以通过海关总署网站"互联网+海关"进行网上报检报关。

四、我国相关部门对进口废物监督管理工作的分工

（1）我国生态环境部拥有对进口废物的批准权。

（2）我国海关（出入境检验检疫机构）对进口废物有强制检验和应有关部门的要求按法定标准进行检验的职权，有进口废物的验放权、退运权和处理权。

对国家控制进口的废物，海关凭国家环境保护部签发的进口废物批准证书及检验检疫合格证明验放。对国家禁止进口的危险废物和未向国家环境保护部办理或补办进口废物经营审批手续，并继续从事进口废物经营活动的，海关有权对其进口废物不予放行并责令退运。将中国境外的固体废物进境倾倒、堆放、处置，或者未经环保主管部门批准擅自进口固体废物用作原料，以及以原料利用为名进口不能用作原料的废物的，海关有权责令退运。对已经非法入境的固体废物，海关有权依据生态环境部的处理意见做出退运并处罚款的决定。对于逃避海关监管，构成走私罪的，海关有权移送

司法机关追究其刑事责任。

（3）我国商务主管部门对违反环保法规，在未办理或补办进口废物经营审批手续的情况下继续进口废物的单位，有权依法取消其进口经营权。工商行政管理部门则有权依法吊销其营业执照。

第六节　医疗器械进口业务流程

医疗器械是指单独或者组合使用于人体的仪器、设备、器具、材料或者其他物品，包括所需的软件。根据我国《医疗器械监督管理条例》（2024年修订）的规定，国家药品监督管理局负责全国医疗器械监督管理工作。我国对医疗器械按照风险程度实行分类管理。第一类是风险程度低，实行常规管理可以保证其安全、有效的医疗器械。第二类是具有中度风险，需要严格控制管理以保证其安全、有效的医疗器械。第三类是具有较高风险，需要采取特别措施严格控制管理以保证其安全、有效的医疗器械。评价医疗器械风险程度，应当考虑医疗器械的预期目的、结构特征、使用方法等因素。国家药品监督管理局负责制定医疗器械的分类规则和分类目录，并根据医疗器械生产、经营、使用情况，及时对医疗器械的风险变化进行分析、评价，对分类规则和分类目录进行调整。制定、调整分类规则和分类目录，应当充分听取医疗器械注册人、备案人、生产经营企业以及使用单位、行业组织的意见，并参考国际医疗器械分类实践。

一、医疗器械进口的准备工作

《医疗器械监督管理条例》（2024年修订）第十三条规定，第一类医疗器械实行产品备案管理，第二类、第三类医疗器械实行产品注册管理。第十四条规定，第一类医疗器械产品备案和申请第二类、第三类医疗器械产品注册，应当提交下列资料：（一）产品风险分析资料；（二）产品技术要求；（三）产品检验报告；（四）临床评价资料；（五）产品说明书及标签样稿；（六）与产品研制、生产有关的质量管理体系文件；（七）证明产品安全、有效所需的其他资料。医疗器械注册申请人、备案人应当确保提交的资料合法、真实、准确完整和可追溯。因此，医疗器械进口商在进口之前，应当办理产品备案或产品注册的手续。

《医疗器械监督管理条例》（2024年修订）第十五条规定："第一类医疗器械产品备案，由备案人向所在地设区的市级人民政府负责药品监督管理的部门提交备案资料。向我国境内出口第一类医疗器械的境外备案人，由其指定的我国境内企业法人向国务院药品监督管理部门提交备案资料和备案人所在国（地区）主管部门准许该医疗器械上市销售的证明文件。未在境外上市的创新医疗器械，可以不提交备案人所在国（地区）主管部门准许该医疗器械上市销售的证明文件。备案人向负责药品监督管理的部门提交符合本条例规定的备案资料后即完成备案。负责药品监督管理的部门应当自收到备案资料之日起 5 个工作日内，通过国务院药品监督管理部门在线政务服务平台向社会公布备案有关信息。备案资料载明的事项发生变化的，应当向原备案部门变更备案。"第十六条规定："申请第二类医疗器械产品注册，注册申请人应当向所在地省、自治区、直辖市人民政府药品监督管理部门提交注册申请资料。申请第三类医疗器械产品注册，注册申请人应当向国务院药品监督管理部门提交注册申请资料。向我国境内出口第二类、第三类医疗器械的境外注册申请人，由其指定的我国境内企业法人向国务院药品监督管理部门提交注册申请资料和注册申请人所在国（地区）主管部门准许该医疗器械上市销售的证明文件。"

此外，该条例第十四条第二款和第三款规定，第一类医疗器械产品备案和第二类、第三类医疗器械产品注册申请资料中的产品检验报告应当符合国家药品监督管理局的要求，可以是医疗器械注册申请人、备案人的自检报告，也可以是委托有资质的医疗器械检验机构出具的检验报告。符合该条例第二十四条规定的关于进行临床评价情形的，可以免于提交临床评价资料。

进口商需要先了解拟进口的产品是否符合我国市场的准入规则，比如，需在我国国家药品监督管理局进行注册的产品是否取得了医疗器械注册证，需办理 3C 认证的产品是否取得了国家强制性产品认证证书，属于计量器具的是否取得了型式批准证书等。进口商还需了解产品的用途、工作原理等，对产品进行海关编码归类，注意有无相关监管条件，为进口前相关资质文件的申办做好准备。

另外，进口商还需做好产品放置、安装场地的准备。医疗器械对放置、安装场地有严格的要求，一些大型设备、X 射线类产品等对安装放置场地更是有特定要求。特殊设备应会同工程师，做好放置场地的规划、条件准备。如 X 射线类产品要重点做好放置机房的防护、屏蔽工作；吊塔等对场地有高度、承重等方面要求的，在装修机房时就应结合要引进的设备要求加以预留规划。

二、医疗器械自动进口许可证的申领

（一）向商务部或者商务部委托的机构提交申请材料

医疗器械进口许可证网上申请及书面材料的报送受理机构是受商务部委托的地方、部门机电产品进出口办公室（以下简称"地方、部门机电办"）。自动进口许可证申领的一般程序详见本书第七章第二节的内容。通常申领医疗器械自动进口许可证时需要报送的材料有：

（1）"机电产品进口申请表"（适用于进口机电类货物）。原件，1 份。

（2）企业法人营业执照。复印件，1 份。

（3）货物进口合同。原件，1 份。

（4）其他法定材料。

医疗器械"自动进口许可证申请表"中的"经办人及电话"栏须填写进口用户的

经办人及固定电话；进口已招标的产品，应按"国际招标评标结果通知书"明确的产品名称、规格、数量、金额等内容，办理进口申请；所需书面材料，在网上申请后应及时报送，为方便进口用户，除进口国家机电办签证的产品、旧机电产品和"说明"所列产品外，均可在领证时才提交书面材料；为加快办理速度，书面材料由进口用户送交相关的机电办。

（二）商务部或者商务部委托的机构分别做出处理

（1）申请事项属于本行政机关职权范围，且申请材料齐全、符合法定形式的，予以受理。

（2）申请事项属于本行政机关职权范围，但申请材料不齐全或者不符合法定形式，补正后方能符合受理条件的，在接到申请材料后的5个工作日内出具《货物进出口行政许可事项申请材料补正告知书》，一次性告知申请人需要补正的全部内容。

（3）申请事项不属于本行政机关职权范围的，做出不予受理的决定，退回申请材料并告知申请人向有关行政机关申请。

（三）商务部或者商务部委托的机构征求意见

收到申请人的申请材料后，商务部或者商务部委托的机构如认为有必要，可征求有关部门或者行业的意见，并将所需时间及时告知申请人。

（四）商务部或商务部委托的机构做出许可或不许可决定

商务部或者商务部委托的机构自受理之日起10日内，对申请人的申请材料进行审查。对符合条件的，做出准予许可的决定并签发自动进口许可证。对不符合条件的，书面告知申请人不予许可，并说明理由。

（五）领证

商务部或者商务部委托的机构做出准予许可的决定后，申请人可在商务部网上政务大厅实时查询结果，并领取自动进口许可证电子证书。自动进口许可证纸质证书由申请人自取。

三、医疗器械进口报检报关需注意的问题

（1）医疗器械整机进口报关时，需注明产品的牌子、型号、用途等。同样的产品名称和型号，但因版本、级别、搭配的配件及数量等的不同，会造成价格不同，因此报关时需加以注明，如：CT（X射线计算机断层摄影系统）类，须注明CT的排（层）数，如16排等；MR（核磁共振）类，须注明排量，如0.4T；超声诊断仪类，须注明带几个探头等。

（2）某些品牌的磁体装运时是采取特殊的密封空间封闭，在没有屏蔽共振的情况下进行拆封容易对磁场造成磁性泄漏，如遇海关要求开箱查货，需注意产品的特性，

与海关说明，以免不明产品特性随意开箱造成损失及危害。

（3）试剂进口报关时，需注明产品的成分、重量。

四、其他注意事项

列入《中华人民共和国进口计量器具型式审查目录》的，货物进关后，必须经省级以上人民政府计量行政部门检定合格后，方可销售。

如经检验，产品与合同约定有差别，发现质量或数量问题，则要跟外商进行索赔或退换货处理。

关键概念

铁矿石长协谈判价格、大宗农产品进口报告企业备案、进口保健食品备案、可用作原料的固体废物、进口可用作原料的固体废物装运前检验

复习思考题

1. 磋商原油或成品油进口合同时，进口商需要特别注意哪些地方？
2. 磋商铁矿石进口合同时，进口商需要特别注意哪些地方？
3. 大豆进口信息报送备案程序有哪些？
4. 进口保健食品备案操作流程有哪些？
5. 进口可用作原料的固体废物业务流程有哪些？
6. 医疗器械进口报关需注意哪些问题？

第三编

进口跨境电子商务

第九章
进口跨境电子商务基本概念

> **·本章要点·**
>
> 　主要内容：本章介绍了跨境电子商务的概念、突出特征以及主要运营模式。
>
> 　难点和重点：对跨境电子商务与一般货物贸易的区别需要重点把握。

　　随着互联网的广泛普及和应用，作为国际贸易新业态的跨境电子商务呈现出高速发展的态势。据商务部统计，近几年跨境电子商务进出口以每年超过30%的速度增长。其中，2024年海关验放跨境电子商务进出口商品总额达2.63万亿元，同比增长10.8%。跨境电子商务凭借着"普惠"的特点，在国际贸易发展中呈现出越来越重要的地位。

第一节　跨境电子商务的概念

　　最早，WTO组织于1998年制定的《全球电子商务纲要》（WT/L/274）（以下简称《纲要》）中提出了电子商务的概念，并将电子商务定义为通过电子方式生产、销售和传递商品和服务的行为。随着电子商务的广泛应用，从应用范围和应用形式角度看，电子商务逐步衍生出广义电子商务和狭义电子商务两种形式。其中，广义的电子商务（electronic business）是企业、供应商、客户和合作伙伴等供应链中各个角色通过使用互联网等电子工具（包括电报、电话、广播、电视、传真、计算机、计算机网络、移动通信等），实现企业内部和企业之间的业务流程电子化运用，利用企业内部的电子化生产管理系统、互联网上企业间共享信息，达到提高企业的生产、储存、流通和资金等各个环节效率的目的；狭义的电子商务（electronic commerce）是指利用互联网（计算机网络和移动通信）在全球范围内进行商务贸易往来活动，活动包括商品和服务的提供者、广告商、消费者、中介商等有关各方行为的总和。一般来讲，人们理解的电子商务多指狭义的电子商务，本书的电子商务也是指狭义的电子商务。

21 世纪，随着全球各国互联网基础设施的普及，电子商务不仅局限于本国内部的贸易往来，而且逐步在跨国贸易往来中扮演了重要的角色，并成为当今颇受重视和极具发展潜力的国际贸易新业态。在这样的背景下，联合国和世界贸易组织联合设置的机构——国际贸易中心在 WTO 概念的基础上，提出了跨境电子商务（cross-border electronic commerce）名称并将其定义为分属于不同国家的交易主体，借助电子商务平台达成交易，完成支付结算手续，通过跨境物流送达有形商品或通过互联网下载无形商品的一种国际贸易往来活动。同时，从贸易形式上，国际贸易中心将跨境电子商务划分为"线上"交易、"线下"传递有形商品的货物贸易，完全通过"线上"交易和传递电子书籍、音乐、电影等无形产品的数字产品，以及完全通过"线上"交易和传递如金融、教育、新闻等服务的数字服务三种。由于 WTO 认为电子商务本身就具备不受地域限制，可以跨国界自由流通的特点，因此，其仍然保持原有名称，并没有将电子商务名称变更为跨境电子商务。

第二节　跨境电子商务的特征

在互联网环境下，国际贸易正在发生着深刻的变革。相对于传统国际贸易而言，跨境电子商务呈现区别于传统国际贸易的直接化、数字化和普惠化等突出特征。

一、直接化

跨境电子商务通过电子技术手段缩短了国家与地区之间的物理距离；打破了因信息不对称而形成的信息壁垒；使传统贸易往来中形成的供应链发生了重大的变化（见图 9 - 1），实现了销售领域的"非居间化"①，不仅生产型企业与消费者能够跨越批发商和零售商直接产生联系，而且使消费者不再受到时间和地域的限制，能够每天 24 小时地获取到其他国家商品的咨询。因此，跨境电子商务的直接化使进出口交易呈现出手续环节少、时间短、成本低、效率高的优势。

---

　　① 非居间化是指生产商和消费者之间的批发商和零售商消失，生产商和消费者可以直接联系的局面。

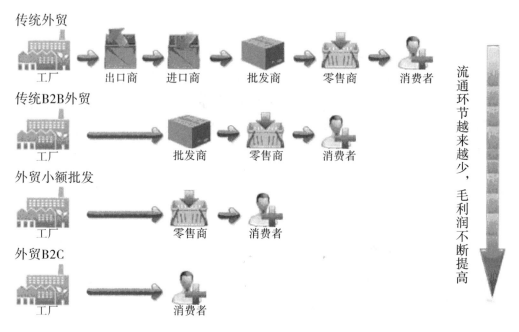

图 9 - 1　跨境电子商务与传统贸易流程对比图

二、数字化

数字化是指随着互联网和信息技术的深化应用，商品交易的数字化特点逐渐突出，无形商品，即数字产品（如软件、影视作品、游戏等）的贸易量快速增长。根据《全球数字贸易发展报告 2024》显示，2021—2023 年，全球数字贸易总额由 6.02 万亿美元增长到 7.13 万亿美元，平均增长速度高达 8.8%。同时，数字贸易在全球贸易中的占比也从 19.6% 提升至 22.5%。因此，与传统国际贸易的以有形商品交易为主的情况相比，跨境电子商务的数字特点极为突出。但是，目前我国海关仅将有形商品纳入监管范围，还未将无形商品的贸易量统计和收缴纳入关税的监管范围。

三、普惠化

跨境电子商务不仅改变了商业运作模式和市场结构，而且为国际贸易带来了新的机遇和转型，降低了国际贸易的门槛。在跨境电子商务出现之前，只有资金雄厚的大型企业或中型企业才有机会进入国际市场，参与国际贸易往来。跨境电子商务出现之后，它使中、小企业等传统贸易中的弱势群体可以获得与大型企业相同的机会，通过互联网参与到全球价值链中。它使消费者有更多机会获得别国优质的资源和服务，真正享受贸易带来的"普惠"。

第三节　跨境电子商务与一般贸易的主要区别

跨境电子商务与一般贸易在贸易方式、通关模式、物流方式和支付结算方式等方面都存在着显著的不同（见表9-1），这里的一般贸易是指中国境内有进出口经营权的企业单边进出口的贸易，泛指传统的国际贸易方式。

表9-1　跨境电子商务与一般贸易的区别

区别	一般贸易	跨境电子商务
贸易方式不同	全部在线下完成	B2B成交和通关流程基本在线下完成，纳入海关统计；B2C全部线上完成，部分未纳入海关统计
通关模式不同	进口时，须向海关申报，清关时间慢、成本高	采取分类通关、无纸化通关等便利化措施，通关效率较高
物流方式不同	多为集装箱式的海上运输，容量大、速度慢	常见物流方式有国际小包、快递、海外仓储等
支付结算方式不同	结算方式有信用证、电汇、信汇、承兑交单等	通过第三方平台支付工具Paypal等

第四节　跨境进口电子商务的主要模式

从商品的贸易流向角度分类，跨境电子商务可以分为跨境进口电子商务和跨境出口电子商务；从跨境交易商品数量大小角度分类，跨境电子商务可以分为大额跨境电子商务和小额跨境电子商务；从交易主体的角度分类，跨境电子商务可以分为B2B（business to business）跨境电子商务、B2C（business to consumer）跨境电子商务、C2C（consumer to consumer）跨境电子商务和B2B2C（business to business to consumer）跨境电子商务等类型；从海关监管模式角度分类，跨境电子商务可以分为直购进口模式和保税进口模式。这些模式既有清晰的可区分部分，又有混合的交叉部分。

一、按照时间顺序出现的主要运营模式

随着跨境进口电子商务的发展，在进口零售领域先后出现了海淘、海外代购、B2C和B2B2C等模式。其中，海淘和海外代购模式出现在较早时期，因其带有部分走私性质，所以被普遍认为处于方便逃避关税的"灰色地带"。国家海关为扫除灰色地带、提

高海关的监管力度，于 2012 年开始将海关监管平台与国内外大型 B2C 网站对接，便于海关对交易进行数据审核和关税征收。

（一）海淘模式

传统的海淘模式其实是一种 B2C 模式，它是国内消费者直接到国外的 B2C 网站上购物，然后通过转运或直邮等方式收到商品并完成支付的过程。据广东省江门市海关统计，2014 年 1—8 月期间，通过江门海关入境的个人物品快件量为 24.4 万件，较2013 年同期增长 34.1 倍，总金额达 7 477 万元人民币[①]。由于当时国家海关针对跨境电子商务的监管系统尚不完善，无法准确鉴别邮包的性质，因此，海淘是一种脱离海关监管的跨境交易模式。

国内消费者对"海淘"产品的追逐，主要是基于其极具诱惑力的性价比。一方面，国内频发的食品安全问题，使得部分消费者对国内商品，特别是婴幼儿食品的质量产生怀疑；另一方面，消费者"海淘"回来的国外商品，即使加上运费和行邮税，也低于国内市场上销售的通过一般贸易方式入关的同种商品，巨大的价格差促使"海淘"大军爆炸式地增长。然而，"海淘"的风险也较高：一是送货周期较长；二是退换货、投诉难度大；三是钓鱼网站陷阱密布。

海淘模式的主要特征见表 9 - 2。

表 9 - 2　海淘模式的主要特征

项目	特征	项目	特征
交易模式	B2C	通关速度	慢
商品品类	无限制	清关	不报关、抽检
物流方式	海外直邮	税收	抽检到缴纳行邮税
物流时效	慢	信任模式	对海外电商平台信任

（二）海外代购模式

海外代购是指具有海外采购能力或跨境贸易能力的商家或个人，收到订单后，采购商品并将其直邮或亲自带回国内的一种模式。该模式通常依托 C2C 网络平台和朋友圈两种形式展开，也是较常见的一种跨境电子商务行为。

海外代购模式的产生源于海关对旅客携带免税商品的规定。根据《中华人民共和国海关对中国籍旅客进出境行李物品的管理规定》（总署令〔1996〕58 号），中国籍旅客携运进境的行李物品，在《中国籍旅客带进物品限量表》规定的征税或免税物品品种、限量范围内的，海关准予放行。例如，《中国籍旅客带进物品限量表》中第一类物品为衣料、衣着、鞋、帽、工艺美术品，规定自用合理数量范围内免税，其中价值人民币 800 元以上、1 000 元以下的物品每种限 1 件。进出境管理规定向带入境的商品提

---

① 见江门市海关网。

供了较为宽泛的免税空间，部分个人利用税额差价代购获利。因此，个人海外代购行为具有一定的走私性质，也被认为处于灰色地带。

海外代购模式的主要特征见表 9 - 3。

表 9 - 3　海外代购模式的主要特征

项目	特征	项目	特征
交易模式	C2C	通关速度	慢
商品品类	无限制	清关	不报关、抽检
物流方式	海外直邮、个人带回	税收	抽检到缴纳行邮税
物流时效	慢	信任模式	对个人代购者的信任

（三）海关监管的进口模式

国家发展改革委于 2012 年 5 月发布了《关于组织开展国家电子商务示范城市电子商务试点专项的通知》，以试行的方式探索适合跨境进口电子商务的监管模式。随后，海关提出了直购进口和保税进口的跨境电子商务进口海关监管新模式，并确定了上海、重庆、杭州、宁波、郑州和广州为全国首批试点城市。各城市海关在一定职权范围内，根据管辖地区不同特点使用不同的监管措施，尝试性地探索适合我国的跨境进口电子商务监管制度。随着跨境电子商务监管模式试行工作的顺利展开，海关总署又陆续将深圳、长沙、青岛、银川等 15 个城市纳入试点范围内，进一步扩大试点范围。以下是直购进口和保税进口两种监管新模式的具体监管过程和运行方式的介绍。

1. 直购进口

直购进口又被称为一般进口模式，它是消费者在支付货款等费用时必须同时缴纳行邮税，所购买商品以个人物品方式入境的一种通关新模式。采用直购进口模式的入关商品多是单价高、重量轻并涉及国检管制的商品，如保健品、药品或化妆品等。

2. 保税进口

保税进口[①]又被称为网购保税进口模式，它是面向国内消费者开展的跨境零售业务，试点的商品是个人生活用品，特别是热销的日常用品，如奶粉、平板电脑和保健品等。参与试点的电子商务企业必须符合已在境内注册、已在海关备案，能与海关等管理部门的信息系统互联互通等资质要求。具体是当试点的网购商品从境外进入海关保税区时，按照整批入区、单件出区的原则进行，即单件商品以个人物品名义出区，实施海关单项统计。当商品进行关税缴纳时，以"个人自用、数量合理"为原则，根据物品的具体数量及金额确定应缴纳行邮税或货物税。物品的具体数量及金额的确定是参照《关于调整进出境个人邮递物品管理措施有关事宜》（海关总署 2010 年第 43 号公告）要求，每次限值为 1 000 元人民币，超出规定限值的，按照货物规定办理通关手

---

① 见《海关总署关于跨境贸易电子商务服务试点网购保税进口模式有关问题的通知》。

续并缴纳相应关税。但单次购买仅有一件商品且不可分割的，虽超出规定限值，经海关审核确属个人自用的，可以参照个人物品规定办理通关手续，缴纳行邮税。此外，以电子订单的实际销售价格作为完税价格，参照行邮税税率计征税款。应征进口税税额在人民币 50 元（含 50 元）以下的，海关予以免征。经一段时间的试行发现，采取保税进口模式入关的商品多是单价较低、重量较高的商品，如饮料和奶制品等。

以宁波海关打造的跨境购网络平台（http://www.kjb2c.com）为例，宁波跨境购平台实质上是一个辅助性的通关技术平台而非交易性平台，完成帮助消费者进行实名注册，协助海关和国检部门进行个人进口额度累计等工作。其具体的操作过程是当消费者要购买进口商品时，可以从试点企业自建的网站上下订单，也可以从在第三方网络平台上注册的试行商铺上下单，试点的企业或商铺会将订单信息发送给跨境购平台，然后消费者要到跨境购平台填写自己的个人信息。由于消费者在下单前，已经被要求必须在跨境购平台上注册个人姓名和身份证等真实信息，因此跨境购平台就可以根据个人身份、订单信息和累计购买进口商品的总金额，检验消费者是否按照"个人自用、数量合理"原则进行了跨境商品的购买活动。因为，根据《关于调整进出境个人邮递物品管理措施有关事宜》规定，我国居民每人每年购买进口商品总额不得超过 2 万元人民币，超过后将不能继续购买。累计未超出 2 万元人民币的商品缴纳行邮税，超出 2 万元人民币的商品缴纳相应的关税及增值税。另外，试行企业及商铺出售的商品从海外购进后，被整批储存在宁波保税区内，消费者下单并向企业或商铺支付货款和关税后，企业或商铺会将订单汇总，定期向海关缴纳关税。跨境购网络平台不仅为消费者省去了前往海关缴税的繁杂手续、提供了随时查询电子税单的巨大便利，而且为海关提供了一个能够有效开展跨境电子商务产品进口监管的平台。

海关监管进口模式主要特征见表 9-4。

表 9-4　海关监管进口模式的主要特征

项目	特征	项目	特征
交易模式	B2C	通关速度	走海关通关 EDI 申报系统、快
商品品类	《跨境电子商务零售进口商品清单》	清关	需要报关（三单对碰）
物流方式	直购进口（9610） 保税进口（1210）	税收	跨境电子商务综合税
物流时效	直购进口（9610）：慢； 保税进口（1210）：快	信任模式	对境内电商平台的信任

二、按照交易主体划分的主要运营模式

（一）B2C 模式

1. 自建型 B2C 模式

自建型 B2C 模式是指企业建设自己的网站，自主经营网站上销售的商品，即对经

营商品进行统一采购、商品入库备货、在线展示商品、与他国消费者交易、完成支付手续、通过物流系统将商品配送到消费者手中的一体化电子商务运营模式。其中，最典型的企业是美国的亚马逊（https://www.amazon.com）公司。亚马逊公司成立于1995年，位于美国西雅图，以销售书籍起家，经过近20年的发展，已经成为全球规模最大的B2C型网站。对于中国消费者而言，2014年8月之前，消费者在亚马逊购物还属于海淘行为。2014年8月之后，亚马逊正式与上海市自贸区开展合作，消费者在亚马逊购物就属于接受海关监管的B2C模式了。接受监管的亚马逊跨境销售形式有直邮和保税两种，直邮形式是中国消费者通过美国亚马逊网站专门针对中国消费者的链接进入，购买有中文说明和人民币标价的商品，通过国际运输发送，接受从海外邮递入关的商品；保税形式则是海外商品入境暂存在上海自贸区内，国内消费者通过自贸区的跨境通导购平台购买，需缴纳行邮税，商品以个人物品性质出区，并以包裹形式送达消费者手中。由于自贸区内进行无纸化操作、通关系统自动审单，商品数秒内就被放行，所以商品从以往需要两三个星期至两三个月才能送达消费者手中缩短为7～10天送达，大大缩短了物流时间，提高了运营效率。

2. 第三方B2C网络平台模式

第三方B2C网络平台模式是指第三方企业在互联网上建立虚拟网络平台并负责保障平台的顺利运营，由企业组成的卖方和个人组成的买方可以利用这个平台完成交易、支付和委托物流的一种运营模式。其中，最典型的企业是天猫国际（https://www.tmall.hk）。天猫国际属于阿里巴巴集团，成立于2014年2月，是典型的第三方B2C型跨境网络贸易平台。在天猫国际上注册的商家必须经过其审核，是中国大陆以外的、具有海外零售资质的企业实体，同时企业销售的必须是原产于或销售于海外、经过中国海关入境的商品。目前，天猫国际上的海外卖家已超过140家。其中，中国香港第二大化妆品集团卓悦网、中国台湾最大电视购物频道东森严选、日本第一大保健品B2C网站Kenko、海淘名表第一网站店Ashford等世界著名品牌都陆续在天猫上开设海外旗舰店。

另外，天猫国际是浙江首个试行"直购进口"模式的电子商务平台。它通过与海关的合作，将自己的信息数据库与海关监管信息平台进行对接，当天猫国际的海外卖家将商品销售给国内消费者时，必须为消费者垫付行邮税，同时，也必须在国内建立退换货网点，为国内消费者提供购物保障。

（二）B2B模式

B2B模式是指由第三方企业或企业自身在互联网上建立虚拟网络平台并负责保障平台的顺利运营，借助于这个平台可以使位于不同国家的企业相互开展贸易往来。若对B2B模式进行细分，它又可以被分为销售多行业商品的综合B2B模式和专注于某个行业商品销售的垂直B2B模式。综合B2B模式中最典型的企业是阿里巴巴。阿里巴巴国际交易市场上的买家来自全球200多个国家和地区，一般是从事进出口业务的贸易代理商、批发商、零售商、制造商及中小企业。阿里巴巴国际交易市场同时向其会员及其他中小企业，提供通关、退税、贸易融资和物流等进出口供应链服务。垂直 B2B 模式中比较有代表性的网站是中国服装网、网上轻纺城、环球鞋网等。

（三）B2B2C 进口模式

B2B2C 进口模式是 B2C 海外企业在国内注册公司并建立海外仓库或与第三方物流公司合作建立海外仓库，以加快物流速度、降低退货成本、提高售后服务质量的商务模式。由于许多大型海外 B2C 企业将储货仓库设立于我国海关保税区内，B2B2C 模式又被称为保税进口模式。一方面，其具体的运作过程是经销商将批量采购的商品存入保税区的免税仓库内，收到消费者订单后，经销商将商品直接从仓库调出，经报关报检和缴纳行邮税后，把商品邮寄给消费者；另一方面，消费者在下订单购买商品时，须向经销商支付行邮税。在前文所提及的 B2C 模式中的亚马逊网站也同时兼用此种通关新模式。

（四）其他模式

移动电子商务模式是近几年较为普遍使用的商务新形式，即利用手机、平板等无线终端进行 B2B 或 B2C 等电子商务活动。重庆海关、重庆市外经贸委和中国移动重庆公司早在 2014 年联合开发并推出移动手机网上跨境购平台。移动手机网上跨境购平台是以客户手机端为载体，在对接海关等部门的通关系统基础上，整合多个跨境购物平台，消费者可以通过手机端直接下单购买到物美价廉的进口商品。跨境购的使用标志着具有官方背景的跨境电子商务正式步入移动互联时代。

关键概念

跨境电子商务、直购进口、保税进口

复习思考题

1. 什么是跨境电子商务？它主要包括哪几种类型？
2. 与传统贸易相比，跨境电子商务的突出特征是什么？
3. 在跨境电子商务进口环节，直购进口和保税进口模式的异同点是什么？

第十章
跨境电子商务的进口监管政策

> **·本章要点·**
>
> 　　主要内容：了解跨境电子商务关税监管的政策演变，跨境电子商务综合税的概念及相应的规定，进口邮包、快件、保税区和跨境电子商务最新模式的检验检疫管理规定，跨境电子商务进口通关的规定及流程。
>
> 　　重点：掌握跨境电子商务综合税和一般货物进口征税的区别。
>
> 　　难点：理解海关不断更新跨境电子商务税收政策的目的和作用。

第一节　跨境电子商务的进口关税政策及其演变

　　中国海关于 2016 年 4 月颁布《关于完善跨境电子商务零售进口税收政策的通知》（以下简称《通知》），宣布对跨境电子商务监管政策进行大幅度变更。其中，重点对跨境电子商务关税征收细则进行调整，希望借此加强对跨境电子商务进口物件的监管力度，维护中国电子商务的市场经营，促进小额贸易进一步发展。《通知》提出了"跨境电子商务综合税"概念，它取代了此前"跨境电子商务试行行邮税"概念。跨境电子商务综合税不仅将跨境电子商务零售清单中的商品关税设定为零，而且降低了这些商品的增值税和消费税税率（按一般货物方式的 70% 缴纳）。

　　以下将按照我国跨境电子商务关税监管政策的演变历程，对曾经执行过的行邮税、试行行邮税和现行的跨境电子商务综合税进行介绍，从而了解我国海关对跨境电子商务税收征管的完善过程。

一、行邮税

　　中国海关传统意义上的个人邮递物品是在商品匮乏的计划经济时期为惠顾侨眷而建立的，以侨眷亲友间的一般馈赠品为限，具有个人自用、合理数量、非商业属性等特征，属于非贸易性物品。根据 1994 年 11 月 14 日海关颁布的《海关总署关于调整进出境邮件中个人物品的限值和免税额的通知》（署监〔1994〕774 号），个人物品寄自港澳台地区限值为 800 元，免税额为 400 元以下的予以免税；寄自其他国家和地区的物品，每次限值为 1 000 元人民币，免税额为 500 元以下的予以免税。凡超出规定限值的，应按照货物规定办理通关手续。但邮包内仅有一件物品且不可分割的，虽超过规定限值，经海关审核确属个人自用的，可以按照个人物品规定办理通关手续。凡属商业性质的邮包，按货物性质办理通关和纳税手续。

随后，由于"海淘"现象频繁出现，2010 年 7 月中国海关总署颁布第 43 号公告《关于调整进出境个人邮递物品管理措施有关事宜》，对寄自港澳台地区和其他国家的邮包限值保持不变的情况下，将 400 元和 500 元的个人邮寄物品免税限额统一下调为 50 元（含50 元），旨在对假借邮包形式入境的网购行为进行约束。

二、试行行邮税

从 2010 年开始，受到 2009 年《国务院关于印发物流业调整和振兴规则的通知》（国发〔2009〕8 号）[1] 和 2011 年中国人民银行正式批准支付宝等 27 家企业开展第三方电子支付业务的鼓励，中国电子商务进入高速发展阶段，以购物为目的的网络用户比例猛增至 2012 年的 40.95%[2]。为顺应电子商务的发展，促使跨境电子商务成为中国经济增长的新动力，国家发展改革委于 2012 年 5 月发布了《关于组织开展国家电子商务示范城市电子商务试点专项的通知》，陆续批准上海、杭州、宁波、广州、深圳、重庆和郑州等十多个城市为试点城市，由当地海关制定具体试行方案，探索适合中国跨境电子商务发展的监管方案。

2014 年 7 月，海关总署在总结各地海关试行通关经验的基础上，首次发布了与跨境电子商务密切相关的《关于跨境贸易电子商务进出境货物、物品有关监管事宜的公告》（海关总署 2014 年第 56 号公告）（简称 56 号《公告》）。56 号《公告》中，不仅明确了从事跨境电子商务经营企业的资质，即企业必须在海关认可的网络平台上从事跨境进出口交易，而且针对跨境电子商务提出货物和物品两个概念，并表明为加强对跨境电子商务货物和物品的监管以及通关便利化的建设，将对货物和物品采取不同的监管方式，如企业必须填写货物清单或物品清单，清单必须以月份为单位进行汇总，按照"清单核放、汇总申报、一次报关"的模式通关。

此外，56 号《公告》首次提出跨境电子商务直购进口（以下简称"直购进口"）和跨境电子商务保税进口（以下简称"保税进口"）两种模式。其中，直购进口是指网购商品以个人物品性质入境的通关模式，它要求消费者支付货款、运费时必须缴纳

---

① 国务院关于印发物流业调整和振兴规划的通知（国发〔2009〕8 号）[EB/OL]．（2009 - 03 - 13）[2018 - 10 - 15]．http://www.gov.cn/zwgk/2009 - 03/13/content_1259194.htm.

② 数据引自中国互联网信息中心发布的《第 30 次中国互联网络发展状况统计报告》和《第 31 次中国互联网络发展状况统计报告》，参见 http://www.cnnic.net.cn/hlwfzyj/hlwxzbg/hlwtjbg/。

进口行邮税。保税进口模式是指已经完成在境内注册和海关备案手续，并且符合与海关等部门信息系统互联互通资质要求的企业从境外购入商品时，按照商品"整批入保税区，单件出保税区"的原则进入关境，即整批商品以货物名义入区、单件商品以个人物品名义出区的模式运营。两种模式的关税计算和征收方法非常相似。对直购进口的商品征收行邮税时，参照《关于调整进出境个人邮递物品管理措施有关事宜》（总署公告〔2010〕43 号）规定，单次进口限值低于 1 000 元人民币的商品，按照个人物品性质办理通关手续，并缴纳行邮税（具体物品及对应的税率见表 10 - 1）。其中，行邮税的完税价格以电子订单的实际销售价格为准；应征进口税税额在人民币 50 元（含 50 元）以下的商品，海关予以免征行邮税。进口限值为 1 000 元或超出 1 000 元人民币的，按照货物手续办理通关，并根据来源国和商品类型交纳相应的关税；若单次进口仅有一件且不能分割、经海关审核确属个人自用物品，即使价格超出 1 000 元人民币的商品也可以按照个人物品性质入关。此外，中国居民每人每年购买进口自用物品的总金额不得超过 2 万元人民币，未超出部分缴纳行邮税，超出部分交纳相应的关税和增值税。对于保税进口入关的商品，《公告》规定以"个人自用、数量合理"为原则，当入关商品的价格低于 1 000 元人民币时，按照个人物品性质办理通关并缴纳行邮税，当价格超出 1 000 元时，按照货物规定办理通关手续并交纳相应的货物税。

表 10 - 1　中华人民共和国进境物品的行邮税税率表（执行期为 2012—2016 年间）

序号	物品名称	税率/%
1	食品（包括奶粉及保健品），饮料，刊物，书报，幻灯片，教育专用电影片，视频摄录一体机，录像带、原版录音带，金、银及其制品，计算机、照相机、数字照相机等信息技术产品，本表税号 2、3、4 及备注不包含的其他商品	10
2	纺织品及其制成品、自行车、手表、钟表（含配件、附件）、电视摄像机及其他电器用具	20
3	高档手表（≥10 000 元）、高尔夫球及球具	30
4	化妆品、烟酒	50

注：《中华人民共和国进境物品归类表》（海关总署 2012 年第 15 号公告，2012 年 4 月 15 日起执行）。

三、跨境电子商务综合税

为进一步完善跨境电子商务监管工作，2016 年 4 月，中国海关结合《财政部等 11 个部门关于公布跨境电子商务零售进口商品清单的公告》（2016 年第 40 号）的有关规定，颁布了《关于跨境电子商务零售进出口商品有关监管事宜的公告》（海关总署 2016 年第 26 号公告），（以下简称 26 号《公告》）。根据 26 号《公告》规定，最新的跨境电子商务零售进口清单范围包括 1 142 个 8 位税号商品[①]，商品是符合监管要求，

① 清单内的商品范围会根据跨境电子商务的发展和消费者的需求变化进行调整。

能够以快件、邮件等方式进境的生活消费品，如服饰鞋帽、母婴产品、部分食品饮料、家用小电器和部分化妆品等。清单内的商品可免于向海关部门提交许可证件，但须办理国家相关法律规定的检验检疫手续。办理检验检疫手续方面，直购进口和保税进口略有差别。通过直购进口的商品可以免于验核通关单；通过保税进口的商品进入保税区时，须按照货物性质验核通关单，运出保税区时则免于验核通关单。

关税征收方面，26号《公告》结合《财政部　海关总署　国家税务总局关于跨境电子商务零售进口税收政策的通知》（财关税〔2016〕18号）的有关规定，提出"跨境电子商务综合税"概念，以综合税代替2014年提出的跨境电子商务行邮税。跨境电子商务综合税提出对跨境电子商务进口商品征收零关税，并按照一般货物贸易进口规定，对进口商品征收70%的增值税和消费税（具体税率见表10-2），完税价格以商品的实际交易价格、境内运费和保费合并计算。同时，26号《公告》免除了2014年56号《公告》中对于应征税额在人民币50元（含50元）商品可以免税的规定，并且提出跨境电子商务零售进口商品个人年度交易额为人民币20 000元的上限保持不变，但是单次交易上限由1 000元人民币上调为2 000元人民币；凡是单次超过限值，或者累加后超过个人年度上限的单次交易均按照一般贸易方式全额征税。跨境电子商务零售进口商品自海关放行之日起30天内，可以办理退货、退税以及从个人年度交易总额中扣除相应金额的手续。

表10-2　常见跨境进口商品的综合税与行邮税对比表（执行期为2016—2019年间）

商品名称	跨境电商进口综合税（2016年）（增值税+消费税）×70%			跨境电商行邮税/%（2014年）
	增值税/%	消费税/%	综合税/%	
婴儿奶粉	17	0	11.7	15
婴儿食品	17	0	11.7	15
蜂蜜、燕窝	17	0	11.7	15
衣服、外裤、内衣裤（纺织品）	17	0	11.7	30
鞋靴等	17	0	11.7	30
电子产品	17	0	11.7	30
洗面奶、面膜等	17	0	11.7	30
洗发水、沐浴露等	17	0	11.7	30
粉底、唇膏、眉笔等化妆品	17	30	32.9	60
手表（进口完税价＜10 000元）	17	20	25.9	30
手表（进口完税价≥10 000元）	17	30	32.9	60
酒类	17	50	46.9	60
卷烟和雪茄	17	50	46.9	60

此外，26 号《公告》也调整了针对自用物品征收的行邮税，其中，按照物品种类，行邮税税率档次从 2014 年规定的 10%、20%、30% 和 50%，调整为 2016 年的 15%、30% 和 60%（详见表 10-3）。同时，行邮税保留了应征税额 50 元的起征点。

表 10-3　中华人民共和国进境物品完税价格表（执行期为 2016—2019 年间）

序号	物品名称	税率%
1	食品（包括奶粉及保健品），饮料，刊物，书报，幻灯片，教育专用电影片，视频摄录一体机，录像带，原版录音带，金、银及其制品，计算机、照相机、数字照相机等信息技术产品	15
2	纺织品及其制成品、护肤品（洗护用品、清洁用品和护肤用品等）、箱包及鞋靴、手表、钟表（含配件、附件）、高尔夫球及球具、小家电、照相机、自行车	30
3	烟、酒、高档手表（完税价格在 10 000 元以上的）、化妆品〔指芳香类化妆品，如口红、眼影、指甲油等唇部、眼部和指（趾）甲化妆品、粉状化妆品和特殊功能类化妆品等〕	60

注：详细条目见 2016 年 4 月 6 日发布，2016 年 4 月 8 日起执行的海关总署《关于〈中华人民共和国进境物品归类表〉和〈中华人民共和国进境物品完税价格表〉的公告》。

为继续促进跨境电子商务零售进口的发展，2018 年 11 月，财政部、商务部等部门先后发布《关于完善跨境电子商务零售进口税收政策的通知》（财关税〔2018〕49 号）、《关于完善跨境电子商务零售进口监管有关工作的通知》（商财发〔2018〕486 号），决定自 2019 年 1 月 1 日起实施新的跨境电商零售进口税收政策，实施的商品范围见《跨境电子商务零售进口商品清单》。《跨境电子商务零售进口商品清单》会随着社会需求的变化而不断变革，截至 2022 年底，其共发布三次，其中，2016 年出台时发布了 1 240 个商品，涵盖食品饮料、服装鞋帽、家用电器以及部分化妆品、儿童玩具、生鲜、保健品等国内热销商品；2018 年增加了健身器材等商品，清单税目数达到 1 321 个；2019 年增加了冷冻水产品、酒类、电器等商品，清单税目数达到 1 413 个。2019 年执行的跨境电商进口综合税和跨境电商行邮税税率对比见表 10-4。

表 10-4　常见的跨境进口商品的综合税与行邮税对比表（执行期为 2019 年后）

商品名称	跨境电商进口综合税（2019 年）（增值税 + 消费税）×70%			跨境电商行邮税（2019 年）
	增值税	消费税	综合税	
婴儿奶粉	13%	0%	9.1%	13%
婴儿食品	13%	0%	9.1%	13%
蜂蜜、燕窝	13%	0%	9.1%	13%
衣服、外裤、内衣裤（纺织品）	13%	0%	9.1%	20%
鞋靴等	13%	0%	9.1%	20%

续上表

商品名称	跨境电商进口综合税（2019 年） （增值税 + 消费税）×70%			跨境电商行邮税
	增值税	消费税	综合税	（2019 年）
电子产品	13%	0%	9.1%	20%
洗面奶、面膜等	13%	0%	9.1%	20%
洗发水、沐浴露等	13%	0%	9.1%	20%
粉底、唇膏、眉笔等化妆品	13%	15%	19.6%	50%
高档手表	13%	20%	23.1%	20%
酒类	13%	约 20%	23.1%	50%
卷烟和雪茄	13%	30%、36%	30.1%、34.3%	50%

注：表中的增值税以 2019 年 4 月 1 日后制定的税率为准，消费税以 2019 年的税率为准。

2019 年开始执行的、在此前基础上被再次修改的跨境电商监管新政策对国内消费者通过跨境电商进口形式单次购买和年度购买的限额都提高了。其中，单次购买限额从 2 000 元提高至 5 000 元。在 5 000 元的购买额度范围内，可享受税收优惠，即关税为零，进口环节增值税、消费税按法定应纳税额的 70% 征收；每年的累计购买额度从 2 万元提高至 2.6 万元。同时，消费者单次购买商品的完税价格超过 5 000 元限值、年度累计购买额（含本次交易）在 2.6 万元以内，且订单下仅一件商品时，可以从跨境电商零售进口渠道进口，但要按照货物税率全额征收关税和进口环节增值税、消费税。此外，跨境电子商务零售进口商品清单会一两年进行一次调整。调整将部分近年来消费需求比较旺盛的商品纳入清单商品范围。最新的商品清单详见海关网站公布的《跨境电商零售进口商品清单的公告》。

总体来讲，在进口邮包和小额物品的监管政策演变过程中，56 号《公告》的发布是中国跨境电子商务发展中标志性的重大事件，它第一次提出应把网购商品与境外寄入的自用物品加以区别，是中国首部针对跨境电子商务制定的海关政策。

第二节　跨境电子商务的进口检验检疫规定

对进口商品检验检疫是跨境贸易电子商务进口环节中的重要组成部分。目前，我国对于跨境贸易电子商务中商品数量大的商品，按照一般传统贸易方式检验检疫办理；对于以邮包或快件形式入境的数量小的商品，按照邮包或快件检验检疫规定办理。对于跨境电子商务，政府相关部门于 2018 年制定了《关于跨境电子商务零售进出口商品有关监管事宜的公告》（公告〔2018〕194 号）。

一、跨境电子商务的检验标准

根据《关于跨境电子商务零售进出口商品有关监管事宜的公告》规定，通过跨境电子商务交易平台实现零售进出口商品交易的跨境电子商务企业、消费者（订购人），对需在进境口岸实施的检疫及检疫处理工作，应在完成后方可运至跨境电子商务监管作业场所。海关对跨境电子商务零售进口商品及其装载容器、包装物按照相关法律法规实施检疫，并根据相关规定实施必要的监管措施。

跨境电子商务进口检验流程：

（1）对于检验产品的出入境货物的所有人或其代理人，先要到卸货的地方去申请检验。

（2）在运营产品时，要去检验机构获取受理报检，转施检部门签署意见，计收费。

（3）可能传播传染病或动植物流行病的疫区入境货物的运输工具或包装，应当实施一些卫生消毒措施，处理完之后就要签发《入境货物通关单》（入境废物、活动物等除外）供报检人办理海关的通关手续。

（4）货物通关后，入境货物的所有人或者其代理人应当在检验检疫机构规定的时间、地点与指定的检验检疫机构联系，对货物进行检验检疫。

（5）经检验检疫合格的进境货物，凭《进境货物检验检疫证书》放行，检验不及格的产品要签发检验检疫处理通知书，需要索赔的签发检验检疫证书。

进口实施"负面清单"模式，即不能进口：

（1）《进出境动植物检疫法》规定禁止入境的物品。

（2）没有获的标准的动植物源性食品。

（3）列入《危险化学品目录》《剧毒化学品目录》《易制毒化学品分类和品种目录》和《中国严格限制进出口的有毒化学品目录》。

（4）除生物制品以外的微生物、人体组织、生物制品、血液及其制品等特殊物品。

（5）可能危及公共安全的核生化等涉恐及放射性等产品。

（6）废旧物品。

（7）还需注意的是通过国际肯定进境的产品要符合《中华人民共和国禁止携带的出入境内外的产品名录》要求。

2016 年 11 月邮政局、公安部、国家安全部依据《中华人民共和国邮政法》《中华人民共和国反恐怖主义法》以及《邮政行业安全监督管理办法》等法律、行政法规和相关规定，制定《禁止寄递物品管理规定》。其中，第十一条规定："寄递企业完成收寄后发现禁寄物品或者疑似禁寄物品的，应当停止发运，立即报告事发地邮政管理部门，并按下列规定处理：（一）发现各类枪支（含仿制品、主要零部件）、弹药、管制器具等物品的，应当立即报告公安机关；（二）发现各类毒品、易制毒化学品的，应当立即报告公安机关；（三）发现各类爆炸品、易燃易爆等危险物品的，应当立即疏散人员、隔离现场，同时报告公安机关；（四）发现各类放射性、毒害性、腐蚀性、感染性等危险物品的，应当立即疏散人员、隔离现场，同时视情况报告公安、环境保护、卫生防疫、安全生产监督管理等部门；（五）发现各类危害国家安全和社会稳定的非法出版物、印刷品、音像制品等宣传品的，应当及时报告国家安全、公安、新闻出版等部门；（六）发现各类伪造或者变造的货币、证件、印章以及假冒侵权等物品的，应当及时报告公安、工商行政管理等部门；（七）发现各类禁止寄递的珍贵、濒危野生动物及其制品的，应当及时报告公安、野生动物行政主管等部门；（八）发现各类禁止进出境物品的，应当及时报告海关、国家安全、出入境检验检疫等部门；（九）发现使用非机要渠道寄递涉及国家秘密的文件、资料及其他物品的，应当及时报告国家安全机关；（十）发现各类间谍专用器材或者疑似间谍专用器材的，应当及时报告国家安全机关；（十一）发现其他禁寄物品或者疑似禁寄物品的，应当依法报告相关政府部门处理。"

二、邮包检验检疫管理规定

通过海淘模式和跨境电子商务直购进口模式购买的商品通常以邮包或快件的形式入境，因此，了解邮包的检验检疫管理办法对于从事跨境电子商务进口实务的企业来讲非常重要。

（一）邮包检验检疫办法的出台

2001 年，国家质量监督检验检疫总局和国家邮政局根据《进出境动植物检疫法》及其实施条例、《国境卫生检疫法》及其实施细则、《中华人民共和国邮政法》及其实施细则等有关法律、法规的规定，联合制定和颁布了《进出境邮寄物检疫管理办法》（以下简称《办法》），以开展对进出境邮寄物的检疫工作，防止传染病、寄生虫病、危险性病虫杂草及其他有害生物随邮寄物传入，保护我国农、林、牧、渔业生产安全和人民健康。

（二）邮包检验检疫的参与主体

1. 监督和实施部门

国家市场监督管理总局（以下简称"国家监督总局"）统一管理全国进出境邮寄物的检疫工作，国家监督总局设在各地的出入境检验检疫机构（以下简称"检验检疫机构"）负责所辖地区进出境邮寄物的检疫和监管工作。检验检疫机构可根据工作需要在设有海关的邮政机构或场地设立办事机构或定期派人到现场进行检疫。邮政机构应提供必要的工作条件并配合检验检疫机构的工作。

2. 邮寄物品

《办法》适用于通过邮政进境的邮寄物（不包括邮政机构和其他部门经营的各类快件）的检疫管理。《办法》所称邮寄物是指通过邮政寄递的下列物品：

（1）进境的动植物、动植物产品及其他检疫物。

（2）进出境的微生物、人体组织、生物制品、血液及其制品等特殊物品。

（3）来自疫区的、被检疫传染病污染的或者可能成为检疫传染病传播媒介的邮包。

（4）进境邮寄物所使用或携带的植物性包装物、铺垫材料。

（5）其他法律法规、国际条约规定需要实施检疫的进出境邮寄物。

（三）邮包检验检疫的实施过程

1. 一般邮寄物品的检疫实施过程

邮寄物进境后，由检验检疫机构实施现场检疫。现场检疫时，检验检疫机构应审核单证并对包装物进行检疫。进境邮寄物经检疫合格或经检疫处理合格的，由检验检疫机构在邮件显著位置加盖检验检疫印章放行，由邮政机构运递。

需拆包查验时，由检验检疫机构的工作人员进行拆包、重封，邮政工作人员应在场给予必要的配合。重封时，应加贴检验检疫封识。检验检疫机构对邮寄物的检疫应结合海关的查验程序进行，原则上同一邮寄物不得重复开拆、查验。

检验检疫机构需做进一步检疫的进境邮寄物，由检验检疫机构同邮政机构办理交接手续后予以封存，并通知收件人。封存期一般不得超过 45 日，特殊情况需要延长期限的，应当告知邮政机构及收件人。

依法应实施检疫的进境邮寄物，未经检验检疫机构检疫，不得运递。进境邮寄物有下列情况之一的，由检验检疫机构作退回或销毁处理：

（1）未按规定办理检疫审批或未按检疫审批的规定执行的。

（2）单证不全的。

（3）经检疫不合格又无有效方法处理的。

（4）其他需作退回或销毁处理的。

对进境邮寄物作退回处理的，检验检疫机构应出具有关单证，注明退回原因，由邮政机构负责退回寄件人；作销毁处理的，检验检疫机构应出具有关单证，并与邮政机构共同登记后，由检验检疫机构通知寄件人。出境邮寄物经检验检疫机构检疫合格的，由检验检疫机构出具有关单证，由邮政机构运递。

2. 特殊邮寄物的申报及审批规定

邮寄进境植物产品需要办理检疫审批手续的，收件人须事先向国家监督总局或经其授权的进境口岸所在地直属检验检疫局申请办理检疫审批手续。如邮寄进境植物种子、苗木及其繁殖材料，收件人须事先按规定向有关农业或林业主管部门办理检疫审批手续；因特殊情况无法事先办理的，收件人应向进境口岸所在地直属检验检疫局申请补办检疫审批手续。

邮寄《中华人民共和国禁止携带、邮寄进境的动物、动物产品和其他检疫物名录》以外的动物产品，收件人须事先向国家监督总局或经其授权的进境口岸所在地直属检验检疫局申请办理检疫审批手续。

因科研、教学等特殊需要，需邮寄进境《中华人民共和国禁止携带、邮寄进境的动物、动物产品和其他检疫物名录》和《中华人民共和国进境植物检疫禁止进境物名录》所列禁止进境物的，收件人须事先按有关规定向国家监督总局申请办理特许检疫审批手续。

三、进口快件检验检疫管理规定

（一）快件检验检疫管理办法的出台

为加强出入境快件的检验检疫管理，根据《进出口商品检验法》《进出境动植物检疫法》《国境卫生检疫法》《食品安全法》等有关法律法规的规定，2001 年，国家质量监督检验检疫总局制定和颁布了《出入境快件检验检疫管理办法》。后经《海关总署关于修订部分规定的决定》（署令〔2018〕243 号）修订出台了《出入境快件检验检疫管理办法》（2018 年版）。

（二）快件检验检疫的参与主体

1. 监督和实施部门

海关设在各地的出入境检验检疫机构负责所辖地区出入境快件的检验检疫和监督管理工作。检验检疫机构根据工作需要，可以在出入境快件的存放仓库、海关监管仓库或者快件集散地设立办事机构或者定期派人到现场实施检验检疫。

2. 快件物品

（入境）快件物品是指快件运营企业（又称快件运营人）在特定时间内以快速的商业运输方式承运的出入境货物和物品，具体包括：

（1）根据《进出境动植物检疫法》及其实施条例和《国境卫生检疫法》及其实施细则，以及有关国际条约、双边协议规定应当实施动植物检疫和卫生检疫的。

（2）列入《出入境检验检疫机构实施检验检疫的进出境商品目录》内的。

（3）属于实施进口安全质量许可制度、出口质量许可制度以及卫生注册登记制度管理的。

（4）其他有关法律法规规定应当实施检验检疫的。国家监督总局统一管理全国出入境快件的检验检疫工作。

3. 经营入境快件的企业（快件运营人）

检验检疫机构对快件运营人实行备案登记制度。快件运营人应当向所在地检验检疫机构申请办理备案登记，并提交下列资料：

（1）备案登记申请书。

（2）企业法人营业执照。

（3）海关核发的"出入境快件运营人登记备案证书"。

（4）检验检疫机构要求提供的其他资料。

检验检疫机构对快件运营人所提交的有关资料进行审核，符合要求的，予以签发"出入境快件运营人检验检疫备案登记证书"。快件运营人取得"出入境快件运营人检验检疫备案登记证书"后，方可按照有关规定办理出入境快件的报检手续。快件运营人如需变更备案登记的内容，应申请办理变更手续。

（三）快件检验检疫的实施过程

快件运营人不得承运国家有关法律法规规定禁止出入境的货物或物品。同时，快件运营人凭检验检疫机构签发的通关单向海关办理报关。

1. 快件运营人向检验检疫机构报检

入境快件到达海关监管区时，快件运营人应及时向所在地检验检疫机构办理报检手续。快件运营人申请办理报检，检验检疫机构对符合条件的，应予受理。

快件运营人在申请办理出入境快件报检时，应提供报检单、总运单、每一快件的分运单、发票等有关单证。属于下列情形之一的，还应向检验检疫机构提供有关文件：

（1）输入动物、动物产品、植物种子、种苗及其他繁殖材料的，应提供相应的检疫审批许可证和检疫证明。

（2）因科研等特殊需要，输入禁止进境物的，应提供国家监督总局签发的特许审批证明。

（3）属于微生物、人体组织、生物制品、血液及其制品等特殊物品的，应提供有关部门的审批文件。

（4）属于实施进口安全质量许可制度、出口质量许可证制度和卫生注册登记制度管理的，应提供有关证明。

2. 检验检疫机构处理报检快件

检验检疫机构对入境快件应以现场检验检疫为主，特殊情况的，可以取样做实验室检验检疫。检验检疫机构对入境快件实行分类管理：

A类：国家法律法规规定应当办理检疫许可证的快件。

B类：属于实施进口安全质量许可制度以及卫生注册登记制度管理的快件。

C类：样品、礼品、非销售展品和私人自用物品。

D类：以上三类以外的货物和物品。

入境快件的检验检疫：

（1）对A类快件，按照国家法律法规规定的检疫要求实施检疫。

（2）对B类快件，实施重点检验，审核进口安全质量许可证或者卫生注册证，查看有无进口安全质量许可认证标志或者卫生注册标志。无进口安全质量许可证、卫生注册证，或者两者缺其一的，作暂扣或退货处理，必要时进行安全、卫生检测。

（3）对C类快件，免予检验；应实施检疫的，按有关规定实施检疫。

（4）对D类快件，按1%～3%的比例进行抽查检验。

入境快件经检验检疫合格的，签发有关单证，予以放行；经检验检疫不合格但经实施有效检验检疫处理符合要求的，签发有关单证，予以放行。入境快件经检验不符合法律、行政法规规定的强制性标准或者其他必须执行的检验标准的，必须在检验检疫机构的监督下进行技术处理。入境快件有下列情形之一的，由检验检疫机构作退回或者销毁处理，并出具有关证明：

（1）未取得检疫审批并且未能按规定要求补办检疫审批手续的。

（2）按法律法规或者有关国际条约、双边协议的规定，须取得输出国官方出具的检疫证明文件或者有关声明而未能取得的。

（3）经检疫不合格又无有效方法处理的。

（4）《出入境快件检验检疫管理办法》第二十二条所述的入境快件不能进行技术处理或者经技术处理后，重新检验仍不合格的。

（5）其他依据法律法规的规定须作退回或者销毁处理的。

四、保税区检验检疫监督管理

（一）保税区检验检疫管理办法的出台

为了规范海关对综合保税区的管理，促进综合保税区高水平开放、高质量发展，根据《中华人民共和国海关法》《中华人民共和国进出口商品检验法》《进出境动植物检疫法》《国境卫生检疫法》《食品安全法》及有关法律、行政法规和国家相关规定，为满足保税区更高水平的开放程度，海关总署在国家质量监督检验检疫总局 2004 年制定的《保税区检验检疫监督管理办法》等办法的基础上，于 2022 年 1 月 1 日公布了《中华人民共和国海关综合保税区管理办法》。

（二）保税区检验检疫的参与主体

1. 监督和实施部门

海关统一管理全国保税区的检验检疫监督管理工作。海关设在保税区的出入境检验检疫机构，对进出保税区的应检物实施检验检疫和监督管理。

2. 检验检疫对象

《保税区检验检疫监督管理办法》适用于对进出保税区，法律法规规定应当实施检验检疫的货物及其包装物、铺垫材料、运输工具、集装箱（以下简称"应检物"）的检验检疫及监督管理工作。

（三）保税区检验检疫的实施过程

对于综合保税区与境外之间进出货物的管理，境外进入综合保税区的货物及其外包装、集装箱，应当由海关依法在进境口岸实施检疫。因口岸条件限制等原因，海关可以在区内符合条件的场所（场地）实施检疫。综合保税区运往境外的货物及其外包装、集装箱，应当由海关依法实施检疫。综合保税区与境外之间进出的交通运输工具，由海关按照进出境交通运输工具有关规定实施检疫。对于综合保税区与区外之间进出货物的管理，除法律法规另有规定外，海关对综合保税区与区外之间进出的货物及其外包装、集装箱不实施检疫。前款规定货物的出口退税按照国家有关规定办理。

第三节　跨境电子商务进口的通关管理规定

为了使跨境电子商务贸易活动有序及健康地运行，海关总署于2014年发布第56号公告《关于跨境贸易电子商务进出境货物、物品有关监管事宜的公告》，并于2014年8月1日起实施。2018年，海关总署再次发布《关于跨境电子商务零售进出口商品有关监管事宜的公告》（公告〔2018〕194号）。

对跨境电子商务直购进口商品及适用"网购保税进口"（监管方式代码1210）进口政策的商品，按照个人自用进境物品监管，不执行有关商品首次进口许可批件、注册或备案要求。但对相关部门明令暂停进口的疫区商品和对出现重大质量安全风险的商品启动风险应急处置时除外。适用"网购保税进口A"（监管方式代码1239）进口政策的商品，按《跨境电子商务零售进口商品清单》尾注中的监管要求执行。直购进口模式下，邮政企业、进出境快件运营人可以接受跨境电子商务平台企业或跨境电子商务企业境内代理人、支付企业的委托，在承诺承担相应法律责任的前提下，向海关传输交易、支付等电子信息。

跨境电子商务零售进口商品申报前，跨境电子商务平台企业或跨境电子商务企业境内代理人、支付企业、物流企业应当分别通过国际贸易"单一窗口"或跨境电子商务通关服务平台向海关传输交易、支付、物流等电子信息，并对数据真实性承担相应责任。跨境电子商务零售商品进口时，跨境电子商务企业境内代理人或其委托的报关企业应提交《中华人民共和国海关跨境电子商务零售进出口商品申报清单》（以下简称《申报清单》），采取"清单核放"方式办理报关手续。《申报清单》与《中华人民共和国海关进（出）口货物报关单》具有同等法律效力。

开展跨境电子商务零售进口业务的跨境电子商务平台企业、跨境电子商务企业境内代理人应对交易真实性和消费者（订购人）身份信息真实性进行审核，并承担相应责任；身份信息未经国家主管部门或其授权的机构认证的，订购人与支付人应当为同一人。

除特殊情况外，《申报清单》《中华人民共和国海关进（出）口货物报关单》应当采取通关无纸化作业方式进行申报。提交的电子信息应施加电子签名。

第四节　跨境电商进口的其他相关事宜

一、跨境电商的退货相关规定

2021 年 9 月,海关总署发布 2021 年第 70 号公告《关于全面推广跨境电子商务零售进口退货中心仓模式的公告》,自 2021 年 9 月 10 日起,全面推广"跨境电子商务零售进口退货中心仓模式"(以下简称退货中心仓模式)。其中,退货中心仓模式是指在跨境电商零售进口模式下,跨境电商企业境内代理人或其委托的海关特殊监管区域内仓储企业(以下简称退货中心仓企业)可在海关特殊监管区域内设置跨境电商零售进口商品退货专用存储地点,将退货商品的接收、分拣等流程在原海关特殊监管区域内开展的海关监管制度。

(一)适用范围

退货中心仓模式适用于海关特殊监管区域内开展的跨境电子商务网购保税零售进口(监管方式代码 1210)商品的退货。

(二)业务开展条件

1. 企业资质要求

申请设置退货中心仓并据此开展退货管理业务的退货中心仓企业,其海关信用等级不得为失信企业。

2. 相关软硬件要求

退货中心仓企业开展退货业务时,应划定专门区位,配备与海关联网的视频监控系统,使用计算机仓储管理系统(WMS)对退货中心仓内商品的分拣、理货等作业进行信息化管理,并按照海关规定的方式与海关信息化监管系统联网,向海关报送能够满足监管要求的相关数据,接受海关监管。

3. 内控制度要求

退货中心仓企业应当建立退货流程监控体系、商品溯源体系和相关管理制度,保证退货商品为原出区域商品,向海关如实申报,接受海关监管,并承担相应法律责任。退货中心仓企业应注重安全生产,做好退货风险防控,从退货揽收、卡口入区域、消费者管理等方面完善管理制度,规范操作,遵守区域管理制度并配合海关强化对退货中心仓内商品的实货监管。

二、跨境电商的其他事项管理

按照《关于跨境电子商务零售进出口商品有关监管事宜的公告》（2018 版）规定，海关、企业和消费者三方均需承担相应的责任。

1. 对海关的规定

海关对违反规定，参与制造或传输虚假交易、支付、物流"三单"信息、为二次销售提供便利、未尽责审核消费者（订购人）身份信息真实性等，导致出现个人身份信息或年度购买额度被盗用、进行二次销售及其他违反海关监管规定情况的企业依法进行处罚。对涉嫌走私或违规的，由海关依法处理；构成犯罪的，依法追究刑事责任。对利用其他公民身份信息非法从事跨境电子商务零售进口业务的，海关按走私违规处理，并按违法利用公民信息的有关法律规定移交相关部门处理。对不涉嫌走私违规、首次发现的，进行约谈或暂停业务责令整改；再次发现的，一定时期内不允许其从事跨境电子商务零售进口业务，并交由其他行业主管部门按规定实施查处。海关对跨境电子商务零售进口商品实施质量安全风险监测，责令相关企业对不合格或存在质量安全问题的商品采取风险消减措施，对尚未销售的按货物实施监管，并依法追究相关经营主体责任；对监测发现的质量安全高风险商品发布风险警示并采取相应管控措施。

2. 对企业的规定

从事跨境电子商务零售进出口业务的企业应向海关实时传输真实的业务相关电子数据和电子信息，并开放物流实时跟踪等信息共享接口，加强对海关风险防控方面的信息和数据支持，配合海关进行有效管理。跨境电子商务企业及其代理人、跨境电子商务平台企业应建立商品质量安全等风险防控机制，加强对商品质量安全以及虚假交易、二次销售等非正常交易行为的监控，并采取相应处置措施。跨境电子商务企业不得进出口涉及危害口岸公共卫生安全、生物安全、进出口食品和商品安全、侵犯知识产权的商品以及其他禁限商品，同时应当建立健全商品溯源机制并承担质量安全主体责任。鼓励跨境电子商务平台企业建立并完善进出口商品安全自律监管体系。

跨境电子商务平台企业、跨境电子商务企业或其代理人、物流企业、跨境电子商务监管作业场所经营人、仓储企业发现涉嫌违规或走私行为的，应当及时主动告知海关。涉嫌走私或违反海关监管规定的参与跨境电子商务业务的企业，应配合海关调查，开放交易生产数据或原始记录数据。

3. 对消费者的规定

消费者（订购人）对于已购买的跨境电子商务零售进口商品不得再次销售。

第五节　人工智能在跨境电商中的应用

　　人工智能的应用非常广泛，涵盖了市场分析、智能化产品推荐、图文处理、语言翻译、聊天机器人、辅助管理和成本优化等多个方面。人工智能既提高了跨境电商企业的运营效率，也帮助企业能够更好适应全球市场的变化和需求。它在各领域的快速应用引发了人们的关注。本节将介绍常见的人工智能基础模块和在跨境电商领域的应用情况。

一、常见的人工智能模型

（一）亚马逊 Claude 3.0 模型

　　Claude 是由 Anthropic 公司开发的人工智能模型，被誉为"新一代数字助理"。Claude 历经了多个发展阶段。2022 年初，Claude 1.0 问世，它是首个公开的版本，具有实现基础语言处理和生成能力。2022 年中期，Claude 1.5 在原有基础上，优化了语言理解模型，加强上下文关联，引入操守约束。2022 年 9 月，进入了 Claude 2.0 时代，智能模块大规模升级，显著提升知识水平和生成质量，赋予鲜明人格特质。2022 年 12 月，推出的 Claude 2.2 完善了操守伦理约束，优化创造性思维和推理分析能力。2023 年 3 月，Claude 3.0 实现了最新的主要版本升级，大幅扩展知识领域，引入多任务协同能力。Claude 3.0 模型在分析、预测、内容创作、代码生成和非英语对话等方面能力增强，同时在视觉处理和长文本记忆方面表现出色。

　　Claude 3.0 的主要功能有：

　　（1）问答解惑：拥有丰富的知识储备，能回答用户提出的各类问题。

　　（2）写作辅助：可以书写、修改和润色各种文本文件。

　　（3）分析研究：拥有强大的分析和推理能力，可以分析复杂报告等，生成知识要点或知识图谱。

　　（4）创意灵感：擅长启发性思维，为创意工作提供新颖想法。

　　（5）对话交流：对于自然语言处理的关键功能，它具备即时响应、处理复杂任务的能力。

　　（6）多语言对话：支持非英语对话的处理和生成。

　　（7）视觉格式处理：在视觉处理方面表现出色，满足用户视觉需求。

　　（8）长文本记忆：具有优秀的长文本记忆能力，更好地服务用户需求。

（二）OpenAI 的 ChatGPT 4.0 模型

ChatGPT 4.0 是 OpenAI 开发的大型语言模型，是 ChatGPT 系列的最新版，具有强大的自然语言生成和理解能力。ChatGPT 4.0 在对话生成方面进行了显著的改进和优化，特别是在对话质量、多轮对话理解、语境理解和逻辑推理能力方面，它能够生成更加流畅、连贯的对话内容，提供更加智能、个性化的交互体验。此外，ChatGPT 4.0 还引入了多模态融合的能力，能够处理来自不同模态的信息，如文本、图片、音频等。

ChatGPT 4.0 的主要功能有：

（1）文本处理能力。ChatGPT 4.0 能够处理超过 25 000 个单词的文本，这使得它在长格式内容创建、扩展对话以及文档搜索和分析等方面表现出色。它还可以根据文本生成图片、音频等。

（2）图像理解与生成。ChatGPT 4.0 能够理解输入的图像，并生成相应的描述、分类和分析。例如，当输入一张包含鸡蛋和面粉的图片时，ChatGPT 4.0 会回答用这些原料可以制作的各种食物。

（3）多模态输入处理。ChatGPT 4.0 不仅可以接受文本作为输入，还可以接受图像、音频等多种输入并生成相应的输出，处理更复杂和丰富的信息。

（4）编程能力。ChatGPT 4.0 可以用所有主要的编程语言编写代码，这意味着它可以执行复杂的编程任务。

（5）创造性。ChatGPT4.0 比以往任何时候都更具创造性，可以生成、编辑并与用户一起迭代创意和技术写作任务，如创作歌曲、编写剧本或学习用户的写作风格进而生成内容。

（6）安全性与一致性。在创建 ChatGPT 4.0 之后，OpenAI 致力于提高其安全性和一致性，以确保人工智能系统的安全使用。

（7）API 集成。OpenAI 允许第三方开发者通过 API 将 ChatGPT 4.0 集成到他们的应用程序和服务中，使得小型企业和个人开发者也能够使用这样先进的模型。

二、人工智能模型的跨境电商应用

在跨境电商运营方面，人工智能不仅能够帮助跨境电商企业分析全球电子商务产品销售排名，预测市场趋势并进行精准的产品布局，还能通过分析用户数据提供个性化的产品推荐，提高客户满意度和购买率。同时，人工智能也可以根据卖家文字性的产品描述生成相应的图片或视频，替代了传统的人工摄影和视频制作，极大地提高了工作效率。根据人工智能应用公司安克创新的数据显示，用人工智能工具作图和创作视频脚本，市场营销团队能将传统需要 2 小时的工作缩减为只需要 15 分钟。越来越多的人工智能应用公司开发了跨境电商的相关功能平台或嵌入软件，供跨境电商从业者使用。常见的跨境电商相关人工智能服务如图 10-1 所示。

■ 工具型应用

60+工具类，总有一款适合你。

职场必备	品牌营销	电商新媒体		IT专家
1. 工作计划	1. 产品名字	1. 产品文案	1. 小红书笔记	1. 代码转换
2. 总结报告	2. 产品描述	2. 团购介绍	2. 微博创作	2. 语法矫正
3. 日报/周报	3. 品牌故事	3. 标题生成	3. 百度/知乎问答	3. 数据生成器
4. 合同生成	4. 品牌Slogan	4. 商品好评	4. 抖音短视频文案	4. 提取地址
5. 语言翻译	5. 产品广告语	5. 差评转化	5. 抖音视频拍摄脚本	5. 代码解释器
6. 会议纪要	6. 商业计划书	6. 大众点评	6. 抖音短视频文稿	6. SQL生成器
7. 摘要总结	7. 竞品分析	7. 美团点评	7. 吸睛开头创作	
8. 关键字提取	8. SWOT分析		8. 微信公众号推文	
9. 电子邮件生成	9. 节日营销活动		9. 微信朋友圈文案	
	10. ……		10. ……	

图 10-1　人工智能应用的电商功能

同时，人工智能驱动的聊天机器人可以处理大量的客户咨询，提供购物咨询和售后服务。例如，将人工智能应用于邮件回复等售后服务中，客服部门每周提效累计 150小时。人工智能也可以凭借其多语言、多文化转化能力实现准确、快速的翻译服务，在不改变声音的基础上实时将中文翻译成英文，帮助商家在全球市场推广产品，降低语言沟通成本。例如，用人工智能做说明书等资料的翻译，公司的包装团队每年节约翻译费 40 万~50 万元。人工智能工具可以帮助生成匹配场景下的产品图，甚至自动生成模特试穿图，克服了电商销售中，人和物不在同一空间的短板。

此外，人工智能也可以提高企业内部工作效率。人工智能模块可以嵌入现有的工作软件，例如，PowerPoint 中，借助人工智能能力，可以实现一键生成全文 PPT 和一键生成全文备注并且支持一键插入到 PPT 中制作出精美的幻灯片的功能（见图 10-2）。

■ PPT Copilot

图 10-2　人工智能嵌入的 PPT 制作功能

关键概念

行邮税、试行行邮税、跨境电子商务综合税、邮包检疫、快件检疫、保税区检疫

复习思考题

1. 跨境电子商务和传统国际贸易方式的关税差异在哪里？
2. 跨境电子商务进口和个人邮包进口一样吗？为什么？它们的监管区别在哪里？
3. 跨境电子商务监管新模式的检验标准是什么？
4. 邮包和快件的检验标准有显著的区别吗？
5. 与邮包和快件相比，保税区检验检疫的特点是什么呢？
6. 简述 B2C 跨境电子商务进口的贸易流程。
7. 简述 B2B2C 跨境电子商务进口的贸易流程。
8. B2C 跨境电子商务进口流程与 B2B2C 跨境电子商务进口流程的异同点分别是什么？

第十一章
跨境电子商务进口平台建设

· 本章要点 ·

本章重点是了解我国建立跨境电子商务平台的资质规定，了解我国对网络经营食品、药品、视听和文化产品等企业的资质规定。

第一节　跨境电子商务常见进口平台介绍

我国目前的电子商务进口网络平台主要有跨境易、跨境购、天猫国际、畅购天下保税超市、跨境一步达、海外通等。下面对跨境易和跨境购做进一步的详细介绍。

（一）跨境易

跨境易电子商务服务平台（http://www.kjy.cn）是由跨境易项目组联合广州海关、广州邮政、广州口岸等多部门发起的致力于解决跨境电子商务进出口通关限制问题、推进市场采购贸易发展、促进外贸综合服务企业发展的综合性服务平台。它是广州作为华南地区第一个国家电子商务示范城市、跨境贸易电子商务服务试点城市所拥有的第一个试点跨境进口网络平台。该平台自 2013 年 12 月开通以来，已与天猫国际、国际妈咪、澳宝森及麦乐购商家在内的多家电商企业达成合作关系。2014 年 3 月底跨境易项目海外事业部正式开展，已与包含韩国、澳大利亚、新西兰在内的多个国家的本地企业达成战略合作关系，直接从海外进口商品。

由于跨境易是与海关、邮政合作开发的服务平台，因此，在清关、仓储和物流等方面具有突出的优势。在进口清关上，跨境易与广东邮政深度合作，拥有专属的绿色通道，保障所有货物在 24 小时内清关完毕。同时，其拥有专用的邮政保税仓，帮商家完成整进散出、一月一次集中报关，大大降低跨境电商交易中的成本。此外，它与海关 EDI 系统对接，可以实现预报关模式，又与邮政 EMS 系统对接，可以实现运单全程跟踪、一单到底的服务模式，客户可通过电话、在线客服等方式联系到客服人员，享受 7 × 24 小时的全天候专业服务。

在具体的消费者购物操作方面，消费者首次购买跨境易电子商务进口商品时，必须在跨境易电子商务服务平台进行"用户注册"，提交姓名与身份证号码，再次购买不需要重复注册。提供身份证的依据是《关于跨境电子商务零售进出口商品有关监管事宜的公告》（海关总署 2016 年第 26 号公告）。提供身份证是海关现行对国际包裹的监管要求之一，其不仅有利于海关确认包裹性质是个人自用，而且有利于海关进行征税，按照海关规定个人网购进境商品，海关依法征收跨境电子商务综合税，即关税暂定为 0%，增值税和消费税按应纳税额的 70% 征收。同时，进行实名购买有利于海关监管该收件人 1 个自然年内的跨境购物金额不超过 26 000 元人民币。

通过跨境易购买的商品，是由跨境易电子商务试点商户从国外采购后，以一般贸易方式批量进境保税存储在广州保税区，广州保税区实行"境内关外"运作方式，每批次货物出关前都经过广州海关的抽查和广州国检的检验检疫，确保每一件递送到消费者手上的跨境商品都是正宗进口，品质有保证。消费者以委托电商商户代缴的形式来缴纳关税。消费者在平台注册时已经在线签署同意委托电商申报协议，在订单提交时根据订单内商品的金额和对应的税率缴纳相应的关税，和订单商品金额运费等一并付给电商商户，无须自己再到相应的海关部门单独缴纳。电商商户将会根据顾客的订单统一向海关缴纳关税，消费者可以在服务平台查询电子税单。根据海关总署规定，顾客订单均以个人消费品为标准，数量不能超过个人合理自用范围，所以国家做了相应的金额限制，单笔订单总价不可以超过 5 000 元，但如果一个订单内的商品为不可分割的单个商品，价格在 5 000 元以上也是允许的，但超出部分需要按照货物进口的方法征税。每人每年有限制交易的额度为 26 000 元人民币。跨境易电子商务服务试点项目是国家重点项目，通过跨境易电子商务购买的商品将会得到国家相关部门的保障，顾客购买的商品经过国家相关海关商检部门严格审查，使顾客购买的商品更安全、更可靠，同时缩短了顾客购买商品的时间和运输成本，解决灰色通关问题，是真正意义上的"阳光海淘"。

另外，跨境易电子商务的形式解决了顾客交关税难的问题，以前很多通过直邮的方式运输的商品缴纳关税十分麻烦，需要顾客本人携带身份证件去相应邮局办理，现在只需要委托电商商户代为缴纳即可，方便快捷。消费者一定要认准与服务平台对接的购物网站，在消费者下单后，订单数据会由购物网站传输到服务平台。消费者可以登录服务平台进行查询，如果查询不到该订单，说明购物网站不是服务平台认证的。跨境易推出二维码溯源，消费者收到的商品，会贴有跨境易电子商务进口商品溯源二维码，通过手机扫描查询，可以看到商品的进口详细信息和扫描历史记录。

（二）跨境购

宁波作为跨境贸易电子商务服务试点城市，搭建了一套与海关、国检等执法部门对接的跨境贸易电子商务服务信息系统，为进口电商企业缩短通关时间，降低物流成本，提升利润空间，解决灰色通关问题。跨境购（http://www.kjb2c.com）就是宁波作为跨境贸易电子商务服务试点城市而搭建的跨境进口网络平台。它为海外中高端品牌进入中国市场提供了一种全新的互联网模式，解决了传统模式下海外品牌进入中国市场的诸多问题。

跨境购为国内跨境消费者提供实名身份备案、税单查询、商品防伪溯源查询等跨境网购服务。此外，网站进行实名认证管理方式，消费者首次购买宁波跨境贸易电子商务进口商品时，必须在跨境购平台进行用户注册，提交的姓名与身份证号码必须相符且真实有效，否则会影响海关审核。在消费者下单后，订单数据会由购物网站传输到服务平台，消费者可以登录服务平台进行订单查询，如果查询不到该订单，说明购物网站不是服务平台认证的。同时，网站提供防伪溯源二维码查询服务，消费者下单后平台提供商品追溯二维码，手机扫描后，可以看到商品进口的详细信息，方便消费者验证真伪。凡是通过跨境购平台销售的商品集中采购，保税存储，消费者下订单后，短时间内配送到达，全国大部分城市1～3天内到达，还可以解决退换货问题。

跨境购搭建了一套可以与海关、国检等执法部门对接的跨境贸易电子商务服务信息平台，实现B2C跨境贸易通关便利化，同时寻找合适的贸易商、品牌商、电商企业、通关服务企业、仓储企业、物流企业，共同营造良好的跨境贸易电子商务生态圈。针对"海淘族"现有的商品品质难保证、难以处理退换货、商品配送周期长等购买风险，跨境购网络平台突出显示了以下几点优势：

（1）商品预检验，样品先行送检，货物到达口岸后，3～5天可以进入保税区上架销售，大大缩短通关时间。

（2）商品批量运输，降低物流成本，从而降低商品售价，让利消费者。

（3）商品在保税区内保税存储（不需缴纳进口环节税款），减少电商资金压力。

（4）保税区备货销售，消费者下单后，商品直接从保税区发出，全国大部分城市1～3天到货，缩短运输周期，提升消费者的购物体验感。

（5）商品在保税区备货充足，可以及时响应客户的退换货需求，提供便捷的退换货通道，辅助电商完善售后服务体系，提升电商的售后保障水平。

（6）国家监管部门出具官方溯源认证，确保商品来源和商品品质。

（7）货物按照个人进口物品方式申报出区，只征收进口物品税，消费者享受50元免税额，税款由电商代收代缴，提供电子税单查询。

（8）配套提供一站式仓储、物流、清关等标准化服务，帮助电商快速享受优惠政策，解除后顾之忧。此外，针对出口电商企业面临的无法正常收结汇、无法申请退税、运作模式存在政策风险、企业无法做大做强等现状，平台为出口电商企业提供通关、物流全程服务，将订单信息、支付信息、物流信息三维合一，形成通关数据，进行集中申报，解决收结汇和退税的难题。

第二节　建立跨境电子商务平台的资质规定

中国对国内建立跨境电子商务平台或从事电子商务经营活动的企业和个人有着一系列的资格规定，本节将对建立跨境电子商务平台的企业资质，以及经营食品、药品、网络文化产品和视听产品等特殊商品的规定进行详述。

一、跨境电子商务平台建立的资质规定

根据海关规定从事跨境电子商务经营的企业资质，即开展跨境电子商务的企业或个人如需向海关办理报关业务，应按照海关对报关单位注册登记管理的相关规定，在海关办理注册登记，并且必须在经海关认可且与海关联网的电子商务交易平台①进口货物和物品，并接受海关监管。对于从事存放电子商务进境货物、物品的海关监管场所的经营人，应向海关办理开展电子商务业务的备案手续，并接受海关监管，未办理备案手续的，不得开展电子商务业务。

同时，对于从事存放电子商务进境货物、物品的海关监管场所的经营人，需要建立完善的电子仓储管理系统，将电子仓储管理系统的底账数据通过电子商务通关服务平台与海关联网对接；电子商务交易平台应将平台交易电子底账数据通过电子商务通关服务平台与海关联网对接；电子商务企业、支付企业、物流企业应将电子商务进出境货物、物品交易原始数据通过电子商务通关服务平台与海关联网对接。电子商务企业应将电子商务进出境货物、物品信息提前向海关备案，货物、物品信息应包括海关认可的货物 10 位海关商品编码及物品 8 位税号。

二、经营特殊商品的一般性资质规定

此外，在跨境电子商务进口平台经营不同的商品，必须获得相应的国家资质认可，具体的国家规定如下所示。

（一）经营食品的资质要求

我国的《食品安全法》对网络经营食品有所规定，其中第六十二条规定："网络食品交易第三方平台提供者应当对入网食品经营者进行实名登记，明确其食品安全管理责任；依法应当取得许可证的，还应当审查其许可证。网络食品交易第三方平台提供者发现入网食品经营者有违反本法规定行为的，应当及时制止并立即报告所在地县级

---

① 电子商务交易平台是指跨境贸易电子商务进出境货物、物品实现交易、支付、配送并经海关认可且与海关联网的平台。

人民政府食品药品监督管理部门；发现严重违法行为的，应当立即停止提供网络交易平台服务。"第一百三十一条规定："违反本法规定，网络食品交易第三方平台提供者未对入网食品经营者进行实名登记、审查许可证，或者未履行报告、停止提供网络交易平台服务等义务的，由县级以上人民政府食品安全监督管理部门责令改正，没收违法所得，并处五万元以上二十万元以下罚款；造成严重后果的，责令停业，直至由原发证部门吊销许可证；使消费者的合法权益受到损害的，应当与食品经营者承担连带责任。消费者通过网络食品交易第三方平台购买食品，其合法权益受到损害的，可以向入网食品经营者或者食品生产者要求赔偿。网络食品交易第三方平台提供者不能提供入网食品经营者的真实名称、地址和有效联系方式的，由网络食品交易第三方平台提供者赔偿。网络食品交易第三方平台提供者赔偿后，有权向入网食品经营者或者食品生产者追偿。网络食品交易第三方平台提供者作出更有利于消费者承诺的，应当履行其承诺。"

（二）经营药品的资质要求

2022 年，我国市场监督管理总局起草了《药品网络销售监督管理办法》（国家市场监督管理总局第 58 号令），对药品网络交易服务平台的管理进行了明确的规定。其中，第四条提出："从事药品网络销售、提供药品网络交易平台服务，应当遵守药品法律、法规、规章、标准和规范，依法诚信经营，保障药品质量安全。"第五条提出："从事药品网络销售、提供药品网络交易平台服务，应当采取有效措施保证交易全过程信息真实、准确、完整和可追溯，并遵守国家个人信息保护的有关规定。"

对于通过自建网站销售药品的企业，需要满足以下规定，即第十一条"药品网络销售企业应当向药品监督管理部门报告企业名称、网站名称、应用程序名称、IP 地址、域名、药品生产许可证或者药品经营许可证等信息。信息发生变化的，应当在 10 个工作日内报告"。第十二条"药品网络销售企业应当在网站首页或者经营活动的主页面显著位置，持续公示其药品生产或者经营许可证信息。药品网络销售企业还应当展示依法配备的药师或者其他药学技术人员的资格认定等信息。上述信息发生变化的，应当在 10 个工作日内予以更新"。

对于通过第三方平台销售药品的企业，需要满足以下规定，第十八条"第三方平台应当将企业名称、法定代表人、统一社会信用代码、网站名称以及域名等信息向平台所在地省级药品监督管理部门备案。省级药品监督管理部门应当将平台备案信息公示"。第十九条"第三方平台应当在其网站首页或者从事药品经营活动的主页面显著位置，持续公示营业执照、相关行政许可和备案、联系方式、投诉举报方式等信息或者上述信息的链接标识"。第二十条"第三方平台应当对申请入驻的药品网络销售企业资质、质量安全保证能力等进行审核，对药品网络销售企业建立登记档案，至少每六个月核验更新一次，确保入驻的药品网络销售企业符合法定要求"。

（三）经营网络文化产品（活动）的资质要求

经营网络文化产品的企业或个人需要办理"网络文化经营许可证"。经营性网络文化产品（活动）是指以盈利为目的，通过向上网用户收费或者以电子商务、广告、赞助等方式获取利益，提供互联网文化产品及其服务的活动。其中，网络文化产品（或互联网文化产品）是指通过互联网生产、传播和流通的文化产品，主要包括：①专门为互联网而生产的网络音乐娱乐、网络游戏、网络演出剧（节）目、网络表演、网络艺术品、网络动漫等互联网文化产品；②将音乐娱乐、游戏、演出剧（节）目、表演、艺术品、动漫等文化产品以一定的技术手段制作、复制到互联网上传播的互联网文化产品。互联网文化活动是指提供互联网文化产品及其服务的活动，主要包括：①互联网文化产品的制作、复制、进口、发行、播放等活动；②将文化产品登载在互联网上，或者通过互联网、移动通信网等信息网络发送到计算机、固定电话机、移动电话机、电视机、游戏机等用户端以及网吧等互联网上网服务营业场所，供用户浏览、欣赏、使用或者下载的在线传播行为；③互联网文化产品的展览、比赛等活动。

（四）经营网络视听节目的资质要求

从事信息网络传播视听节目业务，应取得信息网络传播视听节目许可证。信息网络传播视听节目许可证由广电总局按照信息网络传播视听节目的业务类别、接收终端、传输网络等项目分类核发。

信息网络传播视听节目许可证的业务类别分为播放自办节目、转播节目和提供节目集成运营服务等。接收终端分为计算机、电视机、手机及其他各类电子设备。该证书与此前广电总局颁发的"广播电视节目制作经营许可证"所不同的是，获得制作经营许可证的企业将有权独立制作包括广播剧、电视剧等视频内容，而获得视听许可证的企业依然无权独立制作视频节目。

复习思考题

1. 登录全球最大的跨境电子商务平台亚马逊（www.amazon.com，美国），对比和思考美国跨境电子商务平台与本章提及的中国跨境电子商务平台存在着哪些异同？

2. 我国对建立跨境电子商务平台的企业资质要求是什么？

3. 我国对经营食品、药品等特殊商品平台的资质要求是什么？

4. 我国对经营互联网文化产品和互联网视听节目的资质要求是什么？

第四编

进口业务会计核算及风险控制

第十二章
进口业务会计核算与会计处理实务

> **·本章要点·**
>
> 本章主要介绍了进口业务会计核算的特点和难点、进口总成本核算、自营进口商品的会计处理以及代理进口商品的会计处理等。
>
> 本章的重点是进口总成本核算。
>
> 本章的难点是代理进口商品的会计处理。

第一节　进口业务会计核算概述

一、进口业务会计核算的特点

进口业务会计核算与国内商品流通业务会计核算的内容相近，主要围绕着商品购进、储存、销售三个环节进行。由于其业务是跨国境的商品交易，与国内商品流通业务的会计核算也有许多不同，主要区别在以下几个方面。

1. 要设置记录外汇业务的复币式账户

为反映企业进口业务的支出、收入、结算，其会计核算要设置记录外汇支出、收入、结算等账户，这些账户要求是"复币式"结构，也就是要同时反映外币和人民币金额。

2. 要核算汇兑损益

进口业务货款一般用外币结算，而按《中华人民共和国会计法》规定人民币是记账本位币，由于会计上收入、支出的确认入账时间和实际收、付时间的不一致，在汇率变动的情况下便产生汇兑损益，所以核算上要记录、核算汇率变动对企业损益的影响。

3. 要计算双重成本和盈亏

进口业务会计核算不仅要核算销售成本和利润，还要计算"进口每美元赔赚额"，用于企业的经营决策和考核企业的进口效益。

4. 既要遵循我国法律规定，又要遵守国际惯例

进口业务在货款结算、价格条件、关税计算等方面要符合国际惯例，否则容易引起贸易纠纷，遭受损失。

5. 受政策和贸易方式的影响较大

在我国有外贸进出口经营权的企业除进行单纯的进口贸易之外，还可选择各种贸易方式，如来料加工、来样加工、进料加工、易货贸易、以产顶进等，各种贸易方式又有相应的优惠政策，核算上也有差别。另外，外贸企业的进口业务可分为自营进口业务和代理进口业务两部分，它们的核算内容也有差异。

6. 在销售收入、成本的确认时间、标准方面与国内商品流通业务有关规定不同

我国现行会计政策规定：在进口业务的成本核算时，进口商品的国外进价一律以到岸价（CIF）为基础，以企业收到银行转来的全套进口单证，经审核与信用证及合同内容相符，并通过银行向国外出口商承付或承兑远期汇票时间为准，进行进口商品购入的会计确认。

二、进口业务会计核算的难点

1. 进口成本的确认

在核算进口商品进价成本时，先以成交价格记入成本，而进口业务中发生的国外费用也要计入进价成本。因此，实际支付 FOB 或 CFR 合同下的运费、保险费时，需要再将这些运费、保险费记入进价成本，即将进口价格成本调整到以 CIF 价格为标准，进口业务发生的国外的费用计入进口商品成本。

2. 汇兑损益的确认

反映进口外汇结算的"复币式"账户，其会计处理应遵循外币业务的会计处理原则。复币式账户要求在按外币原币金额登记账户，将外币折算为人民币时可采用业务发生时的汇率，也可采用业务发生当期期初的汇率，要定期（每月底或每季末或每年末）按期末汇率调整各外币账户的期末金额，即对外币各账户的期末外币余额按期末时的汇率进行折算，折算金额与原账面金额之间的差额为汇兑损益，按差额作会计分录调整期末账户余额。

三、与进口业务会计核算紧密相关的业务

进口贸易货款结算业务和外贸单据的审核（具体内容参见本书第六章第九节，第七章第三节、第四节和第七节等）。作为财会人员不仅要参与选择安全的货款结算方式，掌握国际贸易结算单据的审核标准，还应了解货款结算业务中相关银行（如托收行、开证行、付款行等）的资信等，选择资信好、服务好、熟悉有关业务的银行办理，保证本企业进口货物的安全收到。

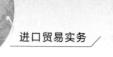

第二节　进口总成本及盈亏率的核算

进口总成本包括进口货价、跨国运输的运费、保险费以及国内税费等，其大小是决定进口业务盈亏的关键因素。

由于从国外进口商品的货价、运费、保险费等通常用外币计算并支付外汇，因此进口商品的成本要依据购买外汇的成本来核算，即要按人民币市场汇价把外汇折算成人民币才能算出人民币的货价成本。在进口费用不变的情况下，进口总成本的大小既取决于进口价格的高低，还取决于汇率的变动。

一、进口总成本的核算

进口货物总成本的计算公式是：

FOB 进口货物成本 = FOB 进口合同价 + 运费 + 保险费 + 进口国内总费用 + 进口税费

CFR 进口货物成本 = CFR 进口合同价 + 保险费 + 进口国内总费用 + 进口税费

CIF 进口货物成本 = CIF 进口合同价 + 进口国内总费用 + 进口税费

注意，上述公式中的进口合同价都是用人民币表示的价格。

（一）进口合同价的核算

在核算进口总成本时，进口合同价是指将在进口合同中的外币表示的成交价格换算成的以人民币表示的价格，即：

$$进口合同价 = 进口合同外币价格 \times 外汇汇率$$

外汇汇率在不断上下浮动，加上从准备进口到达成交易，再到交货付款通常要经过较长的时间，因此，在核算进口商品的成本时，应考虑到外汇汇率的变化。为了避免损失，进口企业在确定进口商品的价格时，应慎重选择所使用的货币并考虑到汇率变化的因素。如以"硬币"作为计价和支付货币，从合同订立到交货付款的时间内，该币汇价上浮，就会蒙受汇率损失；反之，则可以获取额外利益。

为了避免汇率浮动带给贸易商的损失风险，进口商也可利用国际金融市场上的一系列外汇保值交易来固定自己的成本。

（二）进口运费和保险费的核算

以 FOB 价成交的进口合同下，进口总成本的核算需要计算进口货物的跨国运费；以 FOB 价或 CFR 价成交的进口合同下，进口总成本的核算还需要计算进口货物运输保险费。本书已经在第七章中详细介绍了运输和运费、保险和保险费等问题。

（三）进口国内总费用

核算进入进口总成本的进口国内总费用包括的内容有：

（1）卸货费、驳船费、码头建设费、码头仓租费等费用。

（2）进口商品的检验费和其他公证费用。

（3）银行费用，如开证费及其他手续费等。

（4）报关提货费核算。

（5）国内运费、仓租费。

（6）从开证付款至收回货款之间所发生的利息支出。

（7）其他费用。

（四）进口税费的核算

进口税费包括进口关税、进口环节消费税和增值税等，其计算公式和政策参见第三章第三节的内容。

（五）银行费用

在国际贸易中，只要使用了银行的服务，就会产生银行费用。进口业务中，在信用证、托收或汇款等支付方式下，都会有银行费用的产生。如开证费用、远期付款下的开证利息、汇票贴现利息、L/C不符点费用等，都要记入进口总成本中。

二、进口商品盈亏率的计算

进口商品盈亏率是衡量进口经济效益的一个重要指标，一般指进口商品盈亏额与进口商品总成本的比率，而进口商品盈亏额是指进口商品国内销售价格和进口总成本之间的差额。因此，进口商品盈亏率的计算公式为：

进口商品盈亏率 =（进口商品国内销售价格 – 进口总成本）÷进口总成本

如果进口商品国内销售价格大于进口总成本，企业就能获得盈利；反之，企业就要亏损。进口商要想获得较好的经济效益，一定要在进口交易前做好估算进口商品盈亏率的工作。

第三节　自营进口商品的会计处理

一、自营进口商品购进核算的会计处理

（一）会计科目的设置和处理

进口企业通过银行向国外出口商支付款项时，借记"在途物资"账户，贷记"银行存款"账户。

进口企业如需支付国外运费和保险费时，借记"在途物资"账户，贷记"银行存款"账户。

进口商品运抵我国口岸，向海关申报缴纳进口关税、消费税和增值税时，借记"应交税费——应交增值税（进项税额）""应交进口关税""应交消费税"三个子目，贷记"银行存款"账户；同时，借记"在途物资"账户，贷记"应交税费——应交进口关税、应交消费税"账户。因增值税是价外税，故不转入进口商品进价。

进口企业收到出口商汇来佣金时，借记"银行存款"账户，贷记"在途物资"账户。

当进口商品采购完毕，验收入库，结转其采购成本时，借记"库存商品"账户，贷记"在途物资"账户。

（二）示例

××进出口公司某年根据进口贸易合同从英国纽尔曼公司进口卷烟一批，采用信用证结算（假定银行未收开证保证金）。

（1）8月4日，接到银行转来国外全套结算单据，开列卷烟800箱，每箱100美元FOB价格，其中货款80 000美元，审核无误后，购汇予以支付，假定当日美元汇率卖出价为8.30元。做分录如下：

借：在途物资——进口——英国卷烟　　　　　664 000
　　贷：银行存款　　　　　　　　　　　　　　　　664 000

（2）8月6日，购汇支付进口卷烟国外运费2 080美元，保险费920美元，当日美元汇率卖出价为8.30元。做分录如下：

借：在途物资——进口——英国卷烟　　　　　24 900
　　贷：银行存款　　　　　　　　　　　　　　　　24 900

（3）8月21日，卷烟运达我国口岸，以银行存款向海关支付进口卷烟的进口关税、消费税和增值税。做分录如下：

借：应交税费——应交进口关税　　　　　　137 800（关税税率为20%）

　　　　　　——应交消费税　　　　　　　362 400（消费税税率为56%）

　　　　　　——应交增值税——进项税额　202 147（增值税税率为13%）

　　贷：银行存款　　　　　　　　　　　　702 347

（4）8月22日，已向海关缴纳的卷烟进口关税137 800元，消费税362 400元，转入"在途物资"。做分录如下：

借：在途物资——进口——英国卷烟　　　　500 200

　　贷：应交税费——应交进口关税　　　　137 800

　　　　　　——应交消费税　　　　　　　362 400

（5）8月24日，英国纽尔曼公司付来佣金1 800美元，当日美元汇率买入价为8.26元，收到银行转来结汇水单。做分录如下：

借：银行存款　　　　　　　　　　　　　　14 868

　　贷：在途物资——进口——英国卷烟　　14 868

（6）8月25日，800箱进口卷烟验收入库，结转其采购成本。做分录如下：

借：库存商品——库存进口商品　　　　　　1 174 232

　　贷：在途物资——进口——英国卷烟　　1 174 232

二、自营进口商品销售核算的会计处理

（一）会计科目的设置和处理

1. 设置"主营业务收入——自营进口销售收入"科目

企业实现的自营进口销售收入贷记"主营业务收入——自营进口销售收入"科目。出现内销退货时，付给购货单位的退货款以及数量短缺、品质规格不符合合同规定的理赔款应冲减销售收入，以红字贷记"主营业务收入——自营进口销售收入"科目。

该科目借方反映期末转入"本年利润"科目的金额。

2. 设置"主营业务成本——自营进口销售成本"科目

企业销售成本借记"主营业务成本——自营进口销售成本"科目。进口商品退货时，收到外商的退货款和因进口数量短缺、品质规格不符合合同规定而收取外商的索赔款以及对国内用户已经理赔但对外又无索赔权的理赔款，均冲减销售成本，以红字借记"主营业务成本——自营进口销售成本"科目。

该科目贷方反映期末转入"本年利润"科目的金额。

3. 设置"在途物资"科目

用于归集支付的进口货款、境外运保费、进口税费等。按实际发生额借记"在途物资——进口商品采购"科目，借方合计即为进口商品的成本；进口商品入库时贷记"在途物资——进口商品采购"科目。

4. 设置"税金及附加"科目

用于核算企业因自营进口商品销售而负担的税金及附加，包括消费税、城市维护建设税和教育费附加等。借方反映当期应负担的进口业务税金及附加，贷方反映期末转入"本年利润"的金额。

5. 设置"应交税费"科目

用于核算企业因销售自营进口商品应缴纳的各种税金，包括增值税、消费税、城市维护建设税等，借方反映按海关提供的完税凭证上注明的增值税，借记"应交税费——应交增值税（进项税额）"，贷方反映按内销增值税发票上注明的应交增值税，贷记"应交税费——应交增值税（销项税额）"。如果销售应纳消费税的商品，借记"税金及附加"等科目，贷记"应交税费——应交消费税"科目。期末，本科目借方余额表示多交税金或尚未抵扣的增值税进项税额，贷方余额表示欠交税金。

（二）会计处理示例

企业收到银行转来的全套正本进口单据或收到进口货物到港通知后应根据内销合同、物权转移凭证开出结算单与国内客户办理货款结算手续。

按照货款结算的时间不同，有单到结算、货到结算和出库结算三种。具体采用哪一种结算方式由进口企业与国内用户自主商定，并在内销合同中做明确规定。

1. 单到结算

单到结算是指进口企业不论进口商品是否到达我国港口，只要收到银行转来国外全套结算单据，经审核符合合同规定，即向国内客户办理货款结算。这样结算，进口商品采购的核算与销售的核算几乎同时进行。因此，销售时进口商品采购成本尚未归集完毕，不能同时结转成本。待商品采购成本归集完毕后才能结转商品销售成本。由于商品没有入库就直接销售了，可以归集的商品采购成本直接从"在途物资"账户转入"自营进口销售成本"账户。

【例】××公司应国内用户要求，进口原材料一批，采用即期信用证结算方式，合同成交价格为（FOB）300 000美元，存入银行开证保证金50 000美元，支付境外运费30 000美元，保险费20 000美元（假定外汇牌价8.28元/美元）。假设该商品关税税率为8%，增值税税率为13%，同时与国内用户签订内销合同，销售总额为4 095 000元（价税合计）。

（1）收到银行转来的全套进口单据，经审核无误，对外付款时：

境外货款＝USD300 000×8.28＝2 484 000（元）

借：在途物资——进口——××商品　　　　　2 484 000

　　贷：银行存款——外汇存款　　　　　　　　2 070 000（USD250 000）

　　　　其他货币资金——信用证保证金　　　　414 000（USD50 000）

（2）同时，按合同规定向国内用户开具增值税发票，办理货款结算手续：

商品销售价款＝4 095 000÷（1＋13%）＝3 623 893.81（元）

增值税款＝3 623 893.81×13%＝471 106.19（元）

借：应收账款——××单位　　　　　　　　4 095 000
　　贷：主营业务收入——自营进口销售收入　3 623 893.81
　　　　应交税费——应交增值税（销项税额）　471 106.19
（3）支付境外运保费：
境外运费＝USD30 000×8.28＝248 400（元）
境外保险费＝USD20 000×8.28＝165 600（元）
合计＝248 400＋165 600＝414 000（元）
借：在途物资——进口——××商品　　　　414 000
　　贷：银行存款　　　　　　　　　　　　414 000
（4）计算缴纳进口关税及增值税时：
关税完税价格：
（USD300 000＋30 000＋20 000）×8.28＝2 898 000（元）
应交关税税额＝2 898 000×8%＝231 840（元）
借：在途物资——进口——商品　　　　　　231 840
　　贷：应交税费——应交进口关税　　　　231 840
增值税计税价格＝（USD300 000＋30 000＋20 000）×8.28＋231 840
　　　　　　　＝3 129 840（元）
应纳增值税额：3 129 840×13%＝406 879.20（元）
以银行存款支付进口关税、增值税时：
借：应交税费——应交增值税（进项税额）　406 879.20
　　　　　　——应交进口关税　　　　　　231 840.00
　　贷：银行存款　　　　　　　　　　　　638 719.20
（5）结转进口成本（包括国外进价、运保费和进口关税）：
进口商品采购成本＝2 484 000＋414 000＋231 840＝3 129 840（元）
借：主营业务成本——自营进口销售成本　　3 129 840
　　贷：在途物资——进口——××商品　　　3 129 840

2. 货到结算

货到结算是指进口企业收到运输公司进口商品已达到我国港口的通知后，即向国内客户办理货款结算，在反映自营进口商品销售收入的同时，也可以结转其销售成本。

续用前例，在货到结算的情况下，进口商品的采购成本已核算完毕，商品销售时，可以同时结转成本。会计分录如下：

（1）接到外运公司通知，进口货物已抵达港口，按合同规定向国内用户开具增值税发票，办理货款结算手续：
借：应收账款——××单位　　　　　　　　4 095 000
　　贷：主营业务收入——自营进口销售收入　3 623 893.81
　　　　应交税费——应交增值税（销项税额）　471 106.19

（2）同时，结转进口成本（包括境外进价、运保费和进口关税）：

进口商品采购成本 = 2 484 000 + 414 000 + 231 840 = 3 129 840（元）

借：主营业务成本——自营进口销售成本　　　　3 129 840

　　贷：在途物资——进口——××商品　　　　　　3 129 840

3. 出库结算

出库结算是指进口企业的进口商品到货后，先验收入库，待销售时，根据商品出库单、销售发票办理结算。因进口商品的采购成本早已核算完毕，故可以同时结转销售成本。会计分录如下：

（1）接到进口商品销售出库通知单后，按合同规定的销售价格向用户办理货款结算手续：

借：应收账款——××单位　　　　　　　　　　4 095 000

　　贷：主营业务收入——自营进口销售收入　　　3 623 893.81

　　　　应交税费——应交增值税（销项税额）　　 471 106.19

（2）同时结转成本：

借：主营业务成本——自营进口销售成本　　　　3 129 840

　　贷：库存商品——进口商品——××商品　　　　3 129 840

三、自营进口商品索赔和理赔的会计处理示例

某进口公司进口的商品与进口合同的规定不符，并因而遭内销客户索赔 75 400 元（按当日汇率 7.54 元计算）。该进口公司经审核决定赔偿国内客户 75 400 元，并同时向出口商索赔 USD10 000（75 400 元）。其会计分录如下：

（1）向国内用户理赔：

借：主营业务收入——自营进口销售收入　　　 75 400（红字）

　　贷：银行存款　　　　　　　　　　　　　　 75 400

（2）同时，向外商提出索赔时：

借：主营业务成本——自营进口销售成本　　　 75 400（红字）

　　贷：应收账款——应收外汇账款——H公司（进口索赔）

　　　　　　　　　　　　　　　　　 75 400（USD10 000）

（3）如果已对国内客户理赔，但对外无索赔权的，报经批准后将理赔支出列入营业外支出时：

借：主营业务成本——自营进口销售成本　　　 75 400（红字）

　　贷：营业外支出　　　　　　　　　　　　　 75 400

第四节　代理进口商品的会计处理

外贸企业经营代理进口业务，应遵循"不垫付进口商品资金和税金，不负担进口商品的国外直接费用和国内费用，也不承担进口业务盈亏，外方付来的进口佣金和国外对进口商品的理赔款，全部交给委托单位，外贸企业只根据进口商品 CIF 金额，按规定的费率向委托单位收取代理手续费"的原则。

根据这一原则，委托单位必须预付采购进口商品的资金，外贸企业只有在向委托单位收妥款项后，才能与进口商签订进口合同。

当银行转来国外全套结算单据，经审核与合同无误，支付进口商品的货款的同时，外贸企业就可以向国内委托单位办理货款结算，代理进口商品的销售收入也就已经实现。

一、会计科目的设置和处理

外贸企业的代理进口业务如果属于企业的主营业务或经常性的业务，可以将其列入"主营业务收入——代购代销收入"科目核算。

如果外贸企业代理进口业务属于非主营业务的，可通过设置"其他业务收入——代理进口销售收入""其他业务成本——代理进口销售成本"科目核算。

设置"应收账款"和"预收账款"等科目，核算有关代理进口业务往来款项，如预收预付保证金、应收货款、应付运保费用以及与委托单位有关的其他往来款项，在代理进口合同履行完毕后，应及时结清各往来款项的余额。

二、设置"代理进口销售收入"和"代理进口销售成本"进行核算的示例

某外贸企业受国内 A 公司委托，代理进口检测设备一台，采用即期信用证结算方式，境外进价为（FOB）200 000 美元，支付境外运费 20 000 美元，保险费 10 000 美元，假设该商品关税税率为 5%，增值税税率为 13%，代理进口手续费率为 3%，收委托方预付货款 2 000 000 元，经与银行洽商免收开证保证金。假定银行外汇牌价 8.28 元/美元，则账务处理如下：

（1）收到委托单位预付款：

借：银行存款　　　　　　　　　　　　　　　　2 000 000

　　贷：预收账款——A 公司　　　　　　　　　　　2 000 000

（2）收到银行转来的进口单据，经审核无误，对外付款，同时向 A 公司办理货款结算：

代理进口销售收入 = 进价 + 运保费 + 关税 + 代理手续费

1 656 000（进价）＋248 400（运保费）＋95 220（关税）＋（1 656 000＋248 400）×3％＝2 056 752（元）

借：预收账款——A公司　　　　　　　　　　2 000 000

　　应收账款——A公司　　　　　　　　　　　56 752

　　贷：其他业务收入——代理进口销售收入　　2 056 752

同时，结转代理进口销售成本：按支付境外货款、运保费及关税结转成本。

代理进口销售成本＝进价＋运保费＋关税

1 656 000＋248 400＋95 220＝1 999 620（元）

借：其他业务成本——代理进口销售成本　　　1 999 620

　　贷：银行存款　　　　　　　　　　　　　1 999 620

（3）代委托单位垫付进口增值税：

（1 656 000＋248 400＋95 220）×13％＝259 950.60

借：应收账款——A公司　　　　　　　　　　259 950.60

　　贷：银行存款　　　　　　　　　　　　　259 950.60

（4）收回A公司的往来欠款：

借：银行存款　　　　　　　　　　　　　　　316 702.60

　　贷：应收账款——A公司　　　　　　　　　316 702.60

三、设置"代购代销收入"科目的简易核算示例

仍以上面的例子为基础，则设置"代购代销收入"科目进行账务处理的步骤如下：

（1）收到委托单位预付款：

借：银行存款　　　　　　　　　　　　　　　2 000 000

　　贷：预收账款——A公司　　　　　　　　　2 000 000

（2）收到银行转来的进口单据，经审核无误，对外付款以及代付进口运费、保险费、关税、增值税等：

1 656 000（对外付款）＋248 400（进口运费和保险费）＋95 220（进口关税）＋259 950.60（进口增值税）＝2 259 570.60（元）

借：预收账款——A公司　　　　　　　　　　2 000 000

　　应收账款——A公司　　　　　　　　　　259 570.60

　　贷：银行存款　　　　　　　　　　　　　2 259 570.60

（3）收取代理手续费：

借：应收账款——A公司　　　　　　　　　　　57 132

　　贷：其他业务收入——代购代销收入　　　　　57 132

（4）收回A公司的往来欠款：

259 570.60＋57 132＝316 702.60（元）

借：银行存款　　　　　　　　　　　　　　　316 702.60

　　贷：应收账款——A公司　　　　　　　　　316 702.60

关键概念

进口总成本、进口盈亏率、单到结算、货到结算、出库结算

复习思考题

1. 进口业务会计核算的特点和难点有哪些?
2. 进口总成本包括哪些构成?
3. 自营进口商品购进核算是怎么设置会计科目的?
4. 自营进口商品销售核算是怎么设置会计科目的?
5. 代理进口商品核算是怎么设置会计科目的?

第十三章
进口贸易风险控制

· 本章要点 ·

　　本章主要介绍我国目前进口贸易的主要风险。所谓进口风险，主要是指由于国内外各种经济、政治或社会因素的存在，使企业在进口的过程中以及进口的后续环节中所面临的由于进口带来的各种损失的可能性。从外延上来说，我们将进口风险分为进口货物风险和进口外汇风险两类。同时，货款结算的条件和过程中也会有一些特殊风险。因此，本章的内容包括进口货物风险的控制、进口结算风险的控制和进口外汇风险的控制。

　　本章的重点是进口风险的控制。

　　本章的难点是进口风险的识别。

第一节　进口货物风险的控制

一、进口货物风险的识别

（一）合同风险

在进口贸易中，进口商经常面临的合同风险有：

1. 进口合同法律效力风险

进口合同法律效力风险具体分为：

（1）签订合同后，由于合同主体不合法引起合同无效产生的风险。

（2）由于合同成立程序不合法引起合同无效产生的风险。

（3）因合同的目的和约定的合同内容违反了法律的强制性或禁止性规定，或侵害了社会公共利益，引起合同无效的风险。

2. 由于出口商违约造成的风险

该风险包括出口商交货与合同不符的风险和出口商延迟交货的风险。

3. 被出口商欺诈的风险

被出口商欺诈的风险具体可以分为两种类型：

（1）出口方没有履约能力的欺诈。在这种欺诈类型中，合同的一方当事人往往是虚构的，或者确实有这么一个当事人，但这个当事人是一个注册资本很低的有限公司，它所负的只是有限责任，被欺诈的一方要想追回损失是非常困难的。

（2）出口方有履约能力的欺诈。欺诈方主要是利用合同条款进行欺诈，特别是合同中品质条款、违约条款、担保条款和索赔条款等常被欺诈者利用。

（二）运输方式及运输渠道风险

不同的运输方式、运输渠道和运输路线所面临的运输风险也是不同的。运输途中的风险除了自然灾害等不可抗力以外，还包括受政治环境及人为因素危害的风险。

1. 自然风险

通常来讲，自然风险是指由于自然界的异常变化，可能造成的人身伤害和财产损失的风险，这种自然灾害是客观存在的，不以人的意志为转移的。进口贸易的自然风险主要有两种类型：一类是由于飓风、雷电、地震、海啸、洪水、火山爆发等人力不可抗拒的自然灾害所造成的风险；另一类主要是由于自然灾害的发生给进口货源带来的风险，尤其进口渠道过于单一集中的进口商，面临后者的风险就较大。

2. 政治风险

指进口产品遭到产品出口国的政治不确定性影响的风险，如政局的不稳定性、战争状况、动乱、政变的可能性、国家的对外关系、政府信用和政府的廉洁程度、政策以及政策的稳定性、法律法规的稳定性、经济的开放程度、国内的民族矛盾、保护主义的倾向等。

政治风险的表现形式多种多样，典型的如政府禁令、政治动乱、政府的征收征用、货币措施等。

3. 提单欺诈风险

提单欺诈风险包括：

（1）倒签、预借提单欺诈。出口商串通承运人签发按合同和信用证规定日期的提单，而货物的实际装船日期迟于规定日期，或承运人在装船完毕前将提单预借给出口商，合谋欺骗进口商，造成进口商付了款却不能按时收到货或收不到货的风险。

（2）无提单提货欺诈。例如，承运人直接将托运人发出的货取走，之后宣布破产倒闭或失踪等，造成进口商难以收到货物的风险。

二、进口货物风险的控制

（一）调查和管理国外客户的资信

进口企业最好同专业咨询机构建立合作关系，对国外客户进行全面、认真、仔细的调查，及时掌握和了解其经营情况、资信状况及偿付能力，为进口合同的顺利履行打下良好的基础。同时，进口企业最好对所有往来客户逐一建立信用档案，设基本资料和往来资料两部分，并采取动态更新管理，及时更新信息。基本资料反映客户的整体实力，包括经营状况及财务状况等。往来资料则反映与客户的交易记录及内部评价，包括与客户的交易时间、金额、付款情况等。

进口企业根据客户的合同履行状况和评级信用，制定相应的信用政策，给予客户不同的信用额度，对资信好的客户可采用灵活多样的交易方式，对资信差的客户可拒绝与其交易，或采用谨慎、严格控制的交易方式，力争规避进口风险。

（二）通过合同条款约束

在订立进口合同时，进口商应当注意在合同中增加特定条款，如订立排除双方所在国政府的主权豁免条款，约定货币汇兑的稳定性条款，选择适用完善、中立的法律条款，约定有利于己方贸易安全的争议解决方式等。

（三）管理进口商品价格

国际市场行情瞬息万变，进口商应及时了解市场价格变化，规避国际市场风险。

（四）规范企业内部风险管理制度

建立企业内部风险管理制度，建立一套风险评估、预警、分析系统；在财务部门内设立相应风险管理职能，每一项业务开展前都要进行业务利润水平测算；新增设信用管理部门，掌握和评估客户资信状况，对每笔交易的价值和风险进行独立、科学、定量化的审核，并以此对合同履行的各个环节进行严格的监控。

第二节　进口结算风险的控制

一、进口商通常面临的结算风险

不同的货款结算方式具有不同程度的风险。

（一）汇付结算中预付货款时的风险

对进口商来说，预付货款之后很难对出口商及进口商品进行有效控制。在此情形下，进口商能否收到货物完全取决于出口商的商业信用，如果出口商不守信用，进口商最终可能会面临钱货两空的风险。

（二）即期托收结算货款和远洋运输货物的风险

对进口商而言，即期托收方式而远洋运输货物的情况下，收到单据并审核付款的时候货物通常未到，如果出口商所提交的单据与货物实际不符，进口商将面临损失的可能。

（三）信用证结算风险

1. 因信用证的本身特性及出口商信用不佳使进口商面临的风险及防范

依据 UCP600，信用证是一项独立文件，而开证行及其授权银行在支付信用证下的款项时，仅仅以单据为准，而不是货物，并且银行只对单据的表面内容进行审查，对单据的真伪性以及单据是否与货物实际情况相符等不负责任。这就给出口商伪造单据或者在单据中做虚假陈述骗取货款提供了可能。如果出口商变造或伪造单据，进口商将面临收不到合格的货物或者收不到货物的风险等。实际业务中，常见的这类欺诈有以下4种。

（1）伪造全套单据欺诈。即信用证受益人在货物根本不存在的情况下，以伪造的与信用证要求相符的单据使银行付款，从而达到诈取信用证项下货款目的的欺诈。对于伪造的单据，议付行和开证行付款时只要不知欺诈之事就成了正当持票人，最后是国内的进口商承担风险。而这种情况下出口商的诈骗都是有预谋的，进口商付款后一般都处于要货无着、索款无门的被动境地。

另外，受益人也可能会与承运人共谋，在货物根本不存在的情况下共同伪造全套合格的单据，从而达到诈取信用证项下货款的目的。

（2）出口商在单据中做虚假性陈述。由于商业发票、装箱单等由出口商制作，出口商进行虚假性陈述是极为容易的。运输单据如提单，在集装箱运输情况下，大多数货物是由出口商自行装箱、点数、封箱，而承运人一般是根据托运人（出口商）制作的托运单及运输包装上的标志签发提单的，托运人的虚假陈述将直接导致提单内容不真实。保险单据虽然由保险公司签发，但是保险公司签发保险单完全基于投保人提交的发票，依赖于投保人的诚实告知，保险公司并不与货物做实际接触。因此，若出口商不做诚实说明，保险单中的内容也会失真。这样一来，即使出口商所交货物只是包装表面合格而实际并不合格，但是出口商所提交的单据表面上都可以做成合格，单据合格开证行就应该付款，其结果必然导致进口商遭受损失。

（3）预借提单和倒签提单欺诈。无论是预借提单还是倒签提单，货物实际装船完毕的日期都晚于提单上载明的签发日期，也就是晚于信用证规定的货物装船日期。但是银行收到的却是表面相符的提单，结果欺诈者很容易得到货款，而货物延迟到达的风险则由进口商承担。

（4）以保函换取清洁提单。在受益人发运的货物有缺陷或存在"不清洁"的情况下，承运人可能应受益人要求，签发与信用证规定相符的清洁提单。此时承运人出于自身利益考虑，会要求出口商对此出具相应的保函。但是，承运人和受益人的这种做法，将直接损害进口商的利益。

2. 因开证行信用不佳使进口商面临的风险及防范

开证行也会有破产的可能性，虽然这种可能性较小。如果在进口商向开证行交了开证保证金之后而开证行未向受益人付款之前，开证行突然破产了，则进口商基本会面临损失开证保证金的风险。此情况下，如果进口商想赎单提货，则一般还需要与出口商再商议，使用其他付款方式付款赎单，从而增加交易时间和结算成本。

3. 进口商面临的其他有关风险及防范

单据传递过程中的风险以及翻译或解释错误的风险。UCP600 第 35 条关于信息传递和翻译的免责的条款规定："当报文、信件或单据按照信用证的要求传输或发送时，或当信用证未作指示，银行自行选择传送服务时，银行对报文传输或信件或单据的递送过程中发生的延误、中途遗失、残缺或其他错误产生的后果，概不负责。如果指定银行确定交单相符并将单据发往开证行或保兑行。无论指定的银行是否已经承付或议付，开证行或保兑行必须承付或议付，或偿付指定银行，即使单据在指定银行送往开证行或保兑行的途中，或保兑行送往开证行的途中丢失。银行对技术术语的翻译或解释上的错误，不负责任，并可不加翻译地传送信用证条款。"

不可抗力引起的损失。UCP600 第 36 条规定："银行对由于天灾、暴动、骚乱、叛乱、战争、恐怖主义行为或任何罢工、停工或其无法控制的任何其他原因导致的营业中断的后果，概不负责。银行恢复营业时，对于在营业中断期间已逾期的信用证，不再进行承付或议付。"

上述两类风险，进口商除了要选择服务质量和技术水平较高的经验丰富的银行申请开证之外，没有其他特别有效的防范办法。

（四）出口商履约银行保函结算风险

如果出口商提供伪造、假冒的保函诈骗进口商的货款，进口商将钱货两空。

二、进口商防范结算风险的措施建议

（1）重视事前调查。在签订进口合同之前，进口商就应当调查出口商的经营状况、资信等情况，尤其是对于初次交易的出口商。对于信用不好的出口商，不可预付货款，也不可开立以其为受益人的信用证。进口商可以从以下渠道了解客户的资料：开证行及其分支机构，信用保险公司，其他国际金融机构，咨询公司、征信所，驻国外的商务参赞处，同行公司，船东及其他承运人等。

（2）防范开证行信用不佳这一风险的办法主要是申请开证之前就对拟申请开证的银行进行信用和经营状况调查，发现有破产可能的话，最好改换其他银行。

（3）信用证付款时，合同中要同时选择规定合适的信用证种类。比如，选择议付信用证而非付款信用证。因为付款信用证下由于开证行已委托付款行付款，付款是最终支付环节，无追索权，万一出现不符点，开证行无法拒付，对进口商极为不利。若采用议付信用证，因为议付是有追索权的，如果出现不符点，开证行在合理时间内可以拒付，对进口商较有利。再如，选择不保兑的信用证，因为保兑信用证下保兑行的付款也是没有追索权的，并且保兑信用证的手续较为复杂，保兑行还要收取一定的保兑费用等。所以，进口商最好不使用保兑信用证。

（4）必要时，进口合同中进口商可以要求受益人开立银行保函，保证受益人（出口商）若不按合同规定交货，由担保银行赔偿开证申请人（进口商）的损失。在实务操作中，通常要求受益人（出口商）开出银行保函的赔偿金额为进口商开立跟单信用证总金额的2%～5%，并且还要在信用证条款中规定开证申请人（进口商）开立跟单信用证后若干个有效工作日之内，开证行收到受益人（出口商）通过银行开出的保函后开证申请人开立的跟单信用证才能生效。这样进口商可以减少资金（开证保证金）占用和减少利息损失。

（5）进口商依据进口合同条款，申请银行开立内容详细、明确的信用证。信用证中关于商品的品质、规格、数量、包装、唛头、价格、总金额、交货期、装运条款等内容，必须以进口合同规定为依据，务求准确、完备，并将这些条件单据化。对单据的种类、内容、正副本份数等应结合商品的性质和有利于进口商的操作需要进行约定。这样，发生涉及货物安全或品质、数量的问题，进口商可采取拒绝接受单据或拒绝付款、要求减价等措施，达到规避风险的目的。

（6）选择使用合适的贸易术语。进口商应当争取采用FOB、FCA等F开头的贸易术语签订进口合同，而回避使用CFR、CIF、CPT和CIP等术语。例如进口商签订FOB进口货物合同时，则租船订舱、货物保险的选择权以及有关风险均可控制在自己手中，可以有效防止被诈骗货款。如果争取不到F组术语签订合同，进口商可以要求在进口合同中明确规定出口商必须向信用良好的某运输公司托运货物。

（7）进口商要及时调查货运航程行踪。进口商可以根据进口合同中的运输条款，及时、充分把握货物航运动态，注意事后跟踪，关注货物的行踪，避免出口商与承运人勾结骗取货款。如货物是否上船、起航日期、航行计划、抵达日期等。如果发现异常情况，立即报告保险公司并追查原因和责任。

（8）进口商付款前一定要认真审查单据的真伪性和其内容的真实性、正确性，发现有欺诈嫌疑的应当立即调查取证，有确切证据证明受益人诈骗的，立即通知开证银行止付，同时立即申请法院向开证行下达止付令。

（9）注意支付条款与合同中其他条款（如价格条款、装运条款等）的配合，选择适当的价格术语和运输方式，力争己方对运输公司、银行和保险公司的选择权和控制权。比如，在用CIF、CFR、CPT或CIP术语签订的进口合同下，虽然可以凭运输单据交货与收款，但因运输由出口商安排，进口商较难控制货物，给出口商与运输公司串通诈骗货款提供了可乘之机。所以，为了防止被出口商诈骗货款，价格条款中最好使用 FOB 或 FCA 术语签订进口合同。也因此，进口商还应自行选择资信良好的公司承运货物，选择可靠的保险公司予以承保，这样就可以在某种程度上防止出口商（单独或与运输公司勾结）的诈骗行为发生。一般来说，如果进口商被迫接受采用 CIF、CFR、CPT 或 CIP 等术语签订进口合同，则最好同时限定出口商应当找信用良好的某运输公司托运货物。

（10）进口商最好争取 D/A 或保付代理或福费廷或其他远期付款的方式结算货款，以尽量减少资金压力。目前银行推出了许多与结算方式相结合的融资方式，进口商都可以充分利用。比如，进口商在选用远期 D/P 等结算方式时，可以利用进口押汇、凭信托收据借单或者提货担保等做法融资。

（11）尽量降低交易成本。比如，信用证结算的费用较高，操作起来程序又比较烦琐，而大多数商业信用结算方式中，文件、单据的传递往往不需要经过银行，省去了过于严格的文件审核与转递过程，使结算手续更为简单，也节约了时间和过多的银行费用。

（12）信用证结算方式下进口商需要注意的其他事项。

①开证时间的规定。出口商一般都会要求在外贸合同中明确规定进口商申请开证或者开具信用证的最迟期限（一般是装运期之前 15 ~ 45 天）。而越早开证，就越早占压进口商的开证保证金，因此开证时间的规定要合理，不能在装运期之前提前太久，只要给出口商留下合理的审证和可能的改证时间就可以了。

②外贸合同中一般不指定开证行和议付行。因为指定开证行会使进口商丧失选择开证行的自由，而指定议付行会使开证行丧失选择议付行的自由，所以有的开证行是不同意的。有时候为了顺利成交，如果进口商认为出口商指定的开证行可以接受，开证行也同意使用指定的议付行，合同中也可以指定开证行和/或议付行。

③最好明确规定信用证要求受益人提交的单据（种类、份数、出具机构、出单期限以及其他具体要求等）。信用证中要求受益人提交的单据中最好有代表货物所有权的运输单据（如提单），否则，进口商银行付款之后，如果无法取得代表货物所有权的运输单据，就等于无法控制运输途中的货物，给出口商诈骗货款提供了可乘之机。

④合同中规定的信用证的有效期（或到期时间）和交单期，应当与合同的装运期条款相匹配，一般规定在装运期结束之后一段时间信用证才到期或交单期才结束。注意该装运期结束之后的"一段时间"不宜太长，特别是交单期，给出口商留下制单结汇的合理时间就行，一定不能超过货物跨国运输的正常时间。否则，如果货物已经运到目的港或目的地，而受益人尚未交单，进口商就很难及时提货，会增加额外的成本负担和风险负担（如目的港的滞港费及仓储费等，货物在目的港或目的地停滞期间的风险等）。

（13）托收结算方式下进口商需要注意的其他事项。

①托收行和代收行只是提供收款服务，并不保证出口商所交单据和货物真实合格，而进口商能否收到合格的货物取决于出口商是否信守合同、按时交付合格的货物和单据，所以进口商要严格审查出口商的单据内容及其真伪，以防止被出口商骗取货款。

②跟单托收结算方式，尤其是远期 D/P 或 D/A，对进口商比较有利，进口商不需要预垫资金，或仅需垫付较短时间的资金，就可以先行提货，到期再付款，提高资金的利用率。

③如果进口商计划申请托收下的融资（比如凭信托收据借单），为了更容易操作或者得到更多融资，进口商最好要求在进口合同中指定跟进口商关系较好的某银行为代收行。

④最好在合同中明确规定出口商应当提交的单据（种类、份数、出具机构、出单期限以及其他具体要求等）。并且，这些要求的单据中最好有代表货物所有权的运输单据（如提单）。否则，进口商付款之后，如果无法取得代表货物所有权的运输单据，就等于无法控制运输途中的货物，给出口商诈骗货款提供了可乘之机。

（14）汇付结算方式下进口商需要注意的其他事项。

①T/T 按汇款时间分为预付货款（前 T/T, payment in advance）与货到付款（后 T/T）两种方式，不同的方式对买卖双方风险的划分是不对称的。在前 T/T 方式下，进口方需承担贸易中所产生的全部风险，所以进口商应当注意搞好客户资信调查，切实了解对方的状况，并考虑交易货物的性质与市场情况，必要时可以通过投保信用保险和货运保险控制风险。后 T/T 方式恰好与前 T/T 方式相反，进口商在交易中没有信用和资金风险。所以，如果进口采用完全后 T/T 的方式，可以在很大程度上降低风险。如果货款一部分采用前 T/T、一部分采用后 T/T 结算，买卖双方承担的风险就相对均衡一些。在贸易实践中，前 T/T 与后 T/T 的比例由买卖双方磋商决定，主要依据双方的信用度、信任度及资金状况和谈判桌上的实力对比，一般为 20% ~40% 的前 T/T。

②汇付的使用场合。因为汇付业务中，买卖双方风险分担不均衡，其使用场合一般局限于：对本企业的联号或分支机构和个别的信用极可靠的客户进行的赊账交易、预付货款交易或随订单付现等；订金、货款尾数，佣金及个别费用等的支付；大宗交易使用分期付款（payment by instalments）或延期付款（deferred payment）时的货款支付。

③为了平衡买卖双方的风险，可以采用"凭单付汇"的做法。凭单付汇指进口商先通过当地银行（汇出行）将货款以信汇或电汇方式汇给出口地银行（汇入行），指示汇入行凭出口商提供的某些指定的单据和装运凭证（如提单、装箱单、商检证书和发票等）付款给出口商的做法。

第三节　进口外汇风险的控制

外汇风险管理的重点是交易风险和经济风险。交易风险是进口企业日常业务中经常面临的外汇风险。进口企业外汇交易风险的管理方法包括四大类，即衍生工具避险法、货币市场保值法、资产负债管理法和其他方法。下文将介绍除货币市场保值法外的三类方法。

一、衍生工具避险法

进口企业外部有许多套期保值工具可供利用。最常用的，也是最基本的工具，是远期外汇交易合同。远期外汇交易合同是交易双方事先确定价格，在将来某个日期进行某种货币买卖的协议。如今，远期合同已经衍生出多种套期保值措施（如外汇互换、外汇期货和外汇期权交易等），并在此基础上进行复杂多样的金融工程，以达到最佳的风险管理效果。

（一）利用远期外汇交易套期保值

远期外汇合同是银行及其客户之间就将来用一种货币兑换另一种货币达成的协议。在签订协议时，就确定了汇率、交割日期以及合同的金额。远期合同主要用来抵消套期保值者预期的外汇风险。因此，作为保障收益和现金流量的工具，远期合同随着货币市场波动的加剧而愈加重要。

【例1】某中国企业于某年3月16日签订进口合同，从英国购买一套机器设备，该交易以英镑计价100万英镑，付款期是合同签订后30天。如果在此期间，英镑相对于人民币升值了，该中国企业就会遭受损失，因为英镑应付款的人民币价值因英镑升值而增加了。然而，如果在进口合同签订时，这家中国企业就联系中国银行签订一份远期合同，根据确定的汇率在30天后购买这笔英镑。这样一来，该企业就有效地锁定了英镑应付款的人民币未来价值，从而消除了外汇风险。英镑应付款的任何损失都会被远期合同的相同的收益所抵消。

运用远期外汇合同最大的作用是让具有交易风险头寸的企业确定未来现金流量的价值。因此，企业可以事先进行成本管理、确定销售价格，以保证取得合理的利润率。例如，上例提到的中国企业从英国进口设备的情况，如果交货期为9月17日，远期合同到期，这家中国企业根据事先确定的远期汇率从银行购买100万英镑，可以利用表13-1对其保值成本进行分析。分析发现，采用远期保值以后，购买100万英镑的人民币实际成本和预计成本总是一致的。

表13-1　远期保值交易

日期	远期保值交易	人民币价值
3月16日	（1）决定购买价值为100万英镑的设备： 假定即期汇率为1英镑＝13.5元人民币 签订远期外汇交易合同： 假定远期汇率为1英镑＝14.0元人民币 （2）升水额＝（14.0－13.5）×1 000 000英镑 （3）设备的预计成本＝（1）＋（2）	13 500 000 500 000 14 000 000
9月17日	设备交货，按商定的远期汇率从银行购买英镑： （4）设备的最终成本＝1 000 000×14.0 （5）与预计成本的差额＝（3）－（4）	14 000 000 0

企业运用远期外汇交易来保值，也有其明显的缺陷：

（1）企业的预测如果不准确，实际的套期保值成本支出可能高于不进行套期保值的成本（见表 13 - 2）。例如，如果远期合同到期日英镑的汇率从兑换 13.5 人民币贬值至 13.0 人民币，那么这家中国企业事先不进行远期保值，而是在外汇市场上按照 9 月17 日当天的即期汇率（1 英镑 = 13.0 人民币）购买 100 万英镑，反而可以节约1 000 000 人民币。如果 9 月 17 日的市场即期汇率升至 14.5 人民币，则进行远期保值比不采取保值要节省 500 000 人民币。

（2）远期外汇交易对企业的资信要求比较高，否则银行就会要求企业提供一笔履约保证金，从而增加了资金成本。

（3）只有主要国际货币可以进行远期交易，有许多国家的货币迄今尚无远期外汇合同，企业的某些货币的应收、应付款无法运用远期合同来避险。

表 13 - 2　远期保值的成本比较

| 购 100 万英镑的人民币成本 | 远期合同到期时的即期汇率 | | | | | |
| | 1 英镑 = 14.0 人民币 | | 1 英镑 = 13.0 人民币 | | 1 英镑 = 14.5 人民币 | |
	未保值	远期合同	未保值	远期合同	未保值	远期合同
预计的人民币成本	不确定	14 000 000	不确定	14 000 000	不确定	14 000 000
实际的人民币成本	14 0000 000	14 000 000	13 000 000	14 000 000	14 500 000	14 000 000
实际成本与预计成本的差额	不确定	0	不确定	0	不确定	0
远期保值成本和未保值成本的差额	0		1 000 000		– 500 000	

（二）利用外汇期货交易套期保值

在外汇期货交易中，套期保值是指在现汇市场上买进或卖出外汇的同时，在外汇期货市场上卖出或买进金额大致相同的期货合同。通过这样的套期保值，在期货合同到期时，企业因汇率变动造成的现汇买卖上的盈亏可以由外汇期货交易上的亏盈来弥补。企业的套期保值可以分为空头套期保值和多头套期保值两种。

（1）空头套期保值。空头套期保值是指在期货市场上首先卖出某种货币期货合同，然后买进相同货币、相同数量的期货合同的套期交易。

（2）多头套期保值。多头套期保值是指在期货市场上首先买入某种货币期货合同，然后卖出相同货币、相同数量的期货合同的套期交易。

企业运用外汇期货合同来回避交易风险，也存在一定的局限：

（1）与远期外汇合同一样，企业的预测如果不准确，套期保值的实际支出成本可能高于不进行套期保值的成本。

（2）期货交易需要保证金，而且在交易所每日结清制度下，企业不得不面临额外的现金流入或者流出。

（3）有的外国货币没有期货合同，无法运用期货交易来套期保值。

（三）外汇期权交易

在很多情况下，企业对未来的外汇现金流量能否实现以及现金流量大小并没有把握。但是企业并不满足于具有"锁定"功能的远期外汇交易和外汇期货交易。它们发现一种保值策略既可以降低风险，又不剥夺其得到利益的机会——外汇期权交易在很大程度上能够满足企业的需要。

1. 外汇期权交易的基本含义和操作

外汇期权又称外币期权，它是指买卖双方达成一项远期外汇买卖合同，买方在向卖方缴纳一定的保险费后，有权在到期日或到期日以前要求卖方按商定的汇率和金额执行所签订的合同或者完全放弃所签合同。外汇期权合同是一种选择权契约。目前，国际上主要期权交易所的交易货币有英镑、加拿大元、欧元、日元、瑞士法郎、澳大利亚元、美元等。

期权交易按买入或卖出外汇的选择权划分，可以分为看涨期权（call option）和看跌期权（put option）。看涨期权指期权的买方有权购买外汇，又称远期外汇买入选择权。看跌期权是指期权的买方有权卖出外汇，又称远期外汇卖出选择权。

对套期保值者来说，外汇期权有三个其他保值方法无法比拟的优点：其一，将外汇风险局限于期权保险费；其二，保留获利的机会；其三，增强了风险管理的灵活性。

标准的期货合同和远期合同在避免汇率的不利变动的同时也避免了汇率的有利变动，企业丧失了从汇率变动中获利的机会。事实上，期货交易的佣金和远期合同的买卖差价已经注定了交易者会发生损失。与期货交易和远期交易不同，期权交易允许套期保值者利用汇率波动，获得对自己有利的机会。

【例2】某中国进口公司有一笔3个月的英镑应付款。假定即期汇率为1英镑兑换13.5元人民币。在付款以前，如果英镑升值了，该进口公司就会遭受损失；相反，英镑贬值会使该进口公司获得额外的好处。

假设该进口公司按1英镑兑换13.5元人民币的协定价格并支付0.03元人民币/英镑的期权保险费，买入一笔看涨期权。3个月后，1英镑升至13.6元人民币。该进口公司于是行使期权，按13.5元人民币的协定汇率购买英镑，获得0.07元人民币/英镑的利益［0.1（收益）－0.03（保险费支出）］。可见，该进口公司以支付保险费为代价，购买看涨期权，有效地抵消了其在现汇市场上的损失。

再看一下相反的情况：假设在3个月期间，1英镑贬值至13.4元人民币。此时，该进口公司会放弃行使期权。它获得了0.1元人民币/英镑（13.5－13.4）的收益，但付出了 0.03 元人民币/英镑的保险费支出，净收益 0.07 元人民币/英镑。

从上面的例子我们可以看出，无论汇率怎样变化，如果企业使用期权进行保值，任何时候企业的风险仅限于保险费部分，而同时保留了获取外汇收益的机会。

如果上例中的进口公司没有购买期权，而是从银行购买远期英镑，假定远期英镑的升水等于期权的保险费，即汇率升至 1 英镑兑换 13.6 元人民币，远期合同会像期权合同一样保护制造商免遭损失。但是，如果英镑贬值至 1 英镑兑换 13.4 人民币，尽管英镑在现汇市场上变得更便宜了，该进口公司仍然必须按 13.53 人民币的远期汇率购买英镑。因此，该进口公司在这笔远期合同上将损失 0.13 元人民币/英镑。

2. 外汇期权交易对进口招标的意义及示例

在进口招标业务中，招投标企业都无法肯定谁会中标。进口招标项目以外币标价，企业当然希望将这笔现金流量进行保值。而在这种情况下，采用远期合同进行保值的代价相当昂贵。外汇期权合同成本有限，同时，期权购买者可以行使期权，或放弃行使期权。这就为套期保值者在进口招标等某些特殊情况下管理外汇风险带来了灵活性。下面举一例来分析外汇期权交易对进口招标的意义。

某年 5 月 15 日，我国一家公司招标进口一批设备。参加投标的英国公司中标的可能性较大，但是招标要到 3 个月后开标。3 个月后，如果英国公司中标，我国公司就要支付 120 万英镑的货款。在此期间，如果人民币兑换英镑的成本上升，这笔远期英镑支付就会使我国公司承受外汇风险。我国公司有以下几种选择：

（1）不采取任何保值措施。等 3 个月，看是否需要支付这笔英镑。如果需要，届时在现汇市场上买入英镑。

（2）现在签订一笔远期合同，委托银行买入 3 个月的英镑远期外汇。

（3）现在买进一笔英镑期货合同。

（4）现在买进一笔英镑看涨期权。

第（1）种选择：即等到支付日采取行动。在必须支付英镑货款的情况下，该公司承受这 3 个月的汇率风险，如果英镑对人民币升值，公司付款的人民币成本将高于现行汇率下的成本。

第（2）种选择：即签订一个远期合同，确定了 3 个月的远期汇率。如果英镑对人民币贬值，该公司就不能得到英镑"便宜"的好处。而如果英国公司没有中标，我国公司就不用支付英镑，远期合同使该公司额外承担了英镑多头的风险。

第（3）种选择：即买进一笔期货合同。买进期货合同有种种不便之处。首先，期货合同是标准化合同，有确定的合同金额、期限，合同到期日和合同金额不可能和公司的实际需求完全匹配，结果将产生到期日和金额的剩余风险。其次，外汇期货合同在交易所"按市定价"，即按每天基准重新估价，头寸值的损失由公司存放在交易所的保证金补偿，这就意味着该公司可能会受到今后 3 个月现金流量的制约。

第（4）种选择：即购入一笔英镑看涨期权。这就保证了即期汇率升值，买入英镑也不会更昂贵，万一汇率贬值，买入英镑使公司因汇率较低而获利。除期权保险费外，不管汇率是否变动，都不会影响今后 3 个月的现金流量。另外，如果该公司从一家银行的柜台交易市场买进期权，合同的条款可以专门制定，使其适合公司的特殊需要。如果英国公司没有中标，可以使该期权到期不执行，最多花费这笔保险费，如果它仍然有时间价值，则可以收回部分保险费。

假定该公司和银行商定的买入英镑看涨期权的条件如下：

协定价格　　1英镑=13.70元人民币

期权保险费　0.04元人民币/英镑

到期日　　　该年8月16日

3个月英镑远期汇率　　1英镑=13.75元人民币

表13-3列示了不同方式购入英镑的成本对比情况。

表13-3　不同方式购入英镑的成本比较

到期日即期汇率	未保值成本	远期外汇保值成本	期权交易保值成本（含期权保险费成本¥48 000）
13.95	16 740 000	16 500 000	16 488 000
13.90	16 680 000	16 500 000	16 488 000
13.85	16 620 000	16 500 000	16 488 000
13.80	16 650 000	16 500 000	16 488 000
13.70	16 440 000	16 500 000	16 488 000
13.65	16 380 000	16 500 000	16 488 000
13.55	16 260 000	16 500 000	16 488 000
13.50	16 200 000	16 500 000	16 488 000
13.45	16 140 000	16 500 000	16 488 000

（四）货币互换

货币互换是指买卖双方交换货币。确切地说，货币互换是处在不同国家的两家公司进行即期货币兑换，并在将来的某个日期再进行反方向的兑换，它相当于一个即期外汇交易和一个远期交易的组合。最佳的货币互换对象是拥有相似但方向相反的融资或投资需求的企业。

1. 选择货币互换的原因

例如，一家美国贸易公司拥有剩余美元，但需要英镑资金以进口英国商品。同时，一家英国贸易公司拥有剩余英镑资金，但需要美元以进口美国商品。并且两家公司既做进口贸易又做出口贸易，美国贸易公司未来会出口商品到英国获得英镑，而英国公司未来也会出口商品到美国获得美元。双方可以有3种选择来满足其现在的外汇需求：

（1）购买即期外汇，即每家公司在即期外汇市场上购买其所需要的外汇。然而，这一选择并未解决外汇风险问题。

（2）到对方国家借款。每家公司将自己的本币闲置资金在国内投资，再到国外当地借款。从会计的角度来看，企业的外币债务（借款）和外币资产（投资）相互匹配，没有外汇交易风险头寸。但是，借款会受借款国有关政策的局限和约束，并且要支付较高的借款利息。

（3）交换货币。每家公司都愿意用本币相互交换各自所需要的外币，进行有计划的贸易，然后在一定时期内再将本币换回来。企业之间货币互换的期限最长可以达到10年，在此期间，两种货币的利率差额每年以费用形式由一家公司向另一家公司支付。

在上述 3 种选择中，货币互换通常是最具吸引力的选择。首先，交换货币基本消除了相关风险。其次，互换安排中的利息成本差额通常要比每个企业各自独立进行融资更合适。再次，互换协议使用闲置资金不会影响企业的债务权益比率。最后，互换使对长期投资的融资、套期保值简单化了。

2．货币互换的局限

（1）互换条件要求高，双方必须在币种、期限、金额上匹配。

（2）非标准化，流动性差，成本较高。

（3）有较高的信用风险。

二、资产负债管理法

交易风险产生于外币资产或者负债的净头寸，它们容易受到汇率波动的影响。币值的变化可能会造成利润下降或者折算成本币后债务增加。资产负债管理法就是将企业的资产和负债账户进行重新安排，或者转换成最有可能维持自身价值甚至增值的货币。

（一）原理及适用范围

1．资产负债管理法的原理

（1）转换外币资产或债务的币种，尽量持有硬币资产或软币债务。硬币的价值相对于本币或另一种基础货币而言趋于不变或上升；软币则恰恰相反，它们的价值趋于下降。

（2）调整外币资产或债务的期限，尽量减少资产或者负债的暴露头寸，从而有效地避免潜在的外汇风险。

2．资产负债管理法的适用范围、比较适用情况

（1）大型跨国企业或者企业集团，其资产、负债规模大，业务涉及的币种多，有足够的进行资产负债调整的空间。较小的企业或者单纯的进口企业，受到自身资产负债规模和结构的制约，很难适用资产负债管理法。

（2）因币种限制或金融市场发育不成熟，没有可用的衍生工具，或者衍生工具市场过于狭小，成本过高，不能满足企业风险管理的需要。

（二）具体措施

资产负债管理法具体措施包括平行贷款和背对背贷款。平行贷款或背对背贷款是处于不同国家的企业之间的一种独特的借贷协议。每个公司的资金需求必须正好相反，

两个企业都有以其本国货币表示的闲置资金，而且每个公司在对方国家都有一个子公司，每个子公司都需要当地货币资金。这样，两家公司之间可以达成协议，在一定期限内进行交换，从对方手中获得自己需要的货币。

1. 平行贷款与背对背贷款的区别

平行贷款是指在同一国家的当地企业和外国企业驻当地的分支机构之间签订的两个独立的贷款协议，它们分别具有法律效力。因此，在交易一方违约的情况下，另一方仍然需要履约，不得自动抵消。

背对背贷款是指在不同国家的两个企业之间签订的直接贷款协议。尽管有两笔贷款，却只签订一个贷款协议。其特点是拥有抵消权，即如果一方全部或部分违约，另一方有权自动从本身的贷款中抵消损失，作为补偿。这就使双方贷款的风险降低，而一个贷款协议也使文件工作简化了。

2. 平行贷款和背对背贷款的优点

（1）当企业无法通过正常途径获得资金时，平行贷款或背对背贷款提供了一个可供选择的资金来源。

（2）企业有时可以用低于市场利率的水平相互贷款，从而降低了子公司的借款成本。

（3）可以有效地消除企业进行海外投资的外汇风险。

三、其他方法

有的企业由于不了解衍生工具或者因保值的实际成本不确定而不愿意运用衍生工具对交易风险进行管理；有的企业的外汇风险头寸相对较小，因此不愿意专门花费人力和财力来管理风险。在这几种情况下，企业可以直接将保值措施融入日常的业务活动，特别是直接体现于商品销售的定价政策中，价格策略也是一种有效地降低潜在外汇风险的方法。

运用定价政策，其风险管理效果取决于企业对长期汇率趋势预测的准确性以及商品市场对销售价格变化的接受程度。企业可以将价格策略贯穿于日常的涉外业务活动中，以达到防范交易风险的目的。价格策略的具体措施包括：

1. 调整销售价格

在货币贬值国从事交易的企业可以通过经常调整产品销售价格的方式降低外汇风险。例如，一家美国公司在德国的子公司，一直以欧元交易。预测在未来的3个月内，欧元相对于美元将贬值5%，尽管以欧元计价不会给这家德国子公司带来损失，但转换成美元后的价值会产生损失，这家美国公司可以指令其德国子公司相应提高其欧元销售价格。当然，提高销售价格可能相当困难，因为价格的提高可能伴以销售量的下降，特别是当地货币贬值不会马上影响当地制造商的价格结构，因此它们的价格可以暂时保持不变，提价的结果会使该子公司的产品在当地市场失去竞争力。

一般来说，企业对销售价格的调整不可能与汇率变动保持同一幅度和同一频率。通常的做法是，交易双方经过协商，为了达成商品与服务的交易，各自分担一部分外汇交易风险，以减少其中的一方承担过多的风险，这种方法被称为外汇风险分担法。交易各方通常在合同中订立"价格调整条款"，通过调整基本价格来反映汇率的变动。双方在合同中确定了一个汇率波动区间，作为双方不分担风险的"中立区"，一旦汇率波动超出了这个"中立区"，双方将调整价格，共同分担外汇交易风险。

例如，美国通用电气公司向德国汉莎航空公司出售飞机发动机叶片，合同的基本价格为 2 000 万欧元。双方确定的汇率"中立区"为 1 欧元兑换 1.13 ~ 1.15 美元，基本汇率为 1 欧元兑换 1.14 美元。它意味着当汇率跌至 1 欧元兑换 1.13 美元或升至 1.15 美元时，合同价格仍然保持不变。

（1）在"中立区"内，汉莎航空公司必须按照基本汇率 1 欧元兑换 1.14 美元向通用电气公司支付 2 000 万欧元或 2 280 万美元，因而汉莎航空公司的成本可能处于 1 983 万欧元（2 280 万美元/1.15）至 2 018 万欧元（2 280 万美元/1.13）之间。

（2）如果欧元从 1.14 美元贬值至 1.09 美元，实际汇率超出"中立区"下限 0.04 美元（1.13 - 1.09），这部分就由双方共同分担。因此，结算这笔交易的实际汇率就是 1 欧元兑换 1.12 美元（1.14 - 0.04/2），发动机叶片的新价格变为 2 240 万美元（2 000 万欧元 × 1.12），德国汉莎航空公司的成本升至 2 055 万欧元（2 240 万美元/1.09），增加了 37 万欧元（2 055 万 - 2 018 万）。如果没有这个风险分担协议，美国通用电气公司的合同价值应为 2 280 万美元，价格调整使得通用电气公司的收入减少了 40 万美元。

（3）如果欧元从 1.14 美元升值至 1.19 美元，超过"中立区"的上限 0.04 美元（1.19 - 1.15），通用电气公司也不能独吞欧元升值带来的利益，也需要由双方共同分享，交易的结算汇率将调整为 1.16 美元（1.14 + 0.04/2），美国通用电气公司收到 2 320 万美元（2 000 万欧元 × 1.16），销售收入增加 40 万美元（2 320 万 - 2 280 万），德国汉莎航空公司支付的货款为 1 950 万欧元（2 320 万美元/1.19），成本节约了 33 万欧元（1 983 万 - 1 950 万）。

2. 调整计价货币

企业还可以通过调整计价货币来降低交易风险。如果预计计价货币将长期贬值，企业不应该通过调整销售价格来避险，而是彻底改变计价货币本身。

为了使企业在经营、会计处理和营销决策等方面保持一致，企业不应该经常更换计价货币。因此，只有当管理人员预测某种货币将长期贬值时，企业才可以采用这一战略。调整计价货币并未消除外汇风险，而是将外汇风险转嫁给了对方。因此，这一方法又被称为风险转移法。计价货币调整或风险转移法主要采取以下几种形式。

（1）本币计价法。即在任何对外经济活动中，只接受本企业所在国货币计价。例如，一家美国出口商在向一家法国进口商出口商品时，只接受美元计价。

对于美国出口商来说，它完全避免了外汇交易风险，但采用美元计价并没有消除交易风险，只是把风险转嫁到了法国进口商头上。采用美元计价后，法国进口商面临着美元交易风险。法国进口商很可能拒绝接受美元作为其进口交易的计价货币。虽然这种风险转移形式是将交易一方获得的安全感建立在交易对方承受的风险性基础之上，但它在国际经济交易中仍然被普遍采用。

（2）选择币值趋硬的货币作为出口交易的计价货币或选择币值趋软的货币作为进口交易的计价货币。这种风险转移方式使损人利己的动机更为明显。由于进口商和出口商都想将风险完全转嫁给对方，他们选择计价货币的标准恰恰相反，因此，双方的利益冲突使这种避险方法在国际业务中更难运用。

（3）进出口币值的一半用硬币计价、一半用软币计价。这种方法既考虑了交易双方的利益，也中和了汇率的波动，容易被交易双方接受，是一种简便的规避外汇交易风险的方法。

关键概念

进口风险、进口货物风险、进口外汇风险、空头套期保值、多头套期保值

复习思考题

1. 合同风险有哪些？
2. 进口贸易结算风险主要有哪几类？
3. 衍生工具避险法主要有哪些？
4. 平行贷款和背对背贷款的优点有哪些？

后 记

鉴于 2020 年前后国家对诸多重大立法进行重新梳理和修订，我校 2023 年决定对已出版的《进口贸易实务》（广东高等教育出版社 2020 年版）内容进行更新，以编写最新的进口贸易政策、贸易新业态（跨境电子商务）和人工智能等前沿科技应用服务于国家战略需要。在整合我校国贸专业教指委主任委员何传添教授、专任教师冯然教授、张靓芝老师和外贸企业高管刘秋升的资源之后，成立了编写小组，对教材进行第二次修订工作。编写过程中，小组成员在保留原有版面结构，即第一编进口贸易法律法规与政策、第二编进口贸易业务流程、第三编进口跨境电子商务、第四编进口业务会计核算及风险控制，全编在突出我国扩大进口和发展贸易新业态的基础上，对全书中国际贸易条约、贸易惯例、国内贸易政策及贸易实践，国际和国内相关各机构名称均进行了全面更新，保证了专业知识前沿性和与国家政策高度的一致性。

同时，本书的编写也融入了教学改革思想，不仅在各章节前设置了内容要点、难点和重点，在各章节后设置了课后习题栏目，以方便高等院校的教学使用和相关政府部门、企事业单位人员的自我学习，而且以实践与理论结合、促进学生创新思维、融入思政教育的方式编写教学内容。因此，它不仅是"培养研究生创新性思维的教育教学研究——以跨境电子商务课程为例"（广东省研究生教育改革项目）的最终成果，而且也是"国家级一流本科专业建设点——国际经济与贸易"、"高素质经贸国际组织人才培养模式创新与实践"（教育部新文科研究与改革实践项目）、"经贸国际组织创新人才培养计划"（广东省质量工程项目）、"校企合作中创新创业教育综合改革项目"（教育部产学研育人项目）、省级"跨境电商"思政示范课堂（广东省课程思政改革示范项目）、跨境电商"一流"课程建设（校级项目）和质量工程项目"跨境电子商务教研室"（广东省质量工程项目校级项目）的阶段性成果。

本书编写完成后，经过出版社的三审三校，直至最终出版，历时一年多的时间。

在编写和审校的过程中，离不开广东高等教育出版社各位同仁有序的组织、辛勤的工作和全力的支持，没有他们的大力协助，就没有本书的顺利完成。对责任编辑冯沪萍老师、郑泽宇老师和编辑部的同志们表达最衷心的感谢！对参与本次教材中对各项法律法规进行梳理和更新的广东外语外贸大学本科生邓春红、庄佩佩、陈嘉云、毛韵萱同学表示感谢！对亚马逊云科技中国区教育团队提供的支持表示感谢！最后，我们参阅了很多国内外学者和专家的研究成果，限于体例未能逐一说明，在此对这些参考文献的作者表示衷心感谢。

编写小组

于 2024 年秋